ABITUR 2013

Prüfungsaufgaben
mit Lösungen

Deutsch

Gymnasium
Baden-Württemberg

2009–2012

STARK

ISBN 978-3-8490-0165-0

10. ergänzte Auflage
www.stark-verlag.de

Inhalt

Abiturprüfungsaufgaben 2009

Abiturprüfungsaufgaben 2010

Abiturprüfungsaufgaben 2011

Abiturprüfungsaufgaben 2012

Jeweils zu Beginn des neuen Schuljahres erscheinen die neuen Ausgaben der Abiturprüfungsaufgaben mit Lösungen.

Autorinnen und Autoren:

Florian Andelfinger (Donaueschingen): Aufgabe 2 (2010), Aufgabe 1 (2011), Aufgabe 2 (2012)

Dr. Martin Brück (Stuttgart): Hinweise und Tipps zur schriftlichen und mündlichen Abiturprüfung sowie Übungsaufgabe 1

Dr. Eva-Maria Knittel (Freiburg): Übungsaufgabe 3, Aufgabe 3 (2009), Aufgabe 2 (2011), Aufgabe 4 (2012)

Gabriele Leist (Freiburg): Aufgaben 1 und 2 (2009)

Dr. Stefan Metzger (Tuttlingen): Aufgabe 5 (2010), Aufgabe 5 (2011), Aufgabe 1 (2012)

Claudia Mutter (Stockach): Übungsaufgabe 4, Aufgaben 4 und 5 (2009), Aufgabe 4 (2010), Aufgabe 4 (2011), Aufgabe 3 (2012)

Dr. Birgit Schillinger (Schwetzingen): Übungsaufgaben 2 und 5, Aufgabe 3 (2010), Aufgabe 3 (2011), Aufgabe 5 (2012)

Dr. Ulrich Vormbaum (Stockach-Wahlwies): Aufgabe 1 (2010)

Vorwort

Liebe Abiturientinnen und Abiturienten,

Sie werden 2013 das Abitur im Fach Deutsch ablegen. Der vorliegende Band hilft Ihnen dabei, sich optimal auf die Prüfung vorzubereiten. Das einführende Kapitel „**Hinweise und Tipps**“ informiert Sie über die offiziellen Rahmenvorgaben, macht Sie mit den Arbeitsanweisungen (Operatoren) vertraut und erläutert die verschiedenen Schwierigkeitsstufen (Anforderungsbereiche) innerhalb jeder einzelnen Aufgabe. Es schließen sich konkrete Tipps an, was Sie bei der Bearbeitung der unterschiedlichen Aufgabenarten beachten müssen. Hinweise zur mündlichen Prüfung im Fach Deutsch runden diesen Teil ab.

Ein Block mit zahlreichen Übungsaufgaben konzentriert sich auf die aktuellen Pflichtlektüren. Daran schließen sich die **offiziellen Abiturprüfungsaufgaben** von **2009** bis **2012** an. Zu jedem Klausurbeispiel finden Sie einen ausführlichen **Lösungsvorschlag**, mit dem Sie Ihren eigenen Aufsatz vergleichen können. Den Lösungsvorschlägen vorangestellt sind **Hinweise und Tipps**, die Ihnen bei der Erschließung der einzelnen Arbeitsanweisungen helfen. Wesentliche **Fachbegriffe** in den Lösungsvorschlägen sind durch Fettdruck hervorgehoben; **Strukturierungshinweise am Rand** sollen helfen, den Gedankengang nachzuvollziehen.

Vergegenwärtigen Sie sich bei Ihrer Vorbereitung immer wieder die genaue Fragestellung und die verwendeten Operatoren und lesen Sie die Erklärung der unterschiedlichen Aufgabenarten in den Hinweisen nach. Auf diese Weise wiederholen Sie auch die im Unterricht gelernten Inhalte und Methoden.
Ein **Stichwortverzeichnis** ermöglicht die schnelle Orientierung in dem Band.

Sollten nach Erscheinen dieses Bandes noch wichtige Änderungen in der Abiturprüfung 2013 vom Kultusministerium bekannt gegeben werden, finden Sie aktuelle Informationen dazu im Internet unter: www.stark-verlag.de/info.asp?zentrale-pruefung-aktuell

Wir wünschen Ihnen eine effektive Abiturvorbereitung und eine erfolgreiche Abiturprüfung!

Die Autoren und der Verlag

Stichwortverzeichnis

Sachregister

Werkregister

Personenregister

Hinweise und Tipps zur schriftlichen Abiturprüfung

1 Grundlagen

1.1 Vorgaben für das Zentralabitur Deutsch 2013

Die schriftlichen Prüfungsaufgaben richten sich in Aufbau und Inhalt nach:
- dem Bildungsplan für die Kursstufe des Gymnasiums in Baden-Württemberg, veröffentlicht in *Kultus und Unterricht. Amtsblatt des Ministeriums für Kultus, Jugend und Sport Baden Württemberg*. Lehrplanheft 3/2001, S. 77–86,
- den bundesweit verbindlichen *Einheitlichen Prüfungsanforderungen in der Abiturprüfung* (EPA), im Internet zu finden unter: http://www.kmk.org/doc/beschl/epa_deutsch.pdf,
- den in der Regel für jeweils vier Schuljahre gültigen Pflichtlektüren, die vom Kultusministerium in *Kultus und Unterricht* veröffentlicht werden.

1.2 Anzahl der Prüfungsaufgaben, Zeitrahmen und Hilfsmittel

In der Abiturprüfung im Kernkompetenzfach Deutsch werden Ihnen **fünf Aufgaben** vorgelegt. **Sie wählen eine davon** zur schriftlichen Bearbeitung **aus**. Zur Vorbereitung der Endfassung des Aufsatzes (weißes Papier) kann ein Entwurf (grünes Papier) konzipiert werden, der abgegeben werden muss, aber in der Regel nicht in die Bewertung einbezogen wird. Wenn der Aufsatz aus Zeitgründen nicht fertiggestellt werden kann, ist es nur dann möglich, Teile des Entwurfs zu berücksichtigen, wenn diese ausformuliert, gut lesbar und deutlich markiert sind. Ein geringer ‚Punktabzug' wegen Mängeln in der äußeren Form ist aber auch dann nicht ausgeschlossen.

Die **Arbeitszeit** beträgt 330 Minuten einschließlich der Vorbereitungszeit (Textauswahl, Konzeptarbeit).

Für die Bearbeitung der Aufgaben IV und V werden keine **Hilfsmittel** bereitgestellt. Ansonsten erhalten Sie unkommentierte Ausgaben aller Pflichtlektüren. Im Unterricht verwendete beziehungsweise eigene Ausgaben der Werke dürfen nicht benutzt werden.

Für die Prüfungen sind drei Werke als Pflichtlektüren benannt worden: die Novelle „**Michael Kohlhaas**“ von Heinrich von Kleist, Franz Kafkas Roman „**Der Proceß**“ und Friedrich Dürrenmatts Drama „**Der Besuch der alten Dame**“. Die Gedichtinterpretation bezieht sich auf das Themenfeld **Liebeslyrik**.

Die genannten Pflichtlektüren gehören zum festen Bestandteil der Bildungspläne und Lektüreverzeichnisse für die Kursstufe. Sie finden sich auch in der *Kommentierten Empfehlungsliste zur deutschsprachigen Literatur,* die für die neuen Bildungspläne (Bildungsstandards) in Baden-Württemberg entwickelt wurde. Darüber hinaus zählen Kleist und Kafka zu den vierzehn Schriftstellern, die in das verbindliche *Autorenverzeichnis für alle Schularten* in Baden-Württemberg eingegangen sind, mit denen sich also alle Schülerinnen und Schüler im Laufe ihrer Schulzeit beschäftigen müssen.

Was ihre gemeinsame Behandlung im Unterricht und die Aufgabenstellung im Abitur (Aufgabe I: Werkvergleich; siehe dazu Abschnitt 3: Aufgabenarten) betrifft, so ermöglichen die neuen Pflichtlektüren eine **Fülle ergiebiger Vergleichsaspekte**. In der *Kommentierten Empfehlungsliste zur deutschsprachigen Literatur,* die nicht mehr nach Epochen und Gattungen, sondern nach Themenfeldern strukturiert ist, sind sie dem **Themenfeld Recht und Gerechtigkeit** zugeordnet. Themenfelder sind nicht absolut zu verstehen, denn literarische Texte lassen sich aufgrund ihrer Vieldeutigkeit gewiss nicht auf einen Nenner bringen. Doch verschaffen sie dem interpretierenden und vergleichenden Leser eine erste Orientierung und führen, wenn sie gut gewählt sind, in das Zentrum der Werke, also zu den zentralen Fragen, welche die Schriftsteller aufwerfen. So können im Hinblick auf Recht und Gerechtigkeit auch **weitere**, damit zusammenhängende **Dimensionen** der Texte erschlossen werden, die zum Beispiel die **Schuld und das Schuldbewusstsein** der Figuren, die **Selbst- oder Fremdbestimmung** ihres Denkens und Handelns, das **Verhältnis von göttlicher und weltlicher Gerechtigkeit** betreffen.

Michael Kohlhaas (Kleist, *Michael Kohlhaas*), Josef K. (Kafka, *Der Proceß*) und Claire Zachanassian (Dürrenmatt, *Der Besuch der alten Dame*) bestehen auf ihren Rechten und verwenden verschiedene Strategien, um ihre – unterschiedlichen – Ansprüche durchzusetzen. **Michael Kohlhaas** versucht einen Rechtsanspruch, der seine Existenz als Bürger und Kaufmann betrifft, zunächst mit legalen Mitteln geltend zu machen, bevor er in großem Maßstab zur Gewalt greift. Hier geht es – weit über den konkreten Anlass in Gestalt der beiden Pferde hinaus – um die Gerechtigkeit beziehungsweise Ungerechtigkeit des politischen Systems und um die ‚Gebrechlichkeit‘ einer aus den Fugen geratenen Weltordnung. **Josef K.s** Rechtsanspruch besteht darin, als schuldloser Mensch anerkannt zu werden. Gegenüber dem Gericht bedient er sich dabei – wie Kohlhaas gegenüber der Obrigkeit – verschiedener Strategien und schwankt zwischen Anpassung (Legalität) und Protest (Rebellion). Ein entscheidender Unterschied im Vergleich zu den beiden anderen Werken besteht freilich darin, dass sich K.s Anspruch nicht auf konkrete Sachverhalte bezieht, wie auch der Gerichtsapparat nicht als eine Instanz des positiven Rechts zu verstehen ist. Vielmehr kann das Gericht auf dem Dachboden aufgrund seiner irrealen Erscheinungsweise etwa auch als Projektion von unbewussten Ängsten und verdrängten Wünschen der Hauptfigur gedeutet werden. Gerade weil K. die Schuldfrage, die das mysteriöse Gericht verhandelt, als ungerecht empfindet und von sich weist, verstrickt er sich immer mehr in die undurchschaubaren Prozeduren der Gerichtswelt. In dieser Hinsicht ergeben sich Parallelen zur Situation des Michael Kohlhaas, der sich ebenso hilflos mit einer Obrigkeit konfrontiert sieht, deren korrupte Machenschaften ihm verborgen bleiben. Im Unterschied zu Kohlhaas, der seinen Rechtsanspruch zunächst auf legalem Weg einzulösen versucht, ist für **Claire Zachanassians** Handeln in Dürrenmatts Drama das Motiv der Rache von Anfang an bestimmend. Rächen will sie sich an Ill, der sich vor 45 Jahren schuldig gemacht hat, indem er Claire schwängerte, was ihre gesellschaftliche Ächtung als „Hure" nach sich zog. Die Milliardärin Claire kann diese Rache aufgrund ihres Kapitals und der Käuflichkeit der Güllener Bürger ohne ernsthafte Widerstände verwirklichen und zugleich den Ruf einer Retterin der wirtschaftlich ruinierten Stadt für sich in Anspruch nehmen. Claires Rachefeldzug gegen Ill, der schließlich von den Güllenern in ihrem Auftrag für eine Million ermordet wird, bewegt sich außerhalb aller geläufigen Vorstellungen von Recht und Moral. Anders als im Falle von Michael Kohlhaas und Josef K. gilt ihre bedingungslos durchgeführte Strategie nicht der Herstellung von Gerechtigkeit: Vielmehr wird aus den Güllenern Bürgern ein kriminelles Kollektiv, das durch den Mord an ihrem Mitbürger aus der Rechtsordnung herausfällt und sich ohne jede moralische Orientierung einem schrankenlosen Konsum hingibt.

Michael Kohlhaas und Josef K. unterliegen **äußeren und inneren Zwängen**, geraten in **Abhängigkeiten** und sind (zunehmend) nicht in der Lage, selbstbestimmt und verantwortlich zu handeln. Sie scheitern letztlich, da sie ihre Lebensziele nicht verwirklichen können, und finden den Tod: *Michael Kohlhaas* und *Der Proceß* enden mit einer Hinrichtung. Zum **Scheitern** dieser beiden Figuren tragen jeweils auch bestimmte **Konstellationen von Gegenspielern und Helfern** bei. Und auch letztere – man denke an Kohlhaas' Gefolge (Nagelschmidt) oder die Frauen in Kafkas Roman – entwickeln sich paradoxerweise ungewollt zu Gegenspielern: Ihre Motive und Handlungen treten in Widerspruch zu den Absichten der Hauptfiguren und verwickeln diese in aussichtslose Situationen. Claire Zachanassian dagegen trifft auf keine Gegenspieler: Nicht nur ihr Gefolge, sondern auch die Güllener Bürger, die nur schwache und wirkungslose Ansätze von Widerstand zeigen (Lehrer, Arzt), kann sie als Helfer instrumentalisieren. Diesen ist aufgrund ihres Charakters, ihrer Beschränktheit sowie ihrer hemmungslosen Ausrichtung am eigenen wirtschaftlichen Vorteil die Tragweite ihres brutalen Verhaltens nicht bewusst. Daher gelingt Claire die Gleichschaltung dieses Kollektivs mühelos und ohne jeden Aufwand aufgrund ihres enormen Kapitals, das sozusagen für sie arbeitet.

In allen drei Werken stellen sich schließlich die **Fragen nach der moralischen Berechtigung oder Verwerflichkeit der Ansprüche** und Strategien der Protagonisten sowie **nach der Gerechtigkeit des geltenden Rechts** beziehungsweise der Personen und Institutionen, mit denen sich jene auseinandersetzen müssen.

Das vierte der für die schriftliche Abiturprüfung verbindlichen Themen lautet: **Liebeslyrik vom Barock bis zur Gegenwart**. Damit ist ein breiter zeitlicher Rahmen vorgegeben, der ein an literarischen Epochen orientiertes Vorgehen nahe legt. ‚Liebe' ist in der Tat – neben ‚Natur' – eines der wichtigsten Motive lyrischer Texte, das Dichter von der Antike bis zum heutigen Tag immer wieder beschäftigt und zu unterschiedlichsten Gestaltungen herausgefordert hat. Gerade die Überzeitlichkeit dieses Motivs ermöglicht es, für einzelne Epochen und Autoren typische Liebesauffassungen, aber auch charakteristische Merkmale der Sprache und Gedichtform zu erarbeiten. Die in Gedichten zum Ausdruck kommende Erfahrung von Liebe ist oft mehrdeutig, auch widersprüchlich, und stellt eine Herausforderung für den Leser und Interpreten dar. Es zeigt sich, dass bei aller Überzeitlichkeit des Themas die Erfahrung und Darstellung von Liebe an historische, soziale, weltanschauliche und andere Bedingungen gebunden ist, die sich u.a. aus der besonderen Lebenssituation oder psychischen Verfassung der Autoren ergeben können.

Eine Herausforderung stellt gewiss die relativ breite thematische Vorgabe (‚Vom Barock bis zur Gegenwart') dar, denn das Spektrum der infrage kommenden Gedichte ist kaum überschaubar. Im Unterricht wird aus der Fülle des Materials sicher eine exemplarische Auswahl getroffen. Vor allem zwei Auswahlkriterien sind dabei von Belang: Die Repräsentativität der lyrischen Texte für wichtige Epochen und die Vergleichbarkeit der Gedichte. Um Letzteres zu erreichen, kann es hilfreich sein, innerhalb des an Epochen ausgerichteten historischen Längsschnitts thematische Querschnitte (z. B. ‚Die verlassene Geliebte', ‚Nähe und Ferne des/der Geliebten', ‚Liebe als Partnerschaft') vorzunehmen und derart mit literarischen Themenfeldern zu arbeiten, die auch der Auswahl der anderen Pflichtlektüren (‚Recht und Gerechtigkeit') zugrunde liegen. Ein Wissen zu Epochenmerkmalen, zu den zeit- und lebensgeschichtlichen Voraussetzungen der Autorinnen und Autoren trägt zu einem besseren und vertieften Verständnis der Gedichte bei. Kenntnisse dieser Art können auch in der Abiturprüfung von Vorteil sein, sind jedoch nicht von zentraler Bedeutung. Entscheidend ist vielmehr die Fähigkeit, Gedichte interpretieren und miteinander vergleichen zu können (Vgl. dazu Abschnitt 3.4). Dabei ist in aller Regel mit weniger bekannten Texten zu rechnen: Wer sich also für dieses Thema entscheidet, muss in der Lage sein, anhand von bestimmten Gedichten erworbene Kompetenzen auf andere Gedichte übertragen zu können.

3 Aufgabenarten

Die EPA *(Einheitliche Prüfungsanforderungen in der Abiturprüfung Deutsch)* unterscheiden drei wesentliche fachspezifische Erschließungsformen von Texten: das Untersuchen, das Erörtern und das Gestalten. Kombiniert man diese drei Methoden mit einer Textart (literarisch oder pragmatisch), erhält man die folgenden Aufgabenarten:

Erschließungsform	**Textart**	**Aufgabenart**
untersuchend	literarisch	Textinterpretation
	pragmatisch	Textanalyse
erörternd	literarisch	literarische Erörterung; freie Erörterung: Werkvergleich (Teilaufgabe 3 bei Aufgabenart I in Baden-Württemberg)
	pragmatisch	Texterörterung
gestaltend	literarisch	gestaltende Interpretation
	pragmatisch	adressatenbezogenes Schreiben (alternative Teilaufgabe 2 bei Aufgabenart V in Baden-Württemberg)

(nach EPA, Abschnitt 3.2)

Auf der Grundlage dieses Spektrums wurden für die schriftliche Abiturprüfung in Baden-Württemberg fünf Aufgabenarten entwickelt:

1. Interpretationsaufsatz mit übergreifender Teilaufgabe zu einer Pflichtlektüre
2. Gestaltende Interpretation zu einer Pflichtlektüre
3. Literarische Erörterung
4. Interpretationsaufsatz zu einem Gedicht oder vergleichende Gedichtinterpretation (unter Vorgabe eines Themenfelds oder eines literarischen Motivs)
5. Erörterung und Analyse nicht fiktionaler Texte (auch mit gestalterischer Teilaufgabe)

Im Folgenden werden diese fünf Aufgabenarten näher erläutert:

3.1 Interpretationsaufsatz mit übergreifender Teilaufgabe zu anderen Pflichtlektüren

Einer der drei Pflichtlektüren (Gattungen: Drama, Erzählung bzw. Novelle, Roman) wird ein **Textauszug** entnommen, der in der Regel nicht mehr als eineinhalb Druckseiten umfasst, aber auch deutlich kürzer ausfallen kann. An diesen schließen sich drei Aufgabenstellungen an. Zu verfassen ist also ein **dreigliedriger Interpretationsaufsatz**.

Die **erste Arbeitsanweisung** fordert eine **kurze Einführung in die Lektüre**, die auf den vorgelegten Textauszug abgestimmt sein muss. Eine komplette und womöglich detaillierte Inhaltsangabe wird dieser Aufgabenstellung nicht gerecht und wäre außerdem ein zeitraubendes Unternehmen. Der Verfasser soll hier nicht nur seine Kenntnis des Werks unter Beweis stellen, sondern zeigen, dass er Wesentliches von Nebensächlichem unterscheiden und die für das Verständnis der Vorlage notwendigen Informationen vermitteln kann.

Bei der möglichst kompakten, folgerichtigen und übersichtlichen Darstellung sollte man einen ‚fiktiven Leser' vor Augen haben, der das Gesamtwerk nicht kennt und sich im Hinblick auf die gegebene Schlüsselstelle schnell orientieren will. In den meisten Fällen wird nur eine funktionale **Hinführung zum Textauszug** verlangt; das weitere Geschehen wird dann nicht referiert, unter Umständen ist ein kurzer Ausblick auf zentrale Ereignisse im Anschluss an die Textstelle denkbar. Zielt die Aufgabenstellung auf eine **Einordnung** der Stelle (zum Beispiel einer Szene in das Drama oder in einen Akt des Dramas) ab, so muss man das Geschehen entlang der wesentlichen Handlungslinien wiedergeben; dabei sollte insbesondere der Stellenwert des Auszugs – zum Beispiel dessen Bedeutung als Schlüsselstelle, als Höhe- und Wendepunkt der Handlung – deutlich hervorgehoben werden. In seltenen Fällen schließt die Aufgabenstellung auch ausdrücklich die Forderung ein, die Funktion der einzuordnenden Textstelle im Rahmen des Gesamtwerks (oder eines Aktes, eines Kapitels) zu bestimmen; die Einbeziehung der Textstruktur (Aufbau des Dramas, der Novelle, des Romans) ist dann unerlässlich.

Zusammenfassend kann man sagen: Anhand der ersten Arbeitsanweisung ruft sich der Aufsatzschreiber sein Wissen über Inhalt und Struktur des literarischen Werks in Erinnerung und trifft eine Auswahl, die geeignet ist, die Interpretation der Textstelle in Form einer informativen Einleitung vorzubereiten.

Für die **zweite Arbeitsanweisung** gelten die üblichen Regeln der **Interpretation** literarischer Texte: Die Vorlage wird nach inhaltlichen, sprachlichen und formalen Aspekten ausgewertet, die in eine – diese Schwerpunkte verbindende – Deutung eingehen.

Dem entsprechen die üblichen Standardfragen, die sich als Impuls verstehen: Sie geben eine Richtung an, ohne den Verfasser des Aufsatzes allzu sehr zu gängeln. Eine Interpretationsaufgabe für eine Dramenszene könnte lauten: *Zeigen Sie, welche Positionen Vater und Sohn hier vertreten und wie sich das Gespräch zwischen ihnen entwickelt. Berücksichtigen Sie bei Ihrer Interpretation auch die sprachliche und szenische Gestaltung.*

Oder im Falle eines Romans beziehungsweise einer Erzählung/Novelle: *Untersuchen Sie anhand des Textauszugs, in welcher Konfliktsituation sich […] befindet und was in ihm/ihr vorgeht. Beziehen Sie die sprachliche und erzählerische Gestaltung in Ihre Deutung mit ein.*

Die Berücksichtigung sprachlicher Merkmale gehört zwingend zu einer Interpretation; inwieweit formale Eigenschaften der Textgestaltung (Erzählweise, szenische Gestaltung, Satire, Parabel und so weiter) eine – womöglich gar zentrale – Rolle spielen, ist von der besonderen Qualität beziehungsweise Vielschichtigkeit (Komplexität) des zu behandelnden Werks abhängig.

Der Interpretationsteil des Aufsatzes erfordert eine **Konzentration auf die Textstelle**; andere Werkpassagen dürfen nur in aller Kürze herangezogen werden, wenn sie die Deutung weiterbringen und ein vertieftes Verständnis der Textstelle fördern; dagegen sind längere Abschweifungen unbedingt zu vermeiden.

Bei der Durchführung der Interpretation ist auf ein **systematisches Vorgehen** sowie auf **Anschaulichkeit** zu achten. Ein systematisches Vorgehen setzt voraus, dass sich der Verfasser des Aufsatzes über die Zielrichtung seiner Interpretation im Klaren ist und einen entsprechenden Aufbau für diesen Teil seiner Arbeit konzipiert, der für den Leser durchschaubar sein muss. Wenn er einen dramatischen Dialog vor sich hat, so kann er diesen zum Beispiel in Gesprächsphasen untergliedern, sich die Verlaufsstruktur verdeutlichen und die Interpretation anhand dieses Leitfadens anlegen; es wäre aber auch denkbar, die Gesprächsstrategie einer Figur darzustellen und das Verhalten (Reagieren) des Dialogpartners damit zu vergleichen. Neben der Inhaltsebene (Austausch von Informationen) ist die Beziehungsebene des Dialogs und der Zusammenhang zwischen Absichten und sprachlichen Strategien (Rhetorik) zu berücksichtigen. Auch die nonverbale Kommunikation (Bewegungen, Gesten, Mimik) kann aufschlussreich sein. Ebenso wenig wie eine Inhaltsangabe werden ein beliebiges, methodisch unkontrolliertes Vorgehen (‚Springen' im Textauszug von einer Stelle zur anderen), eine Aneinanderreihung von Einzelbeobachtungen ohne argumentative Einbindung oder eine fragmentarische Textbetrachtung der Aufgabenstellung gerecht. Schließlich sollte man unbedingt eine getrennte Behandlung von Inhalt und Sprache bzw. Form vermeiden, da nur eine **integrative Darstellung** die Funktion und damit den Sinn sprachlicher und formaler Gestaltungsmerkmale vermitteln kann.

Anschaulichkeit wird durch gezieltes und **korrektes Zitieren** (vor allem der Kernstellen) und **Verweise** (Zeilenangaben) gewährleistet. Zitate sind funktionslos, wenn sie lediglich als ‚schmückendes Beiwerk' auftreten; sie müssen vielmehr als Belege für Interpretationsthesen beziehungsweise als auszuwertendes Material in den Gang der Untersuchung eingebaut werden. Beliebiges oder unkommentiertes Zitieren, das Zitieren ganzer Textblöcke oder ganze Zitatreihen ziehen den Aufsatz unnötig in die Länge und führen anstelle von Anschaulichkeit zu Unübersichtlichkeit.

Da der Interpretationsaufsatz eine anspruchsvolle Vergleichsaufgabe (Arbeitsanweisung 3, siehe unten) umfasst, wird sich der Umfang des Interpretationsteils schon aufgrund des Zeitbudgets in gewissen Grenzen halten müssen. Entscheidend für die Planung ist hier eine Unterscheidung nach **Kernstellen**, wichtigeren und eher beiläufigen Passagen des Textauszugs. In jedem Falle muss der **Gesamtverlauf** eines Dialogs oder eines inneren Monologs erfasst, strukturiert und übersichtlich dargestellt werden. Zitate (Kernstellen) sollten exemplarische Qualität haben und der Vertiefung dienen; eine Veranschaulichung (Konkretisierung) kann weiterhin durch Textparaphrasen (knappe, pointierte Zusammenfassungen von Textpassagen in eigenen Worten) mit Verweisen (Zeilenangaben) und kurzen Belegzitaten erfolgen. Ein **exemplarisches Vorgehen** empfiehlt sich auch bei der Einbeziehung sprachlicher und formaler Texteigenschaften. Zu vermeiden ist eine bloße Auflistung verschiedener Befunde, sinnvoll dagegen eine gezielte Beschränkung auf jene Merkmale – zum Beispiel der Figurensprache, der Erzählweise –, die entscheidend zur Wirkung des Textes auf den Leser beitragen. Vollständigkeit kann nicht angestrebt werden: Es geht vielmehr darum, bei der Auswertung zentraler Zitate oder bei der Paraphrasierung von Textstellen **anhand typischer Gestaltungsmerkmale den funktionalen Zusammenhang zwischen Inhalt, Sprache und Form** zu **verdeutlichen**.

Grundsätzlich ist der Umfang der Interpretation von der Länge der vorgegebenen Textstelle abhängig. Ein kurzer Textauszug, der fünfzehn oder zwanzig Zeilen umfasst, ermöglicht ein stärker ins Detail gehendes Interpretieren als eine drei bis vier Mal so lange Passage, die ein Vorgehen nach der oben skizzierten Methode nahelegt.

Die **dritte Arbeitsanweisung** verlangt die Einbeziehung weiterer Pflichtlektüren in den Interpretationsaufsatz. Dabei kann sich der geforderte Vergleich auf *einen* oder *zwei* Texte beziehen. Zu diesen weiteren Pflichtlektüren wird kein Textauszug vorgelegt. Sie müssen entsprechend der Fragestellung Ihre **Lektürekenntnisse** in einen Vergleich **einbringen**. Direkte Belege (Zitate, Verweise auf einzelne Textstellen) können aufgrund des Umfangs der Aufgabe und der zur Verfügung stehenden Zeit nicht erwartet werden. Allerdings ist es notwendig, zum Beispiel Romankapitel oder Akte beziehungsweise Szenen eines Dramas als Belege anzuführen.

Der Bildungsplan für die Kursstufe in Baden-Württemberg sieht die Behandlung literarischer Werke und ihrer historischen Voraussetzungen vor: Im Verlauf der Kursstufe sollen Sie Einblicke in die „Geschichtlichkeit des Kunstwerks, literarisch-kulturelle Traditionszusammenhänge und literaturgeschichtliche Entwicklungen" erhalten haben. Die Erarbeitung solcher Kontexte führt nicht nur zu einem literarischen „Orientierungswissen", sondern dient auch dem besseren Verständnis einzelner Werke. Auf methodischer Ebene trägt die dritte Arbeitsanweisung diesen Zielvorstellungen Rechnung, insofern hier ein **thematisch ausgerichteter Vergleich** von Werken aus verschiedenen Epochen vorgenommen werden muss.

Die **Aufgabenstellung knüpft an die zuvor interpretierte Textstelle an** und erlaubt es dem Verfasser des Aufsatzes, ausgehend von den Ergebnissen seiner Deutung eine vergleichende Betrachtung vorzunehmen. Es ist also in jedem Falle von Vorteil, die Untersuchung mit dem Werk zu beginnen, das durch den Textauszug repräsentiert ist. Ein Beispiel aus dem Bereich der aktuellen Pflichtlektüren mag als Illustration dienen: Die Textstelle wird Kafkas Roman *Der Proceß* entnommen (7. Kapitel, S. 115/116, Reclam-Ausgabe, Stuttgart 2000) und vermittelt Überlegungen K.s zum Verfassen einer Eingabe für das Gericht. Dabei werden die Unsicherheit und Überforderung des Protagonisten ebenso deutlich wie seine Versuche, die sich ihm aufdrängenden Schwierigkeiten zu überspielen bzw. zu verdrängen, indem er die Angelegenheit wie ein „Geschäft" betreiben will. K.s utilitaristische Einstellung zum Prozess und damit zur Problematik der Rechtfertigung seiner Existenz kommt deutlich zum Ausdruck. Die Aufgabenstellung könnte nun lauten: *Untersuchen Sie in einer vergleichenden Betrachtung, welche Vorstellungen von Recht und Gerechtigkeit das Handeln von Josef K. und Michael Kohlhaas bestimmen.*

Ein gelungener Werkvergleich muss mehr leisten als eine Reproduktion von Inhalten; eine bloße Bilanzierung von Gemeinsamkeiten und Unterschieden (etwa in den Motiven und Verhaltensweisen von Figuren) wird der Aufgabe nicht gerecht. Vielmehr kommt es darauf an, die Lektürekenntnisse in eine stringente Argumentation einzubinden und zum Beispiel der Frage nachzugehen, welche Voraussetzungen im persönlichen, aber auch im gesellschaftlichen und eventuell politischen Umfeld auf die Weltanschauung und das Verhalten der Protagonisten einwirken. Insofern stimmen die Anforderungen an einen Werkvergleich mit den Kriterien für die Literarische Erörterung (siehe Abschnitt 3.3) überein. Sie müssen ihr literarisches Wissen im Hinblick auf den Vergleichsaspekt eigenständig organisieren, Schwerpunkte setzen und eine Gliederung entwickeln, die Verlauf und Zielrichtung der Argumentation klar hervorhebt und für den Leser nachvollziehbar macht.

3.2 Gestaltende Interpretation zu einer Pflichtlektüre

Gestaltendes Interpretieren **darf nicht mit kreativem Schreiben verwechselt werden**. Bei diesem ist der vorgegebene Text nur ein Schreibanlass: Hier hat der Verfasser einen großen subjektiven Gestaltungsspielraum und kann daher auch verändernd in den Text eingreifen. Gestaltendes Interpretieren ist dagegen **eine Alternative zur analytischen Interpretation**: Wie diese dient es der Texterschließung, wenn auch mithilfe einer anderen Methode. Die gestaltende Interpretation ist daher ein sowohl kreatives (Textproduktion) als auch ein hermeneutisches (Textverständnis) Verfahren.

Um zu verhindern, dass die Textproduktion sich von den Vorgaben der Pflichtlektüre (zum Beispiel dem Charakter, der Weltanschauung oder dem Handlungsspielraum einer Figur) löst und eigene Wege geht, wird auch bei dieser Aufgabe ein **Textauszug** aus dem jeweiligen Werk vorgelegt. Im Mittelpunkt steht in aller Regel eine wichtige Figur und die **erste Arbeitsanweisung** bezieht sich häufig auf die Situation, in der sich jene befindet, sowie auch auf ihre charakterlichen Merkmale. Nimmt man z. B. als Textvorlage jene Szene, in der Kohlhaas am Ende der Novelle das Todesurteil mitgeteilt wird, er letzte Verfügungen trifft und die heilige Kommunion empfängt (S. 105/106, Reclam-Ausgabe, Stuttgart 2006), so könnte die Aufgabenstellung lauten: *Erläutern Sie die Situation, in der sich Michael Kohlhaas hier befindet, und zeigen Sie, welches Bild der Leser von ihm gewinnt.* Um die Situation bestimmen zu können, muss der Verfasser des Aufsatzes **das unmittelbar vorausgegangene Geschehen kurz und bündig darstellen**. Eine weit ausholende Hinführung zur Textstelle im Sinne der ersten Teilaufgabe des Interpretationsaufsatzes ist hier nicht notwendig. Auch wird keine Interpretation der Vorlage erwartet, sondern eine auf wesentliche Textinhalte konzentrierte Auswertung. Es erübrigt sich also eine Betrachtung der sprachlichen und formalen Gestaltungsmerkmale. Vielmehr kann das **Bild**, das der Leser **von der Figur** gewinnt, anhand markanter Passagen (zum Beispiel: besonnenes Verhalten, innere Ruhe und Genugtuung auch angesichts des bevorstehenden Todes) belegt und zusammenfassend analysiert werden. Dabei können spezifische Charaktermerkmale und für die Figur – in dieser besonderen, herausgehobenen Situation – typische Verhaltensweisen zum Vorschein kommen. Die Erarbeitung solcher und ähnlicher Ergebnisse dient als Vorbereitung für die gestaltende Interpretation, die den Hauptteil des Aufsatzes bildet und dementsprechend bei der Beurteilung deutlich stärker gewichtet wird als der erste Teil.

Die erste Arbeitsanweisung lässt **Varianten** zu, die allerdings eher selten vorkommen: So ist es denkbar, dass sich die Textvorlage auf zwei oder mehrere Figuren bezieht und beispielsweise deren Beziehung zu erarbeiten ist. Die sich anschließende Gestaltungsaufgabe könnte dann im Verfassen eines Dialogs zwischen diesen Figuren bestehen. Auch ist nicht auszuschließen, dass ein Teil der Gestaltungsaufgabe eine im Textauszug nicht vorkommende Figur betrifft: Dies wäre zum Beispiel der Fall, wenn nicht nur ein Brief einer in der Vorlage auftretenden Figur zu schreiben ist, sondern außerdem ein Antwortbrief auf dieses Schreiben, der von einer Figur stammt, die im Text nicht erwähnt wird.

Weitere **Textsorten**, die im Rahmen der **zweiten Arbeitsanweisung** vorgegeben werden können, sind – neben dem Brief beziehungsweise den Briefen und dem Dialog – der Tagebucheintrag und der innere Monolog (Roman, Erzählung/Novelle) sowie der Bühnenmonolog (Drama). Dagegen ist mit der Gestaltung einer Erzählpassage (Roman, Erzählung/Novelle) der besonderen Schwierigkeiten einer solchen Aufgabe wegen nicht zu rechnen: Sie müssten in diesem Fall souverän über Techniken verfügen, die die besondere Erzählweise des jeweiligen Autors ausmachen, zum Beispiel die Verwendung der erlebten oder der direkten Rede und deren Integration in den Erzählerbericht. Sollte dies in Einzelfällen auch möglich sein, so besteht doch die Gefahr, sich zu sehr auf die Imitation von Gestaltungsmerkmalen zu konzentrieren. Die eigentliche Funktion des Gestaltenden Interpretierens, nämlich die Erschließung und Deutung des Werks durch Übernahme und Ausgestaltung einer – oder mehrerer – Figurenperspektiven, würde dann in den Hintergrund treten.

Mithilfe der oben genannten Textsorten ist es möglich, bestimmte **Leerstellen** in den Werken **auszufüllen**: Die zweite Arbeitsanweisung fordert also dazu auf, eine vom Autor selbst nicht realisierte Möglichkeit zu ergreifen, indem beispielsweise eine Figur durch einen Tagebucheintrag oder einen Brief noch umfassender charakterisiert, in ihren Gedanken und Gefühlen noch genauer erfasst wird, als dies im Werk tatsächlich der Fall ist. Ein Beispiel soll die Aufgabenstellung verdeutlichen: Gesetzt den Fall, dass sich eine Figur in einer Lebenskrise befindet, die sie selbst nicht mehr meistern kann (Textauszug und Arbeitsanweisung 1), so könnte die Gestaltungsaufgabe lauten: *Gehen Sie von folgender Annahme aus: Wenige Tage später schreibt […] einen Brief an […], indem sie ihm/ihr seine/ihre Gedanken, Gefühle und Sehnsüchte mitteilt. Verfassen Sie diesen Brief.* Eine Ausweitung dieser Aufgabe könnte wie folgt aussehen: *Wenig später erhält er/sie ein Antwortschreiben. Verfassen Sie beide Briefe.*

Man sollte den Schwierigkeitsgrad einer solchen Gestaltungsaufgabe nicht unterschätzen. Zwingend notwendig sind genaue Kenntnisse bezüglich der zu realisierenden **Textsorte** (etwa der Form des inneren Monologs) sowie die Fähigkeit, sich charakteristische Merkmale der jeweiligen **Figurensprache** anzueignen. Zwar kann nicht erwartet werden, dass die Verssprache eines klassischen Dramas imitiert oder die besondere Bildhaftigkeit im Ausdruck einer Figur des ‚Sturm und Drang' (immer) genau getroffen wird. Doch ist eine gewisse **Annäherung an den Sprachgestus** insgesamt wünschenswert, das heißt an Auffälligkeiten wie häufig verwendete Begriffe, Metaphern oder Redensarten, einen Jargon, eine Tendenz zum bruchstückhaften Reden oder ausschweifender Darstellung und so weiter. Zu vermeiden sind in jedem Fall umgangssprachliche oder gruppenspezifische Ausdrucksformen im heutigen Sprachgebrauch (zum Beispiel Jugendjargon mit Begriffen wie ‚cool', ‚angesagt' oder ‚abgefahren').

Zusammenfassend ist festzuhalten: Um bei der gestaltenden Interpretation Beliebigkeit zu vermeiden und möglichst präzise beurteilbare Ergebnisse zu erreichen, sollten Sie vor allem drei Ziele im Auge behalten: Die **inhaltliche Stimmigkeit** Ihrer Produktion, die durch Werkvorgaben wie Handlung, Charaktere, Figurenkonstellation abgesichert sein muss, die **korrekte Umsetzung der Textsorte** und schließlich – mit den genannten Einschränkungen – die **Imitation des Sprachgestus der Figuren**.

3.3 Literarische Erörterung

Der Bildungsplan für die Kursstufe bestimmt literarisches Erörtern als „Auseinandersetzung mit Sachverhalten, Problemen, Figuren, Formen und Wertungen bezogen auf ein literarisches Werk bzw. bestimmte literarische Werke." Diese Lernziele finden sich auch in den neuen Bildungsstandards für das Fach Deutsch. Der Aufgabentyp Literarisches Erörtern trägt der Tatsache Rechnung, dass in literarischen Werken kulturelle Erfahrungen gespeichert und sie deshalb in besonderem Maße geeignet sind, Antworten auf Grundfragen der menschlichen Existenz zu geben. Literatur kann zur Selbstfindung des Lesers beitragen und diesen zugleich befähigen, Fremdes besser zu verstehen. Insofern fördert die literarische Erörterung als besonders eigenständige Leistung die **Selbstreflexion**, schult das **Argumentationsvermögen** und trägt zur **Entwicklung einer differenzierten sprachlichen Ausdrucksweis**e bei.

Die Aufgabenstellung besteht aus zwei Teilen: Anstelle eines literarischen oder argumentierenden Textes wird eine **These vorgegeben oder** es werden **zwei** – oft konträre – **Behauptungen** einander gegenübergestellt. Dies kann kurz und bündig geschehen, wenn es etwa heißt: *Wirkliche Kunst zeichnet sich immer durch Zugänglichkeit aus. – Kunst ist ihrem Wesen nach etwas Befremdliches.* Es folgt die Arbeitsanweisung: *Setzen Sie sich mit diesen beiden Thesen auseinander.* Die Vorgabe kann auch als kurzes und pointiertes – in der Regel nicht über drei bis fünf Zeilen hinausgehendes – **Zitat** eines Dichters, Philosophen, Künstlers oder Wissenschaftlers präsentiert werden: *Die Dichtung hat nicht die Aufgabe, das zu schildern, was ist, sondern das, was sein soll, oder das, was sein* *könnte, als Teillösung dessen, was sein soll.* (Robert Musil). Hier lautet die Arbeitsanweisung: *Erläutern Sie die Äußerung Musils und erörtern Sie diese auf der Grundlage Ihrer Lektürekenntnisse.* Es handelt sich hier um eine zweiteilige Arbeitsanweisung, die zunächst eine **klärende Erläuterung der Behauptung** (**Einleitung**) und im Anschluss daran deren **Erörterung** (**Hauptteil**) verlangt.

Ob die Arbeitsanweisung nun ein- oder zweiteilig formuliert ist: Es empfiehlt sich in jedem Falle, zunächst durch eine sorgfältige Analyse der These(n) das thematische Feld abzustecken, das heißt in eigenen Worten zu erläutern, was eigentlich gemeint ist beziehungsweise gemeint sein könnte. So kann man sich auch vergewissern, ob man mit den Vorgaben überhaupt etwas anfangen kann. Erst dann ist die Ausgangsposition für eine sinnvolle Erörterung erreicht, die sich bei aller Freiheit der inhaltlichen und methodischen Konzeption unbedingt im vorgegebenen Rahmen halten muss. Wie die Erfahrung zeigt, ist die **Gefahr einer Verfehlung des Themas** bei der literarischen Erörterung besonders groß.

Andererseits ist die literarische Erörterung besonders reizvoll für Schülerinnen und Schüler, die sich eigenständig mit einem Thema, einer Problemstellung auseinandersetzen wollen, ohne dabei einen umfangreichen literarischen oder argumentierenden Text berücksichtigen zu müssen. Ein solcher macht reproduktive Leistungen (Hinführung zur Textstelle, Wiedergabe eines Textes) erforderlich und ist eine komplexe Vorgabe, auf die sich der Verfasser des Aufsatzes immer wieder beziehen muss. Denn Interpretation und textgebundene Erörterung beziehungsweise Analyse (vgl. Abschnitt 3.5) stellen dialogische Verfahren dar, die einen ständigen Austausch zwischen Text und Leser beziehungsweise Schreiber verlangen; die Textvorlage wirft Fragen auf, die Antworten herausfordern, welche wiederum am Text überprüft werden müssen und eventuell zu weiteren Fragen führen. Dagegen ist die literarische Erörterung, auch wenn eine These oder ein kurzes Zitat vorliegt, doch **im Wesentlichen monologisch** ausgerichtet. Der Verfasser führt, angeregt durch eine vorgegebene Position oder zwei Thesen zu einem Thema, eine Art Selbstgespräch. Er muss ohne weitere Hilfestellungen auf Kenntnisse zurückgreifen können, die eine eigenständige Erörterung ermöglichen; er muss weiterhin in der Lage sein, sein Wissen zu organisieren (Schwerpunkte setzen, geeignete Belege auswählen und darstellen) und zu strukturieren (Planung des Aufbaus, Durchführung der Argumentation). Diese wichtigen Kompetenzen, die weit über den Literaturunterricht hinaus von Bedeutung für die Lese- und Schreibfähigkeit sind, kommen jedoch auch bei der Vergleichsaufgabe des Interpretationsaufsatzes zur Geltung (vgl. Abschnitt 3.1). Sie ist allerdings als freie Erörterung einzustufen, da keine Textvorlage, sondern nur eine Aufgabenstellung gegeben wird.

Häufig bezieht sich die literarische Erörterung auf die **Pflichtlektüren** beziehungsweise den **thematischen Horizont**, in dem sich jene bewegen. Die vorgegebenen Thesen beziehungsweise Zitate können explizit einem oder zwei der Werke zugewiesen werden, etwa in Form literaturkritischer Stellungnahmen oder mithilfe von direkten Zitaten aus den Werken, die einen Vergleich (von Personen, Beziehungen, Situationen) nahe legen. Auch das lyrische Themenfeld beziehungsweise Motiv kommt grundsätzlich als Gegenstand der Erörterung in Betracht, wenn dies auch in den vergangenen Jahren nicht der Fall war und auch in Zukunft eher die Ausnahme bleiben wird.

Ein expliziter Bezug auf Pflichtlektüren kann neben thematischen (siehe oben) in seltenen Fällen auch formale Aspekte wie Gattungsfragen in den Mittelpunkt stellen, sofern diese für das Verständnis und die Wirkung des Werks zentral sind und zu einer inhaltlichen Auseinandersetzung hinführen. So können Aufgabenstellungen etwa die Frage aufwerfen, ob *die Hauptfigur eines Romans als ‚Held' oder ‚Opfer' der Umstände aufzufassen* ist oder ob *ein Drama eher als Tragödie oder als Komödie inszeniert werden* sollte.

Ein Zusammenhang zwischen Aufgabenstellung und Pflichtlektüren kann allerdings auch implizit beziehungsweise indirekt gegeben sein. Im Hinblick auf die aktuellen Pflichtlektüren (vgl. Abschnitt 2) wäre dies der Fall, wenn sich die Aufgabe im thematischen Horizont von Recht und Gerechtigkeit oder auch Schuld und Sühne bewegt. Die konkrete Aufgabenstellung verlangt dann in der Regel, die vorgegebene(n) These(n) beziehungsweise das Zitat oder die Zitate **anhand eigener Lektüreerfahrungen** zu erörtern oder auf der Grundlage der Lektüreerfahrungen zu den vorgetragenen Auffassungen Stellung zu nehmen. Unter solchen Voraussetzungen müssen Sie Zusammenhänge zwischen der Aufgabenstellung und den Pflichtlektüren selbst herstellen. Selbstverständlich kann in diesem Fall auf alle drei Pflichtlektüren zurückgegriffen werden, aber auch auf weitere – schulische oder private – Leseerfahrungen, sofern sie zu dem jeweiligen Themenfeld beitragen können.

3.4 Interpretationsaufsatz zu einem Gedicht oder vergleichende Gedichtinterpretation (unter Vorgabe eines Themenfelds oder eines literarischen Motivs)

Dieser Aufgabentyp ergänzt die Interpretation literarischer Texte der Gattungen Roman, Erzählung/Novelle und Drama. Insofern gelten die üblichen Kriterien für eine gelungene Deutung auch hier (vgl. Abschnitt 3.1). Im Falle von Gedichten ist die Textbasis schmaler, an das Verständnis werden jedoch aufgrund der – in besonderem Maße – poetischen Sprache und Formgestaltung höhere Anforderungen gestellt; eine **ausgeprägte Sensibilität für Lyrik** kann **als wichtigste Voraussetzung** für eine erfolgreiche Gedichtinterpretation bezeichnet werden. Außerdem ist es notwendig, das **Instrumentarium der Formanalyse** zu beherrschen, das heißt wenigstens die gängigen Fachbegriffe (zum Beispiel metrische Formen, rhetorische Figuren), präzise und trennscharf verwenden zu können. (Schulbücher und spezielle Trainingsmaterialien enthalten hilfreiche Zusammenstellungen, häufig in lexikalischer Form. Eine gute Übersicht über rhetorische Figuren findet sich beispielsweise in dem folgenden Band: Werner Winkler, *Prüfungswissen Oberstufe,* Freising: Stark Verlag 2000, Titel-Nummer: 94400).

Für die Interpretation von Gedichten ist also eine genaue Analyse der sprachlichen und formalen Gestaltung unabdingbare Voraussetzung. Oft erschließt sich der mögliche Sinn eines Gedichts erst aus der Form sowie besonderen sprachlichen Eigenschaften. **Inhaltliche, sprachliche und formale Elemente** sind so **eng miteinander verknüpft**, dass eine isolierte Betrachtung weit weniger noch als bei erzählenden oder dramatischen Texten zum Ziel führt. Dort hat man es in aller Regel mit einem logisch nachvollziehbaren Handlungsgerüst zu tun, von dem man ausgehen und auf das man sich beziehen kann. Gedichte verweigern sich dagegen häufig der Alltagslogik und erzählen – von Balladen abgesehen – keine referierbaren Geschichten.

Dennoch muss auch ihre Deutung den Anforderungen an eine Interpretation genügen: Es kommt auf **Präzision**, **Anschaulichkeit** und nicht zuletzt auf ein **systematisches Vorgehen** an. Eben dabei hilft häufig eine gründliche Form- und Sprachanalyse: So kann man etwa, ausgehend von der strophischen Gliederung, aus Entsprechungen und Unterschieden zwischen einzelnen Strophen und Strophengruppen (thematische Schwerpunkte, Haltung des lyrischen Ichs, Metrum, Endreim und so weiter), aber auch aus charakteristischen Abweichungen (etwa Stimmungsumbruch, Reimlosigkeit von Versen) die **Struktur des lyrischen Textes** ableiten. Damit ist eine solide Grundlage für alles Weitere gelegt: Die genaue Untersuchung der einzelnen Gedichtabschnitte nach inhaltlichen und formalen Aspekten; die Erarbeitung des Stimmungsgehalts beziehungsweise der besonderen subjektiven Färbung des Erlebten, welche zum lyrischen Ich, dem Sprecher im Gedicht, führt; schließlich die begründete Einschätzung der Wirkung des Gedichts auf den Leser. Dies alles ist nur als *ein* mögliches Vorgehen zu verstehen, denn das jeweilige Interpretationsverfahren muss sich am lyrischen Text ausrichten und lässt sich nur auf einer sehr allgemeinen Ebene standardisieren. Die **übliche Arbeitsanweisung** erlaubt Schülerinnen und Schülern ganz bewusst große methodische Freiheit: *Interpretieren Sie dieses Gedicht* beziehungsweise *Interpretieren und vergleichen Sie die beiden Gedichte.*

Neben der Interpretation eines Gedichts kommt, wie die zweite Arbeitsanweisung deutlich macht, ein **Gedichtvergleich** infrage. Dieser stellt nicht unbedingt höhere Anforderungen an den Interpreten, sondern kann auch eine gewisse Arbeitserleichterung bedeuten: Denn eine Gegenüberstellung zweier lyrischer Texte vermag den Blick für Besonderheiten der einzelnen Gedichte zu schärfen. Auch das **methodische Vorgehen beim Gedichtvergleich** muss genau überlegt und konzipiert werden. So kann man die Texte zunächst unabhängig voneinander und nacheinander deuten und dann zu einem Vergleich übergehen oder das zweite Gedicht vor dem Hintergrund einer ausführlichen Interpretation des ersten behandeln.

Das Thema **Liebeslyrik vom Barock bis zur Gegenwart** macht aufgrund der kaum überschaubaren Vielzahl infrage kommender Gedichte ein exemplarisches Vorgehen erforderlich (vgl. Abschnitt 2: Pflichtlektüren). Im Falle eines Vergleichs können die Gedichte aus einer oder zwei historischen beziehungsweise literarischen Epochen stammen sowie von einem oder zwei Schriftstellern verfasst sein – wobei die zweite Variante die übliche ist. Liegen zwei lyrische Texte vor, so sollte man beide möglichst gleichgewichtig interpretieren. Auch in diesem Punkt sind Ausnahmen zu berücksichtigen, insofern etwa die Gedichte, was ihren Umfang und ihre Komplexität betrifft, deutliche Unterschiede aufweisen. Somit sind – je nach Textvorlage – Schwerpunktsetzungen möglich und vielleicht sogar zwingend. In den vergangenen Jahren kamen Vergleichsaufgaben weit häufiger vor als solche, die ein Gedicht zum Gegenstand haben.

Die Arbeitsanweisung zielt ganz bewusst nicht auf besondere Kenntnisse (zum Beispiel zur historischen und literarischen Epoche oder zur Biografie der Autoren) ab. Diese können dort, wo es sich anbietet, in die Interpretation eingebunden werden, doch sollten **textexterne Zusammenhänge nur sparsam und funktional** – das heißt stets bezogen auf die Erschließung und Deutung des lyrischen Textes – zur Geltung kommen. Informationen zum Autor und seinen Lebensumständen können aber beispielsweise in der Einleitung des Aufsatzes sinnvoll platziert werden. In jedem Fall wird eine ausführliche Behandlung solcher Kontexte der Aufgabenstellung ebenso wenig gerecht wie ein bloß stimmungsbetontes Paraphrasieren des Gedichts ohne eine gründliche Betrachtung von Inhalt, Sprache und Form. Maßgeblich für die Bewertung sind die Präzision, Anschaulichkeit und Systematik der Interpretation.

3.5 Erörterung und Analyse nicht fiktionaler Texte (auch mit gestalterischer Teilaufgabe)

Dieser Aufgabentyp hat als einziger **keinen Bezug zu den Pflichtlektüren**. Vorgegeben wird ein nicht fiktionaler Text beziehungsweise ein Textauszug aus einem größeren (essayistischen, philosophischen, wissenschaftlichen) Werk. Die – weit häufiger vorkommenden – eigenständigen **Textvorlagen**, die unter Umständen gekürzt sein können, sind zumeist Zeitungen, Zeitschriften oder sonstigen periodisch erscheinenden Publikationen entnommen.

Das **breite Themenspektrum** hat zur Folge, dass Sie sich auf der Inhaltsebene nicht gezielt vorbereiten, sondern allein die für die Aufsatzformen des Erörterns und Analysierens notwendigen Methoden einüben können. Überblickt man die Aufgaben der letzten Jahre, so lässt sich allerdings eine gewisse Eingrenzung des Erwartbaren vornehmen. In der Regel behandeln die ausgewählten Texte **aktuelle gesellschaftliche Probleme, die in übergreifende** (historische, kulturelle, philosophische) **Perspektiven gerückt werden**. Dem Anspruch der Abiturprüfung würde es nicht genügen, zu schnell veraltenden Tagesaktualitäten – wie etwa zu einer Umfrage – Stellung zu nehmen. Im engeren Sinne politische, geschichtliche und wissenschaftliche Themen, die Spezialkenntnisse aus anderen Fächern voraussetzen, scheiden ebenfalls aus. **Häufig vorkommende Themenbereiche** sind zum Beispiel: Chancen und Risiken der (neuen) Medien; die gesellschaftliche beziehungsweise kulturelle Bedeutung von Literatur, Theater und Kunst allgemein; gesellschaftliche Institutionen und persönliche Verantwortung; Generationenkonflikte und Erziehungsfragen; Probleme der Informationsgesellschaft; Konsequenzen neuerer medizinischer und biologischer Forschung für das Bild vom Menschen.

Die **Unterscheidung von Erörtern und Analysieren** lässt sich im Hinblick auf Texte und Kompetenzen begründen. So gibt es Texte, deren Wirkung sich in erster Linie argumentativ und nicht sprachlich-rhetorisch entfaltet: In diesem Fall kommt die Erörterung als geeignete Aufsatzform in Betracht. Andererseits bedienen sich nicht nur Reden, sondern auch Leitartikel und sonstige nicht fiktionale Texte gezielt sprachlicher, stilistischer, rhetorischer Mittel, um den Leser zu überzeugen. Solche Vorlagen sind sich in besonderem Maße für eine Textanalyse geeignet.

Der Erörterung ist eine **zweigliedrige Aufgabenstellung** zugeordnet, wobei **alternativ zur zweiten Arbeitsanweisung** eine **gestalterische Aufgabe in Form eines adressatenbezogenen Schreibauftrags** gestellt wird.

Die **erste Arbeitsanweisung** verlangt eine – sprachlich möglichst eigenständige – **Textwiedergabe**, in welcher die zentralen Thesen und der Gang der Argumentation in den entscheidenden Zügen herausarbeitet werden. Was die Beschränkung auf das Wesentliche und die Vermeidung ausgiebigen Zitierens betrifft, so gelten hier dieselben Kriterien wie für die erste Arbeitsanweisung des Interpretationsaufsatzes (vgl. Abschnitt 3.1). Bei der sprachlichen Formulierung ist insbesondere darauf zu achten, dass hier nicht die eigene Meinung, sondern die **Position des Autors** referiert wird – dies betrifft vor allem die Verwendung des Distanz ausdrückenden Konjunktivs. Der Textwiedergabe kommt in der Konzeption des gesamten Aufsatzes die **Funktion einer Einleitung** zu. Sie dient der Absicherung eines lückenlosen Textverständnisses – nur auf dieser Basis kann eine Erörterung geführt werden. Die **Aufgabenstellung** könnte lauten: *Arbeiten Sie die Kerngedanken des Autors heraus und zeigen Sie, wie er seine Argumentation entwickelt.*

Die **zweite Arbeitsanweisung** fordert zur **Erörterung der Textvorlage** auf. Diese macht den **Hauptteil des Aufsatzes** aus. Auf der Grundlage eigener Erfahrungen und Überlegungen soll Sie sich hier mit der Position und den Argumenten des Autors hinsichtlich ihrer Sachbezogenheit, Folgerichtigkeit und Stichhaltigkeit auseinandersetzen. Da dieses Verfahren einem indirekten **Dialog** zwischen Aufsatzschreiber und Autor gleicht, sind Zitatbelege (Kernstellen) und Textverweise unerlässlich. Darüber hinaus wird eine Vertiefung beziehungsweise Ausweitung der vorgegebenen Argumentation erwartet, die in eine möglichst genau **begründete Darlegung des eigenen Standpunktes** münden sollte.

Grundsätzlich kann man den Erörterungsteil von den Anforderungen her mit der literarischen Erörterung (vgl. Abschnitt 3.3) vergleichen: Zwar verfährt die Texterörterung dialogisch, da ihr anstelle einer These eine argumentative Vorlage zugrunde liegt, die für den Aufbau der eigenen Argumentation Orientierungen vermitteln kann. Eine gelungene Erörterung darf sich jedoch nicht allzu eng an den Text anlehnen, was zu einer bloßen Paraphrasierung (Umschreibung) führen kann. Sie muss sich vielmehr – im Rahmen des vorgegebenen Themas – von der Textvorlage lösen, Eigenständigkeit zeigen und zu begründeten persönlichen Schlussfolgerungen kommen. Folgende **Aufgabenstellung** wäre denkbar: *Erörtern Sie die hier vorgetragene Auffassung von Disziplin anhand verschiedener Lebensbereiche und beziehen Sie Ihre eigenen Erfahrungen ein.*

Anstelle der Erörterung können Sie auch die **Gestaltungsaufgabe** wählen. Es handelt sich dabei nicht um eine gestaltende Interpretation (vgl. Abschnitt 3.2), sondern um adressatenbezogenes Schreiben, also um die **Ausführung einer nicht fiktionalen Textsorte**; diese bezieht sich inhaltlich auf das Thema der Textvorlage zur Erörterung. In aller Regel lautet die Aufforderung, eine **Rede** zu einem konkreten Anlass zu **verfassen**. Geht es im Text um das Thema ‚Disziplin', so könnte die Aufgabenstellung lauten: *Die SMV Ihrer Schule veranstaltet für Eltern, Lehrerkollegium und Schülerschaft eine Podiumsdiskussion zum Thema: ‚Disziplin – eine veraltete Tugend?' Formulieren Sie als Schülersprecher/in den Einführungsvortrag.* Im Vergleich zur Erörterung wird man bei einem solchen Einführungsvortrag Abstriche machen müssen, was die Vertiefung der Problematik und das differenzierende Abwägen von Argumenten betrifft. Stattdessen sind in diesem Fall aber andere Kompetenzen von Bedeutung: Der Verfasser der Rede muss deren Aufbau und sprachlich-rhetorische Gestaltung genau kalkulieren; er muss – durch eine pointierte, unter Umständen dialektische – Darlegung verschiedener Perspektiven das **Interesse der Zuhörer wecken**; er darf gezielt provozieren, ohne polemisch zu werden, sollte sich eine geschickte Überleitung zur anschließenden Diskussion überlegen, also Anstöße vermitteln und so fort. – Der Vortrag gilt – wie die Texterörterung – als Hauptteil des Aufsatzes.

Auch die Textanalyse umfasst zwei Aufgabenstellungen, wobei ebenfalls die zweite durch eine gestalterische Aufgabe ersetzt werden kann. Der **Schwerpunkt** liegt **hier** aber **auf der ersten Arbeitsanweisung**, deren Bearbeitung also den **Hauptteil** des Aufsatzes bildet. Eine solche Arbeitsanweisung könnte lauten: *Arbeiten Sie die Kerngedanken des Textes heraus und analysieren Sie seine Struktur und sprachliche Gestaltung.* Somit steht die **untersuchende Erschließung** des Textes im Vordergrund. Deren Qualität resultiert – wie bei der Interpretation eines literarischen Textes (vgl. Abschnitt 3.1) – aus der Ergiebigkeit, Anschaulichkeit und Systematik des Vorgehens. Sie müssen – entsprechend den Regeln der Textwiedergabe (siehe oben) – die Position des Autors und den Gang der Argumentation herausarbeiten, jedoch im Zusammenhang damit die Funktion der Textgestaltung (Aufbau, Sprachniveau, stilistische Besonderheiten, rhetorische Figuren und so weiter) ausführlich berücksichtigen. Für die Bewertung ist die Frage entscheidend, ob und inwieweit das **Zusammenwirken von Inhalt und Form** erfasst und angemessen dargestellt wird: Hier ergibt sich eine deutliche Übereinstimmung mit dem zentralen Kriterium für eine gelungene Interpretation (vgl. Abschnitt 3.1).

Die **zweite Arbeitsanweisung** verlangt eine **kurze Erörterung** in Form einer **begründeten Stellungnahme** zu einer (der) zentralen These der Textvorlage. Handelt es sich beispielsweise um einen Text zum Thema ‚Beschleunigung des Lebens als Fortschritt?', so könnte die **Aufgabe** lauten: *„Immer mehr gleichzeitig zu tun, daran machen wir heute unser Fortschrittsideal fest.": Nehmen Sie zu dieser These des Autors Stellung.* Im Anschluss an die eingehende Analyse des Textes sollen Sie hier die Fähigkeit unter Beweis stellen, sich anhand einer Kernaussage auch gedanklich mit der Auffassung des Autors auseinanderzusetzen.

Da die **gestalterische Aufgabe** nicht zum Hauptteil des Aufsatzes gehört und alternativ zur zweiten Arbeitsanweisung gewählt werden kann, fällt sie weniger umfangreich aus als beim Erörterungsaufsatz. Als **Textsorten** bieten sich unter anderem ein Beitrag zu einer Podiumsdiskussion oder zu einem Internetforum, aber auch ein Leserbrief an. Die **Aufgabenstellung** kann wie folgt formuliert werden: *Sie haben den Artikel von […] in* *der Wochenzeitung [...] gelesen und fühlen sich zu einer Stellungnahme herausgefordert. Verfassen Sie einen Leserbrief.* Wie im Falle von Erörterung und Vortrag (siehe oben) gilt auch hier die Regel, dass bei gleichem Anforderungsniveau unterschiedliche Kompetenzen gefragt sind.

Insbesondere auf eine Texterörterung, aber auch auf eine Analyse eines nicht fiktionalen Textes sollten Sie sich nur dann einlassen, wenn sie **mit der Thematik** schon **grundsätzlich vertraut** sind. Eigenständiges Erörtern sowie die intensive analytische Beschäftigung mit einem pragmatischen (so der in der EPA verwendete Begriff) Text werden in aller Regel nur dann zu guten Ergebnissen führen, wenn man auf ein bereits vorhandenes Wissen bezüglich des jeweiligen Themenbereichs zurückgreifen kann. *Spezielle* Vorkenntnisse stellen in jedem Fall eine günstige Voraussetzung für eine fundierte Auseinandersetzung mit der Position des Autors dar und sind gewiss auch hilfreich, wenn es um die Analyse der Strategien geht, mit denen eine bestimmte Auffassung geltend gemacht wird.

4 Anforderungsbereiche und Operatoren

4.1 Anforderungsbereiche (AFB)

In der EPA werden **drei Anforderungsbereiche** definiert, die sich in jeder Aufgabe – in jeweils leicht variierenden Anteilen – wiederfinden. Die einzelnen Bereiche bauen aufeinander auf und verlangen von Ihnen einen zunehmenden Grad an Abstraktionsfähigkeit und Problemlösungsvermögen. In jedem Bereich gilt es, eine Verstehensleistung, eine Argumentationsleistung und eine Darstellungsleistung zu erbringen.

- **Anforderungsbereich I** betrifft die **Reproduktion:** die Wiedergabe von gelernten Sachverhalten sowie die wiederholende Zusammenfassung, die sehr oft in Teilaufgabe 1 der Abiturprüfung verlangt ist. Der im Unterricht erarbeitete Hintergrund an Lektüre- und Faktenwissen, fachspezifische Arbeitstechniken, Methoden der Texterschließung sowie Darstellungstechniken sollen zum Einsatz gebracht werden.
- **Anforderungsbereich II** zielt auf die Anwendung erworbener Arbeitsweisen, auf **Reorganisation von Bekanntem und Transferleistungen**. Meistens sind in der zweiten Teilaufgabe solche Anforderungen gestellt, die ein selbstständiges Auswählen, Ordnen, Erläutern, Interpretieren oder Vergleichen verlangen. Erwartet wird von Ihnen eine eigenständige, argumentativ begründete Interpretation bzw. Erörterung, die zeigt, dass Sie in der Lage sind, Gelerntes auch auf unbekannte Zusammenhänge anzuwenden. Auf dem AFB II liegt in der Abiturprüfung das Hauptgewicht, die Teilaufgabe wird auch entsprechend stark bewertet.
- **Anforderungsbereich III** betrifft die gedankliche Selbstständigkeit der Leistung, die oft besonders in der letzten Teilaufgabe nötig wird: Hier müssen Sachverhalte und Zusammenhänge eigenständig ausgewertet, durchdacht und begründet beurteilt oder gestaltet werden. Sie sollen zu einer differenzierten und kritischen Wertung von Texten und Sachverhalten gelangen und Ihre Fähigkeit zur **Reflexion und Problemlösung** beweisen.

Nicht alle Aufgabenstellungen müssen dreiteilig aufgebaut sein; oftmals wird nur ein umfassender Operator (Arbeitsanweisung) wie „erörtern", „interpretieren" oder „analysieren" eingesetzt, der Leistungen in allen drei Anforderungsbereichen erfordert. Wird die Aufgabe nicht weiter differenziert, entfällt freilich auch eine erste Strukturierungshilfe, die die einzelnen Teilaufträge ansonsten bieten. Folglich haben Sie weniger Orientierungspunkte, aber auch mehr Freiraum beim Gliedern Ihres Aufsatzes.

4.2 Operatoren

Operatoren sind Arbeitsanweisungen. Sie machen deutlich, welche Art von Aufgabenstellung gemeint ist, lassen sich den einzelnen Anforderungsbereichen zuordnen und geben einen Hinweis auf das Gewicht der entsprechenden Aufgabe. Durch ihre konkreten Vorgaben dienen Operatoren sowohl dazu, Arbeitsaufträge eindeutig zu formulieren und voneinander abzugrenzen, als auch einheitliche Bewertungs- und Korrekturmaßstäbe zu setzen. Die folgende Operatorenliste basiert auf den Vorgaben der EPA und bietet ein breites Spektrum an Arbeitsaufträgen, die Ihnen in einer Abiturprüfung begegnen können.

Anforderungsbereich I (Reproduktion)

beschreiben	Hier sollen Sie eine genaue und sachliche, auf Erklärung und Wertung verzichtende Darstellung von Personen, Situationen, Vorgängen, Formmerkmalen usw. geben.	*Beschreiben Sie den Verlauf* des Dialogs
bestimmen	Wichtige Sachverhalte wie Ursachen, Motive und Ziele (z. B. einer Figur) werden anhand von Kriterien prägnant festgestellt.	*Bestimmen Sie die Situation der Figur* im vorliegenden Romanauszug.
darstellen / darlegen	Sie haben die Aufgabe, einen Zusammenhang, eine Entwicklung, eine methodische Entscheidung (des Autors) sachbezogen und objektiv zu formulieren.	*Stellen Sie die Wirkungsabsicht dar,* die der Autor mit seinem Text verfolgt.
skizzieren	Es kommt bei dieser Aufgabe darauf an, ein Persönlichkeitsbild, einen Entwicklungsprozess, eine Situation usw. auf das Wesentliche begrenzt, also in groben Zügen zu vermitteln.	*Skizzieren Sie Situation und Verhalten* der Figur anhand des vorliegenden Textauszugs.
wiedergeben	Sie sollen Informationen aus dem vorliegenden Text zusammenfassend in eigenen Worten präsentieren.	*Geben Sie* die Hauptgedanken der Rede *wieder.*
zusammenfassen	Es wird von Ihnen erwartet, dass Sie Inhalte, Aussagen, Zusammenhänge strukturiert und komprimiert wiedergeben.	*Fassen Sie den Gang der Argumentation* im vorliegenden Zeitungsartikel *zusammen.*

Anforderungsbereich II (Reorganisation und Transfer)

untersuchen, erschließen	Hier müssen Sie einen Text in Einzelheiten des Inhalts und der Form zerlegen sowie einzelne Textaspekte und Textelemente für sich und in ihrer Wechselbeziehung systematisch betrachten.	*Untersuchen Sie,* inwiefern *die rhetorischen Mittel* die Aussageabsicht verstärken. *Erschließen Sie die Motive der Figur* anhand ihres Gesprächsverhaltens.
einordnen	Einzelne Textelemente – in der Regel der vorgegebene Textauszug – werden unter Berücksichtigung ihrer Bedeutung und Funktion in einen Gesamtzusammenhang (z. B. Akt, Kapitel, Werk) gestellt.	*Ordnen Sie die vorliegende Szene in den Handlungszusammenhang* des ersten Aktes *ein.*

charakterisieren	Es wird von Ihnen erwartet, dass Sie Figuren, Vorgänge, Sachverhalte usw. in ihren spezifischen Eigenheiten pointiert darstellen, Wesentliches gewichtend hervorheben und unter leitenden Gesichtspunkten kennzeichnen.	*Charakterisieren Sie die Figur* anhand des inneren Monologs.
vergleichen	Sie sollen Texte, Figuren, Sachverhalte und Problemstellungen unter vorgegebenen oder selbst gewählten Aspekten einander gegenüberstellen, in Beziehung zueinander setzen und Gemeinsamkeiten sowie Unterschiede feststellen.	*Vergleichen Sie die Auffassungen von Gerechtigkeit,* die Karl Moor in Schillers Drama *Die Räuber* und Michael Kohlhaas in Kleists Novelle vertreten.
erklären	Hier müssen Sie Textaussagen und Sachverhalte in einen Begründungszusammenhang stellen und zu Schlussfolgerungen kommen.	*Erklären Sie die in dieser Stellungnahme zum Ausdruck kommende Einschätzung* des Romans.
erläutern	„Erläutern" entspricht „erklären", enthält jedoch den zusätzlichen Aspekt, dass Sie Ihre Ergebnisse durch Zusatzinformationen und Beispiele veranschaulichen und einsichtig machen sollen.	*Erläutern Sie diese Einschätzung* des Romans *vor dem Hintergrund Ihrer Lektüreerfahrungen.*
herausarbeiten	Hier geht es darum, Strukturen, Leitgedanken, Strategien usw. aus einem Textganzen herauszulösen und in textbezogener Vorgehensweise sowie unter Konzentration auf das Wesentliche darzustellen.	*Arbeiten Sie die rhetorische und sprachliche Gestaltung* des Leitartikels *heraus.*

Anforderungsbereich III (Reflexion und Problemlösung)

beurteilen	Sie müssen zu einem Text oder zu einem Sachverhalt zu einem selbstständigen, begründeten Sachurteil gelangen, und zwar nicht gestützt auf subjektive Werte, sondern auf fachliches Wissen.	*Beurteilen Sie den Lösungsvorschlag, den der Verfasser* im vorliegenden Text *entwickelt.*
bewerten	Es wird von Ihnen erwartet, dass Sie zu einem Sachverhalt, Text oder Problem selbstständig Stellung nehmen und ihn unter Bezugnahme auf eine Wertordnung angemessen beurteilen.	*Bewerten Sie den Lösungsvorschlag des Verfassers vor dem Hintergrund Ihrer eigenen Erfahrungen mit der Problematik.*
(kritisch) Stellung nehmen	Hier geht es darum, die Einschätzung einer Problemstellung, eines Sachverhaltes, einer Wertung auf der Grundlage fachlicher Kenntnis und Einsicht nach kritischer Prüfung und Abwägung zu formulieren.	*Nehmen Sie Stellung zu der zentralen These des Autors,* der zufolge Computerspiele die Gewaltbereitschaft bei Jugendlichen fördern.
begründen	Es ist wichtig, dass Sie ein Analyseergebnis, Urteil, eine Einschätzung, eine Wertung fachlich und sachlich absichern (durch einen entsprechenden Beleg, Beispiele, Argumente).	Nehmen Sie Stellung zum Thema ‚Computerspiele und Gewalt' *und begründen Sie Ihre Auffassung.*

sich auseinandersetzen mit	Sie sollen zu einer (fachlichen) Problemstellung oder These eine Argumentation entwickeln, die zu einem begründeten und nachvollziehbaren Ergebnis führt. Es handelt sich um eine offene, auf die Breite des thematischen Spektrums ausgerichtete Form des Erörterns, die Sachverhalte skizziert, Ursachen und Folgen reflektiert.	*Setzen Sie sich mit den Schlussfolgerungen, zu denen der Autor kommt, auseinander.*
prüfen, überprüfen	Hier müssen Sie eine Auffassung, eine Argumentation, ein Ergebnis usw. auf ihre / seine Schlüssigkeit, Gültigkeit, Berechtigung hin unter Bezugnahme auf Kriterien untersuchen..	Arbeiten Sie die Kernthesen des Autors heraus *und überprüfen Sie ihre Gültigkeit.*
gestalten	Erarbeiten Sie hier in Verbindung mit einer Textvorlage (literarisches Werk oder pragmatischer Text) und einer konkreten Aufgabenstellung ein eigenes Textprodukt (innerer Monolog / Brief / Tagebucheintrag oder Rede / Leserbrief) nach ausgewiesenen Kriterien (inhaltliche Stimmigkeit, adäquater Sprachstil, Rhetorik).	Gehen Sie von folgender Annahme aus: Kohlhaas verfasst im Gefängnis einen Brief an seine Söhne, in dem er auf die Ereignisse seit dem Vorfall am Schlagbaum zurückblickt und seine Sicht der Vorgänge darstellt. – *Gestalten Sie diesen Brief.* Gehen Sie von folgender Annahme aus: Sie haben den Artikel gelesen und möchten sich eingehend dazu äußern. – *Gestalten Sie einen Leserbrief.*
analysieren, interpretieren	**Literarische Texte:** Texterfassung, Textbeschreibung, Textdeutung (unter Berücksichtigung des Wechselbezuges von Textstrukturen, Funktionen und Intentionen, Erfassen zentraler strukturbildender, genretypischer, syntaktischer, semantischer und rhetorischer Elemente und ihrer Funktionen für das Textganze), kritische Reflexion und ggf. Wertung. **Sachtexte:** Texterfassung, Textbeschreibung, Textuntersuchung (Zusammenhang von Textstruktur und Textintention, strukturbildende semantische, syntaktische Elemente unter Berücksichtigung der sprachlichen Funktion); Erfassen der pragmatischen Struktur des Textes unter besonderer Berücksichtigung der Argumentationsweise; Erkennen und ggf. Beurteilen des Zusammenspiels von Struktur, Intention und Wirkung im Rahmen des historischen und aktuellen Verstehenshorizontes.	*Interpretieren Sie* das vorliegende Gedicht. *Interpretieren Sie* beide Gedichte im Vergleich. *Interpretieren Sie* den Dialog, und achten Sie dabei insbesondere auf die szenische und sprachliche Gestaltung. *Analysieren Sie* die vorliegende Rede, und achten Sie dabei insbesondere auf Merkmale und Funktion der rhetorischen Gestaltung. *Analysieren Sie* den vorliegenden Textauszug; berücksichtigen Sie dabei insbesondere die Wirkungsstrategie des Autors.

erörtern	Es wird von Ihnen erwartet, dass Sie eine These, eine Problemstellung oder eine Argumentation in schlussfolgernder Abwägung des Für und Wider und unter Berücksichtigung verschiedener Perspektiven überprüfen sowie ein begründetes Urteil fällen, ggf. auch Schlussfolgerungen ziehen und Lösungsperspektiven entwickeln.	*Erörtern Sie,* ausgehend von der Argumentation des Verfassers, *die Notwendigkeit* von Sprachförderkonzepten. *Erörtern Sie die Frage,* ob Kleists Drama als Komödie oder Tragödie inszeniert werden sollte.

5 Tipps

5.1 Praktische Tipps

Die **Wahl der Aufgabe** sollte sorgfältig getroffen werden, denn von der „richtigen" Aufgabe hängt ganz wesentlich der Erfolg der Arbeit ab. Deshalb sollten Sie nicht nur die Textvorlage, sondern auch die Aufgabenstellung genau lesen und für sich selbst folgende Fragen beantworten:

- Was genau wird verlangt: Reproduktion, Erarbeitung, Beurteilung, Stellungnahme, Vergleich, Eigengestaltung?
- Welches ist die Schwerpunktaufgabe? Liegt sie mir?
- Welche Aufgabe fordert mich heraus? Wo kann ich meine Stärken einbringen?
- Ausschlaggebend sollte nicht die vermeintliche Leichtigkeit einer Aufgabe sein, sondern die Möglichkeit, sie auf ergiebige und gehaltvolle Weise zu lösen. Auch die Gelegenheit, Kenntnisse aus dem Unterricht einzubringen, ist ein Aspekt bei der Entscheidungsfindung.

Grundsätzlich gibt es zwei Aufgabentypen: die **Reproduktions-** und die **Erarbeitungsaufgabe**.

- Zum ersten Typus gehört alles, was man „im Kopf" hat (oder haben sollte), wenn man den Prüfungsraum betritt: Wissen um Gattungen, Epochen, Autoren, Stoffe, Werke – kurz, das Hintergrundwissen, das für jede Bearbeitung und Einordnung nötig ist. Sie sollten es parat haben und nur noch entscheiden müssen, was davon im vorliegenden Zusammenhang relevant ist.
- Einen anderen Charakter hat die Erarbeitungsaufgabe: Hier liegt das Wissen noch nicht bereit, es ist mithilfe geeigneter Methoden erst noch zu erschließen. Das ist natürlich arbeits- und zeitaufwändiger als das Reproduzieren. Erarbeitungsaufgaben sind daher immer Schwerpunktaufgaben.

Ist die Entscheidung gefallen, sollten Sie die Aufgabe möglichst nicht mehr wechseln, denn das wäre verschenkte Zeit.

Eine **Zeitplanung** ist immer hilfreich. Die 330 Minuten Bearbeitungszeit entsprechen einem Unterrichtsvormittag. Es liegt also nahe, eine Grobplanung im 45-Minuten-Takt vorzunehmen. Bei Analyseaufgaben könnte man zum Beispiel zwei Unterrichtsstunden für die Konzeptphase ansetzen – Textmarkierungen, Skizzen, Gliederung, Ausformulierung von Kern- und Gelenkstellen –, etwa zwei Stunden für die Reinschrift und eine Stunde für die Durchsicht und Feinkorrektur. Damit wären etwa fünf Stunden verplant, sodass abzüglich der Pausen noch ein Puffer von mehr als einer Stunde bleibt. Pausen sollte man erst nach Beendigung eines Arbeitsganges einlegen, im Idealfall erst vor der Reinschrift.

5.2 Hinweise zu den Bewertungskriterien

Da ein Aufsatz als ganzheitliche Leistung zu betrachten ist, werden der Beurteilung keine Verrechnungspunkte zugrunde gelegt. Für die Aufgaben I, II, IV und V liegen den Lehrkräften Lösungshinweise vor, die allerdings relativ offen formuliert sind und mögliche Ergebnisse skizzieren, also alternative Bearbeitungen nicht ausschließen, wenn diese den Anforderungen entsprechen. Die sprachliche Qualität des Aufsatzes (sprachliche Korrektheit und stilistisches Niveau) muss angemessen berücksichtigt werden, wobei keine bestimmte Quote (Prozentangabe) vorgegeben wird.
Die Korrekturrichtlinien besagen, dass die Note nicht durch Addition von auf die Anforderungsbereiche bezogenen Teilnoten errechnet wird, sondern eine Gesamtwürdigung der erbrachten Leistung darstellt.
Bei der Bepunktung werden folgende Bewertungskategorien berücksichtigt:

- inhaltliche Leistung,
- Aufbau und methodische Leistung,
- sprachliche Leistung/Darstellungsleistung.

Besonders viel Gewicht wird in der Bewertung darauf gelegt, dass Ihre Ausfertigung

- sachlich richtig ist,
- Ihre Aussagen folgerichtig und begründet sind,
- Ihre Darstellung und Ihr Verständnis der Thematik den prinzipiellen Ansprüchen des Kernkompetenzfaches entsprechen,
- Ihre Arbeit einen bestimmten Grad an Selbstständigkeit, z. B. in der Entwicklung von Gedankengängen, aufweist,
- über einen klaren Aufbau und eine klare Sprache verfügt,
- eine grundlegende Sicherheit im Umgang mit der Fachsprache und den entsprechenden Methoden aufzeigt und
- sprachlich richtig und in ihrer äußerlichen Form angemessen ist.

Hinweise und Tipps zur mündlichen Abiturprüfung

1 Allgemeines

Mit der Abiturprüfung 2007 entfiel die bisher in Baden-Württemberg **obligatorische mündliche Zusatzprüfung in einem der Kernkompetenzfächer** (Deutsch, Mathematik, Fremdsprache). Eine freiwillige Prüfung ist – auch im Fach Deutsch – möglich, wird jedoch nur selten gewählt, da sich der Abiturdurchschnitt aufgrund der Anrechnungsmodalitäten selbst durch eine sehr gute oder gute Leistung allenfalls geringfügig verbessern lässt. Den Lehrkräften in Baden-Württemberg wird empfohlen, als Gegenstände der mündlichen Prüfung Werke und Themen zu wählen, die nicht zum Stoffbereich der schriftlichen Abiturklausuren gehören. Werden Aufgaben zu den Pflichtlektüren gestellt, so dürfen sie sich nicht mit den Aufgaben der schriftlichen Prüfung überschneiden, das heißt es sind den Schülern andere Textauszüge mit deutlich abgegrenzten thematischen Schwerpunkten vorzulegen.

Die mündliche Prüfung enthält in der Regel zwei gleichwertige Elemente, durch die einerseits die Fähigkeit zum **Vortrag**, andererseits die Fähigkeit zur Beteiligung am **Prüfungsgespräch** überprüft wird. Es gelten ansonsten grundsätzlich dieselben Kriterien für die Bewertung wie bei den schriftlichen Anforderungen, wobei es besonders darauf ankommt, dass man auch in mündlicher Rede gewandt und präzise argumentiert, ohne den Faden zu verlieren.

Zunächst erhalten Sie eine Aufgabenstellung, die aus einer oder mehreren Teilaufgaben bestehen kann. Für die Bearbeitung dieser Aufgabe stehen Ihnen im Vorbereitungsraum 20 Minuten zur Verfügung. Innerhalb dieser Zeit sollen Sie einen etwa 10-minütigen Vortrag vorbereiten, der in sich geschlossen und logisch untergliedert ist. Während des Vortrages können Sie sich auf die Texte sowie auf Ihre stichwortartigen Aufzeichnungen stützen.

Die Kürze der Vorbereitungszeit schließt aus, dass Sie Ihren Vortrag schriftlich ausformulieren; vielmehr ist es, ähnlich wie bei der Sichtungsphase in der Klausur, notwendig, den Vortrag durch sinnvolles Markieren und knappe Anmerkungen vorzubereiten.

Der zweite Prüfungsteil besteht aus einem Prüfungsgespräch, in dem Ihr Hintergrundwissen und Ihre Fähigkeit, größere fachliche und sachliche Zusammenhänge zu erschließen, überprüft werden.

Die größten Schwierigkeiten bei der mündlichen Abiturprüfung liegen erfahrungsgemäß im ersten Teil, also in dem ca. 10-minütigen zusammenhängenden, gegliederten Vortrag. Da es für solch lange Vorträge kaum echte Übungsmöglichkeiten im Unterricht gibt, zumindest nicht für jeden Einzelnen, fehlt es weitgehend an konkreten Vorerfahrungend; daher im Folgenden einige Tipps, wie Sie sich auf diese Prüfungssituation vorbereiten und Ihren Vortrag ansprechend gestalten können.

Tipps für die 20-minütige Vorbereitung

- Themenstellung: Was ist die Zielrichtung der geforderten Bearbeitung?
- Operatoren: Welche konkreten Anforderungen werden gestellt? Bei Mehrteiligkeit: Welche Gliederungshilfe bieten die Teilaufgaben? Welcher Aufgabe kommt das größte Gewicht zu?
- Einstieg: Mit welcher Einführung führt man den Vortrag schnell und stringent zum Kern der Aufgabenstellung?
- Texte: Fachbegriffe an den Rand schreiben, Quellen-Anmerkungen ergänzen, Stichworte für den Vortrag festlegen; wichtige Zitatstellen markieren.
- Gliederung: Nummerieren Sie Ihre Markierungen, damit Sie Ihren Vortrag anhand dieser Reihenfolge gestalten können.
- Beenden Sie Ihren Vortrag mit einem klaren Fazit.
- Grobstruktur: Nennung der Aufgabenstellung – Einleitung – Bearbeitung der Teilaufgaben – Schlussteil.

Tipps für den Vortrag

- Zeitmanagement: Legen Sie eine Armbanduhr neben Ihr Konzept, schreiben Sie, bevor Sie zu sprechen anfangen, den konkreten Zeitraum für Ihren Vortrag auf Ihr Konzept – so haben Sie klare zeitliche Anhaltspunkte.
- Nutzen Sie die Anmerkungen, die Sie während der Vorbereitungszeit angefertigt haben, als Leitfaden Ihres Vortrages.
- Sprechen Sie möglichst frei, klammern Sie sich nicht an Ihr Konzept.
- Sprechen Sie klar, deutlich und hinreichend laut.
- Achten Sie auf ein angemessenes Sprechtempo. Versuchen Sie, nicht zu schnell zu sprechen.
- Vermeiden Sie sowohl „Endlossätze" als auch Aneinanderreihungen und monotone Satzanfänge („Und … und … und …").
- Verwenden Sie die Fachsprache, die Sie gelernt haben, um zu verdeutlichen, dass Sie Ihr Metier beherrschen.
- Zitate/Textbelege: Verdeutlichen Sie während des Vortrages, woher Sie Ihre Aussagen beziehen, indem Sie Kernstellen mit Zeilenhinweis anführen.
- Ein gelegentlicher Blickkontakt zu Ihrem Prüfer oder den übrigen Beisitzern zeugt von einem souveränen Umgang mit der Situation und den Kommunikationsregeln.
- Bewegen Sie sich bei Ihrem Vortrag auf einer einheitlichen Sprachebene und vergegenwärtigen Sie sich, dass die Adressaten Ihres Vortrags Deutschlehrerinnen und Deutschlehrer, also Fachleute sind.

Sie können diesen ersten Teil der mündlichen Prüfung üben und simulieren, indem Sie Arbeitsaufträge aus diesem Band zugrunde legen, die Vorbereitungszeit exakt einhalten und zwei Kursmitglieder als fiktive Prüfungskommission hinzuziehen. Lassen Sie sich anschließend von Ihrer „Prüfungskommission" begründet darlegen, ob Ihr Vortrag sprachlich und inhaltlich verstanden wurde.
Ebenso können Sie natürlich in der Familie oder im Freundeskreis das Referieren üben oder zu diesem Zweck Ihren Vortrag selbst aufnehmen und überprüfen.

Die zeitliche Dauer des zweiten Prüfungsteils entspricht derjenigen des ersten Teils und sollte etwa 10 Minuten betragen. Das Prüfungsgespräch knüpft in aller Regel an den vorangegangenen Vortrag an. Ihm kann zunächst – je nach Qualität und Vollständigkeit des Vortrags – die Aufgabe zukommen, Unklarheiten zu beseitigen, einzelne Punkte zu präzisieren oder zu Ergänzungen hinzuführen. Nach einem ‚perfekten' Vortrag ist freilich ein umgehender Themenwechsel möglich, wobei zwischen dem Thema des Vortrags und den Themenbereichen des Gesprächs zumeist Verbindungen – in Form eines Werkvergleichs, einer Epochenzuordnung und so weiter – bestehen. Ganz grundsätzlich zielt das Prüfungsgespräch – im Unterschied zur schriftlichen Abiturprüfung – auf die Breite des Wissens und auf die Fähigkeit ab, Zusammenhänge herzustellen, Schwerpunkte zu setzen, Vergleichsaspekte zu entwickeln und so fort.

Im Verlauf des Gesprächs sollen Sie Ihre Kommunikationskompetenzen im Rahmen eines Fachgespräches unter Beweis stellen: Zeigen Sie sich also als gewandter Gesprächspartner, der adressatengerecht und sachkundig die Fragen und Impulse aufgreift und möglichst selbstständig und ergiebig damit umgeht.

Tipps für das Prüfungsgespräch

- *Sprechanteil:* Je eigenständiger und umfassender Sie als Prüfling mit den Fragen und Impulsen umgehen, desto besser! Begnügen Sie sich nicht mit Kurzantworten, führen Sie länger aus.
- *Erfassen der Frageintention:* Achten Sie auf die Operatoren und auf fachliche Kernbegriffe! Führen Sie sinnvolle Beispiele oder Vergleiche aus dem Unterricht an, zeigen Sie Ihr Hintergrund- und Allgemeinwissen. Aber schweifen Sie nicht ab, bleiben Sie beim Thema.
- *Gesprächsaufbau durch den Prüfer:* In der Regel gestaltet der Prüfer ein solches Gespräch nach dem Prinzip „Vom Einfachen zum Schwierigen, vom Einzelfallbeispiel zum Allgemeinen/Modellhaften".
  Wenn Sie einen Bezug zu einer Ihnen passend erscheinenden Theorie oder zu einem aus dem Unterricht bekannten Beispiel selber herstellen können: Tun Sie dies!
- *Unterrichtsbezüge:* Hintergrund aller Fragen und Impulse ist das aus dem Unterricht Bekannte. Stellen Sie also dort nach Möglichkeit über das gerade angesprochene Einzelbeispiel hinaus Vergleiche zu dem im Unterricht Behandelten an, weisen Sie auf Gemeinsamkeiten oder auch auf Unterschiede hin. Machen Sie somit deutlich, dass Sie die Themen des Prüfungsgesprächs in größere Zusammenhänge einordnen können.
- *Verständnisproblem:* Sollten Sie mit einer einzelnen Frage einmal nichts anfangen können: verlieren Sie keine Zeit, bitten Sie an einer solchen Stelle um eine kurze ergänzende Erläuterung.
- *Unterbrechungen:* Lassen Sie sich nicht irritieren. Der Prüfer möchte Ihnen entweder zurück auf den Haupt(frage)weg helfen oder den Themenschwerpunkt wechseln, was vielleicht nur daran liegt, dass die Prüfungszeit allmählich knapp wird: Werten Sie solche Unterbrechungen in jedem Fall als für Sie günstig und hilfreich.
- *Mimik und Gestik:* Lassen Sie sich nicht durch Äußerlichkeiten irritieren: Die Prüfer werden sich bemühen, eine neutrale Atmosphäre herzustellen. Wenn das Prüfungsgespräch beispielsweise weniger persönlich verläuft als eine normale Unterrichtsstunde, ist das kein beunruhigendes Zeichen.

Deutsch (Baden-Württemberg): Übungsaufgabe 1
Interpretationsaufsatz mit werkübergreifender Teilaufgabe zu einer Pflichtlektüre (Werk im Kontext)

Pflichtlektüren:
Franz Kafka (1883–1924), *Der Proceß*
Heinrich von Kleist (1777–1811), *Michael Kohlhaas*

Textauszug aus: Franz Kafka, *Der Proceß* (7. Kapitel)

Vergleichswerk: Heinrich von Kleist, *Michael Kohlhaas*

Es war unbedingt nötig, daß K. selbst eingriff. Gerade in Zuständen großer Müdigkeit, wie an diesem Wintervormittag, wo ihm alles willenlos durch den Kopf zog, war diese Überzeugung unabweisbar. Die Verachtung die er früher für den Proceß gehabt hatte galt nicht mehr. Wäre er allein in der Welt gewesen, hätte er den Proceß leicht mißachten können, wenn es allerdings auch sicher war, daß dann der Proceß überhaupt nicht entstanden wäre. Jetzt aber hatte ihn der Onkel schon zum Advokaten gezogen, Familienrücksichten sprachen mit; seine Stellung war nicht mehr vollständig unabhängig von dem Verlauf des Processes, er selbst hatte unvorsichtiger Weise mit einer gewissen unerklärlichen Genugtuung vor Bekannten den Proceß erwähnt, andere hatten auf unbekannte Weise davon erfahren, das Verhältnis zu Fräulein Bürstner schien entsprechend dem Proceß zu schwanken – kurz, er hatte kaum mehr die Wahl den Proceß anzunehmen oder abzulehnen, er stand mitten darin und mußte sich wehren. War er müde dann war es schlimm.

Zu übertriebener Sorge war allerdings vorläufig kein Grund. Er hatte es verstanden, sich in der Bank in verhältnismäßig kurzer Zeit zu seiner hohen Stellung emporzuarbeiten und sich von allen anerkannt in dieser Stellung zu erhalten, er mußte jetzt nur diese Fähigkeiten, die ihm das ermöglicht hatten, ein wenig dem Proceß zuwenden und es war kein Zweifel, daß es gut ausgehen mußte. Vor allem war es, wenn etwas erreicht werden sollte, notwendig jeden Gedanken an eine mögliche Schuld von vornherein abzulehnen. Es gab keine Schuld. Der Proceß war nichts anderes, als ein großes Geschäft, wie er es schon oft mit Vorteil für die Bank abgeschlossen hatte, ein Geschäft, innerhalb dessen, wie dies die Regel war, verschiedene Gefahren lauerten, die eben abgewehrt werden mußten. Zu diesem Zwecke durfte man allerdings nicht mit Gedanken an irgendeine Schuld spielen, sondern den Gedanken an den eigenen Vorteil möglichst festhalten.

Aus: Franz Kafka: Der Proceß. Roman in der Fassung der Handschrift.
Stuttgart: Reclam Verlag 1995, 2003, S. 114 (RUB 9676)

Aufgabenstellung

- Bestimmen Sie den Stellenwert des vorliegenden Textauszugs im Zusammenhang der Romanhandlung.
- Zeigen Sie, welchen Eindruck von Josef K. der Leser anhand der vorliegenden Überlegungen gewinnt; berücksichtigen Sie dabei auch wichtige Merkmale der erzählerischen und sprachlichen Gestaltung.
- Sowohl Josef K. als auch Michael Kohlhaas in Kleists gleichnamiger Novelle beharren auf ihrem Recht, das sie gegen Widerstände durchzusetzen versuchen: Vergleichen Sie die Rechtsansprüche und Strategien der beiden Figuren.

Hinweise und Tipps

Teilaufgabe 1
Die Einordnung der Textstelle in den Handlungszusammenhang des Romans muss die für die nachfolgende Interpretation notwendigen Informationen vermitteln. Eine detaillierte Inhaltsangabe wird der Aufgabenstellung nicht gerecht; vielmehr ist es notwendig, Wesentliches von Nebensächlichem zu unterscheiden. Da der „Stellenwert des vorliegenden Textauszugs" im Kontext des Romans *Der Proceß* klar herauszuarbeiten ist, schließt sich an die Hinführung zur Textstelle ein kurzer Ausblick auf die weitere Romanhandlung an. Nur auf diesem Weg kann die Bedeutung der Vorlage als Wendepunkt des Geschehens verdeutlicht werden. Auf Zitate sollte man im Einleitungsteil des Aufsatzes nach Möglichkeit ganz verzichten. Sofern es der Anschaulichkeit und Präzision dient, kann man freilich einige knappe Belegstellen (Kernstellen, Schlüsselbegriffe) in die Textwiedergabe einbinden.

Teilaufgabe 2
Verlangt ist eine Interpretation der Textstelle, das heißt deren Erschließung nach inhaltlichen, sprachlichen und formalen Aspekten (beispielsweise der Erzählperspektive). Die Deutung muss sich ganz auf den vorgelegten Textauszug konzentrieren: Andere Werkpassagen dürfen nur in aller Kürze herangezogen werden, sofern sie ein vertieftes Verständnis der Textstelle fördern.
Bei der Durchführung der Interpretation ist auf Systematik und Anschaulichkeit zu achten. Ein systematisches Vorgehen setzt eine Strukturierung des Textes vor Beginn der Niederschrift voraus. Dabei könnte man sich folgende Fragen stellen: Von welcher Annahme gehen K.s Überlegungen aus? Wie verlaufen diese, wo zeigen sich Wendepunkte, aber auch gedankliche Widersprüche? – Vor dem Hintergrund inhaltlicher Eigenschaften des Textes sind dann „wichtige Merkmale der erzählerischen und sprachlichen Gestaltung" in die Auswertung des Textauszugs einzubeziehen. Aufgabe der schriftlichen Interpretation ist es, die Ergebnisse der Textauswertung zusammenhängend darzustellen. Eine getrennte Behandlung von Inhalt, Sprache und Form ist unbedingt zu vermeiden: Denn Befunde zur Wortwahl, Syntax und Erzählperspektive kommen der Interpretation nur dann zugute, wenn deutlich erkennbar wird, welche Funktion sie im Hinblick auf die Inhaltsebene (K.s Überlegungen zu seinem weiteren Vorgehen) erfüllen.
Anschaulichkeit wird durch gezieltes Zitieren – vor allem von Kernstellen – und Verweise (Zeilenangaben) erreicht. Zitate sollten kurz gehalten sein und kommentiert werden.
Die Interpretationsaufgabe bildet nicht den Hauptteil des Aufsatzes, sondern ist – neben der Teilaufgabe 3 – einer von zwei Schwerpunkten. Daher wird hier keine allzu detaillierte Interpretation verlangt, sondern es genügt, sich auf „wichtige Merkmale der erzählerischen und sprachlichen Gestaltung" zu konzentrieren, das heißt auf solche, die entscheidend zur Wirkung des Textes auf den Leser beitragen. Es empfiehlt sich ein exemplarisches Vorgehen, das anhand einiger zentraler Textstellen den funktionalen Zusammenhang zwischen Inhalt, Sprache und Form deutlich macht.

Teilaufgabe 3
Der Vergleich der beiden Werke unter dem Gesichtspunkt der „Rechtsansprüche und Strategien" der Hauptfiguren bildet den zweiten Schwerpunkt des Aufsatzes. Die unten ausgeführten Gesichtspunkte stellen ein breites Angebot an Lösungsmöglichkeiten dar. Im Abituraufsatz wird man die Anzahl der behandelten Aspekte reduzieren müssen. Gleichwohl sollte man möglichst mehrere Vergleichsaspekte ermitteln und behandeln, damit die Argumentation nicht zu schmalspurig wirkt.
Es ist ratsam, den dritten Teil des Aufsatzes mit der Behandlung des Werks zu beginnen, aus dem die zu interpretierende Textstelle vorgelegt wird. Unter dieser Voraussetzung lässt sich an die Ergebnisse der Textinterpretation anknüpfen, da die Vergleichsaufgabe sich mit der Thematik der ausgewählten Passage inhaltlich stets eng berührt.

In methodischer Hinsicht sind zwei Varianten möglich: Bei einem dreischrittigen Vorgehen werden zunächst die Rechtsansprüche und Strategien der beiden Figuren separat untersucht; dann schließt sich – als Zusammenfassung – ein auf wesentliche Gemeinsamkeiten und Unterschiede abzielender Vergleich an. Bei diesem Verfahren ist allerdings darauf zu achten, dass bloße Wiederholungen vermieden werden. Im dritten Teil sollte vor dem Hintergrund des bisher Erarbeiteten eine pointierte Darstellung einiger zentraler Vergleichsaspekte gelingen. Durch ein zweischrittiges Vorgehen können Wiederholungen grundsätzlich vermieden werden. Bereits im zweiten Teil (Michael Kohlhaas) würden dann Vergleiche mit den Ergebnissen des ersten Teils (Josef K.) durchgeführt. Diese Methode stellt im Hinblick auf die Notwendigkeit der übersichtlichen Strukturierung des zweiten Teils höhere Anforderungen. Eine Gliederung nach Gemeinsamkeiten und Unterschieden sowie eine Anordnung der Vergleichsaspekte entsprechend ihrer Bedeutung bieten sich hier an. Ein kurzer Schlussabsatz – etwa ein abschließendes Urteil über beide Figuren – ist auch bei diesem Vorgehen von Vorteil. Im Rahmen des Werkvergleichs können – aufgrund des Umfangs der Aufgabe und der zur Verfügung stehenden Zeit – direkte Belege (Zitate, Verweise auf einzelne Textstellen) nicht erwartet werden. Allerdings ist es denkbar und sinnvoll, Romankapitel beziehungsweise Akte oder Szenen eines Dramas als Belege anzuführen.

Lösungsvorschlag in Grundzügen

Teilaufgabe 1

Stellenwert des Textauszugs im Rahmen der Romanhandlung

Der ohne Angabe von Gründen verhaftete Josef K., die Hauptfigur des Romans, versucht zunächst seinen Prozess auf Distanz zu halten: Er zeigt sich – dem äußeren Anschein nach – unbeeindruckt, protestiert gegen seine Behandlung und nimmt gelegentlich eine ironisch-abwertende Haltung zum Gericht und seinen Vertretern ein. Nur aufgrund des Eingreifens seines Onkels konsultiert K. einen Anwalt. Darüber hinaus sucht er Hilfe bei anderen Personen, insbesondere bei Frauen (Fräulein Bürstner, Leni, die Frau des Gerichtsdieners), die ihn allerdings eher vom Prozess ablenken. Unzufrieden mit dem Stand der Dinge und vor allem mit der Erfolglosigkeit seines Anwalts Huld, ändert K. im 7. Kapitel seine Strategie und will die Verteidigung in Form einer schriftlichen Eingabe nun selbst übernehmen.
Diese – in der vorliegenden Textstelle thematisierte – Entscheidung hat erhebliche Auswirkungen auf das weitere Romangeschehen: K. wird nun immer stärker vom Prozess beansprucht und vermag seinen beruflichen Verpflichtungen nicht mehr nachzukommen. Die bis zum 7. Kapitel noch mühsam betriebene Trennung von Prozess und bürgerlicher Existenz kann nicht mehr aufrechterhalten werden. Es ergeben sich Überschneidungen zwischen diesen Lebensbereichen – eine Entwicklung, die K. überfordert. So verliert er zum Beispiel einen Kunden der Bank, den Fabrikanten, an seinen Rivalen, den Direktor-Stellvertreter. Der Fabrikant wiederum empfiehlt K., der mit seiner Eingabe nicht vorankommt und nach neuen Helfern sucht, den Gerichtsmaler Titorelli. Zusammenfassend ist zu sagen, dass der Prozess vom 7. Kapitel an zunehmend zum einzigen Lebensinhalt des Protagonisten wird.

Teilaufgabe 2

Interpretation des Textauszugs

Charakterisierung K.s anhand seiner Überlegungen

Im **ersten Absatz des Textauszugs** erfährt der Leser **Gründe für den Strategiewechsel**, den K. auf die Tatsache zurückführt, dass er in soziale und persönliche Beziehungen eingebunden ist. Er hat Rücksichten auf den Onkel, die Familie und Fräulein Bürstner zu nehmen; sein Verhältnis zu dieser Frau, das ihm „entsprechend dem Proceß zu schwanken" scheint (Z. 10 f.), bleibt im Zusammenhang der Textstelle – wie auch im gesamten Roman – rätselhaft. Auch haben andere Personen schon von K.s Prozess erfahren, was ihn mit einer „unerklärlichen Genugtuung" (Z. 8 f.) erfüllt. K. stellt nun ein Gedankenexperiment an: Seine Probleme führt er darauf zurück, dass er nicht „allein in der Welt" ist (Z. 4), und er vermutet zugleich, dass sein Prozess ohne diese Voraussetzung „überhaupt nicht entstanden" wäre (Z. 5). Beziehungen zu anderen Menschen scheint er als eine Belästigung zu empfinden, zumindest als Beeinträchtigung seiner egozentrischen Lebensweise. Die erste Phase von K.s Überlegungen mündet in eine Situationsbestimmung – „er stand mitten darin" (Z. 11 f.) –, die die anfängliche Überzeugung, „selbst" (Z. 1) in den Prozess eingreifen zu können, bekräftigen soll. Doch offensichtlich zweifelt K. an seiner inneren Stabilität: „in Zuständen großer Müdigkeit" (Z. 1); „War er müde, dann war es schlimm." (Z. 12) Die Erwähnungen dieser Zweifel rahmen die Überlegungen K.s im ersten Absatz ein.

Im **zweiten Absatz des Textauszugs** versucht K. seine **Sorgen zu verdrängen**, indem er sich Mut zuspricht. Dabei bezieht er sich charakteristischerweise auf seine Karriere als Prokurist. Die erfolgreiche Beendigung des Prozesses scheint für ihn außer Frage zu stehen, wenn er nur seine beruflichen „Fähigkeiten" (Z. 15 f.) zum Einsatz bringen kann. Dann nämlich ließe sich der Prozess, wie er zwei Mal äußert, als ein auf den eigenen „Vorteil" (Z. 20) ausgerichtetes „Geschäft" (Z. 19 und 20) betreiben. Gerade diese Verwechslung der Prozessführung mit seiner Berufstätigkeit stellt aber einen schwerwiegenden Fehler in K.s Strategie dar: Seine gleichzeitige Beanspruchung durch beide Bereiche, die er zunächst noch trennen konnte, wird ihm schließlich zum Verhängnis. Ihre Unvereinbarkeit wird schon an dieser Stelle deutlich, da – in Kontrast zu „Geschäft" und „Vorteil" – gleich drei Mal von „Schuld" die Rede ist (Z. 18, 19 und 22). Die auf seinen Prozess verweisende **Frage nach der Schuld** muss K. aber verdrängen – „Es gab keine Schuld" (Z. 18 f.) –, um seine Strategie nicht zu gefährden. Denn als ethisches, die ganze Existenz K.s betreffendes Problem hat die Schuldfrage einen ganz anderen Stellenwert als utilitaristische, auf den eigenen Nutzen bezogene Überlegungen, die im Bankwesen Erfolge versprechen.

Merkmale der erzählerischen und sprachlichen Gestaltung

Insgesamt lassen K.s Überlegungen die Vorstellung, dass er in den Prozess eingreifen und seine Verteidigung erfolgreich betreiben könnte, zweifelhaft erscheinen. K.s angebliche Fähigkeit zur **Selbstbestimmung** in Auseinandersetzung mit dem Prozess und der Schuldfrage erweist sich somit als **Illusion**.

Dieser Befund lässt sich auch anhand **erzähltechnischer und sprachlicher Merkmale** des Textes belegen:

Erzählperspektive

Die Erzählperspektive in Kafkas Roman ist eine besonders konsequente Ausprägung der personalen Erzählweise, die auch als **einsinniges Erzählen** bezeichnet wird: Sie beschränkt sich ganz und gar auf die **Perspektive**

der Hauptfigur, sodass dem Leser in der vorliegenden Textstelle ein Einblick in K.s Gedankenwelt vermittelt werden kann. Aufgrund der Widersprüche, welche die Überlegungen des Protagonisten bestimmen (die Entschlossenheit wird durch Müdigkeit unterlaufen, der Prozess folgt anderen Gesetzen als das Bankwesen), ergibt sich jedoch zugleich eine gewisse **Distanz zwischen Hauptfigur und Leser**. Dieser kann sich trotz aller Nähe zu K. mit diesem nicht identifizieren, da er erkennt, dass der Protagonist in Täuschungen über sich selbst befangen ist. Allerdings kommt eine solche kritische Distanz nur bei genauer Lektüre zustande: Denn die Vergangenheitsform (Präteritum) der **erlebten Rede**, in der K.s Überlegungen vermittelt werden, erweckt zunächst den Eindruck eines objektiven Berichts. Dazu trägt auch die korrekte Sprachgestaltung, die in Begrifflichkeit und Syntax zum Ausdruck kommt, entscheidend bei. Diese Oberflächenstruktur des Textes entspricht K.s scheinbarer Souveränität im Umgang mit seinem Prozess.

sprachliche Gestaltung

Zu weiteren Ergebnissen führt eine genaue Analyse der sprachlichen Gestaltung: Auffällig häufig kommt die Verbform „mußte" vor, die ebenso wie die Formulierungen „Es war unbedingt nötig" (Z. 1) oder „hatte kaum mehr die Wahl" (Z. 11) auf K.s **Abhängigkeit von inneren und äußeren (sozialen) Zwängen verweist**. Schon zu Beginn des Textauszugs heißt es, dass K. „alles willenlos durch den Kopf zog" (Z. 2), und von der Müdigkeit, die er als bedrohlich – „schlimm" (Z. 12) – empfindet, ist zwei Mal die Rede. Diese sprachlichen Signale stehen im Widerspruch zur Oberflächenstruktur des Textes und lassen erkennen, dass Josef K.s Willensfreiheit und seine utilitaristische Strategie nur mühsam aufrecht erhaltene Wunschvorstellungen sind.

Teilaufgabe 3

Vergleich

Josef K.: Rechtsanspruch und Strategien

Josef K.s Rechtsanspruch bezieht sich nicht auf juristisch einklagbare Sachverhalte. Auch das Gericht entspricht nicht der Institution, die man unter diesem Namen kennt. Es ist keine – nach durchschaubaren Regeln funktionierende – Instanz des positiven Rechts, sondern kann aufgrund seiner irrealen Züge geradezu als Projektion von (unbewussten) Ängsten und (verdrängten) Wünschen des Protagonisten gedeutet werden.

Josef K. will als **schuldloser Mensch** anerkannt werden (vgl. Z. 18 f.). Infolgedessen weist er die Schuldfrage, die das Gericht verhandelt, von sich. Diese Abwehrhaltung lässt sich jedoch unschwer als Verdrängung erkennen, denn K. kann sich nicht vom Gericht befreien, sondern verstrickt sich immer mehr in dessen undurchschaubare Prozeduren. Anstatt eine mögliche Schuld in Betracht zu ziehen, konzentriert sich K. auf taktische Probleme, also – in juristischer Terminologie – auf Verfahrensfragen. Der eigentlichen Schuldproblematik muss er sich so lange nicht stellen, wie das Verfahren, das richtige Vorgehen gegenüber dem Gericht, im Mittelpunkt seiner Überlegungen steht. Anders gesagt: Die utilitaristische, auf Erfolg und Selbstbehauptung abzielende Ausrichtung seines Denkens und Handelns lässt ethische Erwägungen, die seine egozentrische Einstellung und Lebensführung betreffen, erst gar nicht aufkommen.

Dieser permanente Aufschub der Schuldfrage führt bei Josef K. zu **verschiedenen, auch widersprüchlichen Strategien.** Zunächst gibt sich K.

den Anschein der Souveränität, zeigt Ironie und Arroganz, auch Aggressivität gegenüber dem Gericht (vgl. unter anderem das Kapitel „Erste Untersuchung"). Im weiteren Verlauf des Romans sucht er Hilfe bei Frauen, erhofft schnelle Erfolge seines Advokaten und wird schließlich zum Anwalt in eigener Sache (Kapitel „Advokat. Fabrikant. Maler"). Diese Rolle überfordert ihn zusehends: K. muss erkennen, dass er den Prozess nicht wie seine beruflichen Aufgaben betreiben kann, die ihm immer mehr entgleiten. Er sucht nach neuen Helfern in Gestalt des Gerichtsmalers Titorelli und des Gefängniskaplans (Kapitel „Im Dom"). Seine Strategien orientieren sich stets am Ziel einer von moralischen Problemen (Schuldfrage) abgekoppelten, auf den kalkulierenden Verstand reduzierten Selbstrechtfertigung. Auch das Auslegungsgespräch anlässlich der Türhüter-Legende (Kapitel „Im Dom") führt nicht zu einer Überwindung dieser Haltung, obgleich gerade hier die Gelegenheit gegeben wäre, das eigene Denken und Handeln durch den Vergleich der eigenen Situation mit der des „Mannes vom Lande" zu überprüfen. K.s Deutungsstrategien verweisen vielmehr nach wie vor auf die – nicht hinterfragte – Annahme, ein unschuldiger und vom Gericht betrogener Mensch zu sein. Gleichwohl ist auch hier nicht zu übersehen, dass sein Verhalten der Absicht dient, ein tatsächlich vorhandenes Schuldgefühl zu überspielen. Dieses verdrängte Schuldgefühl äußert sich im gesamten Roman in der Anziehungskraft, die das Gericht auf K. ausübt, wie auch in dem Umstand, dass der Prozess schließlich zum dominanten Lebensinhalt des Protagonisten wird.

Erst im letzten Kapitel des Romans („Ende") gelangt K. – wenn auch nur andeutungsweise – zu einer **selbstkritischen Einschätzung**: „Ich wollte immer mit zwanzig Händen in die Welt hineinfahren und überdies zu einem nicht zu billigenden Zweck." (S. 208) Charakteristisch für seine veränderte Einstellung zum Leben und zu den Menschen, die er bisher nur für seine Interessen instrumentalisiert hatte, ist schließlich der scheiternde Versuch, kurz vor seiner Hinrichtung zu jener anonymen Person am Fenster, die vielleicht „gut" ist und „helfen" könnte, eine zwischenmenschliche Beziehung herzustellen (S. 210). Gewiss hat sich K. nicht wirklich verändert, er ist kein neuer und besserer Mensch geworden. Im Angesicht des Todes und nach dem Scheitern aller Strategien der Selbstbehauptung und Selbstrechtfertigung wird jedoch eine mögliche Wandlung des Protagonisten ansatzweise erkennbar, die freilich zu spät kommt sowie ‚fragmentarisch' und folgenlos bleiben muss.

Michael Kohlhaas: Rechtsanspruch und Strategien

Der zentrale Rechtsanspruch des Michael Kohlhaas besteht in der **Wiederherstellung seiner beiden Rappen**, die auf der Tronkenburg so schlecht behandelt wurden, dass sie kaum noch identifiziert werden können. Hinzu kommt als weitere Forderung ein Schadensersatz für seinen auf der Burg misshandelten Knecht Herse. Kohlhaas begreift das ihm angetane Unrecht nicht nur als private Kränkung; er sieht darüber hinaus die Ehre seines Berufsstandes verletzt und bedenkt die gesellschaftlichen Auswirkungen adeliger Willkür, die das bürgerliche Prinzip des freien Warenverkehrs gefährdet. Im Verhältnis zu ihren verheerenden Auswirkungen sind diese Ursachen für die spätere Rebellion des Pferdehändlers, die sich über die Fehde gegen den Junker von Tronka zu einem Kriegszug gegen das absolutistische System ausweitet, jedoch als geringfügig einzustufen. Kohlhaas beharrt auf seinem Rechtsanspruch, der erst am Ende der Novelle erfüllt wird, und löst bis zur Unterredung mit Martin Luther eine Spirale der Gewalt aus, die er dann nicht mehr einzudämmen vermag. Nagelschmidt, einer seiner aus egoistischen Motiven mordenden und plündernden Gefolgsleute, ernennt sich zum Nachfolger des Kohlhaas, als dieser bereits der Gewalt entsagt hat, und bringt den inzwischen in Dresden befindlichen Pferdehändler in große Schwierigkeiten.

Kohlhaas sind die korrupten Mechanismen der politischen Welt des Absolutismus fremd, insbesondere die Beziehungen der Tronka-Sippe zum sächsischen und brandenburgischen Hof durchschaut er nicht. Aus diesem Grund sieht er sich zu **verschiedenen, widersprüchlichen Strategien** gezwungen, um zu seinem Recht zu kommen. Zunächst versucht er dies, unterstützt von verschiedenen Personen (dem Hauptmann von Geusau, seiner Frau Lisbeth), auf legalem Wege (Eingaben in Dresden und Berlin). Nach Lisbeths Tod betreibt Kohlhaas dann, angetrieben von einem unbändigen Hass auf den Junker, das „Geschäft der Rache“ (RUB 218, Ausgabe 2003, S. 28), wobei er maßlose Verheerungen und den Tod vieler Unschuldiger in Kauf nimmt. Nach dem Gespräch mit Luther, das zur Zusicherung der Amnestie und eines Gerichtsverfahrens in Dresden führt, erklärt er sich wiederum mit einer Konfliktlösung im Rahmen der bestehenden Ordnung einverstanden. In Dresden ist der inzwischen mut- und kraftlose Pferdehändler sogar zu einer gütlichen Einigung mit den Tronkas (Entschädigung für die Pferde) bereit, doch die unzuverlässigen, von persönlichen Interessen bestimmten Verhältnisse im Umkreis des sächsischen Kurfürsten geben erneut den Ausschlag. Aufgrund einer durch Nagelschmidts Brief an Kohlhaas ermöglichten Intrige wird die Amnestie gebrochen und über den Pferdehändler ein grausames Todesurteil verhängt.

Es erfolgt nun ein weiterer Strategiewechsel, wobei das Motiv der Rache, das im ersten Teil der Novelle auf den Junker von Tronka bezogen ist, erneut in den Vordergrund tritt. Kohlhaas' Rachegedanken richten sich nunmehr gegen den Kurfürsten von Sachsen, in dem er den für die Vorgänge in Dresden politisch Verantwortlichen sieht. Im letzten Teil der Novelle, das heißt nach Kohlhaas' Aufenthalt in Dresden, werden die sich zuvor jeweils ablösenden, **aufeinander folgenden Strategien** (Legalität und Gewalt beziehungsweise positives Recht und Rache) **parallel geführt**, wobei Kohlhaas nun allerdings auf Helfer angewiesen ist: Während der Kurfürst von Brandenburg aufgrund eines geregelten und einwandfreien Verfahrens für die Durchsetzung des Kohlhaas'schen Rechtsanspruchs sorgt, gelingt Kohlhaas die Realisierung seiner Rache mithilfe der Zigeunerin und des geheimnisvollen Zettels, dessen Inhalt über die düstere Zukunft des Hauses Sachsen Auskunft gibt. In der Hinrichtungsszene, mit der die Novelle schließt, kommen beide Strategien an ihr Ziel: Kohlhaas' Rechtsansprüche werden ohne Abstriche erfüllt und das gegen ihn wegen Landfriedensbruch ergangene Todesurteil akzeptiert er voll und ganz. Gleichzeitig gelingt die Rache am sächsischen Kurfürsten, die im Rahmen des politischen Systems nicht denkbar wäre und nur mithilfe einer mysteriösen Helferin und einer Reihe höchst unwahrscheinlicher Zufälle (oder schicksalhafter Wendungen?) ins Werk gesetzt werden kann.

Ein Vergleich der beiden Werke führt im Hinblick auf die Fragestellung zu folgenden wesentlichen Gemeinsamkeiten und Unterschieden:

Josef K. und Michael Kohlhaas: Aspekte eines Vergleichs

- Josef K. und Michael Kohlhaas machen **Rechtsansprüche** geltend. Diese sind im Falle des Pferdehändlers zunächst sehr konkret und betreffen juristisch einklagbare Sachverhalte. Bei K. dagegen geht es um einen existenziellen Anspruch, das heißt um seine Anerkennung als schuldloser Mensch. Auf dem Spiel stehen die Art und Weise, wie er sein Leben führt, und die Frage, ob es ihm gelingt, verschiedene Lebensbereiche (Privatleben, Familie, Beruf) miteinander in Übereinstimmung zu bringen und sich in privaten und sozialen Beziehungen zu verwirklichen. Doch auch in Kleists Novelle erstreckt sich der Rechtsanspruch weit über den konkreten Anlass hinaus. Die Rappen, ein Leitmotiv des Textes, symbolisieren den Zustand des Rechts im absolutistischen Staat und – für Kohlhaas selbst – die Möglichkeit, ein selbstbestimmtes Leben als Bürger, Kaufmann und Familienvater unter dem Schutz vernünftiger und verlässlicher Gesetze zu führen.
- Josef K. und Michael Kohlhaas beharren auf ihren Ansprüchen, die sie unter allen Umständen durchzusetzen versuchen. Dabei neigen beide zur **Selbstüberschätzung**: K. gefällt sich in der Rolle des überlegenen Prokuristen und versucht, das gegen ihn angestrengte Verfahren nicht ernst zu nehmen; er kündigt seinem Anwalt, um die Verteidigung selbst zu betreiben, muss aber alsbald erkennen, dass ihn diese Aufgabe überfordert. Kohlhaas legitimiert sich in seinen Mandaten als „Statthalter Michaels, des Erzengels“ und Herrscher einer „provisorischen Weltregierung“ (S. 39); tatsächlich gebietet er über einen Haufen mordender und plündernder Knechte, die er gelegentlich durch drakonische Strafen disziplinieren muss.
- Josef K. und Michael Kohlhaas wird ihre Selbstüberschätzung bewusst. Daher **wechseln** sie ihre **Strategien**: Auflehnung (Josef K.) und Gewalt beziehungsweise Rache (Kohlhaas) werden zugunsten von Versuchen, die eigenen Interessen im Rahmen der gegebenen Verhältnisse durchzusetzen, aufgegeben. Während in Kleists Novelle Phasen des Protests und der Anpassung mehrfach aufeinander folgen, führt K.s Strategie vom 7. Kapitel des Romans an zu einem Verhalten der Anpassung: Mit dem Entschluss, selbst eine Eingabe zu verfassen, wird der Prozess immer mehr zum Lebensinhalt des Protagonisten.
- Josef K. und Michael Kohlhaas sehen sich mit **Gegenspielern** konfrontiert, denen sie nicht gewachsen sind. Dem Gericht in Kafkas Roman entspricht in dieser Hinsicht die Obrigkeit in Kleists Novelle. Für den Leser ist – im Unterschied zu Kohlhaas – diese Obrigkeit, was Motive und Handlungsweisen betrifft, durchschaubar; der auf alte Chroniken zurückgreifende Erzähler bemüht sich um eine wirklichkeitsgetreue und psychologisch nachvollziehbare Rekonstruktion der Ereignisse. Das Gericht in Kafkas Roman bleibt dagegen – für den Leser wie für die Hauptfigur – rätselhaft; es lässt sich nicht entscheiden, ob es eine äußere Realität repräsentiert oder vielmehr eine Projektion K.s darstellt, also eine Art ‚innerer Bühne‘, auf der Konflikte ausgetragen werden, die tief in K.s Psyche verankert sind.
- Beim Versuch, ihre Interessen vermittels bestimmter Strategien durchzusetzen, sind K. und Kohlhaas immer wieder auf **Helfer** angewiesen. Diese unterstützen in Kleists Novelle den Helden, auch wenn ihnen kein

Erfolg beschieden ist (Hauptmann von Geusau, Lisbeth). Die wichtigsten und zugleich erfolgreichsten Helferfiguren sind hier der Kurfürst von Brandenburg und die Zigeunerin. Sie werden jedoch von Kohlhaas nicht für seine Zwecke eingespannt, sondern sorgen aus eigenem Antrieb – in der Rolle eines ‚deus ex machina' – für entscheidende Wendungen des Geschehens. K. wird dagegen vom Gefängniskaplan vorgeworfen: „Du suchst zuviel fremde Hilfe [...] und besonders bei Frauen." (S. 195). K. instrumentalisiert seine Helfer in egoistischer Absicht und wird zugleich von ihnen abhängig. Allerdings erweisen sie sich als wenig hilfreich: Vielmehr lenken sie ihn von seiner Bemühung um Selbstbehauptung gegenüber dem Gericht ab (Frauenfiguren) oder verwirren und verunsichern ihn (Titorelli). Eine Ausnahme bildet in diesem Zusammenhang die Figur des Kaplans, auf dessen Deutungsangebote (Türhüter-Legende) sich K. aber nicht einlässt.

- Da beide Werke mit der **Hinrichtung der Hauptfiguren** enden, liegt zunächst die Schlussfolgerung nahe, dass sowohl K. als auch Kohlhaas gescheitert sind. Zumindest bleibt beiden Personen eine Rückkehr in die Normalität ihres bürgerlichen Alltags – sei es als angesehener Prokurist oder als erfolgreicher Kaufmann – versagt. Dass Josef K. scheitert, kann uneingeschränkt behauptet werden: Seine Strategien erweisen sich als verfehlt, insofern er sich dem Problem der Schuldhaftigkeit seines Lebens nicht stellt, sondern die Auseinandersetzung mit der eigenen Person scheut. Allein eine solche ‚Selbstaufklärung' des in Selbsttäuschungen befangenen Protagonisten könnte den Prozess zu einem Abschluss bringen. Da dies nicht geschieht, tritt an die Stelle eines Urteils, das anerkannt werden könnte, jene brutale Hinrichtung, die K. „[w]ie ein Hund!" und voller „Scham" erdulden muss (S. 211). Michael Kohlhaas dagegen sind Erfolge beschieden: Seinem Rechtsanspruch wird Genüge getan und seinen Racheimpuls kann er unmittelbar vor seinem Tod realisieren. Diese Erfolge lassen sich jedoch nicht aus konsequent verfolgten Strategien ableiten, denn sie sind zum überwiegenden Teil dem Eingreifen anderer Personen, dem Kurfürsten von Brandenburg und der Zigeunerin, zu verdanken. Allerdings trifft Kohlhaas am Ende der Novelle eine freie, für den Leser schwer nachvollziehbare Entscheidung: Er schlägt das Angebot des sächsischen Kurfürsten, für die Herausgabe des Zettels Leben und Freiheit zu erlangen, zugunsten der Durchführung seiner Rache aus. Nicht nur, dass Kohlhaas sein Todesurteil akzeptiert – er erwartet es mit „Ruhe und Zufriedenheit" (S. 105).

Hinweise auf alternative Lösungsmöglichkeiten

Wie oben ausgeführt, beginnt der Interpretationsaufsatz in der Regel mit einer **Hinführung zum Werkauszug** in Form einer Textwiedergabe, welche die für das Verständnis der Vorlage notwendigen Voraussetzungen (wichtige Phasen der Romanhandlung, Personen, Personenkonstellation) herstellt. Denkbar, aber nicht zwingend ist ein – der Textwiedergabe vorangestellter – **Einleitungsabschnitt**. Hier könnte man etwa auf den Autor (Lebensdaten, Epoche, Bedeutung) oder auf den Roman *Der Proceß* (Entstehung, Fragmentcharakter, zentrale Thematik: Recht und Gerechtigkeit beziehungsweise Schuld und Sühne), eventuell auch auf den Bekanntheitsgrad gerade dieses Werks (zwei Verfilmungen, Vorbild/Anregung für viele andere Autoren, zahlreiche ‚Imitationen') eingehen. In jedem Falle sollte ein solcher Vorspann knapp gehalten werden, sich auf keinen Fall zu einem längeren Exkurs verselbstständigen, sondern vielmehr als motivierender Einstieg in die Auseinandersetzung mit dem Text dienen.

Deutsch (Baden-Württemberg): Übungsaufgabe 2
Interpretationsaufsatz mit werkübergreifender Teilaufgabe zu einer Pflichtlektüre (Werk im Kontext)

Pflichtlektüren:
Friedrich Dürrenmatt (1921–1990), *Der Besuch der alten Dame*
Franz Kafka (1883–1924), *Der Proceß*

Textauszug aus:
Friedrich Dürrenmatt, *Der Besuch der alten Dame*

Vergleichswerk:
Franz Kafka, *Der Proceß*

Ill steht auf, will gehen.

DER POLIZIST: Bleib! *Er drückt Ill auf die Bank nieder.*
ILL: Ihr wollt es noch heute tun?
DER POLIZIST: Natürlich.
ILL: Ich dachte, es würde am besten bei mir geschehen.
DER POLIZIST: Es geschieht hier.
DER BÜRGERMEISTER: Ist niemand mehr im Zuschauerraum?

Der Dritte und der Vierte spähen nach unten.

DER DRITTE: Niemand.
DER BÜRGERMEISTER: Auf der Galerie?
DER VIERTE: Leer.
DER BÜRGERMEISTER: Schließt die Türen. Den Saal darf niemand mehr betreten.

Die zwei gehen in den Zuschauerraum.

DER DRITTE: Geschlossen.
DER VIERTE: Geschlossen.
DER BÜRGERMEISTER: Löscht die Lichter. Der Vollmond scheint durch die Fenster der Galerie. Das genügt.

Die Bühne wird dunkel. Im schwachen Mondlicht sind die Menschen nur undeutlich zu sehen.

DER BÜRGERMEISTER: Bildet eine Gasse.

Die Güllener bilden eine kleine Gasse, an deren Ende der Turner steht, nun in eleganten weißen Hosen, eine rote Schärpe über dem Turnerleibchen!

DER BÜRGERMEISTER: Herr Pfarrer, darf ich bitten.

Der Pfarrer geht langsam zu Ill, setzt sich zu ihm.

DER PFARRER: Nun, Ill, Ihre schwere Stunde ist gekommen.
ILL: Eine Zigarette.
DER PFARRER: Eine Zigarette, Herr Bürgermeister.
DER BÜRGERMEISTER: *mit Wärme* Selbstverständlich. Eine besonders gute.

Er reicht die Schachtel dem Pfarrer, der sie Ill hinhält. Der nimmt eine Zigarette, der Polizist gibt ihm Feuer, der Pfarrer gibt die Schachtel wieder dem Bürgermeister zurück.

DER PFARRER: Wie schon der Prophet Amos gesagt hat –
ILL: Bitte nicht. *Raucht.*
DER PFARRER: Sie fürchten sich nicht?

ILL: Nicht mehr sehr. *Raucht.*
DER PFARRER: *hilflos* Ich werde für Sie beten.
ILL: Beten Sie für Güllen.

Ill raucht. Der Pfarrer steht langsam auf.

DER PFARRER: Gott sei uns gnädig.

Der Pfarrer geht langsam in die Reihen der andern.

DER BÜRGERMEISTER: Erheben Sie sich, Alfred Ill.

Ill zögert.

DER POLIZIST: Steh auf, du Schwein. *Er reißt ihn in die Höhe.*
DER BÜRGERMEISTER: Polizeiwachtmeister, beherrschen Sie sich.
DER POLIZIST: Verzeihung. Es ging mit mir durch.
DER BÜRGERMEISTER: Kommen Sie, Alfred Ill.

Ill läßt die Zigarette fallen, tritt sie mit dem Fuß aus. Geht dann langsam in die Mitte der Bühne, kehrt dem Publikum den Rücken.

DER BÜRGERMEISTER: Gehen Sie in die Gasse.

Ill zögert.

DER POLIZIST: Los, geh.

Ill geht langsam in die Gasse der schweigenden Männer. Ganz hinten stellt sich ihm der Turner entgegen. Ill bleibt stehen, kehrt sich um, sieht, wie sich unbarmherzig die Gasse schließt, sinkt in die Knie. Die Gasse verwandelt sich in einen Menschenknäuel, lautlos, der sich ballt, der langsam niederkauert. Stille. Von links vorne kommen Journalisten. Es wird hell.

PRESSEMANN I: Was ist denn hier los?

Der Menschenknäuel lockert sich auf. Die Männer sammeln sich im Hintergrund, schweigend. Zurück bleibt nur der Arzt, vor einem Leichnam kniend, über den ein kariertes Tischtuch, wie es in den Wirtschaften üblich ist, gebreitet ist. Der Arzt steht auf. Nimmt das Stethoskop ab.

DER ARZT: Herzschlag.

Stille.

DER BÜRGERMEISTER: Tod aus Freude.
PRESSEMANN I: Tod aus Freude.
PRESSEMANN II: Das Leben schreibt die schönsten Geschichten.
PRESSEMANN I: An die Arbeit.

Aus: Friedrich Dürrenmatt, Der Besuch der alten Dame. Diogenes Verlag AG Zürich 1986, S. 127–130.

Aufgabenstellung

- Skizzieren Sie den Handlungsverlauf, der zur Ermordung Alfred Ills führt.
- Interpretieren Sie die „Hinrichtungsszene", in der die Güllener Bürger Alfred Ill töten. Beziehen Sie dabei den Kontext der Berichterstattung durch die Medien sowie den Schwur der Gemeinde mit ein.
- Auch in dem Roman *Der Proceß* von Franz Kafka wird am Ende die Hauptperson getötet. Vergleichen Sie die beiden „Hinrichtungen".

Hinweise und Tipps

Teilaufgabe 1
Die erste Teilaufgabe erfordert zunächst nur die Reproduktion der wichtigsten Handlungsschritte. Da die zu interpretierende Szene fast am Schluss des Theaterstückes liegt, besteht hier die Hinführung in einer kurzen, prägnanten Inhaltsangabe. Dabei sollten Sie aber das Thema – die Ermordung Ills – im Blick behalten.

Teilaufgabe 2
Die zweite Teilaufgabe erfordert eine Deutung der Hinrichtungsszene. Diese Szene besteht zunächst aus kurzen Dialogen, die die Spannung erhöhen, anschließend nur noch aus Regieanweisungen. Die Ermordung geschieht, ohne dass gesprochen wird. Hier ist der Kontext interessant, denn die Szene ist eingebettet in eine „Medienshow". Diese „Inszenierung" ist für die Interpretation heranzuziehen, da auch die Rahmenhandlung und deren Aspekte untersucht werden sollen.

Teilaufgabe 3
Die dritte Arbeitsanweisung ist ein Vergleich von zwei Pflichtlektüren, für den Sie selbst geeignete Aspekte finden müssen. Wenn der Tod die Vergleichsbasis ist, bietet es sich an, nach dem Wie und Warum zu fragen. Die Gründe, warum die Personen sterben müssen, führen zu zentralen Themen wie „Schuld", „Rache", „Moral" oder „Sinn des Lebens". Somit erfordern die Überlegungen zu den Todesszenen auch eine Gesamtbeurteilung der jeweiligen Figur und des jeweiligen Textes. Dabei können Sie die Werke nacheinander abhandeln. Interessanter ist es jedoch – wie im folgenden Lösungsvorschlag durchgeführt –, einzelne Vergleichsaspekte wie beispielsweise „Rechtfertigung" aufzugreifen und dann jeweils an beiden Texten zu untersuchen.
(Kafkas Roman *Der Proceß* wird zitiert nach der Reclam-Ausgabe, Stuttgart 1995.)

Lösungsvorschlag in Grundzügen

Teilaufgabe 1: Handlungsverlauf

In dem 1956 uraufgeführten Theaterstück *Der Besuch der alten Dame* von Friedrich Dürrenmatt steht ein verarmtes Städtchen im Mittelpunkt, dem eine Milliardärin die rettende Finanzspende unter einer Bedingung verspricht: dass die Bürger den ehemaligen Jugendgeliebten der Milliardärin töten. Hinführung

Klara Wäscher und Alfred Ill waren im jungen Alter von 20 Jahren ein Liebespaar. Als Klara schwanger wurde, leugnete Alfred seine Vaterschaft. Klara verließ daraufhin den Ort, während Alfred eine „bessere Partie" heiratete. 45 Jahre später kommt Klara, die nun Claire Zachanassian heißt, in den Ort ihrer Kindheit, Güllen, zurück. Sie ist durch die Heirat mit dem Multimilliardär Zachanassian zur wohl reichsten Frau der Welt aufgestiegen, mittlerweile verwitwet sowie mehrfach geschieden. kurze Inhaltsangabe

Güllen ist eine heruntergekommene Ortschaft, an der aus zunächst unbekannten Gründen das Wirtschaftswunder der 50er-Jahre vorübergegangen ist. Die Güllener hoffen nun auf eine finanzielle Unterstützung durch ihre ehemalige Mitbürgerin, doch sie müssen erfahren, dass diese gekommen ist, um Rache zu nehmen – sie nennt ihr Ziel „Gerechtigkeit". Man erfährt, dass ihr uneheliches Kind bereits mit einem Jahr gestorben ist, dass sie als Prostituierte gearbeitet hat, bevor sie von dem Milliardär Zachanassian geheiratet wurde. Die damals jungen Männer, die vor Gericht falsch bezeugt hatten, dass auch sie als Väter ihres Kindes infrage kommen, hat sie ebenso ausfindig gemacht wie den Richter, der Alfred Ill freigesprochen hatte. An Ersteren übte sie Rache, indem sie sie kastrieren und blenden ließ.

Claires Rachefeldzug

Nun ist sie bereit, der Gemeinde eine Milliarde zu spenden, wenn jemand Alfred Ill tötet. Dies lehnen die Bürger zunächst empört ab. Dann aber beginnen alle, sich auf Kredit größere Anschaffungen zu leisten. Sie machen Schulden, in der Hoffnung, dass sich das Problem von selbst lösen wird. Auch als klar wird, dass Zachanassian es mit ihrer Forderung ernst meint, investieren die Bewohner weiterhin auf Kredit, was beweist, dass sie insgeheim den Tod Ills einplanen. Zunehmend gehen sie zu ihrem Mitbürger auf Distanz und halten ihm scheinheilig sein früheres Vergehen vor.

Am Ende wird in einer Gemeindeversammlung Ills Tod beschlossen. Er stirbt, als er durch die Menschenmenge gehen muss. Diese Textstelle soll im Folgenden genauer untersucht werden.

Teilaufgabe 2: Interpretation der „Hinrichtungsszene“

Kommentar der Journalisten als Rahmen der Szene

Den **Rahmen und die Hinführung** zu der Hinrichtungsszene bilden die Bemerkungen der Fernsehjournalisten. Inzwischen sind die Medien auf Güllen aufmerksam geworden, zumal bekannt geworden ist, dass Zachanassian der Gemeinde eine große Summe spenden will. Allerdings weiß die Presse nicht, dass die Schenkung an eine Bedingung geknüpft ist, denn den Mordauftrag hat die Gemeinde geheim halten können. Damit steht das „Städtchen“ in der Öffentlichkeit als „sympathisch“ (S. 119) da. Die Journalisten gehen davon aus, dass die Schenkung auf Ills Vermittlung hin zustande kam. Ill wurde im Vorfeld vom Bürgermeister eingeschüchtert, damit er niemandem von der Presse die Wahrheit verrät.

Voraussetzung: Ills Schweigen und Eingeständnis der Schuld

Warum tut er es nicht dennoch? Er könnte die Weltöffentlichkeit über die grausame Forderung Claires informieren, dann würde es wohl kein Güllener mehr wagen, ihn zu töten. Selbst ein natürlicher Tod würde zuungunsten der Mitbürger ausgelegt werden. Aber **Ill schweigt**. Es wäre ihm vermutlich peinlich und unangenehm, wenn dadurch sein früheres Verhalten weit über Güllen hinaus bekannt würde. Sein Leben wäre zwar gerettet, aber er könnte in seinem Heimatort nicht mehr weiterleben, da die Mitbürger ihn verachten und **aus der Gemeinschaft ausstoßen** würden (was sie allerdings in den letzten Tagen ohnehin tun). Auch außerhalb des Ortes könnte er sich kaum eine Existenz aufbauen, da ihm das Stigma des schäbigen Liebhabers und Betrügers für immer anhaften würde.

Außerdem hat Ill seine **Schuld akzeptiert** und mit dem Leben abgeschlossen. Obwohl er sein Gewissen dadurch beruhigen könnte, dass er seine frühere Schuld durch sein ärmliches Schicksal bereits getilgt habe, kämpft er nicht mehr um eine faire Beurteilung seines Vergehens. Es kommen aber auch keine Worte der Reue oder der Entschuldigung über seine Lippen. Dies hätte in dem letzten Gespräch mit Zachanassian passieren können oder auch in der kurzen Unterredung mit dem Pfarrer. Als dieser ihm anbietet, für ihn zu beten, antwortet Ill: „Beten Sie für Güllen.“ (Z. 36)

Doppelungen

Unmittelbar vor der Hinrichtungsszene **beschreiben** die **Journalisten** den Zuschauern **die Vorbereitungen**. Man erfährt, was die Medien vorgeführt bekommen: angeblich eine „wichtige Erklärung“ (S. 119). Die Binnenhandlung ist das eigentliche Geschehen, das für die Leser/Zuschauer offensichtlich ist: der Mord an Ill. Diese **Doppelungen** haben verschiedene Funktionen:

retardierender Effekt

- Der Radiosprecher beschreibt den Aufbau der Gemeindeversammlung, was dramaturgisch unnötig ist, da die Theaterzuschauer diesen sehen können. Doch wird so der Höhepunkt hinausgezögert und die Spannung gesteigert.

Blendung durch Massenmedien

- Die naiven, euphemistischen Kommentare der Medienleute zeigen, wie leicht sich die **Hörerschaft täuschen** lässt. Mangels Vollständigkeit der Informationen erfährt die Öffentlichkeit nur von einem „der größten sozialen Experimente unserer Epoche" (S. 120), ein Begriff, der zwar sehr genau zutrifft, aber die Grausamkeit von Claires Handel verschleiert.

Theater im Theater

- Da die Gemeindeversammlung im Theatersaal des Hotels abgehalten wird, deuten diese Räumlichkeiten bereits darauf hin, dass hier der Öffentlichkeit ein **Schauspiel vorgeführt** wird. Die wahren Beweggründe verbergen sich hinter der schauspielerischen Leistung (beispielsweise des Lehrers, des Bürgermeisters und dann der ganzen Gemeinde). Nur die Zuschauer der Dürrenmatt'schen Komödie wissen Bescheid und können die Verlogenheit der Akteure durchschauen. Da sie – wissensmäßig – auf dem gleichen Stand wie die Güllener sind, haben sie einen Vorsprung vor den Zuschauern/Zuhörern, die von den Reportern angesprochen und letztlich getäuscht werden.

Wiederholung

- Ein wichtiges Stilmittel von Dürrenmatt kommt während der medialen Inszenierung zum Einsatz – das der **Wiederholung** (belegbar auch durch die beiden blinden Eunuchen, die immer doppelt sprechen, oder die wiederholten Heiraten und Scheidungen der Milliardärin). Denn die Bürger wiederholen zunächst die Worte des Bürgermeisters, sodass sich die verlogene Kundgebung den Zuschauern einprägt. Dann aber muss wegen einer technischen Panne der Schwur (mitsamt Wiederholung durch die Bürger) wiederholt werden. Nur Ill verweigert die vollständige Wiederholung, weil sein Angstschrei „Mein Gott!" (S. 125) spontan und authentisch war: Die Angst und das Entsetzen könnte er beim zweiten Mal bestenfalls schauspielern, aber diesen Gefallen tut er der Presse nicht.

Ironie

- Dadurch, dass die Journalisten von falschen Voraussetzungen ausgehen, wirken die Kommentare unbeabsichtigt wie **makabere Ironie**. Beispielsweise bedeutet der Imperativ nach Ills Tod „An die Arbeit!" (Z. 66) natürlich wörtlich genommen, dass die Aufnahme nun für die Sendung aufzubereiten ist. Für die Güllener heißt es aber, dass nun der Kontakt zu Zachanassian aufgenommen werden muss, damit der Scheck in Empfang genommen werden kann (was dann auch sehr schnell, zügig und ohne Pathos geschieht). Ironisch ist auch, dass der angebliche „Herzschlag" (Z. 61), den der Arzt als Todesursache Ills diagnostiziert, vom Bürgermeister noch übersteigert wird: „Tod aus Freude" (Z. 63).

alternative Handlungsmöglichkeiten:

Hätte der Mord an Ill verhindert werden können? Als die Bewohner beginnen, das noch nicht vorhandene Geld auszugeben, sehen sie nicht den Widerspruch zu ihrer anfänglich entrüsteten Ablehnung des Angebots von Zachanassian. Sie gehen davon aus, dass sie doch an das Geld kommen werden:

- indem sie Zachanassian gnädig stimmen (das versuchen der Lehrer und der Arzt),

– indem irgendeiner Ill tötet und die Schuld alleine auf sich nimmt,
– indem Ill sich selbst tötet (das legt ihm der Bürgermeister nahe).

Der erste Versuch, eine Lösung zu finden, indem Lehrer und Arzt der Milliardärin die übrig gebliebenen materiellen Werte der Gemeinde anbieten, funktioniert nicht, da Zachanassian diese Einrichtungen bereits aufgekauft hat.

Claire umstimmen

In einer früheren Fassung lässt Dürrenmatt den Arzt alleine die Tötung Ills vornehmen. Dann könnten die anderen Bürger mit reinem Gewissen ihren Reichtum genießen. Dies würde jedoch nicht zu der Gesamtaussage passen, die sowohl die moralische Korrumpierbarkeit des Menschen und zugleich die Unmöglichkeit, einem Einzelnen die Schuld zuzuweisen, zeigen will.

Einzelner tötet Ill

Warum tötet Ill sich nicht selbst? Dieses Ende würde zu einem antiken Drama passen. Dürrenmatts Stück enthält einige Elemente einer antiken Tragödie: das Motiv der Wiederkehr, die Grausamkeit einer enttäuschten, racheübenden Frau (Medea, S. 90). Am Ende wird der Bezug zur Antike sogar wörtlich hergestellt, indem die Bevölkerung ein Chorlied aus Sophokles' *Antigone* variiert und auf Güllen bezieht. Da Ill sich nicht selbst tötet, nimmt er nicht alle Schuld auf sich, sondern er „verteilt" auch Schuld auf die Schultern seiner Mitbürger. Und damit zeigt er, dass ihr Reichtum immer auf einem Verbrechen aufgebaut sein wird. Für einen überdurchschnittlich großen Besitz scheinen Gewissen und Humanität der Preis zu sein. Das ist die Botschaft, die Ill nicht den Güllenern, sondern den Zuschauern mitgeben will.

Ill begeht Selbstmord

Alle drei „Lösungen" sind also nicht möglich. So wird – außerhalb der sichtbaren Szenen – ein **gemeinsamer Ritualmord** beschlossen.

Der **Lehrer**, der als Letzter noch den Versuchungen des Geldes widerstanden hatte, hält schließlich das **Plädoyer** für die Annahme der Stiftung und damit für den Mord an Ill. Der Humanismus, den er zuvor immer verzweifelter verteidigt hat, schlägt in Egoismus um.

die Rede des Lehrers: Versagen des Humanismus

Der Rede des Lehrers folgt ein Abfragen des Bürgermeisters **wie** vor einer **Urteilsverkündung:** Er fragt Ill, ob er den Entschluss annehme, und erkundigt sich bei Pfarrer, Stadtarzt, Polizei und politischer Opposition, ob sie noch etwas anmerken wollen. Das Schweigen ist verabredet. Es folgt ein Schwur (die Assoziation mit dem Rütli-Schwur aus Schillers *Wilhelm Tell* liegt nahe), der für die uninformierten Reporter teilweise unverständlich bleibt. Als die Medien aus dem Saal gedrängt sind, schreiten die Güllener (allerdings nur die Männer) zur Tat: dem Mord.

der Schwur der Güllener

Die **eigentliche Hinrichtung** grenzt sich zur vorangegangenen Szene ab: Das theatralische Reden wird eingestellt, es gibt nur noch knappe, inhaltsleere Dialoge, die **Regieanweisungen** überwiegen die gesprochene Sprache. Die Rechtfertigungen, Beteuerungen, Schuldzuweisungen haben ein Ende. Der Mord selbst geschieht fast **ohne Licht und Ton**. Nichts gesehen, gehört oder gesagt zu haben – das kann später die Ausrede der Güllener sein.
Das Tempo ist deutlich verlangsamt. Die verkürzten Spechpassagen mit unvollständigen Sätzen wirken ebenfalls **retardierend**; sowohl Ills Rauchen der Zigarette als auch der Versuch des Pfarrers zu trösten (obwohl kein Anlass besteht) verzögern zunächst seinen Gang durch die Gasse. Nur

die Hinrichtung ohne Sprache, ohne Licht, ohne Ton

der Polizist hat seine Nervosität in dem pathetischen Moment nicht unter Kontrolle und wird ausfällig: „Steh auf, du Schwein." (Z. 42)
Der **Turner**, der sich am Ende der Gasse positioniert, symbolisiert die körperliche Kraft und macht klar, dass Flucht sinnlos ist. Seine neue Bekleidung (Schärpe) verweist auf den zukünftigen Reichtum. Der Mord wird in völliger Stille vollzogen, Ill scheint sich nicht zu wehren. Kurz darauf taucht wieder die Presse auf und das Licht geht an. Passend zu Dürrenmatts Dramentheorie gibt es keinen einzelnen Verantwortlichen, der Ill tötet; vielmehr wird er von einem „**Menschenknäuel**" (Z. 53), also dem **Kollektiv**, ermordet. Eine klare Schuldzuweisung wird damit unmöglich.

Verweis auf Schlusschor

Dem Zuschauer wird spätestens jetzt klar, dass der Preis für Gerechtigkeit zu hoch war. Die nachfolgende Szene mit dem Chorgesang und der Anspielung auf *Antigone* von Sophokles deuten die Geschichte als ein Beispiel, wie „**ungeheuerlich**" im doppelten Wortsinne der Mensch ist: Er kann Ungeheures leisten, sich von bitterer Armut befreien, sein Leben in die Hand nehmen. Die Kehrseite ist jedoch, dass er ebenso zum Ungeheuer werden kann: zu einem unsozialen, verlogenen, über Leichen gehenden Egoisten.

Teilaufgabe 3: Vergleich der beiden „Hinrichtungen"

Andeutungen auf die Hinrichtungen

In dem Drama *Der Besuch der alten Dame* und in dem Roman *Der Proceß* werden jeweils die Protagonisten am Ende getötet; ihr Tod ist Höhepunkt und Abschluss zugleich. Von Beginn an wird jedoch der Leser bzw. der Zuschauer auf diesen Tod eingestimmt. *Der Proceß* beginnt mit einer alptraumartigen Szene: Am Morgen seines 30. Geburtstages erfährt der ahnungslose Josef K. von seiner Verhaftung. Sowohl Grund der Anklage als auch Ablauf des Verfahrens bleiben unklar – der Leser ahnt allerdings von Anfang an, dass K. sterben wird. Ebenso bei Dürrenmatt: Hier leitet Claires Forderung nach „Gerechtigkeit" (kombiniert mit der Verlockung des Reichtums) Ills Ermordung und den Verfall der Moral unter den Güllenern ein.

Vergleich der Todesarten: unbekannte Todesart versus …

Im *Besuch der alten Dame* bleibt die **Todesart offen**. Der kollektive Mord geschieht im Dunkeln (bei nur schwachem Mondlicht), wohl auch ohne Ton. Es gibt keine Zeugen außer den Tätern. Die Leiche ist mit einem Tischtuch bedeckt, sodass die wahre Todesursache nicht sichtbar ist. Dieses Geheimnis soll den Zuschauern auch verborgen bleiben, schafft Distanz und verbindet die Güllener Männer durch ihr Wissen stärker miteinander. Sicher ist es jedoch nicht „Tod aus Freude" (Z. 63), wie der Bürgermeister der sensationsgierigen Presse erklärt.

detailliert beschriebene Ermordung

Im *Proceß* kommt es zu keiner Anklage, zu keiner Verurteilung und dennoch zu der Vollstreckung eines Todesurteils. Weder Josef K. noch der Leser erfahren, warum K. am Anfang verhaftet und am Ende getötet wird. Seine Schuld wird nicht ausgesprochen. Am Vorabend des 31. Geburtstages wird er von zwei ihm unbekannten Männern in einem Steinbruch erstochen. Bevor der eine Mann das **spitze Messer in K's Herz** sticht, reichen die Männer es vor seinem Gesicht hin und her. K. deutet diese sadistisch wirkende Geste als Aufforderung und Verpflichtung zum Selbstmord. Doch ähnlich wie Alfred Ill will er leben und die Schuld seinen

Mördern nicht abnehmen. Während Ill als Opfer der kollektiven Geldgier Mitleid erregt, stirbt K. ohne Zuschauer auf eine erniedrigende Weise: „Wie ein Hund!“ (S. 211), kommentiert er selber seinen Tod, „als sollte die Scham ihn überleben“ (ebd.). Was mit seiner Leiche geschieht, ob er überhaupt vermisst und ob ernsthaft nach ihm gesucht werden wird, bleibt offen.

formale Elemente: Vergleich mit Tieren

Bezeichnenderweise werden beide Protagonisten mit **Tieren** verglichen bzw. gleichgesetzt. In Dürrenmatts Drama führt Zachanassian einen Panther mit sich, weil sie früher Alfred „meinen schwarzen **Panther**“ nannte. Bald wird die Jagd auf das entkommene Raubtier eröffnet. Eventuell hat Zachanassian ihn absichtlich laufen lassen, um die Bewaffnung im Ort zu erhöhen und die Hemmung, ein Lebewesen zu töten, herabzusetzen. Als das Tier vor Ills Tür erschossen wird, ist auch dessen Schicksal besiegelt. Auch Josef K. endet wie eine Kreatur – „wie ein **Hund**“ –, allerdings kann der Leser kein Mitleid empfinden.

Pathos

Der Tiervergleich, der bei Kafka deutlich herabsetzend gemeint ist, steht im Kontrast zu den pathetischen Gesten in der Todesstunde. Feierliches Pathos soll die menschenunwürdigen Umstände der Tötungen jeweils überdecken. Josef K. beobachtet, wie in der Ferne ein Mensch die Arme aus dem Fenster reckt – eine pathetische Geste, die stumme Fragen bei K. auslöst. Seine Reaktion ist eine ähnlich **theatralische Geste** der hilfesuchenden Verzweiflung: Er streckt die Arme und spreizt die Finger. Bei Dürrenmatt will die Gemeinde mit der Aufstellung der Bürger zu einer Gasse dem Mord wohl einen quasi rituellen Charakter geben; dabei weckt der durchtrainierte, inzwischen gut gekleidete Turner am Ende der Gasse eher Assoziationen an eine **Jahrmarktbühne:** Das Pathos wird damit ins Lächerliche gezogen und unterwandert.

Verzögerungen

Beide Tode geschehen angekündigt und die Kandidaten müssen ihrer Ermordung ins Auge sehen. Der Gang in den Steinbruch sowie Hin- und Herreichen des Messers sind **retardierende Elemente**, die aber Josef K. den Tod andeuten. Auch Ill weiß, dass er sterben wird. Hier bewirkt der Gang in die Menschenmenge eine Verzögerung, die die Grausamkeit erhöht.

Schuld und Rechtfertigung

Ob **Josef K.** sich **schuldig** gemacht hat (Umgang mit Frauen, keine Hilfeleistung in der Prüglerszene oder andere Vergehen in der Vergangenheit), wird nicht ausgeführt. Er selbst konzentriert sich nur auf den Prozess, ohne über etwaige eigene Verfehlungen nachzudenken. In jedem Fall scheinen die genannten Vergehen keine Todesstrafe zu rechtfertigen, zumal keine Urteilsverkündung stattfindet.

Im *Besuch* erfahren Ill und der gesamte Ort, welches Vergehen aus der Vergangenheit die Ursache für Zachanassians Forderung ist. **Ill** ist mehrfach **schuldig:** „Sitzenlassen“ seiner Jugendliebe, Heirat einer anderen Frau aus finanziellen Gründen, Nicht-Anerkennung seiner Vaterschaft, Bestechung von Zeugen, Meineid vor Gericht, Desinteresse an Klara Wäschers Schicksal und demjenigen seines Kindes. Anders als K. wird Ill gezwungen, sich der eigenen Schuld zu stellen. Die Hinrichtung erscheint aber auch hier als grausame und maßlose Strafe. Ills Verurteilung erfolgt durch den Schwur der Gemeinde, also ohne formalen Prozess, getötet wird er von allen.

Die Rolle der Gesellschaft ist in den Werken verschieden. Im *Proceß* leistet **K.'s Umfeld** weder Aufklärung noch Hilfe. Er kämpft zwar darum, mehr über seinen Prozess zu erfahren, aber die Helfer und Informanten (Advokat, Kaufmann, Leni) sind **keine wirkliche Unterstützung**. Es erweist sich vielmehr, dass die Menschen, die vorgeben, etwas zu wissen, in Wirklichkeit ahnungslos sind. Im Falle Ills haben die Menschen ebenfalls Geheimnisse vor ihm: Sie wollen zunächst ihre Anschaffungen vor ihm verbergen, ebenso scheinen sie am Ende eine Absprache getroffen zu haben, ihn kollektiv zu töten. Diese Geheimnisse haben rationale und egoistische Gründe. Die Gesellschaft nimmt Ills Schuld zum Vorwand, selber eine grausame Tat zu begehen. Diese **Rechtfertigung** ist **verlogen** – und damit stehen **die Bürger Güllens** nicht besser da als Ill.

Rolle der Gesellschaft

Obwohl Ill vor 45 Jahren Schuld auf sich geladen hat, geht er doch als moralischer Sieger in den Tod, weil die anderen Mitbürger sich mindestens ebenso unsozial verhalten, ein Menschenleben gegen materiellen Besitz eintauschen und dies sogar noch mit dem Vorwand der „Gerechtigkeit" begründen. Die Sympathie der Zuschauer gilt Ill, weil er der Grausamkeit seiner Mitmenschen ausgeliefert ist.
Wie bei Franz Kafka nicht anders zu erwarten, ist der Mensch Josef K. (und auch der Leser) in der modernen Welt allein gelassen, hat keine Orientierung, ist auf Suche nach dem Lebenssinn, findet aber nirgends Hoffnung oder Halt. Es wird nicht ausgesprochen, was K. vorzuwerfen ist. Da er keine Hilfe erhält, entsteht beim Leser das beklemmende Gefühl, dass dieses Schicksal jeden Menschen in der modernen Welt treffen könnte. K. ist Opfer, er wird gepeinigt und beseitigt – und der Leser sucht vergeblich nach einem eindeutigen Grund, weshalb er sterben musste. Von einem moralischen Sieg für K. kann jedenfalls keine Rede sein; allerdings ist es auch nicht eindeutig möglich, ihn moralisch zu verurteilen.

moralische Sieger?

Was mit der Leiche von Josef K. im Steinbruch geschieht, bleibt offen. Eine normale Beerdigung ist jedoch ausgeschlossen. Da er keine sich um ihn sorgenden Bekannten, Freunde oder Familienmitglieder hat, wird er möglicherweise vergessen werden. Alfred Ills Leiche soll in dem vorbereiteten Sarg in das bereits von Zachanassian erbaute Mausoleum nach Capri gebracht werden. So wird Ill für immer aus dem Bewusstsein der Öffentlichkeit verschwinden. Dass es kein Grab im Ort gibt, das an ihn erinnert, wird den Güllenern das vollständige Verdrängen ihrer Schuld ermöglichen.

nach dem Tod

Die beiden Werke enden mit Hinrichtungen, die im Zeichen einer teilweise **unklaren und fragwürdigen Gerechtigkeit** jeweils zur Sühne eines mehr oder weniger definierten Verbrechens vollstreckt werden. Bei Kafka bleiben Legitimation, Sitz und Verfahrensweisen des Gerichts höchst diffus und beunruhigend unklar. In Dürrenmatts tragischer Komödie wird ein Akt der Selbst- und Lynchjustiz nur notdürftig verschleiert. Josef K. nimmt das Todesurteil widerstandslos hin, da er die Sinnlosigkeit seiner Existenz und das Fehlen von verbindlichen Werten erkannt hat. In Dürrenmatts Drama wird der Wert Gerechtigkeit durch das Geld pervertiert.
Es bleibt bei beiden Werken das ungute Gefühl zurück, dass die Tötung jeweils hätte verhindert werden können und müssen.

Fazit: zwei fragwürdige Todesurteile

Deutsch (Baden-Württemberg): Übungsaufgabe 3
Gestaltende Interpretation

Pflichtlektüre:
Friedrich Dürrenmatt (1921–1990), *Der Besuch der alten Dame*

Textauszug aus:
Friedrich Dürrenmatt, *Der Besuch der alten Dame*

CLAIRE ZACHANASSIAN: Ich will die Bedingung nennen. Ich gebe euch eine Milliarde und kaufe mir dafür die Gerechtigkeit.

Totenstille.

DER BÜRGERMEISTER: Wie ist dies zu verstehen, gnädige Frau?
CLAIRE ZACHANASSIAN: Wie ich es sagte.
DER BÜRGERMEISTER: Die Gerechtigkeit kann man doch nicht kaufen!
CLAIRE ZACHANASSIAN: Man kann alles kaufen.
DER BÜRGERMEISTER: Ich verstehe immer noch nicht.
CLAIRE ZACHANASSIAN: Tritt vor, Boby.

Der Butler tritt von rechts in die Mitte zwischen die drei Tische, zieht die dunkle Brille ab.

DER BUTLER: Ich weiß nicht, ob mich noch jemand von euch erkennt.
DER LEHRER: Der Oberrichter Hofer.
DER BUTLER: Richtig. Der Oberrichter Hofer. Ich war vor fünfundfünfzig Jahren Oberrichter in Güllen und kam dann ins Kaffiger Appellationsgericht, bis mir vor nun fünfundzwanzig Jahren Frau Zachanassian das Angebot machte, als Butler in ihre Dienste zu treten. Ich habe angenommen. Eine für einen Akademiker vielleicht etwas seltsame Karriere, doch die angebotene Besoldung war derart phantastisch –
CLAIRE ZACHANASSIAN: Komm zum Fall, Boby.
DER BUTLER: Wie ihr vernommen habt, bietet Frau Claire Zachanassian eine Milliarde und will dafür Gerechtigkeit. Mit anderen Worten: Frau Claire Zachanassian bietet eine Milliarde, wenn ihr das Unrecht wiedergutmacht, das Frau Zachanassian in Güllen angetan wurde. Herr Ill, darf ich bitten.

Ill steht auf, bleich, gleichzeitig erschrocken und verwundert.

ILL: Was wollen Sie von mir?
DER BUTLER: Treten Sie vor, Herr Ill.
ILL: Bitte. *Er tritt vor den Tisch rechts. Lacht verlegen. Zuckt die Achseln.*
DER BUTLER: Es war im Jahre 1910. Ich war Oberrichter in Güllen und hatte eine Vaterschaftsklage zu behandeln. Claire Zachanassian, damals Klara Wäscher, klagte Sie, Herr Ill, an, der Vater ihres Kindes zu sein.

Ill schweigt.

DER BUTLER: Sie bestritten damals die Vaterschaft, Herr Ill. Sie hatten zwei Zeugen mitgebracht.
ILL: Alte Geschichten. Ich war jung und unbesonnen.
CLAIRE ZACHANASSIAN: Führt Koby und Loby vor, Toby und Roby.

Die beiden kaugummikauenden Monstren führen die beiden blinden Eunuchen, die sich fröhlich an der Hand halten, in die Mitte der Bühne.

DIE BEIDEN: Wir sind zur Stelle, wir sind zur Stelle!
DER BUTLER: Erkennen Sie die beiden, Herr Ill.

Ill schweigt.

DIE BEIDEN: Wir sind Koby und Loby, wir sind Koby und Loby.

ILL: Ich kenne sie nicht.

DIE BEIDEN: Wir haben uns verändert, wir haben uns verändert.

DER BUTLER: Nennt eure Namen.

DER ERSTE: Jakob Hühnlein, Jakob Hühnlein.

DER ZWEITE: Ludwig Sparr, Ludwig Sparr.

DER BUTLER: Nun, Herr Ill.

ILL: Ich weiß nichts von ihnen.

DER BUTLER: Jakob Hühnlein und Ludwig Sparr, kennt ihr Herrn Ill?

DIE BEIDEN: Wir sind blind, wir sind blind.

DER BUTLER: Kennt ihr ihn an seiner Stimme?

DIE BEIDEN: An seiner Stimme, an seiner Stimme.

DER BUTLER: 1910 war ich der Richter und ihr die Zeugen. Was habt ihr geschworen, Ludwig Sparr und Jakob Hühnlein, vor dem Gericht zu Güllen?

DIE BEIDEN: Wir hätten mit Klara geschlafen, wir hätten mit Klara geschlafen.

DER BUTLER: So habt ihr vor mir geschworen. Vor dem Gericht, vor Gott. War dies die Wahrheit?

DIE BEIDEN: Wir haben falsch geschworen, wir haben falsch geschworen.

DER BUTLER: Warum, Ludwig Sparr und Jakob Hühnlein?

DIE BEIDEN: Ill hat uns bestochen. Ill hat uns bestochen.

Aus: Friedrich Dürrenmatt, Der Besuch der alten Dame. Diogenes Verlag AG Zürich 1986, S. 45–48.

Aufgabenstellung

- Zeigen Sie anhand des Textes, was Claire Zachanassian unter Gerechtigkeit versteht, und setzen Sie sich kritisch mit ihrer Auffassung auseinander.
- Einige Zeit nach dem Besuch Claire Zachanassians in Güllen wird bei dem Butler Boby, vormals Oberrichter Hofer, eine gefährliche Krankheit diagnostiziert. In einem inneren Monolog reflektiert er sein Leben.
  Verfassen Sie diesen Monolog.

Hinweise und Tipps

Teilaufgabe 1

Die erste Teilaufgabe fordert eine klare Unterscheidung zwischen juristischer und moralischer Gerechtigkeit bzw. Ungerechtigkeit und die Überlegung, inwieweit diese übereinstimmen. Prüfen Sie, wo die staatliche „Gerechtigkeit" der Ungerechtigkeit Vorschub geleistet hat und warum ihr Claire Zachanassians „Gerechtigkeit" dennoch nicht überlegen ist. Gehen Sie bei Ihrer Argumentation von dem vorliegenden Dramenauszug aus und berücksichtigen Sie relevante Handlungselemente, ohne sich dabei in einer reinen Nacherzählung des Inhalts zu verlieren.

Teilaufgabe 2

Bei der zweiten Teilaufgabe gibt es zwei grundsätzliche Alternativen. Der Butler könnte sich selbst belügen und seinen Werdegang genauso verherrlichen wie die Güllener den ihren im abschließenden Chorlied. Auf der anderen Seite könnte die Krise seines Lebens zu einer aufrichtigen Innenschau führen. Beides ist denkbar, die zweite Möglichkeit bietet jedoch mehr Raum für eigenständige Gestaltung. Über Hofers Charakter teilt der Dramentext nicht allzu viel mit, sodass es Ihre Aufgabe ist, ein glaubwürdiges Porträt zu entwerfen. Während Dürrenmatt den Figuren typenhafte Züge gibt, wird von Ihnen erwartet, dass Sie Hofers Verhalten psychologisieren. Beweisen Sie in Ihrer Lösung Ihre Vertrautheit mit der Lektüre, indem Sie sich auf konkrete Details der Handlung beziehen.

Lösungsvorschlag in Grundzügen

Teilaufgabe 1

das Versagen der Justiz

In Friedrich Dürrenmatts Drama *Der Besuch der alten Dame* geht es um eine Frau, die während ihrer Schwangerschaft vom Vater ihres Kindes im Stich gelassen wurde. Die Vaterschaftsklage wurde aufgrund eines Justizirrtums abgewiesen. Viele Jahre später greift die inzwischen zu Reichtum gekommene Frau zur Selbstjustiz beziehungsweise bringt Privatleute dazu, den Kindsvater ohne gesetzliche Grundlage zu bestrafen.
„Man kann alles kaufen" (Z. 7) – laut der Protagonistin Claire Zachanassian auch die Gerechtigkeit. Damit sagt sie implizit, dass ihre Vorstellung von Gerechtigkeit keinen Absolutheitsanspruch hat oder mindestens den gängigen Normen nicht entspricht.
Dass Claire Zachanassian – oder Klara Wäscher, wie sie zum betreffenden Zeitpunkt hieß – von der Justiz Unrecht widerfahren ist, steht außer Zweifel. Alfred Ill, der Vater ihres Kindes, hatte zwei Männer bestochen, damit sie vor Gericht einen falschen Eid leisteten. Jakob Hühnlein und Ludwig Sparr sagten aus, sie hätten mit Klara Wäscher Geschlechtsverkehr gehabt. Damit war Alfred Ills Vaterschaft – in einer Zeit, als es noch keine DNA-Tests gab – zumindest infrage gestellt. Klara Wäscher wurde also von der staatlichen Justiz aufgrund einer Falschaussage ihr Recht verweigert. Sie musste sich ohne jede Unterstützung durchschlagen und nahm den Weg in die Prostitution. Fünfundvierzig Jahre später bietet sie den Einwohnern ihrer verarmten Heimatstadt Güllen eine Milliarde unter der Bedingung, dass jemand Alfred Ill töte.

Gilt der Gesellschaftsvertrag?

Das Recht dazu leitet Claire Zachanassian aus der Unzulänglichkeit der offiziellen Justiz ab. Das positive, d. h. staatliche Recht stand im Widerspruch zum natürlichen; die staatliche Gerechtigkeit hat ihr gegenüber versagt. Laut dem Philosophen Jean-Jacques Rousseau besteht zwischen Individuum und Staat ein **Gesellschaftsvertrag** (contrat social). Das Individuum

hat sich den staatlichen Gesetzen unterzuordnen, dafür muss der Staat die Rechte des Individuums schützen. Wenn einer der beiden Vertragspartner seine Pflicht nicht erfüllt, kann der andere den Vertrag aufkündigen.
Diese Option ist jedoch nicht im Sinne einer willkürlichen Selbstjustiz aus beliebigem Anlass gedacht. Claire Zachanassian geht es ja nicht darum, gegen das staatliche Rechtssystem als solches zu kämpfen. Wäre dies ihr Anliegen, so hätte sie sich an die Presse wenden oder eine Bürgerinitiative gründen müssen. Wie weit gewaltfreie Mittel erfolgreich sein können, ist hier nicht die Frage, denn es soll keine Revolution stattfinden. Claire Zachanassian will nicht die Justiz verändern, sondern deren **zufälliges Versagen „korrigieren"**.

juristisches und moralisches Unrecht

Wenn also der Rechtsstaat nicht infrage gestellt wird, auch nicht von Claire selbst, darf man davon ausgehen, dass in ihrer außerstaatlichen „Gerechtigkeit" juristisches und moralisches Unrecht zusammenfallen.
Moralisch handeln heißt nach **Kant**, dass das Gesetz des Handelns jederzeit zur allgemeinen Maxime erhoben werden könnte. Selbstjustiz ist mit dieser Forderung nicht vereinbar, da sie die Gefahr der Gewalteskalation einschließt, die sich auch auf Unbeteiligte ausdehnen würde. In bestimmten Fällen mag die Ausnahme gelten, z. B. in Notwehr oder wenn die Wahrscheinlichkeit besteht, dass noch größeres Unglück verhindert werden kann. Claire Zachanassians **Motiv** ist jedoch schlicht der Wunsch nach **persönlicher Rache**.
Selbstjustiz bedeutet in diesem Fall nicht die eigenhändige Tötung des verräterischen Freundes; der juristische Tatbestand ist **Anstiftung zum Mord**. Moralisch betrachtet nutzt Claire Zachanassian die Notlage anderer aus, um selbst nicht mit dem Gesetz in Konflikt zu kommen. (Gleichzeitig macht die Einbindung des Kollektivs ihre Rache subtiler.) Dabei kalkuliert sie richtig, dass die Güllener sie wegen der Aussetzung der Kopfprämie nicht anzeigen, sondern sich alle Möglichkeiten offenhalten würden.
Ein anderer Aspekt von Claire Zachanassians Vergeltung ist deren **Unverhältnismäßigkeit**. Die Todesstrafe ist in den meisten demokratischen Staaten abgeschafft und mit dem Rechtsempfinden sehr vieler Menschen nicht vereinbar. Auch die **Verjährung** von Alfred Ills Straftat mag hierbei eine Rolle spielen. Dieses Thema entfacht heutzutage zum Beispiel in den Prozessen kürzlich überführter NS-Verbrecher heftige Streitigkeiten. Darin geht es jedoch um den grundsätzlichen Umgang mit politischem Unrecht. Claire Zachanassian dagegen will kein Exempel dafür statuieren, was mit verantwortungslosen Kindsvätern zu geschehen habe; die „Hinrichtung" Alfred Ills wird ja vertuscht werden. Claire selbst beteiligt sich an der Geheimhaltung, indem sie Jakob Hühnlein und Ludwig Sparr, die offensichtlich anfingen etwas auszuplaudern, nach Bangkok verfrachten lässt.

Dimensionen der Selbstjustiz

An diesen beiden Figuren zeigt sich im Übrigen, dass Claire Zachanassians Feldzug für die „Gerechtigkeit" schon vor ihrem unmoralischen Angebot begonnen hat. Zeichenhaft für deren Charakterschwäche und blinde Geldgier ließ sie die **falschen Zeugen kastrieren und blenden**. Ebenfalls setzte sie alles daran, die Stadt, aus der sie verstoßen worden war, ökonomisch ausbluten zu lassen. Sie nutzt die **Notlage der Güllener** also nicht nur aus, sondern hat sie für ihre Zwecke bewusst **herbeigeführt**. Ihre Selbstjustiz birgt nicht nur die *Gefahr* der Gewaltausdehnung, sie hat sich bereits auf alle Bürger der Stadt ausgewirkt, auch auf diejenigen, die mit dem erlittenen Unrecht nichts oder kaum etwas zu tun haben.

Teilaufgabe 2

Das war es also. Nicht, dass ich am Leben hängen würde. Ich kann mich nicht erinnern, wann ich zuletzt etwas wie Lebensfreude gespürt habe, und Überlebenswille wird mir ganz gewiss nicht helfen, die Krankheit zu besiegen. Aber die Angst vor dem Unbekannten sitzt doch tief. Ich bin immer den Weg des geringsten Widerstandes gegangen. Hab's mir leicht gemacht oder wollte es zumindest. Schon damals, als ich die Vaterschaftsklage abgewiesen habe. Ich habe nur einen Blick auf das kleine Luder vor mir geworfen und konnte mir vorstellen, dass sie es mit jedem trieb. Ihre Ehekarriere hat meine Einschätzung nachträglich bestätigt. Aber damals war eben Alfred Ill ihr einziger Freund, und der ließ sie im Stich. Und vielleicht haben wir – Ill, seine falschen Zeugen und ich – sie auch erst zu dem gemacht, was sie geworden ist.

ein leichter Lebensweg?

Und ich, was ist aus mir geworden? Ein Zyniker, wenn ich es nicht schon war. Spätestens damals, als mir mein Fehlurteil vorgehalten wurde, habe ich am Sinn meines Berufes gezweifelt. Wie sollte ich nicht, wenn die staatliche sogenannte Gerechtigkeit so leicht übertölpelt werden kann? Und wenn es sie trotzdem geben muss: Ein anderer konnte den Richterberuf ebenso gut oder besser ausüben als ich. Was war dabei, wenn ich ihn aufgab und Claire Zachanassians Butler wurde? Natürlich lockte in erster Linie die fantastische Besoldung. Mein Leben war bequem, es gab immer Abwechslung, immer Reisen, ständig lebte ich in Tuchfühlung mit der großen Welt. Da ließ es sich schon verschmerzen, dass ich eigentlich etwas anderes gelernt hatte als Whisky zu servieren.

ein Zyniker

Aber wohlgefühlt habe ich mich letztlich nie. Wen gab es in meiner neuen Umgebung, mit dem man ein vernünftiges Wort hätte wechseln können? Vielleicht Roby und Toby, die ihre Kiefer nur zum Kaugummikauen bewegen? Die gegen alle Vernunft auf ihrem jetzigen Posten sind? Oder die Schwachköpfe Loby und Koby? Die Zachanassian trifft mit ihrer Namengebung schon den Nagel auf den Kopf. Loby, Koby, Boby – es gilt alles gleich. Die beiden haben mir mit ihrer dumpfen Existenz tagtäglich einen Spiegel vorgehalten. Zwar hatte mir die Zachanassian mein Augenlicht und meine Manneskraft gelassen, und ich übte eine Tätigkeit aus. Aber diese erschien mir angesichts des maßlosen, sinnlosen Luxus, als dessen Teil ich fungierte, immer lächerlicher. Im Grunde bin ich ein ebenso schwacher und verblendeter Jämmerling wie Loby und Koby, mit Geld bestochen und verführt.

unglückliche Existenz

Denn nachdem ich einmal in Bezug auf das Recht versagt hatte, ließ ich mich zum Handlanger des Unrechts machen. Darin lag mein größter Fehler, so weit hätte ich mich von meinem Zynismus, meiner Skepsis gegenüber der staatlichen Gerechtigkeit nicht treiben lassen dürfen. Eine noch größere Rolle aber spielte die Feigheit. Nicht auszudenken, was die Zachanassian mit mir angestellt hätte, wäre ich aus ihrem Geschirr ausgestiegen. Oder doch auszudenken? Was immer sie sich ausgedacht hätte, ich hätte doch meine Selbstachtung zurückgewonnen und wäre kaum schlimmer dran als jetzt.
Ich vertrat also im „Goldenen Apostel" den Güllenern gegenüber Claire Zachanassians „Gerechtigkeit". Der ganze Auftritt war mir im Grunde entsetzlich peinlich und ich versuchte, einige erklärende Worte zu meiner Person vorwegzuschicken, wurde von der Chefin aber brüsk unterbrochen.

Handlanger des Unrechts

„Komm zum Fall, Boby!“ Sie hat mich behandelt wie ein Stück Dreck und ich kann es ihr nicht einmal verdenken.

Ja, ich bin immer eine Marionette gewesen, an den Drähten zuerst der offiziellen Justiz und dann der privaten von Claire Zachanassian. Das Einzige, was mich ein wenig tröstet, ist, dass niemand, aber wirklich niemand sich ihrem Zugriff entzogen hat. Vor den Güllenern brauche ich mich nicht weiter zu schämen. Die hat sie mit ihrem Geld samt und sonders zu ihren Bobys, Lobys, Kobys, Robys, Tobys, Hobys, Mobys und Zobys gemacht (für eine ganze Stadt reichen die Konsonanten des Alphabets leider nicht aus). Der Pfarrer hat seine christlichen, der Lehrer hat seine humanistischen Ideale ebenso wenig durchgefochten wie ich das Gesetz. Auch der Bürgermeister hat die Ordnung seines Gemeinwesens aufgegeben. Bei denen gab es wohl immerhin die ein oder andere Anstrengung, der Versuchung zu widerstehen, aber die Macht des Geldes hat sich als unbesiegbar erwiesen.

Marionetten des Geldes

Was also ist zu tun? Eine öffentliche Selbstgeißelung, nun, da ich nichts mehr zu verlieren habe, würde der Lächerlichkeit meiner Existenz die Krone aufsetzen. Sollte ich dennoch vielleicht niederschreiben, was mir durch den Kopf geht, meinen wenigen Freunden und Verwandten zur Warnung? Aber wäre es von Nutzen? Wenn zu ihnen einmal die Dame Versuchung kommt, wird sie ein anderes Gesicht tragen. Ob sie sie dann erkennen werden? – und selbst wenn, würden sie die Kraft zum Widerstand finden?

ein Fazit?

Deutsch (Baden-Württemberg): Übungsaufgabe 4
Interpretationsaufsatz zu einem Gedicht oder Gedichtvergleich

Thema:
Liebeslyrik vom Barock bis zur Gegenwart

Texte:
Gertrud Kolmar (1894–1943), *Das große Feuerwerk* (vor 1928)
Sarah Kirsch (*1935), *Bei den weißen Stiefmütterchen* (1967)

Das große Feuerwerk

Das große Feuerwerk ist nun verpufft.
Und, tausend losgespritzte Fünkchen, hängen
Noch kleine Sterne in des Dunkels Fängen.
Die Nacht ist lang.

Ich lehn am Baum und sinn am Himmel hin
Und sehe wieder dünnen Sprühgoldregen
Dem Teich enttanzen, sich vertropfend legen.
Die Nacht ist lang.

Weiß ist mein Hut, mein Kleid ist leicht, mich friert,
Bleich blühten Chrysanthemen ob den Wellen,
Zerrieselten in sieben rosige Quellen.
Die Nacht ist lang.

Ich such die Bank und warte, hart geduckt.
Es duckte sich die Schlange, pfiff im Sprunge
Und zischte rasend auf mit glüher Zunge.
Die Nacht ist lang.

Ich wärme meine starren Hände nicht.
Aus Schwarz und Schimmer stieg ein Palmenfächer,
Der zückte Silberspeere auf die Dächer.
Die Nacht ist lang.

Mein Auge schläfert, aber unterm Lid
Kreist noch das Sonnenrad mit leisem Singen,
Und grüne Ringe gehn aus roten Ringen.
Die Nacht ist lang.

Das große Feuerwerk ist längst verpufft.
Zwölf Schläge tut es irgendwo im Weiten –
Ich geh wohl heim, weil so die Füße schreiten.
Du kommst nicht mehr.

Aus: Gertrud Kolmar: Das lyrische Werk. Kösel-Verlag, München 1960, S. 289f.

Bei den weißen Stiefmütterchen

Bei den weißen Stiefmütterchen
Im Park wie er's mir auftrug
Stehe ich unter der Weide
Ungekämmte Alte blattlos
Siehst du sagt sie er kommt nicht

Ach sage ich er hat sich den Fuß gebrochen
Eine Gräte verschluckt, eine Straße
Wurde plötzlich verlegt oder
Er kann seiner Frau nicht entkommen
Viele Dinge hindern uns Menschen

Die Weide wiegt sich und knarrt
Kann auch sein er ist schon tot
Sah blaß aus als er dich untern Mantel küßte
Kann sein Weide kann sein
So wollen wir hoffen er liebt mich nicht mehr

Aus: Sarah Kirsch: Landaufenthalt. In: Dies., Werke in fünf Bänden, hrsg. v. F.-H. Hackel, 1. Band: Gedichte 1. Deutsche Verlagsanstalt, Stuttgart 1999

Aufgabenstellung
Interpretieren und vergleichen Sie die beiden Gedichte.

Hinweise und Tipps

Thema: Liebeslyrik
Die Liebe als existenzielle Grunderfahrung des Menschen ist in allen Zeiten und Kulturen ein zentrales Thema der Dichtung. Zuallererst stellt sich jedoch die übergeordnete Frage: Was heißt eigentlich „Liebe"? Das Spektrum möglicher Definitionen ist groß, endgültige Aussagen können aber kaum getroffen werden. Die „Liebe", so umschreiben es aktuelle wissenschaftliche Ansätze, ist ein mentales Konzept, ein Konstrukt, das einem stetigen gesellschaftlichen und historischen Wandel unterliegt. Liebesgedichte analysieren und interpretieren setzt deshalb voraus, dass über die Vorstellungen von Liebe im jeweiligen historischen Kontext nachgedacht wird.
Der erste Schritt, der jedem Interpretieren vorausgeht, ist das Bemühen des Lesers bzw. der Leserin, den Text zu verstehen, sich auf ihn einzulassen, mit ihm in einen Dialog einzutreten, ihn „zu Wort kommen" zu lassen. Versuchen Sie deshalb zunächst, die Gedichte genau und differenziert wahrzunehmen, achten Sie auf Einzelheiten und auf das Ganze, lesen Sie zwischen den Zeilen, sprechen Sie den Text laut, lernen Sie Verse auswendig, experimentieren Sie mit Umstellungen, Ersatzproben, Umformulierungen, um die Wirkung des Textes aufzuspüren. Dabei erschließt sich der Text nach und nach, gibt Ihnen Antworten auf Ihre Fragen, vermittelt Ihnen seine „Botschaft". Im Unterschied zum Abitur und zur Klausursituation können Sie bei einer Übungsaufgabe ohne Zeitdruck arbeiten. Nutzen Sie diese Chance und lesen Sie die beiden Gedichte von Gertrud Kolmar und Sarah Kirsch über einen längeren Zeitraum hinweg immer wieder. Sie werden dabei beobachten, wie Ihr Textverständnis sich verändert und verfeinert.
Als Vorbereitung und Ergänzung für das Durcharbeiten der Übungsaufgabe sollten Sie außerdem möglichst viele Liebesgedichte lesen. Nur wer die Vielfalt möglicher Ausdrucksformen kennt, kann das Besondere des einzelnen Textes erfassen.

Aufgabentyp Gedichtvergleich

Der Aufgabentyp „Gedichtvergleich" ist eine Variante des Interpretationsaufsatzes, die auf die Herausarbeitung von Gemeinsamkeiten und Unterschieden zweier Gedichte ausgerichtet ist. Im Pflichtthemenbereich „Liebeslyrik vom Barock bis zur Gegenwart" ist das Thema Liebe und seine spezifische Entfaltung im Gedicht erstes Vergleichskriterium. Darüber hinaus können auch Motive, Form und Gestaltung, Zugehörigkeit zu einer literarischen Epoche oder Strömung, Aussageabsicht, Biografie des Autors/der Autorin und andere Aspekte für einen Vergleich ergiebig sein. Wichtig ist, wie bei jeder Interpretation, dass man die Texte zunächst einmal für sich sprechen lässt, um sie in möglichst vielen Facetten zu erfassen und sie nicht zu früh auf bestimmte Deutungsaspekte zu verengen. Hintergrundwissen über Epochenmerkmale oder die Biografie eines Autors – hier z. B. die Herkunft Sarah Kirschs aus der DDR oder das jüdische Schicksal Gertrud Kolmars – können u. U. zur Deutung herangezogen werden, sollten aber in der Regel nicht Ausgangspunkt der Interpretation sein.

In der Aufgabenstellung werden üblicherweise keine Teilaufgaben vorgegeben. Der Operator „interpretieren" lässt Ihnen bewusst methodische Freiheiten, erfordert aber auch ein gezieltes Vorgehen, bei dem die Erstellung eines Schreibplans ein wichtiger Schritt ist. Dafür kann unter verschiedenen Vorgehensweisen ausgewählt werden:

1. Lineares Vorgehen
   a) Die beiden Gedichte werden einzeln nacheinander in einer selbst festgelegten Reihenfolge interpretiert. Danach werden beide Texte aspektorientiert verglichen.
   b) Nach der Interpretation des ersten Gedichts wird das zweite im Hinblick auf die Interpretationsergebnisse des ersten analysiert und interpretiert.

   Ein vergleichendes Fazit rundet den Aufsatz ab.
2. Vernetztes Vorgehen

   Beide Gedichte werden parallel unter bestimmten Vergleichsaspekten interpretiert. Dieses Vorgehen bietet sich vor allem dann an, wenn bereits in der Themenstellung oder durch das Rahmenthema – hier „Liebe" – Vergleichsaspekte vorgegeben sind. Damit liegt der Fokus des Interpretierens von Beginn an auf den Unterschieden und Gemeinsamkeiten der Texte, wichtige Einzelaspekte können jedoch leicht übersehen werden, der Überblick über die Texte als Ganzes kann verloren gehen.

Auch hier bildet eine zusammenfassende Darstellung der Ergebnisse den Abschluss.

Schreiben beginnt vor dem Schreiben

Bevor Sie mit dem Schreiben des Aufsatzes beginnen, sollten Sie in einem ersten Schritt die Texte in einer Art visualisierender Interpretation mit Bleistift, verschiedenfarbigen Textmarkern, Randbemerkungen, grafischen Symbolen wie z. B. Pfeilen, Kreisen usw. bearbeiten. Erst durch mehrmaliges, auch lautes (in der Klausursituation „stummes") Lesen erschließt sich der Textsinn.

Im nächsten Schritt erstellen Sie auf Konzeptpapier ein Raster für den Aufbau des Aufsatzes:

- Einleitung, Vorstellung der Texte und der Autoren
- Verstehenshorizont: Habe ich einen persönlichen Zugang zu den Gedichten? Welche Erwartungen habe ich an das Thema der Gedichte?
- Textbeschreibung, Ergebnisse der Textanalyse:
  - Aussagen zu Aufbau und Form der Gedichte (Strophengliederung, Reim, Versmaß, Mittel des lyrischen Sprechens)
  - gegliederte Wiedergabe des Inhalts der Gedichte in eigenen Worten
  - Anmerkungen zur Haltung des lyrischen Ichs bzw. des Sprechers im Gedicht
- Deutung
  - Hypothese 1
  - Hypothese 2
- Schluss, evtl. persönliche Stellungnahme.

Lösungsvorschlag in Grundzügen

Einleitung

Die beiden Gedichte von Gertrud Kolmar, *Das große Feuerwerk*, und Sarah Kirsch, *Bei den weißen Stiefmütterchen*, tragen Titel, die zunächst nicht unmittelbar an Liebeslyrik denken lassen: *Das große Feuerwerk* evoziert Bilder von nächtlichen Festen – Silvester, Sommernachtsfest –, bei denen sich feiernde Menschen in Hochstimmung von den Formen und Farben der Lichteffekte und dem Knallen und Pfeifen der Feuerwerkskörper für einen kurzen Moment faszinieren lassen.
Der Titel von Sarah Kirschs Gedicht, *Bei den weißen Stiefmütterchen*, öffnet einen eher alltagsgebundenen Assoziationsraum. Er lässt an Vorgärten im Frühling oder an Gräber auf dem Friedhof denken. Von Liebe also keine Spur.
Schon beim ersten Lesen der beiden Gedichte wird aber deutlich, dass die äußeren Szenarien die Spielfläche für das **Drama unerfüllter und unerwiderter Liebe** darstellen. Ob unter nächtlichem Himmel um Mitternacht oder im Park zu unbestimmter Tageszeit, in beiden Gedichten berichten die Sprecherinnen vom vergeblichen Warten auf den Geliebten und vom Ende einer Liebe.

Interpretation von Sarah Kirsch: Bei den weißen Stiefmütterchen

Sarah Kirschs Gedicht besteht aus drei fünfzeiligen Strophen, denen viele Formelemente fehlen, die Leser üblicherweise von Gedichten erwarten: Reim, festes Metrum, Satzzeichen, die dem Gedicht eine äußere Struktur geben würden, sind nicht vorhanden. Beim probeweisen Versuch, das Gedicht als Prosatext zu lesen, in syntaktische Einheiten und inhaltliche Sinnabschnitte einzuteilen, wird deutlich, dass die Zeilengrenzen bewusst Akzente setzen und die Einteilung in drei Strophen ein wichtiges Gestaltungsmittel des Gedichts ist. Strophen und Vers bestimmen den Leserhythmus, markieren Pausen und gliedern das Geschehen. Der **Verzicht auf Satzzeichen** zwingt zum genauen Lesen, will man die syntaktischen Bezüge erkennen, erzeugt aber zunächst auch Irritationen und hinterlässt den Eindruck von Unbestimmtheit und **Mehrdeutigkeit**.

Ausgangssituation des lyrischen Ichs

In der ersten Strophe wird die **Ausgangssituation des lyrischen Ichs** skizziert: In einem Park, bei den weißen Stiefmütterchen, unter einer alten Weide wartet eine Frau auf ihren Geliebten. Sie ahnt, dass das Warten vergeblich sein könnte, findet aber zunächst jede Menge plausible und weniger plausible Gründe, um sein Wegbleiben zu entschuldigen (Strophe 2). Dass er verheiratet ist, wird fast nebenher und indirekt erwähnt (V. 9, Hinweis auf „seine[r] Frau"). Als sie die Tatsache, dass er sie versetzt hat, endgültig akzeptieren muss, reagiert sie jedoch nicht mit Abwendung und Enttäuschung oder der Erwartung eines erneuten Treffens, sondern mit der Hoffnung, dass er sie *nicht* mehr liebe (3. Strophe). Das Liebesgedicht *Bei den weißen Stiefmütterchen* endet damit auf überraschende Weise und irritiert den Leser/die Leserin: Die Frau verzichtet auf die Erwiderung ihrer Liebe und lässt den Geliebten frei, obwohl – oder vielleicht weil – sie ihn liebt.

Schlusssituation: Verzicht auf Gegenliebe

Sarah Kirsch stellt dieses kleine Alltagsdrama der Liebe aus der **Perspektive eines weiblichen lyrischen Ichs** dar. Das Ich spricht im Präsens, schildert seine konkrete Situation, entwirft ein Bild seiner äußeren und inneren Lage: „Bei den weißen Stiefmütterchen/Im Park wie er's mir auftrug/Stehe ich unter der Weide" (V. 1–3). Das Park-Szenario, nicht ungewöhnlich für ein Rendezvous zwischen Liebenden, entspricht allerdings nicht den Klischeevorstellungen, denn die beiden verabreden sich nicht

Park-Szenario

etwa in einer Rosenlaube oder unter blühenden Fliederbüschen, sondern bei den weißen Stiefmütterchen und nahe einer Weide. Nicht das Hochgefühl der Liebe, sondern die Melancholie des Alltäglichen prägt die Stimmung, denn Stiefmütterchen sind unscheinbare Blumen, die in Vorgärten und auf Gräbern zu finden sind, weiß ist die Farbe des Todes und der Unschuld, und die Weide wird mit Trauer assoziiert. Die Rollenverteilung – der Mann ergreift die Initiative, gibt Ort und Zeit des Treffens vor, die Frau fügt sich seinen Anweisungen, „wie er's mir auftrug" (V. 2) – entspricht zumindest in den 1960er-Jahren durchaus den Erwartungen, ungewöhnlich ist jedoch der nun folgende **Dialog**, der sich zwischen dem Ich und der **Weide** im Park entwickelt. „Ungekämmte Alte blattlos" (V. 4) – so sieht das Ich die Weide, nimmt sie also als Frau, als Geschlechtsgenossin wahr, die über die Dinge des Lebens Bescheid weiß. Es ist die Weide, die das Gespräch eröffnet, und aus ihren Worten wird deutlich, dass sie das Liebespaar schon seit geraumer Zeit beobachtet und über das Verhältnis Bescheid weiß: „Siehst du sagt sie er kommt nicht" (V. 5), und der Leser ergänzt unwillkürlich: „wieder einmal", „ich hab's ja schon immer gesagt", „nimm doch endlich die Realität zur Kenntnis". Dem einsamen Ich, das vergeblich auf den Geliebten wartet, wird die Weide zur Gesprächspartnerin, die mit ihr eine gemeinsame Sprache spricht.

ungewöhnlicher Dialog zwischen Ich und Weide

Ein **Gespräch unter Frauen** also **über einen abwesenden, treulosen Mann**: Die eine, die Weide, ist ein Naturwesen, alt, blattlos, ungekämmt, vom Leben gezeichnet, fest verwurzelt im Erdboden und illusionslos realistisch, die andere eine junge Menschenfrau, unschuldig, naiv, wie das Farbadjektiv „weiß" vermuten lässt, vor allem aber verliebt und vermutlich schöngemacht für das Rendezvous, um dem Geliebten zu gefallen (s. V. 13 „als er dich untern Mantel küßte"). Die Frau reagiert auf den unterschwelligen Vorwurf in den zurechtweisenden Worten der Weide mit einem Seufzer. „Ach", so leitet sie ihre Antwort ein und nimmt dann den Geliebten gegen die Weide in Schutz. Eine ganze **Reihe von Gründen für sein Nicht-Kommen** bringt sie vor: „[E]r hat sich den Fuß gebrochen/ Eine Gräte verschluckt, eine Straße/Wurde plötzlich verlegt" (V. 6–8), und man ahnt bereits in den durch die Versenden markierten Verzögerungen in ihren fantasievollen Begründungen, dass all diese Hindernisse verzweifelte Ausflüchte sind, die die triviale Wirklichkeit nicht verdrängen können: „Er kann seiner Frau nicht entkommen" (V. 9) ist die traurige Realität, die alle Beteiligten in Mitleidenschaft zieht. Die junge Frau allerdings klagt nicht, sondern geht über diese bittere Tatsache fast abgeklärt-philosophisch mit ironischem Unterton hinweg, indem sie ihr **Schicksal verallgemeinert** und relativiert: „Viele Dinge hindern uns Menschen" (V. 10), so fasst sie ihre Entschuldigungsgründe zusammen.

der Geliebte kommt nicht

Die Weide ist mit diesem Fazit nicht einverstanden, sie „wiegt sich und knarrt" (V. 11), spekuliert, er könne auch „schon tot" (V. 12) sein, „[s]ah blaß aus als er dich untern Mantel küßte" (V. 13), und rührt mit der Erinnerung an ihre letzte Begegnung mit dem Geliebten in der Wunde der Frau. „Kann sein Weide kann sein" (V. 14) entgegnet die Frau und beendet das Gespräch mit dem Ausdruck einer Hoffnung, in die sie die Weide einschließt: „So wollen wir hoffen er liebt mich nicht mehr" (V. 15). Diese letzte Äußerung mutet zunächst merkwürdig, ja widersinnig an: Wie kann eine Liebende das Gegenteil von dem erhoffen, was alle Liebe begehrt, nämlich Gegenliebe? Liebt sie ihn nicht mehr? Weist sie seine Liebe enttäuscht zurück? Hält sie die Spannung der verbotenen Beziehung nicht mehr aus? Es ist wohl eher so, dass sie seine Liebe nicht um jeden Preis will, dass sie ihn lieber frei gibt, als ihm zu wünschen, dass ihm Böses widerfahre. Bedeutet also Liebe für sie selbstlose Hingabe an den Mann, Zurücknahme eigener Ansprüche, weibliche Unterordnung, „wie er's mir auftrug"? Das Verhalten der Frau lässt sich auch anders deuten: Aus **Stärke** kann sie ihren Geliebten frei geben, traurig, mutig, ein bisschen trotzig setzt sie den realistischen Beobachtungen und Erklärungen der Weide ihre Hoffnung entgegen und **gewinnt** am Ende **ihre Handlungsfreiheit zurück**. „Man muss nach vorne leben und nicht nach rückwärts." (Sarah Kirsch in einem Interview)

keine Liebe um jeden Preis

Interpretation von Gertrud Kolmar: Das große Feuerwerk

Das Gedicht von Gertrud Kolmar, einer jüdischen Dichterin, die vermutlich 1943 im Vernichtungslager Auschwitz umkam, trägt den Titel *Das große Feuerwerk* und ist in den 20er-Jahren des vergangenen Jahrhunderts entstanden. Noch ganz unter dem Eindruck des gerade verglühenden Feuerwerks beschreibt ein weibliches lyrisches Ich diese Form der Kunst, die der Philosoph Theodor W. Adorno als „perfekteste" betrachtet, „da sich das Bild im Moment seiner höchsten Vollendung dem Betrachter wieder entzieht." Das lyrische Ich versucht diesen Moment der Vollendung festzuhalten, indem es, sich erinnernd, noch einmal „das große Feuerwerk" mit all seinen Effekten inszeniert. Erst im Schlussvers des Gedichts, der aus dem Muster des regelmäßig wiederkehrenden vierten Verses der ersten sechs Strophen – „Die Nacht ist lang" – ausbricht, wird deutlich, dass es sich auch hier um ein Liebesgedicht handelt. Es endet mit der Erkenntnis der Liebenden: „Du kommst nicht mehr." (V. 28) Die metaphorische Ebene des Textes erschließt sich beim nochmaligen Lesen: „Das große Feuerwerk" ist auch ein Sinnbild für die Liebe.

das Feuerwerk als Sinnbild für die Liebe

Im Unterschied zu Sarah Kirsch in ihrem sprachlich schlichten, der Prosa nahen Gedicht *Bei den weißen Stiefmütterchen* greift Gertrud Kolmar auf traditionelle Formen und Gestaltungsmittel der Lyrik zurück. Ihr Gedicht besteht aus sieben vierzeiligen Strophen, die sich nach dem Schema abbc, deec usw. regelmäßig reimen. Man könnte dieses Muster als eine Art unvollständiges umarmendes Reimschema auffassen, bei dem die männlichen ungereimten Kadenzen im ersten und vierten Vers die weiblichen Kadenzen im dritten und vierten Vers umfassen. Das Versmaß ist jambisch, die jeweils ersten drei Verse der Strophen besitzen fünf, der refrainartige letzte Vers je zwei Hebungen. Auch ihm „fehlt" also etwas. Während Sarah Kirsch sich der Alltagssprache bedient, schreibt Kolmar in einer gehobenen, **dichterischen, ja manchmal artifiziellen Sprache**. Die Kunst des Feuerwerks – im Französischen „le feu d'artifice" – setzt sich in der Sprache der Dichterin fort, die mit poetischem Wortmaterial (z. B. „enttanzen" V. 7, „sich vertropfend" V. 7, „schläfert" V. 21), Wortschöpfungen (z. B. „mit glüher Zunge" V. 15), Komposita (z. B. „Sprühgoldregen" V. 6, „Palmenfächer" V. 18, „Silberspeere" V. 19) und einem variationsreichen Satzbau (z. B. durch die Voranstellung des Prädikatsnomens bzw. des Adverbs: „Weiß ist mein Hut" V. 9, „Bleich blühten Chrysanthemen" V. 10) spielt. Auch auf der **Klangebene** lässt das Gedicht die Wirkung des Feuerwerks wieder aufleben: Alliterationen (z. B. Z. 7, 10, 14/15, 18, 22), Assonanzen (z. B. auf den Vokal „i" in Vers 5, auf den Diphthong „ei" in Vers 9) und lautmalerische Verben („verpufft" V. 1, „pfiff" V. 14, „zischte" V. 15) gestalten die akustischen Effekte der Feuerwerkskörper nach.

traditionelle Gestaltung des Gedichts

Wahrnehmungsperspektive des lyrischen Ichs

Das **lyrische Ich** tritt erst in der zweiten Strophe auf, gleichwohl bestimmt es von Beginn an die Perspektive der Wahrnehmung. „Das große Feuerwerk ist nun verpufft" – mit dieser lapidaren Feststellung beginnt das Gedicht. Der Höhepunkt des Abends ist also bereits vorbei, man erwartet, dass das Fest zu Ende geht und die Zuschauermenge sich auflöst. Die Sprecherin, eine Frau in Hut und Mantel (vgl. V. 9), bleibt jedoch und lässt das Feuerwerk nachwirken, von dessen großen Effekten nur noch eine Vielzahl „losgespritzte[r] Fünkchen" und „kleine[r] Sterne" bleibt, die sich im Dunkel der Nacht verlieren (V. 2/3). Die Diminutivform („Fünkchen") und das Attribut „klein" unterstreichen dies. Es wäre also Zeit, nach Hause zu gehen. Doch die erste Strophe endet überraschend mit der Aussage „Die Nacht ist lang." (V. 4) Erst am Ende des Gedichts erfährt man, warum: Die Frau wartet – vergeblich – auf ihren Geliebten.

vergebliches Warten auf den Geliebten

Auch hier spricht also, wie bei Sarah Kirsch, eine **verlassene Frau**. Äußere Lage und innere Verfassung sind ähnlich, denn beide stellen sich am verabredeten Ort, in der Natur, in einem Park (s. V. 13 „die Bank") ein und warten vergeblich auf den Geliebten. Während die Frau in Sarah Kirschs Gedicht jedoch mit der Natur in Kontakt steht und sich von der Weide, unter der ihr gewohnheitsmäßiger Treffpunkt ist, in ein Gespräch verwickeln lässt, bleibt die Frau in Kolmars Gedicht allein. „Ich lehn am Baum und sinn am Himmel hin / Und sehe wieder dünnen Sprühgoldregen / Dem Teich enttanzen, sich vertropfend legen." (V. 5–7) Allein mit ihren Gedanken richtet sie ihren Blick nach oben, in den Nachthimmel, und lässt vor ihrem inneren Auge den „Sprühgoldregen" des Feuerwerks noch einmal aufleben. Was sie dabei wahrnimmt, ist zweifach trügerisch, denn die sich im Spiegel des Teiches verdoppelnden Lichteffekte des Feuerwerks sind längst zerstoben, der Tanz der Funken ist vorbei.

das lyrische Ich ist allein

Aber die Frau bleibt, auch wenn die Kälte der Nacht zunimmt und ihre Einsamkeit verstärkt. „Weiß ist mein Hut, mein Kleid ist leicht, mich friert, / Bleich blühten Chrysanthemen ob den Wellen, / Zerrieselten in sieben rosige Quellen." (V. 9–11) Das lyrische Ich gibt keine direkte Auskunft über seine Gefühle, der Hinweis auf den weißen Hut und das leichte Kleid lässt aber vermuten, dass sie sich für den Geliebten schön gemacht hat, ja vielleicht überhaupt zum ersten Mal eine Liebesbeziehung mit einem Mann hat, denn Weiß ist die Farbe der Unschuld. Auch die bleichen „Chrysanthemen ob den Wellen" lassen sich in dieser Weise deuten. Besonders auffällig ist in dieser Strophe aber der Tempuswechsel („blühten", „Zerrieselten"), durch den das Geschehen in zwei Ebenen gespalten wird: die äußere Situation der Frau, der sie sich fast bewusstlos fügt (vgl. die Verben, z. B. „ich lehn" und „sinn" V. 5, „mich friert" V. 9, „ich wärme [...] nicht" V. 17), und die bewusst evozierte Erinnerung an das vergangene Feuerwerk. Das lyrische **Ich wendet sich nach innen** und lässt in poetischen Bildern die Feuerwerksphänomene noch einmal aufleben.

Erst in der vierten Strophe erfährt der Leser, dass die Frau wartet: „Ich such die Bank und warte, hart geduckt." (V. 13) Der zunächst irritierende Gebrauch des bestimmten Artikels – **„die Bank"**– wird beim zweiten Lesen des Gedichts verständlich: Es ist nicht irgendeine Bank, sondern die Bank im Park, auf der sich das Liebespaar wohl schon öfter getroffen hat, der locus amoenus ihrer Beziehung. Aber die Bilder des Feuerwerks, die die Frau erinnert, sind nicht lieblich, sondern verweisen auf Gefahr und Hinterlist, aber auch auf Verführung und die Vertreibung aus dem Paradies: „Es duckte sich die Schlange, pfiff im Sprunge / Und zischte rasend auf mit glüher Zunge." (V. 14/15)

Das lyrische Ich wartet immer noch – „Die Nacht ist lang“ wird bereits zum vierten Mal refrainartig wiederholt – in der hereinbrechenden Kälte, doch scheint es unfähig, sich gegen die zunehmende Erstarrung zu wehren: „Ich wärme meine starren Hände nicht.“ (V. 17) Auch der Müdigkeit (Strophe 6) ist es ausgeliefert („Mein Auge schläfert“, V. 21). Im Kontrast zu der zunehmenden Passivität der Frau stehen die lebendigen, ins Aggressive wechselnden Bilder der Feuerwerksfiguren und -phänomene, an die sie zurückdenkt: „Aus Schwarz und Schimmer stieg ein Palmenfächer,/Der zückte Silberspeere auf die Dächer.“ (V. 18/19) Die Reihe der Erinnerungen schließen kreisförmige Lichteffekte, die im „Sonnenrad mit leisem Singen“ (V. 22) und in auseinander hervorgehenden grünen und roten Ringen Bilder einer vergangenen Harmonie evozieren.

zunehmende Erstarrung des lyrischen Ichs

Dann wird das Ich durch die Schläge einer Kirchturmuhr – „Zwölf Schläge tut es irgendwo im Weiten – “ (V. 26) – aus seinen Gedanken gerissen. Die letzte Strophe des Gedichts nimmt den ersten Vers wieder auf, lediglich das Zeitadverb hat sich verändert: „Das Große Feuerwerk ist längst verpufft.“ (V. 25) Die Erkenntnis, die das lyrische Ich ebenso wie der Leser längst geahnt hat, wird im letzten Vers ausgesprochen: „Du kommst nicht mehr.“ (V. 28) Die **Zeit des Wartens war** also **umsonst** und der Frau bleibt nichts anderes als endlich allein nach Hause zu gehen. Ein freier Entschluss scheint dies allerdings nicht zu sein, denn sie geht heim „weil so die Füße schreiten“ (V. 27), lässt sich also von den Gewohnheiten des Körpers leiten.

Erkenntnis, dass der Geliebte nicht mehr kommt

Vergleich der beiden Gedichte

Beide Gedichte schließen mit dem **Ende einer Beziehung** und geben **Auskunft über die Liebe**. Aber es sind verschiedene Spielarten der Liebe, von denen gesprochen wird. Das lyrische Ich im Gedicht von Gertrud Kolmar erlebt Liebe und Eros als großes Feuerwerk. Es ist eine gewaltige, ja gewaltsame Erfahrung, sie belebt, erleuchtet das Dunkel, ist aber auch aggressiv und verzehrend und kann nicht von Dauer sein. Zwischen himmelhochjauchzend und zu Tode betrübt ist nur ein schmaler Grat.
Die Frau in Gertrud Kolmars Gedicht steht noch ganz unter dem Eindruck des verpufften Feuerwerks, der erloschenen Liebe. Über sich und ihren Geliebten verrät sie wenig, fast nichts. Liebt sie ihn schon lange? Ist er ihre erste Liebe? Ist er jung oder alt, verheiratet oder ledig, liebt er sie ernsthaft oder begehrt er sie nur körperlich? Auch wie sie die Erkenntnis des Schlussverses, die sich nach der langen Nacht einstellt, verarbeiten wird, erfahren wir nicht mehr. Aber es fällt auf, dass sie zu sprechen beginnt und ihn, der ja gar nicht da ist, persönlich anredet: „Du kommst nicht mehr.“ (V. 28) Der Prozess der Ablösung beginnt erst.
Auch Sarah Kirschs Gedicht spricht von erotischer Liebe (vgl. V. 13). Der Reiz der Beziehung des lyrischen Ichs zu dem namenlosen Mann, über den immer nur im Personalpronomen der dritten Person, „er“, gesprochen wird, besteht offensichtlich auch im Verbotenen dieser Liebe, denn der Mann ist verheiratet und betrügt seine Frau. Dem Gedicht geht es aber nicht um moralische Verurteilung, sondern um **existenzielle Fragen**: Kann man in der Liebe frei bleiben? Das lyrische Ich im Gedicht von Kirsch findet im Gespräch mit der bodenständigen, fest verwurzelten Weide darauf für sich eine Antwort: Liebe um den Preis seines Wohlergehens – was immer das sein mag – will die Frau nicht, sie gibt ihn frei und löst sich von ihm in der Hoffnung „er liebt mich nicht mehr“ (V. 15). Der Schluss des Gedichts verweist auf die Zukunft, auf neue Liebe, neues Leben.

Deutsch (Baden-Württemberg): Übungsaufgabe 5
Interpretationsaufsatz zu einem Gedicht oder Gedichtvergleich

Thema:
Liebeslyrik

Texte:
Paul Fleming (1609–1640), *Wie Er wolle geküsset seyn* (vor 1640)
Eduard Mörike (1805–1875), *Nimmersatte Liebe* (1828)

Wie Er wolle geküsset seyn

Nirgends hin / als auff den Mund /
da sinckts in deß Hertzen grund.
Nicht zu frey / nicht zu gezwungen /
nicht mit gar zu fauler Zungen.

Nicht zu wenig nicht zu viel:
beydes wird sonst Kinder-spiel.
Nicht zu laut / und nicht zu leise /
Bey der Maß' ist rechte weise.

Nicht zu nahe / nicht zu weit:
Diß macht Kummer / jenes Leid.
Nicht zu trucken / nicht zu feuchte /
wie Adonis Venus reichte.

Nicht zu harte / nicht zu weich.
Bald zugleich / bald nicht zugleich.
Nicht zu langsam / nicht zu schnelle.
Nicht ohn Unterscheid der Stelle.

Halb gebissen / halb gehaucht.
Halb die Lippen eingetaucht.
Nicht ohn Unterscheid der Zeiten.
Mehr alleine / denn bey Leuten.

Küsse nun ein Iederman,
wie er weiß / will / soll und kan.
Ich nur / und die Liebste wissen /
wie wir uns recht sollen küssen.

Aus: Gedichte des Barock. Hrsg. von Ulrich Maché und Volker Meid. Stuttgart 1980, S. 62f. [Text nach der Ausgabe von 1646.]

Nimmersatte Liebe

So ist die Lieb! So ist die Lieb!
Mit Küssen nicht zu stillen:
Wer ist der Tor und will ein Sieb
Mit eitel Wasser füllen?
Und schöpfst du an die tausend Jahr
Und küssest ewig, ewig gar,
Du tust ihr nie zu Willen.

Die Lieb, die Lieb hat alle Stund
Neu wunderlich Gelüsten;
Wir bissen uns die Lippen wund,
Da wir uns heute küßten.
Das Mädchen hielt in guter Ruh,
Wie's Lämmlein unterm Messer;
Ihr Auge bat: nur immer zu,
Je weher, desto besser!

So ist die Lieb, und war auch so,
Wie lang es Liebe gibt,
Und anders war Herr Salomo,
Der Weise, nicht verliebt.

Aus: Eduard Mörike, Maler Nolten. Gedichte.
Bindlach: Gondrom 1996, S. 456.

Aufgabenstellung
Interpretieren und vergleichen Sie die beiden Gedichte.

Hinweise und Tipps

Gedichtinterpretation und Vergleich
Bei der Aufgabenstellung „Gedichtvergleich" ist wie folgt vorzugehen. Zunächst sollten mögliche Vergleichskriterien gefunden werden. Dies können auffällige Gemeinsamkeiten oder Unterschiede sein. In dem vorliegenden Fall ist das Thema „Liebe" und das Motiv des Küssens offensichtliche Vergleichsgrundlage. Aber auch weitere inhaltliche Aspekte wie „Maß halten" oder „lustvoller Schmerz" sind hier zu vergleichen. Gemeinsam ist beiden Gedichten die schlichte Liedform. Unterschiedlich ist die literarische Epoche, in der das jeweilige Gedicht entstand.
Geben Sie in der Einleitung die Interpretationsrichtung vor, indem Sie zu jedem Gedicht eine Kernaussage formulieren.
Für den Hauptteil sind folgende Vorgehensweisen denkbar:
- Interpretation und Vergleich werden in einem Durchgang geleistet. Das würde bedeuten, dass man sich zunächst um die Gegenüberstellung der formalen Gestaltung der Gedichte kümmern kann. Es könnten dann die sprachlichen Mittel parallel untersucht werden. Auch die Motive werden analog untersucht. Im vorliegenden Fall wären beispielsweise „Kuss", „Lippen", „Maßlosigkeit" und „Zielstrebigkeit" vergleichbare Inhalte. Bei dieser Methode genügt zuletzt ein kurzer, zusammenfassender Abschluss des Vergleiches.
- Beide Gedichte werden zunächst einzeln untersucht. Schon bei der Einzelinterpretation wird der Schwerpunkt auf die Vergleichskriterien gelegt. Der angefügte Vergleich greift dann die wichtigen Ähnlichkeiten und Unterschiede auf.

- Eine Kombination der beiden Methoden ist möglich, wenn bei einer ersten Einzelinterpretation bereits ausführlich auf die Vergleichskriterien eingegangen wird. Dies bietet sich beispielsweise bei sehr ähnlichen Gedichten an. Um Wiederholungen zu vermeiden, wird dann bei der zweiten Interpretation nur noch auf die markanten Unterschiede eingegangen.

Lösungsvorschlag in Grundzügen

Einleitung

In dem Gedicht *Wie Er wolle geküsset seyn* von Paul Fleming geht es um das richtige Maß des Küssens. Der lyrische Text entstammt dem Barock. Etwa 200 Jahre später schrieb Eduard Mörike, der als Vertreter des Biedermeier gilt, das Gedicht *Nimmersatte Liebe*. Hier wird – im Kontrast zu Fleming – das maßlose Küssen als Zeichen der Liebe beschrieben.

Fleming: Wie Er wolle geküsset seyn

Form
Aufbau: Liedform

Das Gedicht besteht aus sechs Strophen zu je drei Versen. Das Reimschema besteht aus **Paarreimen**. Das erste Reimpaar pro Strophe ist männlich (einsilbig), das zweite jeweils weiblich (zweisilbig). Die Reime in Vers 11/12, 19/20 und 23/24 sind unrein. Durchgängiges Metrum ist ein **Trochäus mit vier Hebungen** pro Vers, wodurch das Gedicht sehr monoton, **gleichmäßig** und mechanisch wirkt. Dies passt zu der fast leierhaft heruntergebeteten Anleitung, wie das Küssen zu vollführen ist. Der monotone Klang erinnert an die Vorschrift eines Lehrers oder an eine **Predigt**. Dieser streng formale Eindruck täuscht jedoch, da sich der Küssende – siehe letzte Strophe – am Ende doch viel Freiheit herausnehmen kann. Der einfache Aufbau mit dem regelmäßigen Rhythmus ist auch ein Zeichen für den **Liedcharakter** des Gedichtes, was ein typisches Merkmal für die Barockdichtung von Paul Fleming ist: Fleming hielt sich an die formalen Vorgaben für Gedichte und verfasste viele Sonette oder Liedgedichte. Das Tempus ist **Präsens**, was zu dem beschreibenden Charakter des Texts passt.

Syntax und Wortwahl

Der Satzbau ist oft **unvollständig** (**Ellipsen**), den Sätzen fehlen Subjekt und Prädikat. Sie sind als verkürzte Antwort auf die indirekte Frage in der Überschrift zu verstehen.
Wie schon formal durch den Paarreim hörbar, gehören immer zwei Verse zusammen. Der erste Vers ist **antithetisch** aufgebaut, meist mit der Wiederholung der Worte „nicht zu". Dem Wort „zu" folgt jeweils ein Adverb, das das Küssen beschreibt. Die zwei einander zugeordneten Adverbien sind gegensätzlich: „frey" – „gezwungen" (V. 3), „wenig" – „viel" (V. 5) usw. Das Wort „zu" weist auf eine Übertreibung hin. Und die soll vermieden werden. Der Gegensatz kann auch zeitlich durch „bald" –„bald nicht" (V. 14) oder quantifizierend „halb" – „halb" (V. 17) eingeleitet werden. Durch die Aufteilung des Verses in zwei konträre Angaben erhält der Vers in der Mitte eine **Zäsur**, einen Einschnitt also, der die beiden Pole trennt. In den Strophen zwei und drei folgt diesem Kontrast im nächsten Vers jeweils eine Erklärung, warum das rechte Maß so wichtig ist. Diese Anleitung gibt vor, dass die jeweiligen Extreme (beispielsweise „zu laut" – „zu leise", V. 7) nicht zu empfehlen sind, sondern eine Mitte dazwischen gefunden werden sollte. Die Antithese als Stilmittel der **Rhetorik** wurde im Barock häufig in Gedichten eingesetzt.

Es häufen sich Verneinungen, teilweise wird sogar die Verneinung verneint: Diese **Litotes** „nicht ohn" (V. 16, 19) verstärkt auf scheinbar bescheidene Weise die vorgebrachte Forderung. Durch zahlreiche Anaphern und Parallelismen – ebenfalls typisch für Barocklyrik – wirkt der Aufbau sehr gleichmäßig. Wiederholungen gibt es nicht nur bei unmittelbar aufeinanderfolgenden Sätzen, sondern auch über die Strophen hinweg, z. B. „ohn Unterscheid" (V. 16, 19).
Die Wörter sind der **Alltagssprache** entnommen. Auf die griechische Mythologie spielt die Erwähnung von Adonis und Venus an (vgl. V. 12). Diese Liebesgeschichte wird beispielsweise in Ovids *Metamorphosen* erzählt und ist ein Beispiel für eine sehr intensive Liebe, die sogar über den Tod hinaus andauert. Dem Leser des Barock dürfte der mythologische Stoff bekannt gewesen sein.
Die letzte Strophe passt von Reim und Metrum zu den vorangegangenen Strophen, weicht jedoch syntaktisch ab. Sie beginnt mit einem **Imperativ** (V. 21), dessen Appell allgemeingültig wirkt, da das Wort „Jedermann" alle Menschen einschließt. Dann folgt in Vers 22 ein Nebensatz, der durch eine Aufzählung, eine Häufung von Prädikaten, auffällt. Die vier Verben „wissen", „wollen", „sollen" und „können" (V. 22) sind Modalverben, die sich auf das „Küssen" (V. 21) beziehen. Sie umreißen das Spektrum der **Modalität** (vom Können zum Müssen und Wollen) und erlauben alle Spielarten. Die letzten beiden Verse bestehen nun wieder aus einem einfachen Hauptsatz und einem Nebensatz. Der letzte Vers nimmt die indirekte Frage der Überschrift wieder auf. Jedoch wird aus dem Passiv ein Aktiv, aus dem „er" ein „wir" und aus dem „wollen" ein „sollen".

Inhalt
Deutung einzelner Formulierungen

Das Thema des Gedichts ist das richtige Küssen. Die ersten Strophen bieten eine Anleitung, die Ort, Zeit, Qualität und Quantität betrifft.
In der ersten Strophe werden die Körperteile **Mund** und **Zunge** erwähnt. Gleich zu Beginn des Gedichtes gibt es eine „Ortsangabe": Der richtige Kuss gehört auf den Mund, weil er dann eine Verbindung zum Herzen schafft. Küsse auf den Mund sind also Beweise wahrer Liebe (und nicht nur Ausdruck körperlichen Verlangens). Die „faule[n] Zungen" (V. 4) bedeuten ebenfalls, dass die Liebe ehrlich sein muss (kein „fauler Kompromiss"). Es könnte aber auch heißen, dass eine gewisse Mundpflege im gegenseitigen Interesse sein sollte, immerhin führten die schlechten hygienischen Bedingungen im Barock zu Seuchen wie der Pest. Der jeweilige Liebespartner musste hoffen, dass der andere keine ansteckende Krankheit hat. Nach Strophe zwei könnte das Gedicht zu Ende sein. Denn eine **Regel** scheint die Anweisungen **zusammenzufassen**. Dass extreme Küsserei („zu wenig" oder „zu viel", V. 5) kindisch wirkt, kann sich der Leser vorstellen. Vers 8 nennt eine Maxime, die auf die ersten fünf Strophen passt: Es gilt, maßvoll zu agieren. Dies wird dann in den nächsten drei Strophen nochmals an vielen Aspekten ausgeführt.
Der letzte Vers in Strophe fünf deutet schon einen Umschwung – **Ausschluss der Öffentlichkeit** – an. Man soll nämlich eher in Zweisamkeit als öffentlich küssen. Und wenn die zwei Liebenden schon alleine sind, gibt es ja keine Aufpasser, die überprüfen, ob das „rechte Maß" eingehalten wird. „Wo kein Kläger ist", kann auch niemand etwas gegen die individuelle Art des Küssens sagen.

Die letzte Strophe steht im **Gegensatz** zu den Aussagen der fünf ersten Strophen. In den Versen 1 bis 20 wird eine Anleitung gegeben – in der letzten Strophe folgt eine Aufforderung, sich über die Regeln hinwegzusetzen. So werden zwei widersprüchliche Seiten betrachtet: Da kann sich beispielsweise etwas Schönes/Gutes (eine Anleitung) als hässlich/schlecht (unbrauchbar) erweisen. Diese Antithetik war typisch für das Lebensgefühl im Barock. Es gibt immer ein **„einerseits“** und ein **„andererseits“**.

Pointe

Auch hier erweist sich der Rat, immer korrekt das Mittelmaß zu halten, als sinnlos. Die Kehrseite von unsinnigen Vorschriften ist nämlich ein Verhalten, das sich doch nicht daran hält. Bei der Liebe will und braucht man keine Messungen. Die Liebenden sind so frei, das für sie geeignete Maß selber zu finden.
Man könnte auch die letzte Strophe als **Steigerung** der vorangegangenen sehen. Die Vorgaben sind nämlich so allgemein gehalten, dass sie letztlich aussagelos bleiben. Es gibt keine Quantifizierungen, die definieren, wann das Küssen beispielsweise „zu wenig“ oder „zu viel“ sei (das gilt für alle Angaben). Folglich kann doch jeder tun, was er will.

Beim Küssen sollte man zwar Maß halten, aber wo das rechte Maß liegt, darf jedes Liebespaar selbst festlegen. Diese Aussage lässt sich – im Barockzeitalter – nicht auf alles übertragen. Es scheint nahezuliegen, aus dem Text eine allgemeine Forderung nach individueller Freiheit herauszulesen, doch würde dies nicht zur Gedankenwelt des Barock passen. Wenn hier Liebe bzw. der Ausdruck von Liebe thematisiert werden, handelt es sich um ein persönliches Erlebnis. Daher ist hier und nur hier diese Freiheit erlaubt. Im Barock war es Absicht der Dichter, den Leser zu beeinflussen, ihm einen richtigen Lebensweg anzuzeigen. Nach der Vorgabe des lateinischen Dichters Horaz soll die Literatur nützen („prodesse“) oder unterhalten („delectare“). In den ersten Strophen scheint das Gedicht eher zu **nützen**, denn es liefert eine Kuss-Vorschrift. Aber in der letzten Strophe wird dann doch dem Liebespaar Freiheit zugestanden, gewinnt also die **unterhaltende** Seite des Gedichts die Oberhand.

Freiheit

Das **Emblem** im Barock ist eine Kombination aus einer Zeichnung (Pictura) mit einem Motto als Überschrift (auch Inscriptio genannt) und einer Schlussfolgerung als Unterschrift (Subscriptio). Die Gedichtform des Sonetts lässt diese Dreiteilung inhaltlich und formal nachvollziehen: die Überschrift als Inscriptio, die zwei Quartette als Pictura und die Terzette als Subscriptio. Obwohl hier kein Sonett vorliegt, ist der Aufbau ebenfalls einem Emblem vergleichbar. Die Überschrift gibt als indirekter Fragesatz das Motto vor. Es folgt eine Veranschaulichung (was der Pictura entspricht). Die letzte Strophe ist die Deutung, die – zum Emblem passend – überraschend ausfällt.

Das Gedicht als Emblem

Auch dieses Gedicht verdeutlicht den Appell des **„carpe diem“**. Im Barock waren „Memento mori“ (Bedenke, dass du sterben musst) und „Carpe diem“ (Genieße den Tag) zwei Leitsprüche, die oft auch in Gedichten verdeutlicht werden. Obwohl in Flemings Text nicht direkt von Todesgedanken die Rede ist, geht es doch um den Genuss des Moments. Der Kuss ist ein Liebesbeweis, der nicht ewig dauert. Das Gedicht behandelt nur das Erleben des Kusses, der in Einklang mit den Erwartungen der Liebenden geschehen sollte. Das Gedicht ist somit auch ein Plädoyer dafür, den Augenblick zu genießen.

Carpe diem

Eduard Mörike: Nimmersatte Liebe

Die drei Strophen haben sieben, acht und vier Verse und ergeben einen ungewöhnlich unregelmäßigen Aufbau. Wenn man jedoch die Reime betrachtet, erkennt man, dass die **Kreuzreime** an einer Stelle unvollständig sind: Es fehlt nach Vers fünf ein Vers, der sich auf Vers sieben reimt. Wenn man diese Lücke als Ausnahme bewertet, ergibt sich für den Rest doch ein gleichmäßiger Aufbau mit zwei langen Strophen und einer kurzen Strophe als Quintessenz.

Es wechseln sich **männliche** und **weibliche Reime** ab (bis auf die Ausnahme bei V. 5/6). Das Metrum ist bei den Versen mit männlichen Kadenzen ein **dreihebiger Jambus**, während die Verse mit weiblichen Kadenzen **vier Hebungen** besitzen.

Eine beliebte Liedform zu Mörikes Zeit war eine vierzeilige Strophe mit Kreuzreim und wechselweise drei bzw. vier Hebungen. Die erste Strophe entspricht damit der ersten Liedstrophe, ergänzt um drei Verse (das wäre dann ähnlich wie beim Sonett). Oder man betrachtet die beiden langen Strophen als verdoppelte Liedstrophen. Es wäre denkbar, den fehlenden Vers durch eine **Singpause** (möglicherweise mit einem gesummten Rhythmus, der zu Vers 2, 4 und 7 passt) zu ersetzen. Diese Pause würde die Aussage der sehr langen Dauer („tausend Jahr“, V. 5) unterstützen. Auch könnte die Pause vom Zuhörer genutzt werden, um sich zunächst selber Gedanken zu machen, ob das langandauernde Schöpfen (in ein Sieb!) denn einen Sinn hätte.

Form
Aufbau: Liedform mit einem fehlenden Vers

Die Sätze sind einfach gebaut. Dennoch finden sich viele Variationen im Satzbau. So gibt es Aussagesätze, die wiederholt werden (und mit Ausrufezeichen verstärkt sind): V. 1, V. 15. Nach einer Ellipse (unvollständiger Satz in Vers 2) folgt eine **rhetorische Frage**, die als Enjambement zwei Verse füllt. Mit der „Wer“-Frage fühlt sich der Leser angesprochen: Er wird aber die rhetorische Frage (V. 3 f.) empört beantworten mit „Ich nicht“ oder „Niemand“, denn als „Tor“ (V. 3) möchte er nicht bezeichnet werden. Im nächsten Nebensatz wird der Leser mit „du“ angeredet. Dieser Nebensatz ist konditional gehalten: Die Bedingung ist allerdings unerfüllbar, und selbst wenn es möglich wäre („ewig zu küssen“), wäre doch keine Befriedigung erreicht. Die Ellipse in Vers 14/15 bildet einen **Imperativ**, der die Bitte des Mädchens ausspricht. Am Ende betont eine **Inversion**, zusammen mit einem Enjambement, das „anders“ und „nicht“ (V. 18 f.). Diese Litotes (doppelte Verneinung) verstärkt die Gleichheit.

Syntax und Wortwahl
Variationen im Satzbau

Der **beschreibende**, theoretisierende Teil bis Vers 9 steht im **Präsens**. Auf ihn folgt ein **erzählender** Abschnitt (V. 10 bis 16) im **Präteritum**. In einem Rückblick wird die These der unstillbaren Liebe am konkreten Beispiel „bewiesen“. Ein lyrisches Ich versteckt sich hinter dem „[w]ir“ (V. 10). Aufgrund der Erwähnung des Mädchens lässt sich folgern, dass das lyrische Ich der Mann in der Liebesbeziehung ist. Die letzte Strophe verbindet die Aussage über die **Gegenwart** mit der Erfahrung aus der **Vergangenheit**. Zum Abschluss wird eine Kontinuität behauptet: Das **Perfekt** steht für etwas, das noch andauert.

Variationen im Tempus

Die Anapher in Vers 5 und 6 ist zugleich eine **Klimax**: Denn das Schöpfen über 1 000 Jahre wird zu einem ewigen Küssen gesteigert. Zahlreiche Wortwiederholungen („Liebe“, „Küsse“, „ewig“, „so“) betonen die endlose Wiederholung und den Kreislauf der Handlungen.

Auffällig ist die Häufung des Buchstabens „w". Dies ist lautmalend, denn der Ton passt zum Inhalt. Bei der Aussprache des „w" berühren die Zähne die Lippen. Allein schon das laute Lesen des Gedichtes könnte eine Vorstellung von wundgebissenen Lippen vermitteln.

Lautmalende Häufung des „w"

Geht es hier um Liebe oder um Küssen? Der erste Vers suggeriert eine Aussage über die Liebe. Dass Küsse nicht ausreichen, behauptet Vers 2. Und doch ist das Küssen symbolisch für die Unstillbarkeit der Liebe.

Inhalt

Sogleich wird ein **Bild** herangezogen: Wer Wasser in ein Sieb gießt, handelt ähnlich endlos wie Sisyphos oder ähnlich dumm wie ein Tor. Derart aussichtslose Arbeiten gibt es auch in Märchen, wo dann erst ein Wunder oder eine Fee die Erlösung bringt. Obwohl der Versuch, zu einem Ende zu kommen, als dumm bewertet wird, lassen sich Liebende darauf ein. Das sinnlose Sieb-Füllen steht für die Unstillbarkeit der „Gelüste" (V. 9).
Wenn man das Adjektiv „eitel" (V. 4) auf das Wasser bezieht, könnte es die altertümliche Bedeutung von „unvermischt" haben. Es würde also reines Wasser eingefüllt. Doch steht das Adjektiv vermutlich nur aus Gründen der Betonung vor dem Nomen „Wasser". Es ist als Adverb gedacht und bezieht sich wohl auf den „Tor", der hier eine eitle Handlung vollzieht. Denn Eitelkeit bedeutet, dass man die Anerkennung und Bewunderung eines anderen braucht. Eitle Menschen oder Aktionen gefallen sich selbst (äußerlich betrachtet), was bei dem sinnleeren Wasser-Schöpfen besonders töricht erscheint.
Die **Torheit** wird am Ende noch einmal aufgenommen und verneint. Im Kontrast zu dem in Vers 3 erwähnten „Tor" ist sicher Salomo zu sehen, der auch als „[d]er Weise" (V. 19) bezeichnet wird. Doch auch dieser kluge Mensch agiert beim Küssen, ohne seine Weisheit einzusetzen. Damit wird er erniedrigt oder die Liebenden werden erhöht.

Sinnlosigkeit

Worin besteht die Besonderheit der Liebe?
- In der **Maßlosigkeit:** Die Liebe hat einen **Absolutheitsanspruch**, der sich in den umfassenden Begriffen „ewig" (V. 6), „nie" (V. 7), „alle" (V. 8) und „immer" (V. 14) äußert. Die „Gelüste[ ]" (V. 9) sind „wunderlich" (ebda.). Aus diesen „wunderlichen" Ideen resultieren „wund[e]" (V. 10) Lippen. Es gibt keine Grenze, kein Einhalten.
- Im **Schmerz:** Zur Liebe gehören die Schmerzen. Je stärker die Schmerzen, umso intensiver das Liebesempfinden (V. 15). Das Mädchen (und wohl auch der Mann) opfern ihre Unversehrtheit. Das Lamm (V. 13), das immer auch für Unschuld steht, ist sogar zum **Sterben** bereit. (Hier wird ein christliches Bild in einem weltlichen Zusammenhang umgedeutet.) Wenn die Unschuld geopfert wird, macht sich jemand folglich schuldig: Es ist der Mann, der aber betont, dass die Frau dies wolle.
- Die Liebe **steht über körperlich-elementaren Bedürfnissen:** Die Bezeichnung „nimmersatt" in der Überschrift stellt einen Bezug zum Essen-Wollen her. Das Wort „stillen" in Vers 2 gehört ebenfalls zum Wortfeld des Essens und Trinkens, denn stillen lassen sich Hunger und Durst. Die Liebe braucht jedoch andere „Lösungen". Das Wasser in Vers 4 dient nicht zum Trinken, da es offensichtlich ausläuft. Das Lamm in Vers 13 wird vom Messer nicht getötet, denn es dient nur als Vergleich mit dem ergebenen Mädchen. Obwohl die Liebe also ähnliche Bilder wie die elementaren Bedürfnisse nach Essen und Trinken hervorruft, lässt sie sich jedoch nicht damit „abspeisen".

Die Liebe und ihre Wesensmerkmale

- Die Liebe setzt **intellektuelle Überlegungen außer Kraft**. Letztlich ist jeder Liebende eben doch ein „Tor", der Wasser in ein Sieb gießt, d. h. ohne greifbares Ergebnis agiert. Auch Salomo, der die Weisheit verkörpert, verhält sich genauso. Damit können sich das lyrische „Wir" und auch der Leser zumindest in diesem Punkt wie der biblische König fühlen.

Biografischer Bezug

Mörike schrieb das Gedicht etwa 1828 (veröffentlicht wurde es 1838). Es bezieht sich vermutlich, ähnlich wie seine *Peregrina*-Gedichte, auf eine kurze **Liebesbeziehung mit Maria Meyer**. Maria Meyer war Kellnerin mit zweifelhaftem Ruf, die als Landstreicherin und Mitläuferin einer Sekte nach Ludwigsburg kam, aber auch über literarische Bildung verfügte. Ihre Schönheit und erotische Ausstrahlung sollen außergewöhnlich gewesen sein. In sie verliebte sich Mörike und schrieb ihr Liebesbriefe. Doch zog er sich – vermutlich aus Vernunftgründen – wieder von ihr zurück. Auch wenn ihn die Trennung sehr schmerzte, beflügelte sie ihn poetisch. Danach konzentrierte er sich auf die Beendigung seiner Ausbildung zum Pfarrer.

Vergleich
Form

Beide Gedichte sind einfach aufgebaut. Die **Liedform** betont die Nähe zum Volk. Auch sind beide Gedichte leicht verständlich. Die Perspektive ist die der Liebenden. Bei Fleming erscheint das lyrische Ich in den letzten beiden Versen. Auch bei Mörike ist mit „wir" das Liebespaar gemeint, ein lyrisches Ich tritt nicht explizit in Erscheinung. Die **Ich-Perspektive** ist in beiden Fällen die des Mannes.
Das Barockgedicht ist strenger im formalen Aufbau gestaltet, wirkt daher gleichmäßiger und monotoner. Mörikes Gedicht widersetzt sich der Regelmäßigkeit, da ein Vers fehlt. Auch ist der Satzbau bei Mörike abwechslungsreicher und weniger formelhaft.

Inhalt

In beiden Gedichten geht es um das Küssen als **Liebesbeweis**, dreht es sich um die Frage nach dem richtigen Maß. Fleming führt den Leser zunächst etwas in die Irre, indem er das vernünftige Mittelmaß propagiert. Aber am Ende muss er es doch dem Liebespaar überlassen, was für sie richtig ist. Diese Toleranz ist ungewöhnlich für das Barockzeitalter. Sie kann auch nur für einen intimen Bereich gelten, in dem ohnehin Kontrollen versagen.
Auch Mörike überrascht am Ende mit einer Behauptung, dass nämlich die Klugheit nicht davor schützt, „nimmersatt" und schmerzvoll zu lieben. In beiden Gedichten bekommt die **letzte Strophe** mit einem überraschenden Schlusssatz besonderes **Gewicht**.
Dass die Liebe mehr ist als das „normale" Küssen, deuten beide Gedichte an. Manche Formulierungen können als sexuelle Anspielungen gelesen werden (bei Fleming V. 11–16; bei Mörike V. 12–14).
Auch wenn lyrisches Ich und Autor bei einer Interpretation streng zu unterscheiden sind, so sind hier doch wohl auch persönliche Erfahrungen eingebaut, insbesondere weil beide Autoren aus der Perspektive eines (männlichen) Liebenden schreiben.

Bezug zur zeitlichen Einordnung

Inhaltlich kann man (bei Fleming) den Wunsch nach einer Maßangabe dem **Barockzeitalter** zuordnen. Gerade in dieser Zeit war die gesellschaftliche Ordnung aufgewühlt: Kriege, Seuchen, naturwissenschaftliche Erkenntnisse und Religionsfragen hatten den Glauben und das Weltbild erschüttert. Der Halt, den Religion und Kirche gegeben hatten, war nicht mehr stabil, sodass ist der **Wunsch nach Ordnung** verständlich ist. Die

Dichter haben sich daher meist genau an formale Regeln für den Aufbau eines Gedichtes gehalten. Auch Fleming bleibt dem strengen Ordnungssinn verpflichtet, was außer der Form den Inhalt der ersten fünf Strophen betrifft. In der letzten Strophe macht er die Hoffnung auf eine anwendbare verbindliche Anleitung zunichte. In dem Bereich der zwischenmenschlichen Zuneigung gibt es folglich doch keine Autorität, die den Kuss maßregeln kann.

Eduard Mörike wird als Vertreter des **Biedermeier** angesehen. Das Biedermeier ist eine Stilrichtung, etwa 1815 bis 1850, die der Klassik und Romantik folgte. Es ist gekennzeichnet durch eine Hinwendung zu **Privatem** und **Alltäglichem**, wohingegen die „großen“ Themen wie beispielsweise Politik oder Religion nicht aufgegriffen wurden. Zu Beginn der Industrialisierung und politischer Veränderungen wollten die Dichter des Biedermeier nicht Stellung beziehen. Das Provokante war ihnen fremd. So konzentrierte sich auch Mörike auf seine eigene Heimat und nahm lieber Motive aus dem Alltag in seine Gedichte auf. Die Idylle – hier die Liebe zu einem Mädchen – wird ohne Konflikte beschrieben. Der einzige „negative“ Aspekt der Liebe ist der Schmerz, der jedoch einen festen Bestandteil des Phänomens Liebe ausmacht

Schluss

Beide Gedichte repräsentieren typische Vertreter ihrer Zeit: Paul Fleming greift in seinem Gedicht den Wunsch nach Ordnung auf. Jedoch lässt sich im Falle des Küssens keine Anleitung, die für alle verbindlich ist, finden. Eduard Mörike bleibt bei seinem Gedicht in der Rolle des Liebhabers zur Zeit des Biedermeier. Eine Anspielung auf die Bibel bekräftigt die Aussage, dass die Liebe von der Epoche, von Macht oder Intelligenz unabhängig ist.

Deutsch (Baden-Württemberg): Abiturprüfung 2009
Aufgabe 1: Interpretationsaufsatz mit übergreifender Teilaufgabe zu einer Pflichtlektüre (Werk im Kontext)

Thema:
Heinrich von Kleist (1777–1811): **Michael Kohlhaas**
Franz Kafka (1883–1924): **Der Proceß**

Kohlhaas wälzte eben, auf dem Schlosse zu Lützen, einen neuen Plan, Leipzig einzuäschern, in seiner zerrissenen Brust herum: – denn auf die, in den Dörfern angeschlagene Nachricht, dass der Junker Wenzel in Dresden sei, gab er nichts, weil sie von niemand, geschweige denn vom Magistrat, wie er verlangt hatte, unterschrieben war: – als Sternbald und Waldmann das Plakat, das, zur Nachtzeit, an den Torweg des Schlosses, angeschlagen worden war, zu ihrer großen Bestürzung, bemerkten. Vergebens hofften sie, durch mehrere Tage, dass Kohlhaas, den sie nicht gern deshalb antreten wollten, es erblicken würde; finster und in sich gekehrt, in der Abendstunde erschien er zwar, aber bloß, um seine kurzen Befehle zu geben, und sah nichts: dergestalt, dass sie an einem Morgen, da er ein paar Knechte, die in der Gegend, wider seinen Willen, geplündert hatten, aufknüpfen lassen wollte, den Entschluss fassten, ihn darauf aufmerksam zu machen. Eben kam er, während das Volk von beiden Seiten schüchtern auswich, in dem Aufzuge, der ihm, seit seinem letzten Mandat, gewöhnlich war, von dem Richtplatz zurück: ein großes Cherubsschwert, auf einem rotledernen Kissen, mit Quasten von Gold verziert, ward ihm vorangetragen, und zwölf Knechte, mit brennenden Fackeln folgten ihm: da traten die beiden Männer, ihre Schwerter unter dem Arm, so, dass es ihn befremden musste, um den Pfeiler, an welchen das Plakat angeheftet war, herum. Kohlhaas, als er, mit auf dem Rücken zusammengelegten Händen, in Gedanken vertieft, unter das Portal kam, schlug die Augen auf und stutzte; und da die Knechte, bei seinem Anblick, ehrerbietig auswichen: so trat er, indem er sie zerstreut ansah, mit einigen raschen Schritten, an den Pfeiler heran. Aber wer beschreibt, was in seiner Seele vorging, als er das Blatt, dessen Inhalt ihn der Ungerechtigkeit zieh, daran erblickte: unterzeichnet von dem teuersten und verehrungswürdigsten Namen, den er kannte, von dem Namen Martin Luthers! Eine dunkle Röte stieg in sein Antlitz empor; er durchlas es, indem er den Helm abnahm, zweimal von Anfang bis zu Ende; wandte sich, mit ungewissen Blicken, mitten unter die Knechte zurück, als ob er etwas sagen wollte, und sagte nichts; löste das Blatt von der Wand los, durchlas es noch einmal; und rief: Waldmann! lass mir mein Pferd satteln! sodann: Sternbald! folge mir ins Schloss! und verschwand. Mehr als dieser wenigen Worte bedurfte es nicht, um ihn, in der ganzen Verderblichkeit, in der er dastand, plötzlich zu entwaffnen. Er warf sich in die Verkleidung eines thüringischen Landpächters; sagte Sternbald, dass ein Geschäft, von bedeutender Wichtigkeit, ihn nach Wittenberg zu reisen nötige; übergab ihm, in Gegenwart einiger der vorzüglichsten Knechte, die Anführung des in Lützen zurückbleibenden Haufens; und zog, unter der Versicherung, dass er in drei Tagen, binnen welcher Zeit kein Angriff zu fürchten sei, wieder zurück sein werde, nach Wittenberg ab.

Aus: Heinrich von Kleist: Michael Kohlhaas. Hamburger Lesehefteverlag, Husum 2007, S. 32f.

Arbeitsanweisungen

- Skizzieren Sie die vorangegangene Handlung, soweit dies zum Verständnis der vorgelegten Textstelle nötig ist.
- Interpretieren Sie die Textstelle; beziehen Sie die sprachliche und erzählerische Gestaltung ein.
- Kleists *Michael Kohlhaas* und Kafkas *Der Proceß:* Untersuchen Sie in einer vergleichenden Betrachtung, inwieweit Kohlhaas und Josef K. selbstbestimmt handeln.

Maßgeblich für die Beurteilung des Aufsatzes ist das Ganze der erbrachten Leistung. Dabei werden die zweite und dritte Teilaufgabe etwa gleichwertig gewichtet.

Hinweise und Tipps

Teilaufgabe 1

Der Operator „skizzieren" meint keine Zusammenfassung, die alle Ereignisse vom Anfang der Novelle bis zu der zu interpretierenden Textstelle gleichgewichtend aneinanderreiht, sondern eine auf das Wesentliche konzentrierte Hinführung zu ihr. Die Skizze ist dann gelungen, wenn sie möglichst kaum austauschbar (im Gegensatz zu einer nahezu immer passenden Standard-Einleitung) ist, sie also deutlich auf die vorliegende Textstelle zugeschnitten wurde.
Wie aber bestimmt man nun das zum Verständnis der vorgelegten Textstelle nötige „Wesentliche" der vorangegangenen Handlung (vgl. Aufgabenstellung)? Es lässt sich aus der Textstelle selbst ableiten: Was wird in dieser fortgeführt, was sich mit Geschehnissen davor in Beziehung setzen lässt? Dazu ist Aussortieren und Setzen von Schwerpunkten gefragt sowie, um eine Nacherzählung zu vermeiden, das Benutzen von Überbegriffen, die detaillierte Handlungsschritte zusammenfassen. So genügt es zum Beispiel, von „Willkür und Unrecht" sowie „wirtschaftlichem Schaden" zu schreiben (siehe Lösungsvorschlag) – Details (Passierschein, Missbrauch der Pferde auf dem Feld, Misshandlung Herses) sind nicht vonnöten. Ein wichtiger Schwerpunkt dagegen ist die Erwähnung der Begriffe „legaler/illegaler Rechtsweg", „Mandat" – sie spielen in der Textstelle selbst eine wichtige Rolle.

Teilaufgabe 2

Die vorliegende Textstelle zeigt zunächst einen bis zur geistigen Abwesenheit auf seine Fehde konzentrierten Kohlhaas (eventuelle Vereinnahmung als wichtiger Punkt für Teilaufgabe 3), der, nachdem er das Plakat erblickt hat, geläutert und wachgerüttelt wirkt, da er verletzt ist und sich missverstanden fühlt.
Diesen Wendepunkt für die Textstelle, aber auch für die Novellenhandlung als Ganzes, sollten die Ausführungen zu Teilaufgabe 2 deutlich herausheben. Er gibt auch eine naheliegende Grobgliederung für die Interpretation vor: Kohlhaas' innere und äußere Situation vor und während/nach der Entdeckung der Vorwürfe Luthers. Mit dieser Nahtstelle (vorher/nachher) eng verknüpft sind auch die sprachlichen und erzählerischen Besonderheiten, die die Textstelle ausmachen – sie können also hier in die Interpretation funktional eingeflochten werden. Um mit der Deutung richtig zu liegen, muss manchmal auch über den vorliegenden Auszug hinausgegangen werden: das Erröten Kohlhaas' beim Lesen der Worte Luthers kann dann nicht mehr bloß als „Unsicherheit", „Ungewissheit" oder auch „Scham" interpretiert werden. Scham würde nämlich Einsicht, also Zustimmung bedeuten und unsicher ist Kohlhaas angesichts seiner Entschlossenheit, mit der er zur Richtigstellung der Vorwürfe nach Wittenberg reitet, offenbar nicht.

Teilaufgabe 3
Die Begriffe Fremdbestimmung/Selbstbestimmung liefern den roten Faden für den Aufbau von Teilaufgabe 3. Ob nun zuerst blockartig die Novelle und dann der Roman auf diese hin untersucht wird, um abschließend zu einer vergleichenden Aussage zu kommen, oder ob unmittelbar Aspekt für Aspekt vergleichend abgearbeitet wird, bleibt Ihnen – wie bei einem Gedichtvergleich – selbst überlassen. Beim blockartigen Vorgehen darf allerdings die vergleichende Perspektive nicht zu kurz kommen. Das wäre zum Beispiel der Fall, wenn Ihre Einzelabhandlungen keinen Bezug zueinander hätten. Auch sollten Sie darauf achten, dass Sie für einen ausgewogenen Vergleich proportional mehr auf *Der Proceß* eingehen – was *Michael Kohlhaas* betrifft, können Sie bereits auf Ergebnisse aus den Teilaufgaben 1 und 2 zurückgreifen.
Bevor jedoch aspektorientiert und zielführend vergleichend gearbeitet werden kann, muss die Begrifflichkeit geklärt sein. Auf diese Basis können Einzelbeobachtungen dann immer wieder zurückgeführt werden und damit ist der Bezug zur Aufgabenstellung gewährleistet. Nun sind aber die Begriffe Fremdbestimmung/Selbstbestimmung zwei extreme Pole, zwischen denen es eine breite Skala an Nuancen gibt. Die Lösung der dritten Teilaufgabe kann also nicht darin bestehen, die beiden Protagonisten einem der beiden Pole zuzuordnen, sondern es wird darum gehen, den Grad der Selbst- und Fremdbestimmung zu benennen und mit geeigneten Textstellen zu belegen. Dabei wird vieles gerade im Vergleich der beiden Protagonisten deutlich.
Die Primärtexte werden zitiert nach: Heinrich von Kleist: Michael Kohlhaas. Hamburger Lesehefteverlag, Husum 2007 sowie Franz Kafka: Der Proceß. Reclam, Ditzingen 2007.

Lösungsvorschlag in Grundzügen

Teilaufgabe 1
Handlungsskizze

Dem Rosshändler Michael Kohlhaas, Protagonist von Kleists gleichnamiger Novelle, widerfährt auf der Tronkenburg des Junkers Wenzel von Tronka nicht nur Willkür und Unrecht, sondern er erleidet auch wirtschaftlichen Schaden. In seinem Rechtsgefühl gekränkt, schöpft er überlegt, aufgrund von Vetternwirtschaft jedoch vergeblich, seine Rechtsmittel aus und verliert dabei sogar seine Frau. Dies veranlasst ihn dazu, sich im Fehdekampf Recht verschaffen zu wollen. Auf seiner Suche nach dem geflohenen Junker Wenzel von Tronka verwüstet Kohlhaas mit seiner immer größer werdenden Bande Städte; sogar zivile Opfer sind dabei zu beklagen. In insgesamt drei Mandaten zeigt sich sein Selbstbild und Selbstverständnis, das auf seiner naturrechtlichen Auffassung basiert – er fordert die Auslieferung des Junkers und ruft, vom Schloss zu Lützen, dem Sitz seiner „provisorischen Weltregierung“ (S. 31, Z. 9f.), aus, das Volk „zur Errichtung einer besseren Ordnung der Dinge“ (S. 31, Z. 7) auf. Zu diesem Zeitpunkt versucht der von Kohlhaas verehrte Luther, diesen über ein überall im Kurfürstentum angeschlagenes Plakat, mit dem er dessen Selbstverständnis und gewalttätiges Vorgehen scharf kritisiert, zur Umkehr zu bewegen. Im vorliegenden Textauszug wird Kohlhaas, der gerade mit weiteren Plänen für einen Angriff auf Leipzig beschäftigt ist, mit Luthers Plakat konfrontiert.

Teilaufgabe 2
Kohlhaas' innere und äußere Situation vor der Entdeckung des Plakats

Von alleine jedoch entdeckt er das Plakat mehrere Tage lang nicht: Zu sehr ist er **vereinnahmt von seiner Fehde**, die immer größere Dimensionen annimmt und ihm mehr und mehr strategisches Denken abverlangt: Sie richtet sich inzwischen nicht mehr nur gegen den Junker und dessen Sippe, sondern auch gegen den sächsischen Landesherrn sowie die Bewohner all jener Städte, in denen Kohlhaas Wenzel von Tronka vermutet.

Es verwundert daher nicht, dass er „in Gedanken vertieft“ ist (Z. 18), „zerstreut“ (Z. 20), „finster und in sich gekehrt“ wirkt (Z. 8).
Zu der Vereinnahmung durch die Anforderungen der Fehde hat sich noch **Verbitterung** hinzugesellt: Er unterstellt der „ganze[n] Welt“, dass sie in „Arglist […] versunken sei“ (S. 31, Z. 4), was zu seiner Erschütterung, seiner „zerrissenen Brust“ (Z. 2) führt.
Er tritt nur dann zu seinen Leuten, wenn er „seine kurzen Befehle“ gibt (Z. 9). Das Volk weicht „schüchtern“ (Z. 12) aus, wenn es Kohlhaas erblickt, die Knechte tun selbiges „ehrerbietig“ (Z. 19). Diese Ehrfurcht rührt von Kohlhaas' Selbstverständnis her, der „**Statthalter Michaels, des Erzengels**“ (S. 31, Z. 1 f.) zu sein, was sich in seinem Handeln und Auftreten widerspiegelt: So lässt er „ein paar Knechte, die […] wider seinen Willen […] geplündert hatten, [auf dem Richtplatz] aufknüpfen“ (Z. 10 f.), und tritt danach, „mit auf dem Rücken zusammengelegten Händen“ (Z. 12 f.) unter die Menge, wobei ihm „ein großes Cherubsschwert, auf einem rotledernen Kissen, mit Quasten von Gold verziert, […] vorangetragen [wird], und zwölf Knechte, mit brennenden Fackeln“, ihm folgen (Z. 13–15).

Dass die Worte Luthers Kohlhaas erschüttern, kränken, enttäuschen, vielleicht auch wütend machen müssen, ist Sternbald und auch Waldmann klar – sie sind seine „vorzüglichsten Knechte“ (Z. 32), immerhin übergibt er ihnen die „Anführung des in Lützen zurückbleibenden Haufens“ (Z. 32 f.). Sie wissen um **Kohlhaas' Motivation für sein naturrechtlich legitimiertes Tun** und können seine Reaktion daher nachvollziehen, meist sogar vorhersehen. Deswegen die „große […] Bestürzung“ (Z. 6), als sie das Plakat entdecken, und das lange Zögern, bis sie ihren Anführer letztlich doch darauf aufmerksam machen. Und in der Tat: Das Erblicken der Vorwürfe Luthers markiert einen **Wendepunkt** in der vorliegenden Textstelle und im Kontext der Novellenhandlung, was sich auch in der erzählerischen und sprachlichen Gestaltung niederschlägt:

Kohlhaas' innere und äußere Situation nach der Entdeckung des Plakats; erzählerische und sprachliche Gestaltung

Kohlhaas wirkt nun nicht mehr abwesend und so, als würde er seine Umwelt nicht wahrnehmen („und sah nichts“; Z. 9), sondern innerlich **aufgewühlt**. Das macht sich zunächst einmal besonders nonverbal bemerkbar („und sagte nichts“; Z. 26): Kleist setzt den dramatischen Erzähler ein, der Hinweise auf **Kohlhaas' Körpersprache und Mimik** gibt, was dem Nebentext eines Dramas gleichkommt. Der Leser erfährt so, dass sich auf dem Gesicht des Rosshändlers eine „dunkle Röte“ (Z. 23) abzeichnet, er „mit ungewissen Blicken“ (Z. 25) um sich schaut und das Plakat insgesamt dreimal liest. Als er dann einen Entschluss gefasst hat, da er den Inhalt der öffentlichen Nachricht an ihn annähernd begriffen hat, findet er seine Sprache wieder. In schneller Abfolge trifft er Vorkehrungen für die Reise nach Wittenberg – die **Imperative** („lass mir mein Pferd satteln!“; „folge mir ins Schloss!“; Z. 27 f.) unterstreichen seine durch die Erschütterung verursachte Entschlossenheit. Wie entschlossen er ist, lässt sich auch an der **Syntax** nachweisen: Im Gegensatz zum detaillierten szenischen Erzählen zuvor, das sich in langen hypotaktischen Satzgefügen zeigt, liegt nun ein **zeitlich raffender Erzählerbericht** vor, der sich eher als parataktische Aneinanderreihung darstellt (Z. 27–34).

Unter dem Eindruck der Anklage Luthers **gibt Kohlhaas** auch jene **Rolle auf**, die er sich angemaßt hat: Das Abnehmen des Helms (Z. 24) und der Kleidungswechsel (Z. 30) stehen im Kontrast zu seinem zuvor inszenierten Herrschaftsgebaren. Ein wertender Erzählerkommentar spricht den Worten

Luthers die zuvor schon gestisch vermittelte entwaffnende Wirkung zu: „Mehr als dieser wenigen Worte bedurfte es nicht, um ihn […] in der ganzen Verderblichkeit […] plötzlich zu entwaffnen“ (Z. 28 f.).

Allerdings ist die Entwaffnung, wie sich später im weiteren Handlungsverlauf, speziell im Gespräch mit Luther, zeigt, nicht zu verstehen als Umkehr, Reue oder ein Zur-Besinnung-Kommen. Kohlhaas steht nach wie vor zu seinem Tun und es liegt ihm bei seinem Aufbruch eher daran, den Geistlichen von der **Rechtmäßigkeit seiner Rechtssuche** zu überzeugen. Er ist sofort bereit, sein kriegerisches Treiben zu unterlassen, wenn er wieder in die Gemeinschaft des Staates aufgenommen wird: „Der Krieg, den ich mit der Gemeinschaft der Menschen führe, ist eine Missetat, sobald ich aus ihr nicht […] verstoßen war“ (S. 38, Z. 31–33). Verstoßen fühlt er sich jedoch deshalb, weil ihm „der Schutz der Gesetze versagt ist“ (S. 34, Z. 38 f.), da er auf legalem Rechtsweg trotz mehrfacher Anläufe nichts erreichen konnte. Insofern erweist sich die **Erzählerwertung**, mit der der Leser gelenkt werden soll, als nicht zutreffend („Mehr als dieser wenigen Worte bedurfte es nicht, um ihn, in der ganzen Verderblichkeit, in der er dastand, plötzlich zu entwaffnen“; Z. 28 f.): Die Entwaffnung, die sich im Abnehmen des Helmes äußert, ist **kein grundsätzliches Zurücknehmen der bisherigen Taten**, was einem Bewusstwerden über die eigene „Verderblichkeit“ ja gleichkommen würde, sondern ein Innehalten. Dass Luther sich eingeschaltet hat, um „den Kohlhaas […] in den Damm der menschlichen Ordnung zurückzudrücken“ (S. 32, Z. 2–5), gerät diesem sogar zum Vorteil: Er bleibt standfest in der Diskussion mit ihm, ist durch und durch authentisch und überzeugt den Geistlichen so, sich für seine Amnestie einzusetzen.

Teilaufgabe 3
Kohlhaas: Selbstbestimmung trotz eingeschränkten Handlungsspielraums

Authentisch, sein Ziel nicht aus den Augen verlierend, von ihm nicht abrückend, egal, wie sich die Umstände ändern – so erlebt der Leser den Rosshändler in weiten Teilen der Novellenhandlung. Man könnte das als selbstbestimmt bezeichnen und damit positiv bewerten, denn was bedeutet Selbstbestimmung anderes als **Willens- und Entscheidungsfreiheit**, gepaart mit **Eigenverantwortung**? Eine derart gelungene Individuation, die die Fähigkeit umfasst, Entscheidungen zu fällen und auch rückblickend zu ihnen zu stehen, mit dem Ergebnis, mit sich im Reinen zu sein, **trifft auf Kohlhaas** sogar in der Situation vor seiner Hinrichtung **zu**.

Andererseits darf man nicht vergessen, dass Kohlhaas' Handeln bei aller Ichstärke, die er zeigt, **keine Aktion** darstellt, sondern eine **Reaktion** auf ihm angetanes Unrecht, auf Vetternwirtschaft und auf Willkür. Zumindest während der Fehde kann man sich schon fragen, ob Kohlhaas wirklich noch er selbst ist. Nicht umsonst drängt sich der Erzähler mit Wertungen auf, die den Rosshändler als „rasenden Mordbrenner […]“ (S. 31, Z. 16) bezeichnen, der mit einer „Schwärmerei krankhafter und missgeschaffener Art“ (S. 26, Z. 30 f.), „tollkühn“ (S. 30, Z. 30) und „mit einer Art von Verrückung“ agiert (S. 31, Z. 8). Die Situation, die Kohlhaas nicht gewählt hat, macht also aus dem rechtschaffenen, guten Staatsbürger den „entsetzlichsten Menschen seiner Zeit“ (S. 3, Z. 3 f.).

Allerdings bezieht sich diese Kritik nur auf den Zeitraum der Fehde. Kohlhaas ist kein Rebell, der sich prinzipiell gegen die Obrigkeit auflehnt; als er durch die Amnestie die Chance erhält, sein Anliegen nochmals beim Landesherrn vorzubringen, kehrt er unverzüglich auf den Weg der legalen Rechtssuche zurück (S. 41). Sein **Ziel** ist also nicht Auflehnung, sondern

Wiederherstellung der Ordnung der Welt. Diese, oben als selbstbestimmt bewertete Beharrlichkeit, führt ihn erst in die Fehde, dann in den Tod – sie verändert nicht nur die Umstände (immerhin wird die Gerechtigkeit am Ende hergestellt), sondern eben auch das Leben Kohlhaas' und seiner Kinder.
Um die Frage „Kohlhaas – selbstbestimmt oder fremdbestimmt" nicht zu oberflächlich zu beantworten, ist es daher hilfreich, beide Perspektiven (siehe oben: „einerseits-andererseits") einzunehmen. Mit ihrer Hilfe kommt man zu folgender, dem Text wohl am meisten gerecht werdenden Einschätzung: Kohlhaas betritt, um weiterhin selbstbestimmt leben zu können, den illegalen Weg der Rechtssuche. Dabei hat jedoch sein Handlungsspielraum für ein selbstbestimmtes Leben einen entscheidenden, nicht selbstgewählten Einschnitt erfahren. Immer wieder werden ihm **Situationen** durch Willkür, Vetternwirtschaft und auch Zufälle **aufoktroyiert**, die seinen Handlungsspielraum sehr stark einschränken. In dem Maße, wie er **Handlungsspielraum einbüßt**, verliert er also auch in Teilen seine Selbstbestimmung. Er wird mehr und mehr zum Objekt des Geschehens, allerdings gelingt es ihm dennoch immer wieder, sich aktiv in die Handlung einzubringen und sich Luft zu verschaffen, indem er **Handlungsalternativen auftut** und sich nicht zum Opfer machen lässt. Kohlhaas schafft es also, im Rahmen seines immer enger werdenden Handlungsspielraums weiterhin selbstbestimmt und seinen Prinzipien folgend zu handeln. Dies geschieht besonders eindrucksvoll, als er sich entschließt, den für den Kurfürsten von Sachsen sehr wichtigen Zettel zu verschlucken und damit die Chance auszuschlagen, doch noch mit einer milderen Strafe als der Todesstrafe davonzukommen. Für den außenstehenden Leser mag auch diese Episode eher ein Zeichen von Fremdbestimmung sein (Kohlhaas als Opfer seiner Rachegefühle), doch für Kohlhaas selbst ist sein Entschluss stimmig („dass die Kinder selbst, wenn sie groß wären, ihn, um seines Verfahrens loben würden"; S. 80, Z. 21–23). Er stirbt ohne Reue über sein Tun („heiter"; S. 84, Z. 11) und sein Verhalten lässt nicht darauf schließen, dass er rückblickend irgendetwas anders gemacht hätte: „[S]ein höchster Wunsch auf Erden [ist] erfüllt" (S. 84, Z. 8).

Fremdbestimmung: K. als Marionette im Kampf gegen eine unbekannte Instanz

Bei allen Einschränkungen, die sich aufdrängen, muss man Kohlhaas doch als selbstbestimmt bezeichnen, gerade wenn man **Josef K.** aus Kafkas Roman *Der Proceß* danebenhält: Dieser wird von einem undurchschaubaren Gericht **scheinbar grundlos verhaftet** und von ihm mehr und mehr vereinnahmt. Darauf reagiert K. zunächst mit Überheblichkeit und Aggressivität, wobei schon hier Verunsicherung zu erkennen ist. Seine **Selbstsicherheit** wirkt **nicht überzeugend** und ist lediglich eine Strategie, den Prozess auf Abstand zu halten, was schon bald nicht mehr gelingt. Er ist in die Machtmaschinerie Gericht geraten und wird von ihr angezogen; die Trennung von Gericht und Berufsleben lässt sich nicht mehr aufrechterhalten. Im Gegenteil: Er ist zunehmend **auf den Prozess fixiert**, nimmt Hilfe an (Besuch bei Titorelli), sucht Helferfiguren (insbesondere die Frauen), argumentiert (seine Rede vor Gericht), doch der übergeordneten Instanz ist mit keinem **Versuch der Objektivierung und Rationalisierung** beizukommen. So verliert K. in dem Moment, in dem er sich auf sie einlässt, seine Selbstbestimmung, auch wenn er sich das lange nicht eingesteht beziehungsweise ihm das lange nicht bewusst ist. Wie blind er ist, versucht ihm ja der Geistliche mit der Türhüterlegende vor Augen zu führen: „Siehst du denn nicht zwei Schritte weit?" (S. 195, Z. 29 f.). Erst an seinem 31. Geburtstag – die Henker holen ihn ab, was er bereits ahnt – **beugt er sich bewusst der unbekannten Gewalt**. Er führt die beiden skurrilen Gestalten zum Platz seiner Hinrichtung, lässt zuvor die Möglichkeit, einen Polizisten um Hilfe zu bitten, ungenutzt, hat sich und den Widerstand aufgegeben und stirbt nicht wie ein Mensch, sondern wie ein Hund. Welch Unterschied zum Tod Kohlhaas' – K. hat mit Eintritt der Gerichtswelt in sein Leben die Eigenschaft verloren, die den Menschen vom Tier unterscheidet: die Willensfreiheit. Mit seinem bereitwilligen Tod gesteht er sich das auch ein, ebenso erfolgt kurz vor seinem Tod das **erste Schuldeingeständnis:** „Ich wollte immer mit zwanzig Händen in die Welt hineinfahren und überdies zu einem nicht zu billigenden Zweck. Das war unrichtig." (S. 208, Z. 17–19).

Zwar ist K. **stellenweise sehr aktiv**, um etwas über das Gericht herauszufinden; auch kann man die Kündigung des Advokaten Huld als Akt der Selbstbestimmung deuten, doch letztlich führt K.s Agieren nur dazu, dass er noch mehr vom Prozess absorbiert wird: „Das Gericht will nichts von Dir. Es nimmt Dich auf wenn Du kommst und es entläßt Dich wenn Du gehst." (S. 205, Z. 3f.). Sein Handeln stellt demnach nicht wie bei Kohlhaas Befreiungsschläge dar, die ihm wieder Raum für ein Leben nach seinen Vorstellungen verschaffen. Nicht zu handeln – stellenweise übt sich K. ja in Passivität – verbessert seine Situation aber auch nicht, denn „[d]er Gedanke an den Proceß verließ ihn nicht mehr" (S. 102, Z. 14). Er kann den Prozess nicht beeinflussen, der **Prozess aber beeinflusst, vereinnahmt, zerstört ihn** – K. ist in höchstem Maße **fremdbestimmt**. Er wirkt die meiste Zeit wie eine ferngesteuerte Marionette, auch wenn er selbst der Illusion unterliegt, die Sache im Griff zu haben und selbstbestimmt zu handeln.

Allerdings ist K.s Kampf auch wesentlich schwerer als der Kohlhaas': Dessen Gegner ist eine korrupte Obrigkeit, **K.s Gegner ist letztlich er selbst**, denn das Geschehen des Romans kann auf der inneren Bühne angesiedelt und das unbekannte Gericht als psychische Instanz K.s gelesen werden. In dem Maße, wie er nicht bereit ist, über die eigentliche Frage des Gerichtsverfahrens ernsthaft nachzudenken (die Frage nach der Schuld), ist er auch nicht bereit, seine Fehlleistungen zu reflektieren (hierarchisches Denken in zwischenmenschlichen Beziehungen, mangelnde kommunikative Kompetenz und Kritikfähigkeit, sein Verhältnis zu seiner Familie, seine Sexualität). Seine psychologische Schuld ist, dass er die Individuation nicht zulässt: Er nutzt den Prozess nicht als Selbsterkundungsprozess, weicht sich selbst aus, nimmt sich nicht an, weil er sich nicht mit sich auseinandersetzt. So bleibt er ein „**fragmentiertes Ich**", das zwischen einzelnen Bereichen seines Lebens keine Verbindung herzustellen vermag. Das schließt auch aus, mit sich im Reinen sein zu können, wie man das z. B. von Kohlhaas sagen kann.

Thema: Friedrich Schiller (1759–1805): **Die Räuber** (Vierter Akt, 3. Szene)

MOOR *(fällt ihm um den Hals).* Ja! Daniel, ich will's nicht mehr verhehlen! Ich bin dein Karl, dein verlorner Karl! Was macht meine Amalia?

DANIEL *(fängt an zu weinen).* Dass ich alter Sünder noch die Freude haben soll, – und der Herr selig weinete umsonst! – Abe, abe, weißer Schädel! mürbe Knochen, fahret in die Grube mit Freuden! Mein Herr und Meister lebt, ihn haben meine Augen gesehen!

MOOR. Und will halten, was er versprochen hat, – nimm das, ehrlicher Graukopf, für den Schweißfuchsen im Stall *(dringt ihm einen schweren Beutel auf)*, nicht vergessen hab ich den alten Mann.

DANIEL. Wie, was treibt Ihr? Zu viel! Ihr habt Euch vergriffen.

MOOR. Nicht vergriffen, Daniel! *(Daniel will niederfallen.)* Steh auf, sage mir, was macht meine Amalia?

DANIEL. Gottes Lohn! Gottes Lohn! Ei Herr Jerem! – Eure Amalia, oh die wird's nicht überleben, die wird sterben vor Freude!

MOOR *(heftig).* Sie vergaß mich nicht?

DANIEL. Vergessen? Wie schwätzt Ihr wieder? Euch vergessen? – da hättet Ihr sollen dabei sein, hättet's sollen mit ansehn, wie sie sich gebärdete, als die Zeitung kam, Ihr wärt gestorben, die der gnädige Herr ausstreuen ließ –

MOOR. Was sagst du? Mein Bruder –

DANIEL. Ja, Euer Bruder, der gnädige Herr, Euer Bruder – ich will Euch ein andermal mehr davon erzählen, wenn's Zeit dazu ist – und wie sauber sie ihm abkappte, wenn er ihr alle Tage, die Gott schickt, seinen Antrag machte, und sie zur gnädigen Frau machen wollte. O ich muss hin, muss hin, ihr sagen, ihr die Botschaft bringen. *(Will fort.)*

MOOR. Halt, halt! Sie darf's nicht wissen, darf's niemand wissen, auch mein Bruder nicht –

DANIEL. Euer Bruder? Nein beileibe nicht, er darf's nicht wissen! Er gar nicht! – Wenn er nicht schon mehr weiß, als er wissen darf – Oh ich sage Euch, es gibt garstige Menschen, garstige Brüder, garstige Herren – aber ich möcht um alles Gold meines Herrn willen kein garstiger Knecht sein – Der gnädige Herr hielt Euch tot.

MOOR. Hum! Was brummst du da?

DANIEL *(leiser).* Und wenn man freilich so ungebeten aufersteht – Euer Bruder war des Herrn selig einziger Erbe –

MOOR. Alter! – Was murmelst du da zwischen den Zähnen, als wenn irgendein Ungeheuer von Geheimnis auf deiner Zunge schwebte, das nicht heraus wollte, und doch heraus sollte, rede deutlicher!

DANIEL. Aber ich will lieber meine alte Knochen abnagen vor Hunger, lieber vor Durst mein eigenes Wasser saufen, als Wohlleben die Fülle verdienen mit einem Totschlag. *(Schnell ab.)*

MOOR *(auffahrend aus schröcklichem Pausen).* Betrogen, betrogen! da fährt es über meine Seele wie der Blitz! – *Spitzbübische Künste*! Himmel und Hölle! nicht du, Vater! *Spitzbübische Künste*! *Mörder, Räuber* durch spitzbübische Künste! Angeschwärzt von ihm! verfälscht, unterdrückt meine Briefe – voll Liebe sein Herz – oh ich Ungeheuer von einem Toren – voll Liebe sein Vaterherz – oh Schelmerei, Schelmerei! Es hätte mich einen Fußfall gekostet, es hätte mich eine Träne gekostet – oh ich blöder, blöder, blöder Tor! *(Wider die Wand rennend.)* Ich hätte glücklich sein können – oh Büberei, Büberei! das Glück meines Lebens bübisch, bübisch hinwegbetrogen. *(Er läuft wütend auf und nieder.)* Mörder, Räuber durch spitzbübische Künste! – Er grollte nicht einmal! Nicht ein Gedanke von Fluch in seinem Herzen – oh Bösewicht! unbegreiflicher, schleichender, abscheulicher Bösewicht!

Kosinsky kommt.

KOSINSKY. Nun, Hauptmann, wo stickst du? Was ist's? Du willst noch länger hier bleiben, merk ich.

MOOR. Auf! Sattle die Pferde! Wir müssen vor Sonnenuntergang noch über den Grenzen sein!

KOSINSKY. Du spaßest.

MOOR *(befehlend)*. Hurtig, hurtig! Zaudre nicht lang, lass alles da! und dass kein Aug dich gewahr wird.

(Kosinsky ab.)

Ich fliehe aus diesen Mauren. Der geringste Verzug könnte mich wütig machen, und er ist meines Vaters Sohn – Bruder, Bruder! Du hast mich zum Elendesten auf Erden gemacht, ich habe dich niemals beleidigt, es war nicht brüderlich gehandelt – Ernte die Früchte deiner Untat in Ruhe, meine Gegenwart soll dir den Genuss nicht länger vergällen – aber gewiss, es war nicht brüderlich gehandelt. Finsternis verlösche sie auf ewig, und der Tod rühre sie nicht auf!

Aus: Friedrich Schiller: Die Räuber. Hamburger Leseheftеverlag, Husum 2007, S. 85–87.

Arbeitsanweisungen

- Erläutern Sie kurz die Situation, in der diese Unterhaltung stattfindet. Greifen Sie dabei auf das zum Verständnis Notwendige aus der vorangegangenen Handlung zurück.
- Gehen Sie von folgender Annahme aus:
  Nach dieser Szene treffen Karl und sein Bruder Franz unvermutet aufeinander. Es kommt zu einer grundsätzlichen Auseinandersetzung über ihr Denken und Handeln. Gestalten Sie diesen Dialog.

Maßgeblich für die Beurteilung des Aufsatzes ist das Ganze der erbrachten Leistung. Der Schwerpunkt liegt auf der gestaltenden Interpretationsaufgabe.

Hinweise und Tipps

Teilaufgabe 1

Teilaufgabe 1 hat hinführende Funktion zum Aufgabenschwerpunkt, dem Dialog. Zunächst muss also geklärt werden, was Karl über Franz' Machenschaften schon weiß, was er noch nicht weiß und welche Überlegungen und Gefühlslage Karls Auftauchen bei Franz ausgelöst hat. Dazu müssen Sie gezielt auf Teile der vorangegangenen Handlung zurückgreifen, ohne zu detailliert zu werden. Eine Faustregel, um den Stil und den Umfang einer Nacherzählung zu vermeiden, ist es, das zum Verständnis Notwendige in knappe Überbegriffe zu verpacken.

Teilaufgabe 2

Das Gespräch soll nicht nur die tragenden Gründe des Handelns der beiden Brüder deutlich machen, sondern diese auch einer wechselseitigen kritischen Bewertung unterziehen. Ausgangspunkt der Gestaltungsaufgabe sind dabei Daniels Andeutungen, die Karl eine neue Sicht auf sein Schicksal und seinen Bruder, dessen Verhalten und Einstellungen eröffnen sowie Franz' Angst, kurz vor dem Ziel ausgebremst zu werden. Entsprechend emotionsgeladen wird der zu schreibende Dialog zwischen den Brüdern sein, zumindest stellenweise. So erzürnt Karl aufgrund seiner Entdeckungen über Franz sein muss, so entwaffnend anders, fremd, unerwartet, unfassbar mag dann aber auch dessen Argumentation für Karl sein: Sie vermag diesen in seiner Aufgebrachtheit durchaus „auszuhebeln", sodass er zumindest kurz seine Wut vergisst.

Wie aber kommt es überhaupt zu dem Gespräch, wo Karl doch eigentlich kein Interesse hatte, erkannt zu werden und Franz den Konflikt lieber indirekt gelöst hätte, nämlich, indem Daniel Karl tötet? Wer also beendet das Versteckspiel: Karl oder Franz? Der Einstieg in die offene Auseinandersetzung will gut überlegt sein.
Was die Aufgabenstellung offen lässt, ist, ob der Dialog lediglich eine eingefügte, zusätzliche Szene sein soll, nach der die Dramenhandlung ihren gewohnten Gang nimmt, oder ob die Szene auch schon ein vorweggenommener Schluss sein könnte und damit den weiteren Verlauf des Dramas beeinflusst. Dies wäre vor allem dann der Fall, wenn einer der beiden Brüder den anderen tötete – beide Möglichkeiten gibt der Originaltext her. Karl deutet Kosinsky gegenüber ja an, schnell vom Schloss weg zu müssen, bevor seine Wut und Enttäuschung Oberhand gewinnt und er seinem Bruder etwas antut – trotz des Bands, dem er sich noch verpflichtet fühlt („Der geringste Verzug könnte mich wütig machen"; S. 87, Z. 21 f.). Franz dagegen sieht durch Karls Anwesenheit seine Pläne, alleiniger Herrscher zu werden, bedroht und hat bereits Daniel mit dem Mord an Karl beauftragt.
Kommt es zu keinem der plausiblen Morde: Wie könnten die beiden Brüder dann auseinandergehen? Mit einem kämpferischen „Du wirst mich hier nicht los" von Karl? Einem Verfluchen, gefolgt von einem beleidigten Abrauschen – seitens Karl, seitens Franz, seitens beider? Einem „Führe mich an Vaters Grab?"
All dies sind Überlegungen, die Sie vor der Verschriftlichung des Dialogs anstellen sollten, damit ein Grundgerüst für seinen Verlauf, Grundton und Ausgang steht. Im Anschluss daran müssen nun zentrale Textstellen gesucht werden, an denen sich Karls und Franz' Denken und Handeln ablesen lassen. Das ist nicht zuletzt deshalb wichtig, weil auch typisches Vokabular der beiden Brüder in den zu gestaltenden Dialog einfließen soll, um ihn nicht nur inhaltlich, sondern auch sprachlich textkohärent zu machen.
Achten Sie allerdings darauf, dass die Textübernahme nicht zu häufig und zu massiv erfolgt; das würde den Eindruck einer Eigenleistung zu sehr schmälern.
Der Primärtext wird zitiert nach: Friedrich von Schiller: Die Räuber. Hamburger Lesehefteverlag, Husum 2007.

Lösungsvorschlag in Grundzügen

Teilaufgabe 1
Einbettung der Szene in den Dramenkontext

Karl Moor, einer der Protagonisten des Schillerschen Dramas *Die Räuber*, lässt sich zum Kopf einer Räuberbande machen, weil er sich von seinem Vater verstoßen fühlt. Als Räuberhauptmann will er im Sinne der Gerechtigkeit „das Rachschwert der obern Tribunale [...] regieren" (II, 3). Dass diese edle Ausgangsidee nicht umzusetzen ist, weiß er jedoch spätestens seit der Befreiung Rollers, die viele unschuldige Opfer das Leben gekostet hat. Sein Dasein ist perspektivlos geworden: Eine Rückkehr aufs Schloss, zu seiner Geliebten Amalia, in sein „altes Leben", scheint ihm nicht möglich, weil er nicht mehr der ist, der er einmal war; eine Fortsetzung der räuberischen Aktionen geschieht nur noch auf der Basis des Schwurs, den er geleistet hat, jedoch nicht mehr aus einer inneren Überzeugung heraus. Ausgelöst durch die Erzählungen seines Mitstreiters Kosinsky entsteht in Karl eine so große Sehnsucht nach Amalia und dem väterlichen Schloss, dass er seine Bedenken fallen lässt und mit seinen Räubern nach Franken reitet. Dort gibt er sich zunächst als Graf von Brand aus, doch im vorliegenden Textauszug wird er von dem ihm nach wie vor treu ergebenen Diener Daniel erkannt. Dieser klärt ihn andeutungsweise über die Machenschaften des jüngeren Bruders Franz auf, sodass Karl seine gegenwärtige Situation neu versteht: Er sieht seine Räuberexistenz nun als Resultat „spitzbübische[r] Künste" (Z. 39) und den Verlust des Lebensglücks als schändlichen Betrug seines Bruders Franz (IV, 3).

Karl, eilt gen Garten, auf der Suche nach Amalia. Franz, im Durchgang zum Schlosshof – Karl entschleunigt seinen Schritt, hält kurz inne.

Teilaufgabe 2
Das Aufeinandertreffen: Karl beendet in seiner Aufgewühltheit das Versteckspiel

KARL *(entschlossen)*: Lass mich durch, du Lump – Bruder kann ich dich ja nicht mehr nennen!

FRANZ *(bemüht souverän)*: Graf von Brand, ich …

KARL: Lass mich durch, oder ich vergesse mich! Und hör mit deinem Spiel auf! Es gibt niemanden mehr, der es nicht durchschaut.

FRANZ: Dann sagen Sie mir, was für ein Spiel es ist – ich scheine der Einzige zu sein, der es nicht durchschaut.

KARL: Wie immer ein feiger Hund! *(fasst sich)* Nun gut: Du magst mich mit dem Brief aus deinem Leben beseitigt haben, du magst hier der alleinige Herrscher sein, aber glücklich wirst du damit nicht! Und: Amalia wird nie die Deine sein! Weißt du, wie sie dich immer nannte, wenn wir über dich sprachen? „Hölzerner Franz"!

FRANZ *(packt Karl am Arm, erhebt die Stimme)*: Du überhebliche Kanaille! Jedes deiner Worte zeigt mir, dass ich recht gehandelt habe.

KARL: Siehst du, jetzt verstehen wir uns. Jetzt wird mit offenen Karten gespielt! „Recht gehandelt", sagst du?

FRANZ *(erhitzt)*: Ja, ich habe dich mit dem Brief aus meinem Leben geschrieben, damit meines beginnen kann.

KARL *(außer sich)*: Das weiß ich bereits! Aber es aus deinem Munde zu hören, ist … ist *(seine Hand verkrampft sich am Griff des Schwerts; dann, vor sich hinmurmelnd)* Recht gehandelt …

FRANZ: So, das wusstest du schon? Dann will ich dir etwas sagen, was du vielleicht noch nicht weißt: Ich würde es wieder tun!

KARL *(entwaffnet)*: Ich versteh das nicht, Franz. Ich versteh *dich* nicht! Wie kannst du so etwas sagen? Wie kannst du so etwas nur denken? Wir sind doch Brüder!

Franz' Einstellung zur Blutliebe

FRANZ *(lacht)*: Brüder … Brüder! Wir beide, ein Resultat eines viehischen Aktus nach einer Bouteille Wein. Was hat das mit Liebe zu tun? Soll ich dir das Geschwätz von heiliger Blutliebe übersetzen? Es heißt nichts anderes, als dass ich aus eben dem Ofen geschossen worden bin, aus dem du geschossen bist – das ist alles! *(etwas ruhiger)* Wobei, das ist *nicht* alles: Du bist als Erster aus dem Ofen geschossen. Und deshalb soll ich mitansehen, wie der Alte dich verzärtelt, dir alles ermöglicht, dir alles verzeiht, während ich in der zweiten Reihe stehe? Ich, hier auf dem Schloss immer zugegen, du, fernab in Leipzig mit irgendwelchen Grillen im Kopf – und eines Tages dann doch Herrscher auf dem Schloss? Nein – die Natur ist nicht gerecht. Ich musste ihr nachhelfen!

KARL *(immer noch ungläubig)*: Indem du wider deinen Bruder handelst? Indem du unseren Vater anlügst? Hast du denn gar kein Gewissen?

Franz' Gewissenlosigkeit

FRANZ: Gewissen – schon wieder so ein großer Begriff, so ein Weihnachtsmärchen! Mich werden Gott und Gewissen schon strafen, wenn es sie gibt. Aber soll ich dir was sagen: Es gibt keinen Gott, es gibt kein Gewissen! Sie sind nur eine Erfindung der Bevorteilten, um den Pöbel unterm Pantoffel zu halten. Die Welt funktioniert doch so: Das Recht wohnet beim Überwältiger, und die Schranken unserer Kraft sind unsere Gesetze. Ich aber lasse mich nicht einschränken – nicht vom Menschen, nicht von der Natur!

KARL: So? Was hindert dich dann daran, mir dein Schwert durch meinen Leib zu bohren? Es gibt ja scheinbar keinen Richter, vor dem du dich verantworten musst.

FRANZ *(fühlt sich ertappt, überspielt den kurzen Schreck):* Ach, hör doch auf! Sag lieber, wie es bei dir aussieht, Räuberhauptmann. Hast *du* denn so gehandelt, dass du vor den Richter, vor den lieben Gott treten kannst? Dann wärst du ein schlechter Räuber *(lacht höhnisch).*

KARL *(getroffen):* Guter Räuber, schlechter Räuber – maße du dir nicht an, darüber zu urteilen! Ich wollte das Rachschwert der obern Tribunale regieren, Ungerechtigkeiten im Lauf der Welt ausgleichen, Reiche ärmer und Arme reicher machen. Was ich nicht wollte, ist, dass Unschuldige ums Leben kommen, jedoch: Wer kann der Flamme befehlen, dass sie nicht auch durch die gesegneten Saaten wüte, wenn sie das Genist der Hornissel zerstören soll? Ich bin nicht auf alle Taten meiner Bande stolz …

Karl über seine Räuberlaufbahn

FRANZ: Schau, mein Bruder …

KARL: Nenn mich nicht so! Und ich werde mich auch nicht weiter erklären. Denn im Grunde bin ich nicht Räuber geworden, weil ich Räuber werden wollte, sondern weil du mich um meine Heimat gebracht hast. Ich wollte kein Leben am Rande der Gesellschaft führen, ausgespuckt von ihr, sondern eines mit unserem Vater, Amalia und dir. Bis der Brief kam …

FRANZ: Ja, der Brief. Es hätte dich einen Ritt zum Schloss, einen Fußfall gekostet, aber ich wusste ja um deinen feurigen Geist, um deinen Stolz … ich wusste, was ich bei dir damit entfache.

KARL: Du intriganter Lump! Ich hätte glücklich sein können! Glücklich zu Hause, glücklich mit meiner Amalia!

FRANZ: Amalia? Sie ist nicht mehr *deine* Amalia. Oder was glaubst du, was sie zu ihrem Räuberhauptmann sagen würde?

KARL *(wieder ruhiger):* Bis eben dachte ich auch, dass es kein Zurück gibt – kein Zurück in mein altes Leben, kein Zurück zu meiner Geliebten. Aber: Wenn ich ihr sagen würde, dass meine Zeit als Räuberhauptmann eine Verirrung, ein Irrtum war, verzweifelt begangen, da ausgestoßen aus der menschlichen Gemeinschaft durch *deine* Intrige …

Zuspitzung des Konflikts

FRANZ *(mit aufgerissenen Augen):* Das wirst du nicht tun!

KARL: Nein? Dann hör mir mal zu: Du wirst jetzt zwei Schritte zur Seite machen. Ich werde an dir vorbeigehen gen Garten, wo sie um diese Zeit immer musiziert. Ich werde dir nichts tun, nicht jetzt, nicht morgen, denn *ich* zerreiße das brüderliche Band nicht. Ich werde einfach nur jetzt, in diesem Moment, zu Amalia gehen, und dabei wirst du mich nicht aufhalten!

FRANZ *(zückt sein Schwert):* Keinen Schritt weiter!

KARL *(lacht):* Du magst zwar kein Gewissen haben, das dich daran hindert, mir das Schwert zwischen die Rippen zu rammen, aber du hast Angst, eine Heidenangst! Daniel wird mich nicht beseitigen. Das musst du schon selbst erledigen.

FRANZ *(fest):* Bleib stehen! Bin ich doch ohnehin schon bis an die Ohren in Todsünden gewatet, dass es Unsinn wäre, zurückzuschwimmen.

KARL *(immer noch ruhig):* Mir scheint nur, Brudermord auf dem Papier, mit einem gefälschten Brief, ist leichter, als sich die Hände wirklich schmutzig zu machen.

FRANZ *(das Schwert in seiner Hand zittert):* Meinst du? Ich glaube, wer einen Vater töten kann, schafft das auch bei seinem „Bruder". Du wirst mir meinen Plan nicht vereiteln, nicht so kurz vor dem Ziel!

KARL *(stutzt):* Den Vater getötet – du? Ich dachte …

FRANZ *(irr, höhnisch):* Dachtest du wirklich, sein Gram deinetwegen hätte ihn umgebracht? Ja, so eitel bist du!

KARL *(harsch):* Was hast du mit ihm gemacht? Wo ist er? Sprich!

FRANZ *(lässt das Schwert sinken)*: Oh, nicht mehr spöttisch und von oben herab wie eben noch?

KARL *(zieht nun sein Schwert, hält es Franz dicht vor das Gesicht):* Sprich! Was hast du mit ihm gemacht?

FRANZ *(stammelnd):* Er ist im Verlies … seit drei Monaten.

KARL: Weiter!

FRANZ: Nichts weiter. Gebrechlich kam er hin, und dort hat er weder zu essen noch zu trinken. Er *muss* tot sein!

KARL: Unser Vater? So behandelt? So zerreiß ich von nun an auf ewig das brüderliche Band! Ich verfluche jeden Tropfen brüderlichen Bluts – es soll gegen die Sonne verdampfen! Du Bestie! *(sticht zu, Franz sackt zusammen)*

KARL *(gen Himmel):* Ich musste meinen Vater rächen, beleidigt und entheiligt vom eigenen Sohn. *(Laut)* Daniel, ich brauche deine Hilfe! Wir reiten zum Verlies!

Franz' scheinbarer Vatermord als Ausgangspunkt für Karls Auflösung der familiären Bande; Mord an Franz

Das Dialogende wurde so gestaltet, dass das Drama danach annähernd den Verlauf nehmen kann, wie dies bei Schiller der Fall ist: Karl wird seinen Vater lebend wiederfinden und bei dieser Gelegenheit Franz' Machenschaften lückenlos aufdecken. Der Mord Karls an Franz ist im obigen Dialog damit lediglich vorgezogen, er kündigt sich jedoch auch bei Schiller an, obwohl sich Franz dort selbst tötet. Letztlich kommt er damit ja nur seinem Bruder zuvor. Dieser bittet Schweizer nämlich: „Räche meinen Vater!" und „liefr' ihn mir nicht tot!" (4. Akt, 5. Szene). Zuvor hat er geschworen „das Licht des Tages nicht mehr zu grüßen, bis des Vatermörders Blut, vor diesem Steine verschüttet, gegen die Sonne dampft" (4. Akt, 5. Szene). Am Ausgangspunkt der zu schreibenden Szene noch den brüderlichen Banden verpflichtet, sieht Karl sie später als aufgelöst an.

Anmerkung der Verfasserin, in Anlehnung an die Hinweise und Tipps in Teilaufgabe 2

Deutsch (Baden-Württemberg): Abiturprüfung 2009
Aufgabe 3: Literarische Erörterung

Thema:

„Der Leser von Literatur lernt noch etwas anderes: wie man über das Denken, Wollen und Fühlen von Menschen sprechen kann. Er lernt, dass man derselben Sache gegenüber anders empfinden kann, als er es gewohnt ist. Andere Liebe, anderer Hass. Er lernt neue Wörter und Metaphern für seelisches Geschehen. Er kann, weil sein begriffliches Repertoire größer geworden ist, nuancierter über sein Erleben reden, und das wiederum ermöglicht ihm, differenzierter zu empfinden.
Das hat zur Folge, dass auch seine Beziehungen zu den Anderen differenzierter und reicher werden. Das gilt vor allem für die Fähigkeit, die wir Einfühlungsvermögen nennen."

Aus: Peter Bieri, Wie wäre es, gebildet zu sein? In: ZEITmagazin Leben 32/2007, S. 27

Arbeitsanweisung
Setzen Sie sich mit dem dargestellten Verständnis von Literatur anhand Ihrer Leseerfahrungen auseinander.

Hinweise und Tipps

Da der vorliegende kurze Textauszug nicht eine, sondern mehrere Thesen umfasst, empfiehlt sich als erstes eine kurze Inhaltswiedergabe.
Die Formulierung „Setzen Sie sich (…) auseinander" weist auf den Aufgabentyp einer *dialektischen Erörterung* hin. Normalerweise wäre also zunächst die Position zu behandeln, die Ihnen als die schwächere erscheint.
Da jedoch der Hauptteil der Aufgabe in der Prüfung, und das heißt hier auch im Nachweis der vorliegenden Thesen „anhand Ihrer Leseerfahrungen" bestehen muss, sollten Sie – unabhängig von dem, was letztlich Ihre Ansicht ist – vorab Ihre Bedenken gegen den Text formulieren. Erhärten Sie auch diese mit Beispielen.
Wenn Sie Ihre Leseerfahrungen heranziehen, achten Sie darauf, sich nicht in Nacherzählungen des Inhalts zu verlieren, sondern prägnant die Aspekte zu benennen, die Ihre Argumentation stützen.
Anschließend an den Hauptteil fassen Sie Ihre (wahrscheinlich bedingte) Zustimmung oder Ablehnung zusammen.

Lösungsvorschlag in Grundzügen

Textaussagen

In dem vorliegenden Auszug aus dem Artikel „Wie wäre es, gebildet zu sein?", der im ZEITmagazin Nr. 32/2007 erschien, nennt Peter Bieri verschiedene Fähigkeiten, die das Lesen von Literatur dem Menschen vermittle.
Durch die Beschäftigung mit Literatur lerne der Leser ein breiteres und differenzierteres Spektrum von Gedanken und Gefühlen kennen, als ihm in seinem Alltag begegnen könne.
Er eigne sich weiterhin einen entsprechenden, ebenso breiten und differenzierten Wortschatz an. Folglich könne er sein eigenes seelisches Erleben nicht nur präziser ausdrücken; das Ausdrucksvermögen sei umgekehrt Voraussetzung für einen Wandel des seelischen Erlebens: ein differenzierter Wortschatz führe zu differenziertem Empfinden.
Dies wiederum habe zur Folge, dass man sich anderen Menschen nicht nur besser mitteilen, sondern diese auch besser verstehen könne.

Literatur ist nicht gleich Leben

Eine **höhere Empfindungsfähigkeit**, ein **größeres Einfühlungsvermögen** und **reichere Beziehungen:** Peter Bieri zufolge scheinen Menschen, die sich mit Literatur beschäftigen, anderen in wichtigen Bereichen der Menschlichkeit und Mitmenschlichkeit überlegen. Deutschlehrer und Literaturprofessoren hätten somit ein besonders beeindruckendes Gefühlsleben, facettenreiche und interessante Freundschaften und ein ungewöhnlich weites Verständnis für andere.
Die Erfahrung zeigt, dass dies nicht immer zutrifft. **Vielleser** stehen manchmal eher **im Ruf der Weltfremdheit**. Denn andauerndes Lesen kann Fantasiewelten überhandnehmen lassen und der Wahrnehmung für die unmittelbare Umgebung abträglich sein. Ich selbst lese gern, wenn ich im Café sitze, ein Freund zieht es vor, die Gäste an den Nachbartischen zu beobachten: Wer hinterher mehr über menschliche Verhaltensweisen gelernt hat, steht durchaus infrage.
Es ist ja auch nicht gesagt, dass die Charaktere in meinem Buch lebensecht sind, auch nicht, wenn es zur sogenannten guten Literatur zählt. Manchen Autoren geht es eben **nicht** um **möglichst realitätsnahe Darstellung**, sondern um kühne Gedankenspiele, z. B. um den Entwurf eines vollkommen edlen Menschen (wie Ottilie in Goethes *Wahlverwandtschaften* oder Aljoscha in Dostojewskis *Die Brüder Karamasow*) oder auch eines durch und durch schlechten Charakters. Beispiele hierfür wären Kätter Ambach in Gottfried Kellers Novelle *Die missbrauchten Liebesbriefe*, Cathy in John Steinbecks *Jenseits von Eden* oder Mathilde von Zahnd in Friedrich Dürrenmatts *Physikern*. Beides wird einem in der Lebenswirklichkeit kaum begegnen.

unterschiedliche Signalsprache von Texten und Menschen

Und selbst wenn ich die „großen Realisten" lese, etwa Tolstoi, Dostojewski (der ja auch viele ambivalente Figuren geschaffen hat), Flaubert und Fontane, so bleiben die Signale eines Textes doch immer andere als die, welche von lebenden Personen ausgehen. Wenn ich einen Roman mit all seinen Puzzleteilen und Indizien, etwa der Symbolsprache, interpretieren kann, so muss ich mich deshalb nicht zwangsläufig besonders auf die Mimik, Gestik und spontanen Äußerungen meines Nächsten verstehen. Ein **guter Exeget** ist **nicht unbedingt ein guter Beobachter seiner Umgebung**, genauso wie viele Menschenkenner nicht in der Lage sind, einzelne Stellen eines anspruchsvollen Textes mit einem Gesamtsinn zu verknüpfen.

Der aufmerksame mitmenschliche Umgang bleibt gewiss, schon ab dem frühesten Kindesalter, der Königsweg, etwas über die anderen und – in deren Spiegel – über mich selbst zu erfahren. Dabei optimiere ich auch notwendig meinen Sprachgebrauch, sei es erklärend, sei es aufnehmend. Dies wird von Peter Bieri übrigens keineswegs bestritten; er konzentriert sich vielmehr nur auf die Literatur und thematisiert keine Alternativen.

verschiedene Wege zum Verständnis seelischen Erlebens

Da er also den *schriftlich* fixierten Erfahrungen anderer so großen Wert beimisst, könnte man ihm die Frage stellen, ob es zum Verständnis von „seelischem Erleben" nicht effizienter ist, ein Lehrbuch der Psychologie zu lesen als fiktionale Literatur.

Es geht indessen überhaupt nicht darum, die verschiedenen Wege gegeneinander auszuspielen. Ein Psychologiebuch bietet mir eine Fülle von Verhaltens*mustern*, ein belletristischer Text mehr oder minder komplexe Charaktere. Inwiefern diese für meine Lebenswirklichkeit relevant sein können, bleibt zu untersuchen.

Ergänzend sei hinzugefügt, dass natürlich auch **gute Dokumentar- und Spielfilme** die Funktion von Büchern übernehmen können. Ein Spielfilm kann ja als Medium überdies vortäuschen, das Leben eins zu eins abzubilden. Allerdings darf sich der Rezipient auch hier, anders als im Leben, auf ein dichtes Beziehungsgeflecht kalkulierter Ausdrucksmittel einstellen.

Die **problematischste These** Peter Bieris scheint mir diejenige, dass ein größeres begriffliches Repertoire es dem Leser von Literatur ermögliche, „differenzierter zu empfinden".

Bedeutet differenzierte Sprache differenziertes Empfinden?

Dass Sprache das Denken bestimmt, ist allgemein bekannt. Wer keine Sprache gelernt hat, ist nicht in der Lage, ein wirklich komplexes Gedankengebäude zu erstellen. Über das sprachliche Zeichen lernt ein Kind erst zu abstrahieren, zum Beispiel wenn es entdeckt, dass andere Kinder unter „Mama" eine andere Person verstehen als es selbst.

Doch inwieweit bestimmt Sprache etwas so Elementares wie Gefühle? Nehmen wir ein Beispiel: Eine Fünfzehnjährige verliebt sich und füllt ihr Tagebuch mit Übertreibungen und groben Klischees, denn eine wahrhaftige Darstellung seelischen Erlebens erfordert in der Regel sehr viel Erfahrung mit Sprache. Schon ein Jahr später wundert sie sich über den „Mist", den sie geschrieben hat.

Beispiel: Verliebtsein mit fünfzehn und fünfundzwanzig

Wenn dieselbe Person sich mit fünfundzwanzig wiederum verliebt, hat sie vielleicht *Die Leiden des jungen Werther* und zahlreiche andere Texte gelesen, in denen erotische Liebe beschrieben wird. Im Spiegel dieser Texte kann sie das Typische, aber auch das Besondere ihrer eigenen Empfindungen viel genauer bestimmen und ausdrücken. Sie wird auch die geliebte Person viel anschaulicher und zutreffender beschreiben können.

Aber ist ihre Gefühlspalette deshalb reicher geworden? Kannte sie nicht mit fünfzehn schon unendlich viele Nuancen von Spannung, Enttäuschung, Vertrauen, Geborgenheitsgefühl, Selbstverachtung, Selbsterhöhung, Verlangen …, auch wenn sie diese nicht präzise analysieren und formulieren konnte?

Man lernt in der Literatur tatsächlich, wie Peter Bieri feststellt, andere Arten von Liebe kennen. Man schult sein Urteilsvermögen und wird anspruchsvoller. Aber wie viel hat die Anziehung, die ein Mensch auf mich ausübt, letztlich mit meinem *Begriffsrepertoire* zu tun? Wird meine Art zu lieben wirklich von meinem Wortschatz beeinflusst?

Wenn Peter Bieri allerdings „empfinden“ nicht mit „fühlen“ in eins setzt, wenn er mit differenzierter Empfindung **differenzierte Wahrnehmung** meint, stimme ich ihm voll und ganz zu. Denn Wahrnehmung ist Erkenntnis und Erkenntnis ist wie alles Denken – wenn differenziert – an Sprache gebunden. Wenn mir ein nuancierter Wortschatz für eine Person oder eine Naturerscheinung oder ein Gefühl zur Verfügung steht, wenn ich also gewohnt bin, Einzelphänomen und abstrakten Begriff zu verknüpfen, werde ich die Eigenarten des Phänomens umso klarer erfassen. Das ist eine Sache der Erfahrung, ob diese nun aus dem Leben oder aus der Lektüre stammt.

Empfindung ist auch Wahrnehmung

In der Literatur kann man wie im Leben interessanten Persönlichkeiten begegnen. Da ich mit Theodor Fontane davon ausgehe, dass beispielsweise im Poetischen Realismus, aber nicht nur dort, „eine verfeinerte und vertiefte Seelenkunde“ ihren Niederschlag findet, so muss ich Peter Bieri Recht geben: **Bücher lehren uns Menschen kennen**. Im Folgenden möchte ich zeigen, wie einige nicht alltägliche, aber glaubwürdige Charaktere das Verständnis für andere erweitern können. Gerade extreme und paradoxe Verhaltensweisen, die uns zunächst befremden, können uns klar machen, dass Menschen selten in ein einfaches Schema zu pressen sind.

Persönlichkeiten in Literatur und Leben

Da ist zum Beispiel das nie ganz gelöste Rätsel, weshalb **Faust Gretchen** so schmählich **im Stich lässt**. Er hat nicht nur ein starkes moralisches Bewusstsein, sondern liebt sie auch leidenschaftlich, wenngleich der erste Reiz ihrer Beziehung schon verflogen sein mag. Dennoch kommt es dazu, dass sie ohne sein Wissen ein Kind gebiert, es aus Verzweiflung tötet und selbst zum Tode verurteilt wird. Faust musste mit der Möglichkeit einer Schwangerschaft rechnen, verschloss wohl auch bewusst die Augen davor und stellt sich erst den Tatsachen, als ihm sein Gewissen keine Ruhe mehr lässt. (Würde er nicht spät, aber doch seine Verantwortung wahrnehmen, könnte man ihn meiner Ansicht nach als skrupellosen Schuft abtun und bräuchte sich nicht um Verständnis zu bemühen.)
Faust hatte selbst zum Erdgeist gesagt: „Erhabner Geist, du gabst mir, gabst mir alles, / Warum ich bat.“ (V. 3217 f.) Immer wieder sehen wir fassungslos Bekannten zu, die scheinbar „alles“ haben, was man zum Glück braucht, und sich dieses Glück – scheinbar – leichtfertig verscherzen, und sei es nur dadurch, dass sie es nicht zu würdigen wissen. Faust ist definiert durch das **Unvermögen, jemals zufrieden zu sein** – ein Unvermögen, das auch seine positive Antriebskraft ausmacht. Er würde niemals an Gretchens Seite ein kleinbürgerliches Leben führen wollen. Umgekehrt müsste er sie aus ihren Lebensverhältnissen reißen, damit sie in seiner ruhelosen Existenz auf Dauer eine untergeordnete Rolle spielen dürfte, und sie fast zwangsläufig unglücklich machen. Er begegnet dem Dilemma, indem er sich – um eine geläufige unschöne Verhaltensweise mit einem geläufigen abfälligen Ausdruck zu bezeichnen – „aus dem Staub macht“. **Bindungsunfähigkeit** ist in der Tat nichts Seltenes und auch nicht dieser bequeme Weg, sich einer Bindung zu entziehen. Man kann Faust dabei zugute halten, dass auch viele Worte sein und Gretchens Problem nicht lösen, sondern die beiderseitige Frustration vielleicht sogar steigern würden.

Beispiel Faust

Auch **Kleists Michael Kohlhaas** weist sehr **widersprüchliche Züge** auf. Dass ein Mensch mit **ausgeprägtem Rechtsempfinden**, wenn ihm sein Recht verweigert wird, zur Selbstjustiz greift, lässt sich nachvollziehen. Auch dass er nach der Erfahrung fortgesetzter willkürlicher Grausamkeit

Beispiel Michael Kohlhaas

vor grausamer Rache nicht zurückschreckt, sogar die Ausdehnung der Gewalt auf das Leben Unbeteiligter in Kauf nimmt, ist mit seinem rasenden Schmerz und Zorn durchaus zu erklären. Befremdlicher erscheint schon der **Größenwahn**, der von diesem bodenständigen, sonst nüchtern und bescheiden denkenden Mann Besitz ergreift. Er nennt sich „einen Statthalter Michaels, des Erzengels, der gekommen sei, [...], mit Feuer und Schwert, die Arglist, in welcher die ganze Welt versunken sei, zu bestrafen“, und fantasiert überdies von seiner „provisorischen Weltregierung“ (Reclam, S. 42). Der auktoriale Erzähler, der seinem Helden prinzipiell gewogen ist, spricht selbst von „eine[r] Art von Verrückung“ (S. 42) und „eine[r] Schwärmerei krankhafter und mißgeschaffener Art“ (S. 36). Kohlhaasens **psychotische Attitüde** fällt denn auch sofort in sich zusammen, als er mit seinem Vorbild Luther konfrontiert wird und – zumindest zwischenzeitlich – zur Besinnung kommt. Hier kann man lernen, dass **extreme Umstände extreme Verhaltensweisen zeitigen**, die dem Betroffenen normalerweise völlig fremd sind. Wenn jemand beispielsweise fortwährend gemobbt wird, kann er irgendwann nicht mehr er selbst sein. Er zeigt Reaktionen, die ihn nachträglich in den Verdacht einer Teilschuld geraten lassen.

Beispiel Josef K.

An dem Protagonisten Josef K. in Kafkas *Proceß* erkennen wir die Paradoxie, dass ein Mensch mangelndes Schuldbewusstsein offenbart, gleichzeitig aber an seinen Schuldgefühlen zu Grunde geht. **Die Weigerung, sich mit der eigenen Schuld auseinanderzusetzen**, kommt häufig vor und hat komplizierte, nicht leicht zu ergründende Ursachen. Darüber hinaus führen K.'s Worte: „Ich bin nicht schuldig. [...] Wie kann ein Mensch überhaupt schuldig sein“ (Reclam, S. 194) an die immer wieder relevante Frage heran, inwieweit jemand für sein Denken und Handeln zur Rechenschaft gezogen werden kann, ob er überhaupt die Möglichkeit hatte, sich anders zu verhalten. K.'s Schuld hat mit seiner **Liebesunfähigkeit** zu tun; so etwas aber ist angeboren oder in der frühen Kindheit entwickelt worden. Die Erfahrung, dass jeder Mensch zwangsläufig schuldig wird, fassen Theologen in die Vorstellung der „Erbsünde“. Damit wird nicht jede persönliche Schuldfähigkeit geleugnet; K.'s Beispiel aber zeigt einmal mehr, wie vorsichtig man in der Beurteilung menschlicher Verfehlungen sein muss. *Der Proceß* bietet mithin auch Anlass, **Begriffe wie Schuld, Unschuld, Schuldgefühle, Schuldbewusstsein** und viele mehr genauestens **zu reflektieren**. Dies sollte zu einem verantwortungsvollen Sprachgebrauch führen.

Fazit

Nach Klärung möglicher Missverständnisse und mit den genannten kleinen Einschränkungen stimme ich also Peter Bieris Aussagen zu. Literarische Begegnungen erweitern – wie andere auch – den Horizont. Sie fördern Wahrnehmung und Verständnis und, in Wechselwirkung damit, die sprachliche Kompetenz.

Thema:
Hermann Hesse (1877–1962): **Der Liebende** (erschienen 1921)
Dagmar Nick (* 1926): **Früher** (erschienen 1996)

Der Liebende

Nun liegt dein Freund wach in der milden Nacht,
Noch warm von dir, noch voll von deinem Duft,
Von deinem Blick und Haar und Kuss – o Mitternacht,
O Mond und Stern und blaue Nebelluft!
In dich, Geliebte, steigt mein Traum
Tief wie in Meer, Gebirg und Kluft hinein,
Verspritzt in Brandung und verweht zu Schaum,
Ist Sonne, Wurzel, Tier,
Nur um bei dir,
Um nah bei dir zu sein.
Saturn kreist fern und Mond, ich seh sie nicht,
Seh nur in Blumenblässe dein Gesicht,
Und lache still und weine trunken,
Nicht Glück, nicht Leid ist mehr,
Nur du, nur ich und du, versunken
Ins tiefe All, ins tiefe Meer,
Darein sind wir verloren,
Drin sterben wir und werden neugeboren.

Aus: Hermann Hesse: Gesammelte Werke, Bd. 1. Frankfurt a. M.: Suhrkamp 1970, S. 82

Früher

Früher liebten wir uns
über dem Abgrund, wo anderntags
der Orientexpress von der Brücke
sprengte; die Wüsten Arabiens
durchrasten wir ohne Kompass und
kamen doch auf den erkorenen
Gipfel, betraten die Arche,
die keine Planken mehr hatte,
und kreuzten damit übers Meer;
bei der Ankunft im Hafen
der Albatrosse steckte der Frühling
uns an, und wir phosphoreszierten
mit den Hinterleibern der Leuchtkäfer
um die Wette; eine einzige
steingemeißelte Quetzalfeder
genügte uns, abzuheben
von dieser Welt. Früher
liebten wir uns.

Aus: Dagmar Nick: Wegmarken. Ausgewählte Gedichte.
Aachen: Rimbaud 2003 (2. Aufl.), S. 19

Worterklärung
Zeile 12: phosphoreszieren: im Dunkeln nachleuchten
Zeile 15: Quetzalfeder: Schmuckfeder eines mittelamerikanischen Vogels

Arbeitsanweisung
Interpretieren und vergleichen Sie die Gedichte.

Hinweise und Tipps

Thema: Liebeslyrik
Was heißt hier Liebe? Diese Frage kann als Leitfaden für die Interpretation von Liebesgedichten immer wieder neu gestellt und beantwortet werden. In Liebesgedichten verarbeiten Dichter und Dichterinnen eine existenzielle Grunderfahrung des Menschen, die sowohl zeitloses Phänomen als auch zeitbedingte Erfahrung ist. Was wir unter „Liebe" verstehen, hängt auch davon ab, in welcher Epoche und in welchem Kulturkreis wir leben, von welchen Haltungen und Wertvorstellungen unsere Umwelt geprägt ist, welche individuellen und gesellschaftlichen Erfahrungen wir machen. Die „Spielarten der Liebe" schlagen sich auch in der Dichtung nieder.
Epochenkenntnisse können bei der Interpretation von Liebesgedichten hilfreich sein, da es grundsätzlich von Vorteil ist, wenn man über eine rein werkimmanente Betrachtung hinaus auch vom geschichtlichen Hintergrund eines Textes her argumentieren kann. Bei der Vorbereitung auf den Aufgabentyp Gedichtinterpretation ist es deshalb ratsam, literatur- und mentalitätsgeschichtliches Orientierungswissen aufzufrischen.
Achten Sie aber darauf, Texte nicht vorschnell im Hinblick auf typische Epochenmerkmale zu verengen. Der erste Zugang zum Text sollte immer ein sehr genaues, aufmerksames textnahes Lesen sein.

Aufgabentyp Gedichtvergleich
Beim Aufgabentyp „Gedichtvergleich" im Themenbereich „Liebeslyrik vom Barock bis zur Gegenwart" werden Ihnen zwei Texte vorgelegt, die Sie im Hinblick auf **Gemeinsamkeiten und Unterschiede** analysieren und deuten sollen. Dabei müssen Sie herausarbeiten, wie das Thema Liebe in den unterschiedlichen Gedichten entfaltet wird.
Achten Sie darauf, dass Sie jedes Gedicht zunächst für sich wirken lassen und **erste Verstehenshypothesen** bilden. Ein zu schneller Vergleich verstellt den Blick auf die Eigenart der Texte und birgt die Gefahr einer Fehlinterpretation.
Versuchen Sie, die Texte sehr genau wahrzunehmen und visualisieren Sie alles, was Ihnen auffällt, indem Sie farbige Markierungen und Unterstreichungen anbringen, mit Pfeilen und Linien Verbindungen, z. B. zwischen Schlüsselbegriffen, herstellen und grafische Symbole an den Rand zeichnen. Beachten Sie nicht nur Semantik und Bildlichkeit der Sprache, sondern auch klangliche Phänomene (Reim, Alliterationen, Assonanzen usw.). Die Vorstellung, wie die Texte gesprochen werden könnten, hilft Ihnen dabei.
Die Aufgabenformulierung *Interpretieren und vergleichen Sie* lässt Ihnen einen **methodischen Spielraum**, den Sie nutzen sollten. Arbeiten Sie aber auch hier zielorientiert, z. B. indem Sie vorab einen **Schreibplan** erstellen.
Bei Gedichtinterpretationen wird von Ihnen erwartet, dass Sie über fachspezifische und methodische Kenntnisse und Fertigkeiten verfügen und dabei eine angemessene Fachsprache anwenden. Achten Sie darauf, die verwendeten **Fachtermini funktional für die Deutung** der Texte zu **nutzen**, d. h. Inhalt, Sprache und Struktur aufeinander zu beziehen. Die isolierte Aufzählung von im Text vorkommenden Stilmitteln stellt noch keine Interpretationsleistung dar.

Lösungsvorschlag in Grundzügen

„Liebe ist die Sehnsucht nach der Ganzheit, und das Streben nach der Ganzheit wird Liebe genannt."
In diesem **Definitionsversuch des Phänomens Liebe**, der vom antiken Philosophen Platon stammt, wird deutlich, dass die Liebe eine Utopie ist. Zu allen Zeiten streben Menschen dem Ideal der Ganzheit nach, immer wieder erleben sie jedoch, wie vergänglich die Liebe ist. Mythos und Realität können auf Dauer nicht in Einklang gebracht werden.

Einleitung

In den Gedichten *Der Liebende* und *Früher* werden diese beiden konträren Facetten der Liebe beleuchtet. In Hermann Hesses Gedicht, das 1921 erschienen ist, spricht ein liebender Mann vom tiefen Erlebnis einer unio mystica, in Dagmar Nicks Gedicht aus dem Jahr 1996 hält eine Frau Rückblick auf die aufregende Zeit eines endgültig vergangenen Liebesabenteuers. Wie diese unterschiedlichen, ja widersprüchlichen Erfahrungen mit der Liebe in den Texten verarbeitet und dichterisch gestaltet werden, soll im Folgenden untersucht werden.

kurze Vorstellung der beiden Texte

Hermann Hesses Gedicht, das aus einer Strophe mit 18 unterschiedlich langen, gereimten Versen besteht, entwirft das **Szenario einer romantischen Situation**, in der sich zwei Menschen begegnen: Mondlicht und Sternenhimmel, eine milde Nacht, der Duft der Geliebten, blaue Nebelluft – all dies sind Requisiten, die der Leser aus der Literatur der Romantik kennt. Das Gedicht beschränkt sich auf die **Perspektive des Mannes**, wie schon im **Titel** deutlich wird: *Der Liebende*. Zunächst nimmt sich dieser Liebende von außen wahr, spricht von sich selbst in der dritten Person als „Freund" der Geliebten, an die er sich wendet: „Nun liegt dein Freund wach in der milden Nacht, / Noch warm von dir, noch voll von deinem Duft, / Von deinem Blick und Haar und Kuss – o Mitternacht, / O Mond und Stern und blaue Nebelluft!" Noch ganz unter dem Eindruck der nächtlichen Liebesvereinigung, deren körperlich-sinnliche Seite (V. 2–3) mit dem Verweis auf die Wärme und den Duft, auf „Blick und Haar und Kuss" der Geliebten – Topoi, die an barocke Liebeslyrik erinnern – konkret beschrieben wird, sieht der Sprecher sich in den Kosmos, das „tiefe All", und die Natur eingebunden. Dass er von einer im Wortsinn erfüllten Liebe spricht, kommt besonders in den Adjektiven „warm" und „voll" zum Ausdruck, seine euphorische Stimmung schlägt sich in den Ausrufen „o Mitternacht, / O Mond und Stern und blaue Nebelluft!" (V. 4 f.) nieder. Was in dieser Situation fehlt, ist die Antwort der Geliebten. Ist sie nicht mehr da? Schläft sie schon? Oder teilt der Geliebte ihr nicht mit, was er denkt, sind seine Worte ein innerer Monolog, den er nicht laut ausspricht?

„Der Liebende"

Mann spricht nach Liebesnacht zur Geliebten

Auch beim **Wechsel in die erste Person Singular** (V. 5, „mein Traum") bleibt die Kommunikation einseitig, der Liebende spricht monologisch, auch wenn er sich an die – wohl schlafende – Geliebte wendet: „In dich, Geliebte, steigt mein Traum / Tief wie in Meer, Gebirg und Kluft hinein, / Verspritzt in Brandung und verweht zu Schaum, / Ist Sonne, Wurzel, Tier, / Nur um bei dir, / Um nah bei dir zu sein." (V. 5–7). Im **Traum** ist der lyrische Sprecher ganz eng mit der Geliebten verbunden, sein Traum „steigt" in sie hinein, versetzt ihn in einen Zustand der **Ekstase**. Im Traum, so könnte man vermuten, wiederholt er die **körperliche Vereinigung** mit ihr, entdeckt noch einmal die geheimnisvollen Nischen ihres Körpers, die

erneute Vereinigung im Traum

metaphorisch verschlüsselt als „Meer, Gebirg und Kluft“ angedeutet werden. Die Liebe zu ihr erlebt der Liebende als körperlich erfüllend, ja als wild und stürmisch (vgl. die Bilder „[v]erspritzt in Brandung und verweht zu Schaum“), sie gibt seinem Leben Licht und Halt („Ist Sonne, Wurzel“), verbindet ihn mit dem Kreatürlichen („[…] Tier“). Die Liebe – oder der Traum von der Liebe – umfasst alle Dimensionen des Daseins, überwindet Widersprüche und Gegensätze, sorgt für Spannung (vgl. die Syntax), die auf ein Zusammensein mit der Geliebten zielt. Die Sehnsucht nach Nähe wird so intensiv erlebt, dass der lyrische Sprecher seinen Wunsch zweimal zum Ausdruck bringt (vgl. die Correctio „Nur um bei dir, / Um nah bei dir zu sein“, V. 9f.).

Aber der Geliebte schläft nicht ein, sein Traum bleibt Wachtraum, von dem er wieder in die konkrete Situation zurückkehrt und sich der Geliebten ganz real zuwendet. Er weiß um die Geschehnisse am nächtlichen Himmel, wo Planeten und Gestirne kreisen – „Saturn kreist fern und Mond“ (V. 11) –, aber er nimmt sie nicht wahr – „ich seh sie nicht“ –, **blendet** also die **äußere Realität aus**, um sich der Geliebten zuzuwenden, deren Gesicht ihm durch das Mondlicht „in Blumenblässe“ erscheint („Seh nur in Blumenblässe dein Gesicht“, V. 12). Zum ersten Mal spricht er als Ich, von Person zu Person. Die Hinwendung zur schlafenden Geliebten versetzt ihn in einen Zustand, in dem alle **Widersprüche des Lebens aufgehoben** sind: Lachen und Weinen (V. 13), Glück und Leid (V. 14), All und Meer (V. 16), Sterben und neu Geborenwerden (V. 17). Die Liebe wird als zeitlose **unio mystica** erfahren, die sich mit den Kategorien des Verstandes nicht mehr erfassen lässt. Diese Erfahrung spiegelt sich in der Sprache der Verse wider: Oxymoron, Antithesen, Klimax sind die Stilmittel, mit denen der Dichter zum Ausdruck bringt, was die Liebe vermag: Sie isoliert die Liebenden von der sie umgebenden Welt – „Nur du, nur ich und du“ (V. 15) – und verschmilzt sie zum „[W]ir“ (V. 17). In dieser vollkommenen Liebesvereinigung, die zwar das „tiefe All“ und das „tiefe Meer“, nicht aber die Erde, auf der die Menschen leben müssen, umfasst, droht jedoch auch die Gefahr des Selbstverlusts. Das lyrische Ich sieht darin – zumindest in der gegenwärtigen Liebeserfahrung – vor allem die Chance auf eine Neugeburt („Drin sterben wir und werden neugeboren“, V. 18), die den Verlust des Ich auf einer höheren Ebene aufhebt. Wer liebt, so könnte man die Botschaft des Gedichts von Hermann Hesse lesen, muss einen Teil seiner Autonomie und seines alten Lebens aufgeben, bekommt aber die Chance eines neuen, reicheren, erfüllteren Lebens. Dies ist zumindest die Erfahrung des Liebenden, denn die Perspektive der Geliebten wird in Hesses Gedicht ausgespart.

Ausblenden der äußeren Realität

völlige Einheit der Liebenden

„Früher“

Auch in Dagmar Nicks Gedicht spricht ein lyrisches Ich von erfüllter Liebe, allerdings in der Vergangenheit, im Rückblick: „Früher“, so signalisiert bereits der lakonische **Titel** des Gedichts, der im ersten Vers wieder aufgenommen wird, „liebten wir uns“. Das lyrische Subjekt, das wohl wie die Autorin eine Frau ist, wählt als Perspektive jedoch nicht die Form der 1. Person Singular, Ich, sondern spricht durchgehend im Plural. Obwohl die Liebesbeziehung beendet ist, spricht es von **„wir“**, in einer Personalform, die Ich und Du zusammenfasst. Klingt hier eine Sehnsucht nach der verlorenen Gemeinschaft durch? Oder ist die Erinnerung noch so lebendig, dass sie die Gegenwart bestimmt?

Auf jeden Fall ist die vergangene **Liebesbeziehung** sehr **ungewöhnlich**, wenn nicht sogar **exzentrisch**, denn es ist von gefährlichen Gegenden und Orten und von extremen Aktionen die Rede, die dieser Beziehung offensichtlich ihren Reiz verliehen. Auch der Rhythmus des reimlosen Gedichts, das abgesehen vom Schlusssatz nur aus einem einzigen langen Satz über 17 Zeilen hinweg besteht, der durch Zeilenbrüche in Verse gegliedert wird, entspricht dem rasanten Tempo und dem gefährlichen Charakter dieser Liebe.

Erinnerung an vergangene exzentrische Liebe

„Früher liebten wir uns / über dem Abgrund, wo anderntags / der Orientexpress von der Brücke / sprengte“ (V. 1–4). Wer sich über dem Abgrund bewegt, schwebt stets in der Gefahr abzustürzen, und auch die Brücke bietet nur eine trügerische Sicherheit, wenn „anderntags / der Orientexpress von der Brücke / sprengte“. Diese Beziehung, so sagen die Bilder, hat von **Grenzerfahrungen und Abenteuern** gelebt. Erinnert wird von der **lyrischen Sprecherin** deshalb auch nicht der Alltag der Liebe, sondern nur der intensiv gelebte Augenblick, der von erotischem Verlangen und sexueller Befriedigung dominiert ist: „die Wüsten Arabiens / durchrasten wir ohne Kompass und / kamen doch auf den erkorenen / Gipfel“ (V. 4–7). Selbst die an die biblische Geschichte von Noah erinnernde „Arche“, die die Liebenden betreten, hat ihre Schutzfunktion verloren, denn sie hat „keine Planken mehr“ (V. 8), wird aber dennoch – oder gerade deswegen – von dem Paar dazu genutzt, übers Meer zu kreuzen (V. 9). Wasser gilt in der Psychoanalyse als Symbol der Lebenstriebe und der Sexualität, sodass man das Meer als Bild für ein ungeheuer tiefes, unendliches Begehren der beiden Liebenden deuten kann. Jedoch kann auch die „Ankunft im Hafen“ (V. 10), der üblicherweise ein Ort des Verweilens ist, die Liebenden nicht zu einer vertieften und dauerhaften Beziehung führen, denn es ist ein „Hafen der Albatrosse“, der Sturmvögel mit ihrem eleganten Flug, die auf Unruhe und Unrast verweisen. Dort werden die Liebenden vom Frühling „angesteckt“ (vgl. V. 11), der hier als Jahreszeit des Erwachens der Liebe personifiziert wird: Er – der Frühling – ist offensichtlich in der Lage, die Liebe wie eine Krankheit zu verbreiten, aber die Liebenden werden nicht von Fieber geschwächt, sondern „phosphoreszierten / mit den Hinterleibern der Leuchtkäfer / um die Wette“ (V. 12 ff.). Auch hier wird deutlich, dass das lyrische Subjekt von **erotischer, körperlicher Liebe** spricht, denn das Bild der Leuchtkäfer verweist eindeutig auf das Paarungsverhalten dieser Insektenart, die Leuchtsignale aussendet, damit männliche und weibliche Tiere zur Paarung zueinanderfinden. **Exaltiert und exotisch** fallen auch die **Bilder** der letzten Verse des Gedichts aus, in denen sich das lyrische Ich an den Höhepunkt der Liebe erinnert: „eine einzige / steingemeißelte Quetzalfeder / genügte uns, abzuheben / von dieser Welt“ (V. 14–17). Voller Widersprüche und Gegensätze sind diese Verse, denn das Leichte (die Feder) wird schwer (Stein), das Natürliche zur Kunst (gemeißelt), das Flüchtige dauerhaft (vgl. in Stein gemeißelt, d. h. für die Nachwelt bewahrt). Die auf solche Weise erfahrene Liebe führt die Liebenden zum **Verlust der Bodenhaftung**, die Quetzalfeder „genügte uns, abzuheben / von dieser Welt.“

Spiel mit der Gefahr

Wasser-Metaphorik

Betonung der körperlichen Liebe

Aber die Liebe ist nicht von Dauer. Das Gedicht endet, wie es begonnen hat, mit der Erinnerung „Früher / liebten wir uns“ (V. 17 f.). Durch die wörtliche Wiederholung erhält diese Erkenntnis eine Endgültigkeit, die im krassen Gegensatz zur abenteuerlichen Leichtigkeit des Liebeserlebnisses

Verlust der Liebe

steht. Der Leser / die Leserin muss dieses „Früher" zur Kenntnis nehmen, fragt jedoch unwillkürlich: Und was ist jetzt? Gibt es die Beziehung noch, nur ohne Liebe? Wie empfindet die lyrische Sprecherin den Verlust dieser Liebe? Gibt es eventuell schon ein anderes Du, mit dem sie eine neue Beziehung aufbaut?

All diese **Fragen** lässt das Gedicht **offen** und regt gerade dadurch zum Nachdenken darüber an, ob diese Liebe eine typische Erscheinung unserer postmodernen Spaß- und Erlebnisgesellschaft ist, in der Paare in flüchtigen, oft wechselnden Beziehungen leben und keine dauerhaften Lebens- und Liebesformen mehr ausbilden können oder wollen.

Vergleich der Gedichte

Hesses Gedicht geht noch davon aus, dass Menschen in der Liebe von der Sehnsucht nach Ganzheit beseelt sind, die im Ideal der romantischen Liebe ihren Ausdruck findet: Erst die Liebe verleiht dem Leben Sinn, in der Zweierbeziehung finden die Individuen zu einer höheren Existenzweise.

Unterschiede und Gemeinsamkeiten

Die unterschiedlichen Konstruktionen des Begriffs „Liebe" spiegeln sich auch in Sprache und Form der Texte wider. Romantische „Requisiten" – so z. B. Mond und Sterne, Duft, Meer, Gebirg und Kluft – prägen die Situation des Liebenden in Hesses Gedicht, während das lyrische Subjekt in Dagmar Nicks *Früher* Szenarien von fernen, exotischen Ländern (Orientexpress, Wüsten Arabiens, Albatrosse) entwirft. Der Wunsch nach Nähe zur Geliebten ist in Hesses Gedicht zentral, was durch die zweimalige Wiederholung („Nur um bei dir, / um nah bei dir zu sein.") genau in der Mitte des Textes (Vers 9 und 10 von insgesamt 18 Versen), am Ende des ersten syntaktischen Spannungsbogens auch formal unterstrichen wird.

Hesse: romantische Liebe

Dem **Ideal romantischer Liebe** entsprechend ist diese Liebesbeziehung insofern exklusiv, als sie alles andere ausschließt, überwindet, aufhebt: „Nur du, nur ich und du, versunken / Ins tiefe All, ins tiefe Meer" (V. 15 f.).

versus …

Nicht in der Ferne, im **flüchtigen Abenteuer**, im „Abheben" von dieser Welt, wie in Dagmar Nicks *Früher*, suchen die Liebenden Glück und Erfüllung, sondern in der tiefsten, alle Gegensätze vereinigenden Verschmelzung von Ich und Du. Die Liebe hat hier einen fast schon religiösen Charakter, sie ist Tod und Auferstehung zu einem neuen Leben.

Nick: kurzlebiges erotisches Abenteuer

Von dieser Dimension der Liebe ist bei Dagmar Nick nicht die Rede. Liebe wird als verlockendes Abenteuer beschrieben, in dem die Liebenden schnelle Befriedigung suchen und ihren Hunger nach stets neuen Erlebnissen stillen wollen. Der Rastlosigkeit der letztlich brüchigen Liebesbeziehung entsprechen auf formaler Ebene die Zeilensprünge am Ende der meisten Verse, die Syntax (Vers 1 bis 17 ist ein einziger Satz), zahlreiche, Dynamik erzeugende Bewegungsverben (rasen, kreuzen, abheben), Negationen (V. 5: „ohne Kompass", V. 7: „keine Planken") und Widersprüche („ohne Kompass / und kamen doch auf den erkorenen / Gipfel", V. 5 ff.; übers Meer kreuzen in einer Arche ohne Planken).

zwei übersteigerte Beziehungen

In **beiden Gedichten** ist von **intensiven, übersteigerten, ja ekstatischen Liebesbeziehungen** die Rede. Der Liebende in Hesses Gedicht spricht aus einer gegenwärtigen Situation heraus, die er kraft der Liebe transzendiert. Auch im Gedicht von Nick erinnert das lyrische Subjekt sich an das Erlebnis, „abzuheben / von dieser Welt" (V. 16 f.). Im Kontext der vorausgegangenen Verse, die in recht unverschlüsselten Bildern vom Paarungsverhalten in der Natur die Liebe auf ihre animalisch-sexuelle Dimension reduzieren – die Liebenden „phosphoreszierten / mit den Hinterleibern der Leuchtkäfer / um die Wette“ (V. 12 ff.) – erhält dieses Abheben von der Welt jedoch eine völlig andere Bedeutung. Nicht die Erfahrung der Transzendenz ist es, von der berichtet wird, sondern der Flow sexueller Befriedigung. Dies legt auch die Deutung nahe, dass das Fehlen eines Du und eines Ich auf die fehlende personale Beziehung der Liebespartner hinweist, die zwar im Liebesakt zur Einheit, zum „Wir“ verschmelzen, sich jedoch in ihrer Individualität gegenseitig nicht wahrnehmen. Handelt es sich hier vielleicht um einen One-Night-Stand, um ein flüchtiges Abenteuer, eine Affäre? Obwohl Hesses Gedicht von einer einzigen Liebesnacht spricht, kommt dieser Verdacht hier nirgends auf, denn der Leser erfährt, was die Beziehung der beiden Liebenden über Erotik und Sexualität hinaus ausmacht: Es sind Freundschaft (vgl. V. 1: „dein Freund“), Wärme, die Wahrnehmung der Geliebten (Blick, Haar, Kuss, Gesicht), die Sehnsucht nach Nähe.

Schlussgedanke: Mythos der ewigen Liebe

Für die Lyrikerin Dagmar Nick ist dieses kulturelle Ideal der romantischen Liebe, das in Hermann Hesses Gedicht aus den 20er-Jahren des vergangenen Jahrhunderts noch wirksam ist, offensichtlich passé. Der **Mythos der ewigen Liebe** lebt allerdings **auch in der postmodernen Erlebnisgesellschaft** weiter. Trotz sexueller Freizügigkeit und der vielfältigen Spielräume für die eigene Lebensgestaltung träumen nach wie vor Frauen und Männer von der einen, einzigen und ewigen Liebe. Der Erfolg von Liebesdramen wie z. B. der Film *Titanic* (1997), die ein Millionenpublikum anziehen, beweist dies.

Deutsch (Baden-Württemberg): Abiturprüfung 2009
Aufgabe 5: Analyse und Erörterung nicht fiktionaler Texte (auch mit gestalterischer Teilaufgabe) – Schwerpunkt: Analyse

Thema: Matthias Drobinski: Der Verlust der Zeit

In den Tagen zwischen Weihnachten und dem Dreikönigsfest muss man Bayern lieben. Dann passiert nämlich nichts im Land, dann ist *stade Zeit*. In den Büros gähnt die Leere, Telefonate landen im Nirwana, die Handwerker sind ausgewandert. Es gibt Sitzplätze in der U-Bahn, und selbst die Handpuppen des politischen Theaters spielen nur das kleine Programm. Natürlich: Auch anderswo nehmen die Leute jetzt ihren Resturlaub, und auch in Bayern sind die Kaufhäuser voll schlecht gelaunter Menschen. Aber nur hier liegt etwas über dem Land. Es hält den Atem an, es steht da wie ein verhoffendes Reh im Wald. Ab Montag geht das Leben weiter; doch ein paar Tage lang haben die Leute Zeit, es bleibt ihnen gar nichts anderes übrig. Es ist die beste Zeit für den Familienkrach. Oder es öffnet sich der Raum für die glücklichen Momente des Zweckfreien.

Glücklich, weil sie so selten geworden sind. Dabei hatten die Deutschen, die Bewohner der Industriestaaten, noch nie so viel Zeit wie heute. Wer jetzt 40 ist, kann damit rechnen, weitere 40 Jahre zu leben; die Hälfte der Kinder, die heute geboren werden, wird 90 Jahre alt, sagen die Statistiker. […]

Doch zu den Grundwahrnehmungen in den industrialisierten Gesellschaften gehört die Zeitnot, der Verlust der Zeit – ausgenommen sind jene Arbeitslose, denen sich die ungenutzten Monate, Tage, Stunden auf die Seele legen. Der Internet-Buchhändler Amazon bietet mehr als 300 Zeit-Ratgeber an, Hilfen zur Jagd nach der verlorenen Zeit. Denn es ist tatsächlich wie in Michael Endes Kinderroman *Momo*: Die Zeit, die durch schnellere Zug- und Flugverbindungen gespart wird, durch Taschencomputer, die demnächst untereinander die Termine ihrer Besitzer ausmachen, oder durch selbstkochende Tiefkühlkost – die verschwindet einfach, weil kein Raum fürs Zweckfreie entsteht, sondern ein neuer zeitverbrauchender Zweck hinzukommt.

Man kann jetzt zu Hause die E-Mails aus dem Büro lesen, jeder kann jeden zu jeder Zeit anrufen oder eine Botschaft per SMS schicken; man kann schon jetzt ungeachtet aller Ladenschluss-Debatten zu beinahe jeder Zeit einkaufen, Sport treiben, sich zerstreuen. Eigentlich könnte so das Leben leichter werden: Man kann von zu Hause aus arbeiten und in der Sonne sitzend telefonieren, mit lieben Menschen Kurzbotschaften tauschen und sich zum Kneipenbesuch verabreden. Doch stattdessen entstehen merkwürdige Multitasking-Existenzen, die gleichzeitig und ununterbrochen Jobs erledigen, Kinder erziehen, Internetbekanntschaften knüpfen und ins Kino gehen. Multitasking-Existenzen sind gesellschaftlich anerkannt und von der Wirtschaft gewünscht; sie entsprechen dem Idealbild vom flexibilisierten Menschen, der am Sonntag arbeitet, weil er ja am Mittwoch frei macht. (Unter Journalisten gibt es sie besonders häufig.)

Der Verlust der Zeit ist vor allem der Verlust an gemeinsam verbrachter Zeit und an kollektiven Auszeiten – auch das macht die stade Zeit einzig. Wer sonntags arbeitet und mittwochs frei macht, der hat alleine frei; Schichtarbeiter wissen, wie nervend das werden kann. Weil die komplizierten Zeitabläufe der Vielfach-Verpflichteten sich immer seltener einander anpassen lassen, nimmt die allein verbrachte Zeit zu, der kollektiv zu nutzende Freiraum ab. Kollektive Freizeit war oft genug einengend, schmeckte nach Sonntagslangeweile und juckte wie eine wollene Kirchgangshose. Inzwischen aber wird das Vakuum spürbar, das entsteht, wenn zu viele der gemeinsamen Räume verloren gehen.

Die Frage, wie sich die knappe Zeit vorm Tod nutzen lässt, wie also mit der Zeitarmut umzugehen ist, war die Frage des heiligen Benedikt, der seinen Mönchen eine klare Zeiteinteilung verordnete; es war die Frage der protestantischen Ethik, der Zeitverschwen-

dung Sünde war. Wie der Zeitwohlstand in einer beschleunigten Welt zu nutzen ist, ist eine neue Frage. Ihre erste große Zeit hatte sie in den 80er Jahren. […]
Aus dieser Zeit stammt auch der schlechte Ruf der Langsamkeitspropheten: Ihre Vorstellungen waren romantisch, sie kamen alternativ gewandet in Latzhose und Schlabberkleid daher, und sie waren aus der Mode, als klar wurde, dass der Reichtum an Zeit schlicht mit Geld erkauft werden muss. Dabei ist der Umgang mit der Zeit ein echtes Zukunftsthema: Die Beschleunigungsprozesse werden weitergehen, der Druck auf den Einzelnen wird wachsen, seine Lebenszeit als überall gleichzeitig handelndes Wesen zu verbringen. Es sind derzeit interessanterweise Ökonomen, die von der Beschleunigungsfalle reden, in die zum Beispiel die Computer- und Softwarebranche zu tappen droht, die ausrechnen, wie viel der Fluch der permanenten Unterbrechung kostet, wenn vor lauter Anrufen, E-Mails und Internetausflügen Angestellte nicht mehr zum Arbeiten kommen.
Doch die Beschleunigungsfalle kann überall zuschnappen.
Der Verlust der gemeinsamen freien Zeit wird oft als Frage der persönlichen Moral angesehen: Nimm dir frei, hetze nicht so, mach mal wieder was mit deinen Kindern. Das ist alles richtig. Aber es ist auch eine Aufgabe der Politik, stade Zeiten, Zeiten des dem unmittelbaren Zweck Entzogenen zu bewahren und zu schaffen. Man muss gar nicht religiös sein, um den arbeitsfreien Feiertag zu schätzen. Man muss kein Ausstiegsromantiker sein, um es richtig zu finden, Teilzeitarbeit und Sabbatjahre öffentlich zu unterstützen. Gemeinsame Zeiten halten die Gesellschaft zusammen, sie sind der Boden, auf dem Kultur und Religion entstehen, Dinge, ohne die Gemeinwesen nicht existieren können. […]

Aus: Süddeutsche Zeitung, Nr. 4 (5./6./7. Januar 2007), S. 4

Worterklärungen

Z. 2: stade: still, ruhig
Z. 7: verhoffend: verharrend, stehen bleibend zum Horchen (Jägersprache)

Arbeitsanweisungen

- Arbeiten Sie die Kernaussagen des Textes heraus und analysieren Sie seine sprachliche Gestaltung.

Wählen Sie **eine** der folgenden beiden Arbeitsanweisungen:

- Der „Umgang mit der Zeit" ist „ein echtes Zukunftsthema" (Z. 51).
  Prüfen Sie die Gültigkeit dieser These.

oder

- Gehen Sie von folgender Annahme aus:
  Sie haben den Text von Matthias Drobinski gelesen und möchten sich dazu äußern. Verfassen Sie einen Leserbrief, in dem Sie sich ausführlich mit seinem Beitrag auseinandersetzen.

Maßgeblich für die Beurteilung des Aufsatzes ist das Ganze der erbrachten Leistung. Der Schwerpunkt liegt auf der ersten Teilaufgabe.

Hinweise und Tipps

Teilaufgabe 1

Beim Aufgabentyp *Analyse und Erörterung nicht fiktionaler Texte* wird Ihnen häufig ein journalistischer Text vorgelegt. Deshalb sollten Sie bei Ihrer Vorbereitung auf das schriftliche Abitur Ihr Wissen über das Medium Zeitung auffrischen und sich über das Spektrum journalistischer Textsorten kundig machen. Hilfreich ist eine grobe Orientierung an folgender Einteilung in:

- tatsachenbetonte Textsorten, wie Nachricht, Interview, Bericht, Meldung, Reportage etc.
- meinungsbetonte Textsorten, wie Kritik, Karikatur, Glosse, Leitartikel, Kommentar etc.
- fantasiebetonte Textsorten, wie Feuilleton, Zeitungsroman etc.

Der vorliegende Artikel „Der Verlust der Zeit“ gehört in die Kategorie der meinungsbildenden Textsorten und entspricht im Wesentlichen den Kriterien eines Leitartikels, enthält aber auch essayistische Elemente.

Autor des Textes ist Matthias Drobinski (geb. 1964), der nach einem Studium der Geschichte, katholischen Theologie und Germanistik in Gießen und Mainz eine Ausbildung an der renommierten Hamburger Henri-Nannen-Journalistenschule absolvierte. Seit 1997 ist Dobrinski bei der *Süddeutschen Zeitung* als Redakteur im Ressort Innenpolitik tätig und für den Bereich Religionen und Kirchen zuständig.

Drobinski beschäftigt sich in seinem Leitartikel mit einem aktuellen Thema, das sowohl für den Einzelnen als auch für die Gesellschaft bedeutsam ist: Der Verlust der Zeit. Im Zentrum steht dabei seine Kritik an der von ihm beobachteten zunehmenden Individualisierung der Zeitgestaltung, die er als prägendes Merkmal unserer modernen Gesellschaft sieht. Der Umgang mit der Zeit ist nach Drobinski eine Herausforderung der Zukunft.

Im ersten Aufgabenteil sollen Sie die Kernaussagen des Textes herausarbeiten und seine sprachliche Gestaltung analysieren. Da der Schwerpunkt der Gesamtaufgabe auf diesem ersten Teil liegt, sollten Sie den Text zunächst sehr sorgfältig mit Stift und Textmarker lesen und ihn einer detaillierten Untersuchung unterziehen.

Teilaufgabe 2

Bei der zweiten Teilaufgabe haben Sie die Wahl zwischen zwei Aufgabenvarianten, die von Ihnen eine Auseinandersetzung mit Drobinskis Position erwarten:

- eine klassische Erörterungsaufgabe, bei der Sie die Gültigkeit der Thesen prüfen sollen,
- eine gestaltende Aufgabe, bei der Sie sich im Format des Leserbriefs mit dem Beitrag Drobinskis auseinandersetzen sollen.

Für beide Aufgabenvarianten ist es gleichermaßen wichtig, dass Sie Ihre Position argumentativ stützen. Das Verfassen eines Leserbriefs geht jedoch von einer subjektiven Perspektive aus, die einen größeren stilistischen und inhaltlichen Gestaltungsspielraum eröffnet als die Erörterung. Sie können in Ihrem Leserbrief z. B. nur besonders wichtige Einzelaussagen des Leitartikels herausgreifen und Ihren Standpunkt pointiert zuspitzen. Bedenken Sie auch, dass der zu schreibende Leserbrief ebenfalls eine journalistische Textsorte ist und nur dann Chancen auf Veröffentlichung hat, wenn er einen für die Zeitungsleser interessanten und prägnanten Beitrag zur öffentlichen Diskussion des Themas leistet.

Wichtig bei beiden Aufgaben ist es, dass Sie einen begründeten eigenen Standpunkt zu der Frage entwickeln, wie ein sinnvoller individueller und gesellschaftlicher Umgang mit der Zeit heute und in Zukunft aussehen könnte.

Lösungsvorschlag in Grundzügen

Einleitung

Ein Blick in die Aktenkoffer berufstätiger Menschen und in die Rucksäcke von Schülerinnen und Schülern zeigt: Ohne einen ausgefeilten Terminplaner, am besten in elektronischer Form, läuft heute gar nichts mehr. Der Umgang mit Zeit ist in unserer Gesellschaft ein wichtiges Thema, das den Manager genauso beschäftigt wie die Hausfrau oder die berufstätige Mutter. Ratgeber zum Zeitmanagement schlagen die verschiedensten Methoden vor, wie man die Flut der Termine am effizientesten organisieren kann und unterschiedliche Aufgaben nach Wichtigkeit und Dringlichkeit zu unterscheiden lernt, um mehr Zeit zu gewinnen. Auch für Schülerinnen und Schüler, ja selbst schon für Kindergartenkinder gibt es ein reichhaltiges Angebot von Kalendern, die dabei helfen sollen, die zur Verfügung stehende Zeit effizient einzuteilen.

Vorstellung des Textes

Trotzdem, so stellt der Journalist Matthias Drobinski in seinem Leitartikel in der *Süddeutschen Zeitung* fest, wird Zeit für die Menschen von heute zu einem immer knapperen Gut. „Der Verlust der Zeit“ lautet dementsprechend die Titelzeile des Textes, der in der Ausgabe vom 5./6./7. Januar 2007 erschienen ist.

Thema/Kerngedanken

Drobinski stellt fest, dass sich in diesen Tagen zwischen Weihnachten und dem Dreikönigsfest etwas Seltenes ereigne: Es ist, wie man in Bayern sagt, „stade“, d. h. stille, ruhige Zeit, in der nichts passiert und die gerade dadurch Raum „für die glücklichen Momente des Zweckfreien“ (Z. 10) eröffne.

positive Bewertung kollektiver Auszeiten – Kritik am Umgang mit Zeit in modernen Gesellschaften

Damit wird deutlich, wo sich Drobinski positioniert: Die Erfahrung einer **kollektiven Atempause zwischen den Jahren** wird von ihm **positiv** bewertet. Er nimmt sie im weiteren Verlauf des Artikels zum Ausgangspunkt für eine kritische Bestandsaufnahme des heutigen Umgangs mit der Zeit: „Stade Zeit“ sei in industrialisierten Gesellschaften wie der unseren ein Ausnahmezustand, denn zu deren Grundwahrnehmungen gehöre ganz im Gegenteil „die Zeitnot, der Verlust der Zeit“ (Z. 15 f.), auch wenn bei objektiver Betrachtung die verfügbare Lebenszeit des Einzelnen ständig zunehme. Drobinski belegt die Gültigkeit dieser persönlichen Einschätzung mit dem Hinweis auf die nachweisbar hohe Zahl von **Zeit-Ratgebern**, die der Internet-Buchhändler Amazon anbietet, und verweist darauf, dass lediglich Arbeitslose, die aus dem Produktionsprozess ausgeschlossen sind, eine andere Zeitwahrnehmung hätten. Den offensichtlichen Widerspruch zwischen der Erfahrung von subjektiv empfundener Zeitnot und objektivem Zeitgewinn durch technische Innovationen, z. B. im Reiseverkehr und im Haushalt, versucht Drobinski mit einer weiteren Behauptung aufzulösen: Durch die auf diese Weise gesparte Zeit entstehe „kein Raum fürs Zweckfreie“ (Z. 22), sondern es komme dafür „ein neuer zeitverbrauchender Zweck“ (Z. 22 f.) hinzu. Bestes Beispiel für die moderne Lebensweise seien „merkwürdige **Multitasking-Existenzen**“ (Z. 29 f.), also Menschen, die ihre Zeit nutzen, indem sie dank der Möglichkeiten moderner Technologien stets mehrere Aufgaben aus verschiedenen Lebensbereichen gleichzeitig erledigen. Drobinski beklagt, dass diese Art des Umgangs mit Zeit nicht nur gesellschaftlich anerkannt und ökonomisch gewünscht sei, sondern zum „Idealbild vom flexibilisierten Menschen“ (Z. 32 f.) erklärt werde.

Widerspruch: Gefühl der Zeitnot – Mehr an Lebenszeit

der flexibilisierte Mensch – ein fragwürdiges Ideal

Aus der Orientierung an diesem, von ihm als falsch erkannten, Leitbild ergebe sich der zunehmende „Verlust an gemeinsam verbrachter Zeit und an kollektiven Auszeiten" (Z. 35 f.) – ein spezifisches Merkmal unserer Gegenwart, in der sich die Zeitabläufe der Einzelnen nicht mehr ohne Weiteres koordinieren lassen.

Drobinski räumt zwar ein, dass die **in der Vergangenheit übliche kollektive Freizeit**, wie z. B. der sonntägliche Kirchgang, nicht per se als sinnvoll empfunden wurde. Jedoch entstehe durch das zunehmende Verschwinden solcher gemeinsamen Zeiterfahrungen ein **Vakuum**, das neu gefüllt werden müsse. „Wie der Zeitwohlstand in einer beschleunigten Welt zu nutzen ist" (Z. 46), sei heute die Frage, während es in früheren Zeiten darum gegangen sei, die „knappe Zeit vorm Tod" (Z. 43) zu nutzen, also mit Zeitarmut umzugehen – eine Frage, die über Jahrhunderte hinweg auch eine religiöse Dimension hatte, wie sich an der benediktinischen Ordensregel des Mittelalters mit ihrer klaren Zeiteinteilung (ora et labora) ebenso wie an der protestantischen Ethik zeige, für die Zeitverschwendung Sünde war (Z. 44 ff.).

zunehmendes Vakuum an gemeinsamen Zeiterfahrungen

Der Umgang mit der Zeit sei aber nicht nur ein Thema der Gegenwart, das erstmals in den 80er-Jahren des 20. Jahrhunderts von romantischen „Langsamkeitspropheten" (Z. 48) entdeckt wurde, sondern „ein echtes Zukunftsthema" (Z. 51). Drobinski ist davon überzeugt, dass sich die **Beschleunigungsprozesse der Gesellschaft fortsetzen** und den Druck auf den Einzelnen erhöhen werden, „seine Lebenszeit als überall gleichzeitig handelndes Wesen zu verbringen" (Z. 53). Gerade die Ökonomen, die das Idealbild des flexibilisierten Menschen entworfen haben, sprächen heute von der „**Beschleunigungsfalle**" (Z. 54), von der ganz besonders Unternehmen der IT-Branche zunehmend bedroht seien, „wenn vor lauter Anrufen, E-Mails und Internetausflügen Angestellte nicht mehr zum Arbeiten kommen" (Z. 56 f.).

Zeit – ein echtes Zukunftsthema

Drobinskis Leitartikel gipfelt in einem doppelten **Appell an den Einzelnen und an die gesellschaftlich Verantwortlichen**. Die Entscheidung, sich dem allgemeinen Zeitdruck und der zunehmenden Individualisierung der Zeit- und Lebensgestaltung zu widersetzen, sei nicht primär die Frage der persönlichen Moral, sondern „auch eine Aufgabe der Politik, stade Zeiten [...] zu bewahren und zu schaffen" (Z. 61 f.). **Gemeinsame Zeit** ist nach Dobrinskis Überzeugung die **Grundlage für den Zusammenhalt** einer Gesellschaft, auf der Kultur und Religion entstehen können.

Appell an den Einzelnen und an die Politik

Drobinskis Leitartikel „Der Verlust der Zeit" enthält sachlich begründete Thesen und Argumente, ist aber zum Teil auch **provozierend** formuliert und fordert damit den Leser zu einer persönlichen Stellungnahme heraus.

In der Einleitung seines Textes entwirft Drobinski ein Szenario, das zunächst vor allem seine Münchner Leserschaft anspricht, etwa durch den Dialektbegriff „stad" und den Hinweis auf die besondere Situation in Bayern, das eine traditionell kirchlich orientierte Bevölkerung hat. Die **bildliche Sprache**, insbesondere Metaphern und Vergleiche, die die Vorstellungskraft jedes Lesers anregen – z. B. „in den Büros gähnt die Leere" (Z. 2), „die Handpuppen des politischen Theaters spielen nur das kleine Programm" (Z. 4 f.), „wie ein verhoffendes Reh im Wald" (Z. 7) – weist aber auch über den regionalen Rahmen hinaus.

regionale und überregionale Bezüge

Drobinski entfaltet seine These vom Verlust der Zeit einerseits **sachlich:** Er belegt seine Aussagen mit statistischen Zahlen (Z. 12 f., 18), verweist auf Tatsachen, die niemand bestreiten kann (z. B. im Abschnitt Z. 24–34), und benennt zentrale Merkmale des modernen Lebens (z. B. Schichtarbeit, Z. 37). Andererseits versucht er seine Leser **mit sprachlichen Mitteln zu beeinflussen**, die einen stark meinungsbildenden Charakter haben: Imperative (s. letzter Abschnitt, Z. 60 ff.), Ironie (z. B. Z. 48 f.: „Langsamkeitspropheten"), Neologismen (z. B. Z. 38: „Vielfach-Verpflichtete"), Wiederholungen (z. B. mehrfache Formulierung der These, die „stade" Zeit sei selten, einzig usw., vgl. Z. 1 f., 35 f., 61 f.).

Leserlenkung

Am Ende des Leitartikels wird Drobinskis **Selbstverständnis als wertkonservativer Journalist** deutlich, der an einem traditionellen Begriff von Kultur und Religion festhält.

Erörterung Variante 1

Der Verlust der Zeit – ein Zukunftsthema?

Ist unser Umgang mit der Zeit tatsächlich ein „echtes Zukunftsthema"? Die Frage muss vermutlich bejaht werden, auch wenn sich in der gegenwärtigen Finanzkrise immer klarer abzeichnet, dass wir trotz hoch entwickelter Technik nicht in der Lage sind, die Zukunft zu berechnen und künftige Entwicklungen sicher zu prognostizieren.

prinzipielle Zustimmung

Bei einer kritischen Analyse unserer gegenwärtigen Verhältnisse wird schnell deutlich, dass Drobinskis **These vom Verlust der Zeit** zumindest im Kern **gerechtfertigt** ist.

weitere Beispiele: Zeitdruck bei Kindern und Jugendlichen, Freizeitstress

Beschleunigungsprozesse und „Multitaskingexistenzen" mit all ihren negativen Auswirkungen kann man nicht nur im Wirtschafts- und Berufsleben feststellen – Drobinski nennt hier exemplarisch einige Berufsgruppen, darunter die Journalisten und die Computer-Branche –, auch das Leben von Schülerinnen und Schülern, ja selbst schon von Kindergarten- und Vorschulkindern ist heute von **Zeitdruck** geprägt. Babys werden punktgenau in der Krippe abgeliefert, damit Vater und Mutter rechtzeitig am Arbeitsplatz erscheinen können, nach dem Kindergarten oder dem Schulunterricht steht die Musik-, Turn- oder Ballettstunde auf dem Programm und am Wochenende fährt die Familie, sofern sie zu den Besserverdienern gehört, mit dem fertig gepackten Wohnmobil zu einem Freizeitevent, bei dem es für die Erwachsenen und die Kinder spezielle Angebote gibt. Wer diesen **Freizeitstress** aus finanziellen Gründen nicht mitmachen kann, füllt seine Zeit jedoch nicht automatisch gemeinsam aus, sondern sitzt möglicherweise allein vor dem eigenen Fernseher oder Computer.

Zeit in der Schule

Die verschiedenen Ansprüche der modernen Welt in Einklang zu bringen, ist eine Aufgabe, die Kindern und Jugendlichen oft besonders schwer fällt. Denn so sehr die Freizeit auch individuell gestaltet werden kann, **Schule und Kindergarten** geben nach wie vor ein klar geregeltes **Zeitraster** vor. Es nützt wenig, sich am Montag auf die Wochenendaktivitäten und die fehlende Zeit fürs Lernen oder Schlafen zu berufen, wenn der Lehrer die Mathehausaufgabe einfordert oder im Sport für den Cooper-Test trainiert wird. In der Schule gibt es zwar keine „stade" Zeit, aber doch **viel gemeinsame Zeit**, der man sich im Grunde genommen auch nicht verweigern oder entziehen kann.

Zeitmanagement als Unterrichtsthema

Daraus ergibt sich, dass „**Zeitmanagement**" schon früh gelernt werden muss, um die allgemein gültigen Anforderungen der Schule und die individuellen Erwartungen der Familie und des Freundeskreises „unter einen Hut" zu bringen. Tatsächlich wird inzwischen im Gymnasium unter dem Stichwort „**Selbstkompetenz**" vermittelt, wie man einen Terminkalender führt, ein Referat plant oder zu welchen Tageszeiten man besonders leicht und effizient lernt. Besonders in der Oberstufe kommt für viele Schüler ein weiterer „Zeitfresser" hinzu: der **Freizeitjob**, wie wir Schüler euphemistisch unsere bezahlten Nebentätigkeiten bezeichnen, mit denen wir wiederum unsere Freizeitvergnügungen oder das eigene Auto finanzieren.

Zeitfresser Freizeitjobs

Effizienzdenken hat längst auch **in der Bildungspolitik** Einzug gehalten. Die Verkürzung der gymnasialen Schulzeit von neun auf acht Jahre (**G8**) mit der daraus resultierenden Entwicklung zur Ganztagsschule und der Bologna-Prozess, der zu einer Vereinheitlichung von Studiengängen und zur Struktur der Bachelor- und Master-Abschlüsse an den Hochschulen führt, sind Beweis dafür.

Verkürzung von Schul- und Studienzeiten

Ist das Leben deshalb notwendigerweise völlig verplant? Hat man schon als Jugendlicher keinen Handlungsspielraum mehr? Sind wir alle gezwungen, eine fremdbestimmte Multitasking-Existenz zu führen und in die „Beschleunigungsfalle" zu tappen, die Drobinski überall zuschnappen sieht (Z. 54 ff.)?

Meiner Ansicht nach zieht Drobinski aus seinen Beobachtungen **zu einseitige Schlüsse**. Er übersieht oder verschweigt, dass „der Verlust der Zeit" auch einen **Gewinn an Freiheiten** mit sich gebracht hat, den viele Menschen sinnvoll zu nutzen wissen, und dass gerade durch die Individualisierung der Zeitgestaltung **neue Räume gemeinsamer Zeit** entstehen.

Kritik an Drobinskis Thesen

„Verlust" an Zeit führt zu neuen Freiheiten

Während früher Ganztagsarbeit und festgelegte Arbeitszeiten vor allem die Frauen vor die Alternative *Beruf oder Familie* stellte, ist es heute dank flexibler Arbeitszeiten und unterschiedlicher Arbeitszeitmodelle möglich, **Berufstätigkeit und Kindererziehung** zwischen Mann und Frau aufzuteilen. Alte Rollenmuster wurden und werden aufgegeben, es entsteht mehr **Gerechtigkeit unter den Geschlechtern**. Gerade die Möglichkeit, sonntags zu arbeiten und mittwochs frei zu machen (vgl. Z. 33), schränkt den „kollektiv zu nutzende[n] Freiraum" (Z. 39 f.) nicht nur ein, sondern schafft auch neue Formen kollektiver Zeit. Bestes Beispiel dafür sind alle jene Väter, die gerade die Zeit besonders intensiv erleben, die sie in Abwesenheit der berufstätigen Mutter gemeinsam mit ihren Kindern verbringen.

neue Formen kollektiver Freizeit

Auch ältere Arbeitnehmer profitieren von den vielfältigen Möglichkeiten, den Übergang in den Ruhestand flexibel zu gestalten, z. B. durch Altersteilzeit oder vorzeitige Pensionierung. Dadurch eröffnen sich nicht nur **persönliche Entfaltungsmöglichkeiten**, z. B. auf kulturellem oder künstlerischem Gebiet – wieder Klavier spielen, mehr Romane lesen, ein Senioren-Studium aufnehmen, endlich Reisen machen, – es werden auch Kräfte frei, die die Individuen wieder in die Gesellschaft einbringen können, etwa durch **ehrenamtliches Engagement**.

Dem Beschleunigungsdruck, den Drobinski beklagt, kann man sich meiner Überzeugung nach auch entziehen, indem man **persönliche Prioritäten** setzt. In vielen Berufsgruppen, z. B. im Lehrberuf, aber immer mehr auch unter Ärzten, insbesondere Ärztinnen, nimmt der Anteil an **Teilzeitbeschäftigten** zu. Für die Einzelnen bedeutet dies oft einen zumindest zeitweisen Verzicht auf Aufstiegsmöglichkeiten, Karriere und Geld, den sie bewusst in Kauf nehmen, weil sie den Gewinn an Freizeit und Freiheit höher bewerten. Nach meiner Beobachtung ist es keineswegs zwingend, dass für die gesparte Zeit immer „ein neuer zeitverbrauchender Zweck hinzukommt" (Z. 22 f.), wie Drobinski pauschal behauptet. Und warum sollten Eltern die gewonnene Freizeit nicht nutzen, um mit den Kindern etwas zu unternehmen und sich nicht nur um die reine „Versorgung" zu

man kann Prioritäten setzen

kümmern? Dass es in einer Familie gemeinsame und individuelle Interessen und Unternehmungen gibt, ist meiner Erfahrung nach eine Grundbedingung für ein glückliches Familienleben.

Auch **Drobinskis Einschätzung der neuen digitalen Medien** halte ich für **einseitig**. Sicher besteht die Gefahr, durch Handy, Blackberry und E-Mail unter den Druck der permanenten Verfügbarkeit zu geraten, und es ist mir bewusst, dass viele Manager in verantwortlicher Position dem meist wenig entgegensetzen können. Allerdings eröffnen diese modernen Technologien auch **neue Optionen**, z. B. von zu Hause aus arbeiten zu können. Ob sich daraus eine Multitaskingexistenz entwickelt, kann der Einzelne zumindest mitbestimmen, z. B. in dem er sich selbst „stade" Zeit verordnet, den PC und das Handy ausschaltet und es akzeptiert, auch einmal für Stunden, Tage oder gar Wochen nicht „online" zu sein.

Kritik an der einseitigen negativen Einschätzung der neuen Medien

Drobinski lebt in der Großstadt, wo viele seiner Beobachtungen wahrscheinlich eher zutreffen als in ländlichen Gebieten. Dort gibt es, ob in Bayern oder Baden-Württemberg, auch im 21. Jahrhundert noch ein **reges Vereinsleben**. Die Menschen verbringen ihre Freizeit – trotz individuell unterschiedlicher Zeitfenster – immer noch zu einem beträchtlichen Teil zusammen, und selbst den sonntäglichen Kirchgang gibt es noch – auch wenn die juckende Wollhose inzwischen von Jeans abgelöst wurde.

es gibt noch kollektive Freizeit, z. B. in Vereinen

Ob das auch in Zukunft so bleiben wird, lässt sich wohl nur schwer abschätzen. Gleichwohl ist das **Thema Zeit** auch aus meiner Sicht **zukunftsrelevant** und wird uns in den nächsten Jahren und Jahrzehnten beschäftigen. Vielleicht kommen die Gefahren für unsere Gesellschaft aber weniger vom Verlust der Zeit als von einer **neuen Zeitfülle:** Die globale Wirtschafts- und Finanzkrise, die unsere industrialisierten Gesellschaften bedroht, sorgt seit Monaten für Kurzarbeit, Stellenstreichungen und steigende Arbeitslosenzahlen. „Stade Zeit" auch unter diesen Bedingungen individuell sinnvoll und sozial verantwortlich zu füllen, das halte ich für ein echtes Zukunftsthema.

Zukunftsthema: neue Zeitfülle, bedingt durch veränderte ökonomische Lage

Variante 2: Leserbrief

*Da Leserbriefe sehr individuelle Auseinandersetzungen mit einem Zeitungsartikel sind, gibt es bei dieser Aufgabe einen **großen Gestaltungsspielraum**. Deshalb wird hier auf einen ausformulierten Lösungsvorschlag verzichtet. Stattdessen sollen verschiedene Ansätze skizziert werden, die Sie selbstständig auf der Grundlage der oben vorgebrachten Argumente ausführen können.*

großer Gestaltungsspielraum

3 Anfangsmöglichkeiten

1. ***Sie schließen sich Drobinski voll und ganz an** und untermauern seine Position durch weitere Beispiele, insbesondere aus Ihrem eigenen Erfahrungsbereich:*
   Matthias Drobinski spricht mir aus der Seele! In der Tat erlebe auch ich um mich herum nur noch Menschen, die alles gleichzeitig machen: Beim Zähneputzen werden isometrische Übungen absolviert, gefrühstückt wird auf dem Weg ins Büro, während des Telefongesprächs mit der Freundin sucht man noch schnell ein paar Informationen im Internet. Wie schrecklich! → Position mit Argumenten untermauern
2. *Sie stimmen Drobinski im Kern zu, haben aber auch **Einwände und Gegenargumente:***
   Im Leitartikel von Matthias Drobinski wird in der Tat ein Thema angesprochen, das uns alle angeht: Wie halten wir es mit dem kostbaren Gut

der Zeit? Als Schülerin, die in einigen Wochen das Abitur in der Tasche hat, kann ich vieles von dem bestätigen, was Drobinski beobachtet …
Allerdings möchte ich zu bedenken geben, dass wir Jugendliche uns dem Beschleunigungsdruck nur schwer entziehen können. … → Argumente / Belege / Beispiele
Im Unterschied zu Drobinski sehe ich in den Errungenschaften der Technik vor allem viele Vorteile → Argumente / Belege / Beispiele

3. *Sie nehmen die* ***Gegenposition*** *zu Drobinski ein und formulieren Ihren Standpunkt pointiert, evtl. sogar polemisch:*
Herrn Drobinskis Leitartikel über den „Verlust der Zeit" beschwört einmal wieder den Untergang des Abendlandes herauf – und das, weil wir uns mehr und mehr dem „Idealbild des flexibilisierten Menschen" annähern und gleichzeitig Jobs erledigen und ins Kino gehen! Ich frage mich: Was ist eigentlich dagegen einzuwenden, wenn man multitaskingfähig ist? Drobinski gehört ganz offensichtlich einer Generation an, die den Anforderungen der modernen Welt nicht mehr gewachsen ist und deshalb alles verteufelt, was für uns Jüngere längst selbstverständlich ist: … → Argumente / Belege / Beispiele

Deutsch (Baden-Württemberg): Abiturprüfung 2010
Aufgabe 1: Interpretationsaufsatz mit übergreifender Teilaufgabe zu einer Pflichtlektüre (Werk im Kontext)

Thema:
Franz Kafka (1883–1924): **Der Proceß**
Heinrich von Kleist (1777–1811): **Michael Kohlhaas**

„Ihre Frage Herr Untersuchungsrichter ob ich Zimmermaler bin – vielmehr Sie haben gar nicht gefragt, sondern es mir auf den Kopf zugesagt – ist bezeichnend für die ganze Art des Verfahrens, das gegen mich geführt wird. Sie können einwenden, daß es ja überhaupt kein Verfahren ist, Sie haben sehr recht, denn es ist ja nur ein Verfahren, wenn ich es als solches anerkenne. Aber ich erkenne es also für den Augenblick jetzt an, aus Mitleid gewissermaßen. Man kann sich nicht anders als mitleidig dazu stellen, wenn man es überhaupt beachten will. Ich sage nicht, daß es ein lüderliches Verfahren ist, aber ich möchte Ihnen diese Bezeichnung zur Selbsterkenntnis angeboten haben."

K. unterbrach sich und sah in den Saal hinunter. Was er gesagt hatte, war scharf, schärfer als er es beabsichtigt hatte, aber doch richtig. Es hätte Beifall hier oder dort verdient, es war jedoch alles still, man wartete offenbar gespannt auf das Folgende, es bereitete sich vielleicht in der Stille ein Ausbruch vor, der allem ein Ende machen würde. Störend war es, daß sich jetzt die Tür am Saalende öffnete, die junge Wäscherin, die ihre Arbeit wahrscheinlich beendet hatte, eintrat und trotz aller Vorsicht die sie aufwendete, einige Blicke auf sich zog. Nur der Untersuchungsrichter machte K. unmittelbare Freude, denn er schien von den Worten sofort getroffen zu werden. Er hatte bisher stehend zugehört, denn er war von K.'s Ansprache überrascht worden, während er sich für die Gallerie aufgerichtet hatte. Jetzt in der Pause setzte er sich allmählich als sollte es nicht bemerkt werden. Wahrscheinlich um seine Miene zu beruhigen nahm er wieder das Heftchen vor.

„Es hilft nichts", fuhr K. fort, „auch Ihr Heftchen Herr Untersuchungsrichter bestätigt was ich sage." Zufrieden damit, nur seine ruhigen Worte in der fremden Versammlung zu hören, wagte es K. sogar, kurzerhand das Heft dem Untersuchungsrichter wegzunehmen und es mit den Fingerspitzen, als scheue er sich davor, an einem mittleren Blatte hochzuheben, so daß beiderseits die engbeschriebenen fleckigen, gelbrandigen Blätter hinunterhiengen. „Das sind die Akten des Untersuchungsrichters", sagte er und ließ das Heft auf den Tisch hinunterfallen. „Lesen Sie darin ruhig weiter Herr Untersuchungsrichter, vor diesem Schuldbuch fürchte ich mich wahrhaftig nicht, trotzdem es mir unzugänglich ist, denn ich kann es nur mit zwei Fingerspitzen anfassen." Es konnte nur ein Zeichen tiefer Demütigung sein oder es mußte zumindest so aufgefaßt werden, daß der Untersuchungsrichter nach dem Heftchen, wie es auf den Tisch gefallen war, griff, es ein wenig in Ordnung zu bringen suchte und es wieder vornahm, um darin zu lesen.

Die Gesichter der Leute in der ersten Reihe waren so gespannt auf K. gerichtet, daß er ein Weilchen lang zu ihnen hinuntersah. Es waren durchwegs ältere Männer, einige waren weißbärtig. Waren vielleicht sie die Entscheidenden, die die ganze Versammlung beeinflussen konnten, welche auch durch die Demütigung des Untersuchungsrichters sich nicht aus der Regungslosigkeit bringen ließ, in welche sie seit K.'s Rede versunken war.

„Was mir geschehen ist", fuhr K. fort etwas leiser als früher und suchte immer wieder die Gesichter der ersten Reihe ab, was seiner Rede einen etwas fahrigen Ausdruck gab, „was mir geschehen ist, ist ja nur ein einzelner Fall und als solcher nicht sehr wichtig, da ich es nicht sehr schwer nehme, aber es ist das Zeichen eines Verfahrens wie es gegen viele geübt wird. Für diese stehe ich hier ein, nicht für mich."

Er hatte unwillkürlich seine Stimme gehoben. Irgendwo klatschte jemand mit erhobenen Händen und rief: „Bravo! Warum denn nicht? Bravo! Und wieder Bravo!“ Die in der ersten Reihe griffen hie und da in ihre Bärte, keiner kehrte sich wegen des Ausrufs um. Auch K. maß ihm keine Bedeutung bei, war aber doch aufgemuntert; er hielt es jetzt gar nicht mehr für nötig, daß alle Beifall klatschten, es genügte wenn die Allgemeinheit über die Sache nachzudenken begann und nur manchmal einer durch Überredung gewonnen wurde.

„Ich will nicht Rednererfolg“, sagte K. aus dieser Überlegung heraus, „er dürfte mir auch nicht erreichbar sein. Der Herr Untersuchungsrichter spricht wahrscheinlich viel besser, es gehört ja zu seinem Beruf. Was ich will, ist nur die öffentliche Besprechung eines öffentlichen Mißstandes. [...]“

Aus: Franz Kafka: Der Proceß. Fischer-Taschenbuch Verlag, Frankfurt/M. 2007, S. 51–53.

Arbeitsanweisungen

- Skizzieren Sie die vorangegangene Handlung, soweit dies zum Verständnis der vorgelegten Textstelle nötig ist.
- Interpretieren Sie die Textstelle; beziehen Sie die sprachliche und erzählerische Gestaltung ein.
- Kafkas *Der Proceß* und Kleists *Michael Kohlhaas:* Prüfen Sie, inwieweit die Auseinandersetzung mit der Justiz Josef K. und Michael Kohlhaas verändert.

Maßgeblich für die Beurteilung des Aufsatzes ist das Ganze der erbrachten Leistung. Dabei werden die zweite und dritte Teilaufgabe etwa gleichwertig gewichtet.

Hinweise und Tipps

Teilaufgabe 1

Die erste Teilaufgabe hat die Funktion, zu dem vorgegebenen Textausschnitt gezielt hinzuführen. Dabei ist der Operator „skizzieren“ sehr ernst zu nehmen: Es gilt „die vorangegangene Handlung“ nicht aneinandergereiht wiederzugeben, stattdessen sollen aus ihr wichtige Aspekte ausgewählt werden, die dann als Grundlage für die Bearbeitung der 2. Teilaufgabe dienen. Es geht also um eine akzentuierte Auswahl an Informationen. Dieser Hinweis ist umso wichtiger, da die vorgegebene Textstelle noch in den Anfängen des Handlungsverlaufs platziert ist und damit fälschlicherweise zu einer um Vollständigkeit bemühten Inhaltsangabe der bis dahin recht überschaubaren Ereignisse verlockt.
Welche Aspekte aber wähle ich aus? Da die Aspekte die Basis für die Bearbeitung des Textausschnitts legen sollen, ist es notwendig diesen zunächst genau zu lesen und seinen Kontext zu verorten. Der Textausschnitt befindet sich im dritten Kapitel mit dem Titel „Erste Untersuchung“. Er enthält den Teil der gerichtlichen Untersuchung, in welchem der vorgeladene Protagonist vor einem Untersuchungsrichter eine vorwurfsvolle Rede zu halten beginnt, die ihn eher als einen Ankläger denn als einen Angeklagten erscheinen lässt. Damit bekommt die Frage nach der Auswahl der Aspekte Konturen: Es sollten zum einen die Gründe und Anhaltspunkte dafür angegeben werden, warum der Protagonist vor Gericht erscheint und in dieser Weise auftritt, und zum anderen eventuell weitere Beispiele für Widersprüchlichkeiten und Verkehrungen in Bezug auf die Gerichtswelt angeführt werden. Folgende Informationen – hier in Stichworten – sollte die Handlungsskizze also enthalten:

- Josef K.’s Verhaftung an seinem 30. Geburtstag in seinem Schlafzimmer
- seine Reaktion darauf (Unsicherheit, Überheblichkeit, Bagatellisierung)

- der Widerspruch, verhaftet und gleichzeitig frei zu sein
- die fehlende Thematisierung einer Anklage oder einer Schuld
- das mysteriöse Erscheinungsbild des Gerichts (Untersuchung an einem Sonntag ohne Angabe der Uhrzeit in einem viel zu kleinen Raum in einer Mietskaserne)

Ein gelungener Aufsatz beginnt mit einer knappen Einleitung, die in möglichst wenig standardisierter Form Roman, Autor und Protagonisten vor- und den Bezug zur Aufgabenstellung herstellt und nahtlos in die hinführende Teilaufgabe übergehen kann.

Teilaufgabe 2

Eine Interpretation bezieht bekanntlich nicht nur inhaltliche, sondern auch sprachliche und formale Aspekte mit ein. Dies wird in der Aufgabenstellung ja auch explizit gefordert und ist in diesem Fall umso wichtiger, da einem tieferen Verständnis des vorliegenden Textausschnittes die Analyse seiner Struktur notwendig vorausgehen muss. Hierbei müssen Sie vor allem seine monologische Form, äußerlich wie innerlich, erfassen. Die Analyse könnte dann den Grundstein für den Deutungsansatz schaffen, dass in dieser vorgegebenen Textstelle eigentlich nur einer redet und nur einer denkt: der Protagonist Josef K.

Für die Lösung der Teilaufgabe 2 wird eine detaillierte Textarbeit mit Belegen aus der vorliegenden Textstelle (Zeilenzahlen angeben!) erwartet.

Folgende Analyse- und Interpretationsschritte könnte die Bearbeitung der 2. Teilaufgabe enthalten:

Analyse

- es herrscht die personale Erzählperspektive aus der Sicht K.'s vor („einsinniges Erzählen“)
- direkte Rede (der Wortlaut der Rede) und indirekte Rede (Erzählerbericht der Gedanken K.'s) wechseln einander ab
- die Rede des Protagonisten wird viermal von seinen eigenen Gedanken unterbrochen
- elaborierte Rede (differenzierte Rede, hypotaktischer Satzbau, Parenthesen)
- K.'s Dominanz: keine anderen Sichtweisen oder Äußerungen mit Ausnahme der Bravo-Rufe (monologische Struktur)

Interpretation

- K. will mit seiner Rede-Dominanz das Geschehen kontrollieren
- die in der Rede zur Schau getragene Überlegenheit und die begleitenden Gedanken (Unsicherheit) stehen in Diskrepanz zueinander
- K.'s offensives Verhalten dient dazu, ein Eingeständnis einer möglichen eigenen Schuld zu unterdrücken
- Vermeidungsstrategie, Ignoranz
- Spiel mit möglichen Rollen (kein Persönlichkeitskern)

Teilaufgabe 3

Es bietet sich an, die Frage nach der Veränderung der Protagonisten in ihrer Auseinandersetzung mit der Justiz zunächst bei K. zu prüfen. In einer Art Überleitung könnten Sie kurz auf den weiteren Verlauf der Rede vor dem Untersuchungsrichter (die Rede ist ja mit dem vorgegebenen Text noch nicht an ihrem Ende) eingehen. Wichtig ist, dass Sie die Implikation des Begriffs „verändern“ in der Aufgabenstellung beachten. Sowohl eine Wesensveränderung als auch eine Veränderung der Lebensumstände könnten in Betracht gezogen werden. Dabei sollte klar sein, dass eine Untersuchung, die nur auf äußere Gegebenheiten, nicht aber auf eine Charakterisierung abzielt, sehr an der Oberfläche bleibt und auf eine reine Inhaltswiedergabe hinausläuft, die zudem bei der Handlungsdichte des *Michael Kohlhaas* Probleme aufwerfen dürfte. Auch der Begriff „Justiz“ ist zu differenzieren. Es ist zu beachten, dass es sich im *Proceß* um einen nach dem Muster moderner Bürokratie undurchschaubaren, eher imaginären Justizapparat handelt, während die Justiz im „Michael Kohlhaas“ real existiert und das von Nepotismus geprägte Gerichtswesen im Feudalismus des 16. Jahrhunderts widerspiegelt. Mit dieser wichtigen Unterscheidung wird auch der geschichtlichen Dimension Genüge getan.

Der Umfang der Vergleichsaufgabe verlangt von Ihnen eine Konzentration auf wesentliche Aussagen zur Fragestellung. Zentrale Erkenntnisse können mit Quellenverweisen aus den Ganzschriften (möglichst Seiten und Zeilen angeben!) abgesichert werden, eine detaillierte Textarbeit wird nicht erwartet.

Folgende Aspekte könnte die Bearbeitung der 3. Teilaufgabe enthalten:

„Der Proceß"

- K. nimmt den Prozess zunächst nicht richtig ernst, verhält sich überheblich, gleichzeitig ist aber seine Unsicherheit zu erkennen.
- Je stärker sich K. im Verlauf des Romans auf den Prozess fixiert, desto mehr dringt dieser in seine Lebens- und Arbeitswelt ein.
- K. nutzt den Prozess nicht als Möglichkeit zur Selbsterkenntnis und als Chance, sein Leben zu verändern, sondern sieht ihn als Verfahren, das es zu gewinnen gilt.
- Bis zu seinem Tod setzt sich K. nicht mit sich selbst und seiner Schuld auseinander, er verändert sich in seinem Wesen nicht, sondern hält an seiner Ignoranz und seinem kalkulierenden Denken fest.

„Michael Kohlhaas"

- Im Kampf um sein Recht wandelt sich Michael Kohlhaas vom rechtschaffenen Bürger zum Mörder und Brandstifter.
- Auch eine Wesensveränderung geht mit ihm vor, wenn er sich zum gottgleichen Rächer erhöht.
- Dennoch entspringen beide Seiten – die Rechtschaffenheit und der Rachedurst – der Unbedingtheit und Prinzipientreue seines Charakters.
- Ist die Rechtssicherheit wieder hergestellt und sein Rachedurst befriedigt, ist Kohlhaas wieder die gefestigte Persönlichkeit des Anfangs und er geht konsequent in den Tod.

Die Primärtexte werden zitiert nach:

- Franz Kafka: *Der Proceß*. Originalfassung. Fischer-Taschenbuchverlag, Frankfurt/M. 2007.
- Heinrich von Kleist: *Michael Kohlhaas*. Reclam-Verlag, Stuttgart 2008

Lösungsvorschlag in Grundzügen

Einleitung

„‚Siehst Du denn nicht zwei Schritte weit?' Es war im Zorn geschrien, aber gleichzeitig wie von einem, der jemanden fallen sieht …" (S. 224, Z. 22 ff.) In Franz Kafkas Romanfragment, posthum 1925 erschienen, wird dieses Fallen dem Titel entsprechend als *Proceß* des 30-jährigen Josef K. bis zu seinem Tod ein Jahr später beschrieben. Dabei ist der Begriff „Prozess" zweideutig zu verstehen: einmal als negativer Entwicklungsprozess, zum anderen als fehlgeleitete Auseinandersetzung mit der Justiz in dem Sinne, dass es der Protagonist versäumt, mit sich selbst ins Gericht zu gehen.

Teilaufgabe 1
Skizze der *Proceß*-Handlung

Mit dieser Art von Prozess sieht sich Josef K., von Beruf Prokurist einer großen Bank, gleich zu Beginn des Romans konfrontiert. Ein Wächter überrascht ihn in seinem gemieteten Zimmer mit der Mitteilung, dass er verhaftet sei. Auf diesen Einbruch in seine Intimsphäre reagiert der Protagonist mit Empörung, andererseits ist er bemüht, diesen Überfall als Scherz anlässlich seines runden Geburtstages herunterzuspielen. Dass er aber zugleich in seinem Inneren erschüttert ist, deuten – allein in seinem Zimmer zurückgelassen – seine Gedanken an einen Selbstmord und sein zweimaliger Griff zur Schnapsflasche an. Weder die Wächter, es sind derer zwei, noch ein Aufseher, der sich im angrenzenden Zimmer einer Mitmieterin befindet, können Aufschluss über die Gründe der Verhaftung geben, was Josef K. dazu führt, sich wichtig zu machen und mit seinen

Beziehungen anzugeben. Dieses Gehabe verpufft allerdings, als er erfährt, dass er trotz seiner Verhaftung sein Leben fortführen könne wie bisher. K. versucht daraufhin die Anklage auf eine etwaige Schuld ebenso zu verdrängen, wie er die Unordnung, die das Eindringen der Gerichtswelt in sein Leben verursacht hat, in den Gesprächen mit der mütterlichen Pensionswirtin Frau Grubach und der erotischen Mitmieterin Frl. Bürstner zu bereinigen sucht. Er ist fest entschlossen, diesen gerichtlichen Prozess so schnell als möglich aus der Welt zu schaffen. Doch das Gericht hat eine magische Anziehungskraft. Per Telefon fordert es am Arbeitsplatz des Bankprokuristen K. einen sonntäglichen Untersuchungstermin ein, zu dem sich der Protagonist einfindet, obwohl er seltsamerweise Ort und Uhrzeit nicht genau weiß. Merkwürdig ist auch der in einer Mietskaserne befindliche Gerichtsraum. Beim Eintritt als „mittelgroßes, zweifenstriges Zimmer" (S. 47) beschrieben, weitet er sich im Verlauf der Untersuchung zu einem Saal mit einer dicht gedrängten Menschenmenge, durch deren Mitte K. zu einem Podium geführt wird, auf dem der Untersuchungsrichter sitzt. Dieser rügt ihn zunächst wegen seiner Verspätung und beginnt dann das Verhör mit der Feststellung der Personalien. Dabei stuft er Josef K. im sozialen Ansehen herunter, indem er ihm den Beruf eines Zimmermalers (vgl. Z. 1) zuschreibt.

Anziehungskraft des Gerichts

Hier nun setzt K. zu einer Rede an, um den Untersuchungsrichter und das ganze Verfahren lächerlich zu machen. Aufgrund der **personalen Erzählperspektive** wird das Geschehen fast gänzlich aus der Sicht der Hauptfigur dargestellt, d. h. der Leser erfährt nicht nur, was K. **sagt**, sondern auch, was er **denkt**. Dadurch erhält die vorgegebene Textstelle einen klar gegliederten Aufbau, **direkte Rede** und **Erzählerbericht** wechseln in regelmäßiger Folge einander ab. K.'s Ansprache erfolgt im direkten Wortlaut und wird viermal von der Schilderung seiner Gesten, Wahrnehmungen und Gedanken (zum Teil in erlebter Rede, z. B. Z. 34 ff.), einmal zugleich auch von einem applaudierenden Zuruf, unterbrochen. Über die Sichtweisen der anderen im Gerichtsraum wird uns dagegen nichts mitgeteilt.

Teilaufgabe 2
Interpretation des Textauszugs

Struktur

Die Verwechslung der Berufsbezeichnung dient K. zum willkommenen Redeaufhänger, um die Seriosität des Gerichts in Frage zu stellen. Er rückt das Gericht in ein armseliges Licht, so als könne man es nur aus Mitleid anerkennen (vgl. Z. 5). Mit dieser **Herablassung** scheinen sich die Rollen und die Machtpositionen zu verkehren. Anstatt sich zu verteidigen, diktiert K. die Bedingungen, wenn er die Existenz des Verfahrens von seinem Einverständnis abhängig macht (vgl. Z. 4 f.). Im Grunde erhebt er sich selbst zu einer richterlichen Instanz, als er dem Untersuchungsrichter großzügig anbietet, die Liederlichkeit dieses Gerichtswesens selbst zu erkennen, um sich zu bessern.

K.'s Arroganz zu Beginn der Rede

Dafür dass der Redeanfang aus dem Stegreif formuliert ist, strahlt er mit seinen angriffslustigen Worten und seinem wohlgesetzten hypotaktischen Satzbau **Überlegenheit** und Sicherheit aus. Dennoch ist die Rede nicht durchdacht, denn als K. das erste Mal innehält, erfahren wir aus seiner unmittelbaren Reflexion, dass er das Gesagte schärfer empfindet, „als er es beabsichtigt hatte" (Z. 9 f.). Aber noch etwas zeigt uns der Einblick in die Gedankenwelt des Redners: K. ist gar nicht so selbstsicher, wie er sich gibt, denn **er sucht nach Zuspruch und Bestätigung**. Seinem kritischen Eindruck, die gewählten Worte wären zu scharf geraten, fügt er schnell die eigene Bekräftigung hinzu, dass sie „aber doch richtig" (Z. 10) seien. Zu-

K.'s Suche nach Bestätigung

dem vermisst er den angemessenen Beifall, deutet aber die Stille im Zuschauerraum in seinem Sinne so, als würde sie nicht nur die Aufmerksamkeit seiner Rede gegenüber belegen, sondern, quasi als Ruhe vor dem Sturm, das baldige Ende des Prozesses (vgl. Z. 12) andeuten. Der Wunsch scheint hier der Vater der Gedanken zu sein, denn alle diese durch Worte wie „offenbar" (Z. 11) „vielleicht" (Z. 12) oder „wahrscheinlich" (Z. 19) zum Ausdruck gebrachten Mutmaßungen tauchen die Umstände in ein für K. positives Licht. Die Überlegungen zeugen davon, wie sehr der Protagonist in seiner Ansprache **auf Wirkung bedacht** ist. So stört ihn der Eintritt der Frau des Gerichtsdieners, weil sie in ihrer (erotischen?) Ausstrahlung die Aufmerksamkeit sowohl für als auch von dem Redner abzieht; es freut ihn dagegen, dass seine Rede auf den Untersuchungsrichter Eindruck gemacht zu haben scheint. Dabei tut dieser eigentlich nichts anderes, als sich hinzusetzen und sich seinen Unterlagen zuzuwenden. Für K. aber will es so scheinen, als wäre der Untersuchungsrichter „überrascht worden" (Z. 17), als „sollte [sein Platznehmen] nicht bemerkt werden" (Z. 18), als nähme „er wieder das Heftchen vor", „um seine Miene zu beruhigen" (Z. 19).

K.'s Wahrnehmungen

Diese Sicht der Dinge bestärkt K. bei der Fortsetzung seiner Rede ganz offensichtlich. Er nimmt dem Untersuchungsrichter das Heft aus der Hand. Im übertragenen Sinn könnte das heißen, dass er die Macht, die **Kontrolle über die Situation** an sich reißt. Tatsächlich aber ist es nur ein dreckiges Heftchen, das er „mit den Fingerspitzen, als scheue er sich davor" (Z. 23), anfasst, um es dann wieder fallen zu lassen. Was K. als eigene Machtdemonstration und gelungene Demütigung wahrhaben will (vgl. Z. 29), ist tatsächlich nur der Beweis für seine Unfähigkeit, sich mit seiner eigentlichen Situation auseinanderzusetzen. **Er will von einer Schuld nichts wissen** und lässt das „Schuldbuch" (Z. 27) angeekelt fallen, weil er es nicht befassen bzw. sich nicht damit befassen will. In seinen Worten klingt dieses Vermeidungsverhalten unfreiwillig durch: „[V]or diesem Schuldbuch fürchte ich mich wahrhaftig nicht, trotzdem es mir unzugänglich ist, denn ich kann es nur mit zwei Fingerspitzen anfassen." (Z. 26 ff.) Keine Furcht vor etwas zu haben, das man nicht kennt – das klingt wie eine kindlich trotzige, eigentlich unlogische Schutzbehauptung. Tatsächlich „scheu[t] er sich davor" (Z. 23), in Kontakt mit dieser Schuld in ihrem ekeligen, unsauberen Zustand, mit ihren „engbeschriebenen fleckigen, gelbrandigen Blätter[n]" (Z. 24), zu kommen.

K.'s Versuch, „das Heft in die Hand zu nehmen"

fehlende Auseinandersetzung mit Schuld

Es ist **diese Vermeidungsstrategie**, die K. in diesem Gerichtsraum von vorneherein nicht die Rolle des Angeklagten einnehmen und ihn stattdessen in die Offensive gehen lässt. Paradoxerweise will er von sich und seiner möglichen Schuld ablenken, obwohl doch gerade er als Schuldiger Gegenstand der Untersuchung ist. Daher richtet er sich in der Pose eines Anklägers an den Untersuchungsrichter, deswegen versucht er, das Publikum, vor allem die „ältere[n] Männer" in der ersten Reihe, im Verlauf seiner Rede immer mehr für sein Ablenkungsmanöver zu gewinnen (Z. 33 ff., vgl. auch Z. 38 u. Z. 43 f.). Allerdings bleibt sein **Werben um die Gunst der Zuhörer** zunächst erfolglos. Ihren regungslosen Mienen (vgl. Z. 36) kann er nichts entnehmen, was ihn im dritten Teil seiner Ansprache zu verunsichern scheint: Sein Ton wird leiser (vgl. Z. 37) und sein Bemühen, von ihren Gesichtern etwas abzulesen, gibt „seiner Rede einen etwas fahrigen Ausdruck" (Z. 38). Auch der Inhalt seiner Rede erhält eine andere

K.'s Ablenkungsversuche

Richtung. Er versucht nicht mehr dem Untersuchungsrichter die Schuld in die Schuhe zu schieben, vielmehr will er **den eigenen Fall verharmlosen**, indem er ihn in eine Reihe unter vielen stellt (vgl. Z. 40f.). Er macht sich zum Anwalt all derer, die wie er unter dem Vorgehen dieser Gerichtsbarkeit leiden: „Für diese stehe ich hier ein, nicht für mich." (Z. 41) Erneut schlüpft er in eine andere Rolle als die des Angeklagten und **gibt sich als Idealist mit sozialem Engagement**. Für diese Haltung, die er im Romanverlauf sonst nicht an den Tag legt, erhält er einige Bravo-Rufe von einem Zuhörer, übrigens die einzige Äußerung in diesem Textauszug, die nicht von K. stammt. Nach außen lässt ihn dieser Applaus unbeeindruckt, innerlich aber bestärkt ihn der Zuspruch (vgl. Z. 45), ja, der vereinzelte Beifall ist ihm so wichtig, dass er nicht nur selbst an seine aufklärerische Rolle zu glauben beginnt („es genügte, wenn die Allgemeinheit über die Sache nachzudenken begann"; Z. 46f.), sondern sich nun auch damit zufriedengibt, wenigstens ein bisschen positiv dazustehen und nach und nach Anhänger auf seine Seite zu ziehen. Solchermaßen „aufgemuntert" (Z. 45) **spielt er die neu eingenommene Rolle** weiter und übt sich in Bescheidenheit. „Nicht Rednererfolg" (Z. 49) sei es, was er wolle, vielmehr gehe es ihm darum, auf einen „öffentlichen Mißstand [...]" (Z. 51f.) aufmerksam zu machen.

soziales Engagement als Pose

Folgendes **Fazit** lässt sich ziehen: Ob nun in der Rolle des Anklägers oder in der Pose des uneigennützigen Verfechters des Allgemeinwohls – K. versucht mit allen Mitteln von der tatsächlichen Situation abzulenken, dass er als Verhafteter in dieser Untersuchung verhört werden soll. Seine Ignoranz spiegelt sich in der vorliegenden Rede wider, die eigentlich **bloße Rhetorik ohne Inhalt** ist. Der Protagonist setzt sich weder wirklich mit einer Person im Sinne eines Dialogs noch mit einer Sache auseinander. Er fragt z.B. den Untersuchungsrichter nicht nach dem Grund der Verhaftung und geht nicht auf eine mögliche Schuld ein. Stattdessen will er die Atmosphäre kontrollieren und ist auf **Stimmungsmache** und Wirkung aus. Während er sich überlegen glaubt, meint er seinen Kontrahenten zu demütigen und das Publikum für sich zu gewinnen und merkt nicht, dass er sich selbst völlig von der Stimmung beeinflussen lässt, weil er alles, realen Applaus oder vermeintliche Wahrnehmungen, auf sich bezieht. Diese **Egozentrik** wird in dem Textauszug durch die sogenannte einsinnige Erzählweise verdeutlicht: Bis auf die kurze Beifallsbekundung redet und denkt nur K. – er könnte auch einen inneren Monolog halten, genauso wie die wahrgenommene Gerichtswelt ja letztlich nur aus seinem Inneren erzeugt wird.

Fazit: Rhetorik ohne Inhalt

Teilaufgabe 3

Die Justiz und Josef K.

Im weiteren Verlauf seiner Rede vor dem Untersuchungsrichter, welche über den vorliegenden Textausschnitt hinausgeht, berauscht sich K. immer mehr an seiner scheinbaren Überlegenheit (z.B. S. 56, Z. 3f.) und malt den angeprangerten öffentlichen Missstand weiter aus, indem er das **Gerichtswesen als korrupte Organisation** bezeichnet, die wahllos unschuldige Personen verhafte. Doch dann glaubt er schließlich diese „korrupte Bande" (S. 58, Z. 12f.) in den Zuschauern mit plötzlich erkennbaren Abzeichen an den Rockkragen leibhaftig vor sich stehen zu sehen und verlässt voller Wut den Gerichtsraum.

Doch K. ist kein freier Mann, **er ist dem Gericht** in irgendeiner Form **verhaftet**. Diese Anziehungskraft deutet auf eine mögliche verdrängte Schuld K.'s hin, heißt es doch von einem der Wächter im Anfangskapitel, dass seine Behörde von der Schuld angezogen würde (S. 14, Z. 27 ff.). Genau in diesem Sinne könnte man es verstehen, wenn der Protagonist sich ohne Aufforderung quasi wie von selbst am folgenden Sonntag erneut zum Gericht begibt, dort jedoch dieses Mal einen vollkommen leeren Raum antrifft. Ob er will oder nicht, K. ist seit seiner Verhaftung auf seinen Prozess fixiert. Wohl gelingt es ihm zunächst, mit seiner überheblichen Art und **seinem arroganten Statusdenken** – schließlich bildet er sich etwas darauf ein, nicht Zimmermaler, sondern Prokurist zu sein – den Prozess auf eine gewisse Distanz zu halten. Behilflich sind ihm dabei vor allem die **Frauen**, die er, wie im Grunde alle zwischenmenschlichen Beziehungen, für sich instrumentalisiert, sei es als Objekt seiner sexuellen Begierde, sei es als nützliche Verbindungsleute für gerichtliche Zwecke. Ob nun die zukünftige Kanzleikraft Fräulein Bürstner, ob die Frau des Gerichtsdieners oder die Haushälterin des Advokaten – sie alle erscheinen ihm so erotisch verrufen wie brauchbar.

Fixierung auf Prozess und Gericht

Letztlich aber muss sich K. der Anziehungskraft des Gerichts beugen, **die Justiz dringt mit Macht in seine Berufswelt ein**, verändert seine Lebensumstände (siehe das Kapitel „Der Prügler“) und beschäftigt ihn schließlich derart, dass er seiner Arbeit als Prokurist nicht mehr richtig nachkommen kann. Schließlich kündigt er dem Advokaten, den ihm sein Onkel verschafft hat, und macht sich selbst zum Anwalt seiner Sache. Das heißt allerdings nicht, dass er sich nun mit dem Fall seiner Schuld beschäftigt. In der Weise wie sich der Protagonist bei seiner Rede vor dem Untersuchungsrichter allein auf rhetorische Strategien gestützt hat, konzentriert er sich jetzt auf rein verfahrenstechnische juristische Fragen. Das heißt, wirklichen Inhalten weicht er aus. Von der Bankierswelt her gewohnt, eine Lösung zu seinem Vorteil zu finden, strebt er danach, **den Prozess wie ein Geschäft abzuwickeln** (vgl. S. 131, Z. 19 ff.), um am Ende als Gewinner, d. h. als im wahrsten Sinne ‚schuldenfreier‘ Mensch, dazustehen. Ethische Fragestellungen werden aber damit gar nicht berührt, es herrschen, wie in der Ökonomie üblich, Strategien und Taktiken vor. Das führt dazu, dass er sich als Anwalt seiner Sache einem verfahrenstechnischen Denken verschreibt, das ihn nicht weiterbringt. Die Verteidigungsschrift, die sogenannte Eingabe, die eigentlich die schuldhaften Verstrickungen seines Lebens wie z. B. seinen verächtlichen Umgang mit anderen Menschen an den Tag bringen könnte, verliert sich in bloßen Formalien, die ihn am Ende zermürben. So tappt er sprichwörtlich im Dunkeln (siehe das Kapitel „Im Dom“), findet auch in der Türhüterlegende zu keiner Selbsterkenntnis und erwartet schließlich seine Henker, um sich entmutigt, aber zielsicher zu seiner eigenen Hinrichtung zu führen.

das Gewinnen des Prozesses als Selbstzweck

In diesem unweigerlichen Prozess des Fallens verändert sich K. eigentlich nicht. Er dreht sich beständig um sich selbst und geht dabei zugrunde, ohne sich selbst auf den Grund zu kommen. Zwar verliert er in der Fallbewegung zwangsläufig seine Überheblichkeit und beginnt die Auseinandersetzung mit der Justiz ernst zu nehmen, aber seine **Ignoranz** bleibt **bis zu seinem Tod**, „am Vorabend seines einunddreißigsten Geburtstages“ (S. 236, Z. 1), bestehen. Selbst als ihn kurz vor seinem Ende ein Anflug von Einsicht überkommt, hält er beharrlich an seinem kalkulierenden Denken fest und ist auf Außenwirkung bedacht: „[D]as einzige was ich jetzt tun kann ist, bis zum Ende den ruhig einteilenden Verstand behalten. Ich wollte immer mit zwanzig Händen in die Welt hineinfahren und über-

keine Veränderung und keine Einsicht bei K.

dies zu einem nicht zu billigenden Zweck. Das war unrichtig, soll ich nun zeigen, dass nicht einmal der einjährige Proceß mich belehren konnte? Soll man mir nachsagen dürfen, dass ich am Anfang des Processes ihn beenden und jetzt an seinem Ende ihn wieder beginnen will. Ich will nicht, dass man das sagt." (S. 238, Z. 24–33) Josef K. stirbt unverstanden, ohne sich selbst zu erkennen. „‚Wie ein Hund!' sagte er, es war als sollte die Scham ihn überleben." (S. 241, Z. 31 f.) **Damit wird K.'s „Fall" zum Sinnbild des modernen Menschen**, der sich unter dem Anschein der Kontrolle im Labyrinth einer undurchschaubaren Gerichtswelt verliert, die sein Inneres widerspiegelt.

Die Justiz und Kohlhaas

Michael Kohlhaas aus der gleichnamigen, im Jahr 1810 veröffentlichten Novelle von Heinrich von Kleist **hat es dagegen mit einer real existierenden Justiz zu tun**. Als Chronik mit historischem Hintergrund spielt die Erzählung im 16. Jahrhundert, am Beginn der Neuzeit. Aus auktorialer Erzählperspektive wird der Leser durch das handlungsreiche Geschehen geführt und der Protagonist als **„einer der rechtschaffensten zugleich und entsetzlichsten Menschen seiner Zeit"** (S. 3, Z. 3 f.) vorgestellt. Der Rosshändler gerät mit der Justiz in Konflikt, als zwei seiner Pferde vom Junker Wenzel von Tronka zu Unrecht und aus reiner Willkür als Pfand einbehalten und als Ackergäule missbraucht werden. Kohlhaas bleibt besonnen, sein „Rechtsgefühl, das einer Goldwaage" (S. 9, Z.15 f.) gleicht, wankt noch und er überprüft den Vorfall. Als für ihn nach einem Gespräch mit seinem Knecht die Schuld des Junkers erwiesen ist, klagt er auf Wiederherstellung der Rappen. Doch **seine Versuche, auf legalem Weg zu seinem Recht zu kommen, scheitern** an den korrupten Mechanismen der Feudalgesellschaft. Zweimal reicht er eine Klage ein und zweimal wird sie niedergeschlagen, weil Verwandte des Junkers von Tronka ihren Einfluss geltend machen können. Schließlich kommt seine Frau Lisbeth bei einem dritten Versuch, eine Bittschrift dem Kurfürsten von Brandenburg zu überreichen, durch rücksichtslose Gewalt einer Wache ums Leben.

Kohlhaasens Rechtsgefühl

Das Scheitern auf dem Rechtsweg und der Tod seiner Frau **verändern Kohlhaasens Leben**. Obwohl die beiden heruntergekommenen Pferde einen eher geringfügigen ökonomischen Anlass darstellen, sinnt er auf brutale Rache. Aus dem „rechtschaffensten" Menschen wird nun der „entsetzlichste[ ]" Mensch seiner Zeit. Dabei zeigt ein genauerer Blick, dass diese so gegensätzlichen Attribute durchaus auf ein und denselben Menschen zutreffen können: Wenn das positive Rechtssystem versagt, gilt es mit Gewalt ‚rechtschaffend' zu sein. Angetrieben von einem Grundzug seines Charakters, seiner Unbedingtheit, will Kohlhaas **das Prinzip der Rechtssicherheit** um jeden Preis verteidigen, und so agiert er aus dem Naturzustand heraus und **greift zum kompromisslosen Mittel der Selbstjustiz**. Mit seinen Knechten überfällt er die Burg des Junkers, er wird zum Räuber und Mörder Unschuldiger und hinterlässt auf seiner Jagd nach Tronka eine Spur der Verwüstung. Die Kurfürsten sehen den Frieden im Land gebrochen und versuchen Kohlhaas zu fassen. Mittlerweile hat Kohlhaas eine stattliche Schar an freiwilligen Kämpfern um sich versammelt, und die Fehde zwischen ihm und Tronka eskaliert zum Krieg gegen das gesamte System.

Kohlhaas wandelt sich zum Räuber und Mörder

In diesem Krieg gegen die Allgemeinheit kommt ein neuer Charakterzug Kohlhaasens zur Geltung: **seine Hybris**. Fordert er in seinem ersten Mandat, das er verteilt, das ganze Land auf, ihm in seinem „gerechten Krieg"

(S. 31, Z. 17) beizustehen, so nehmen die folgenden Aufrufe an Radikalität und Selbstüberhöhung zu. Er pocht auf das Naturrecht und nennt sich „einen Reichs- und Weltfreien, Gott allein unterworfenen Herrn" (S. 33, Z. 31 f.) und schließlich erhöht er sich selbst bis zu einem **„Statthalter Michaels, des Erzengels**, der gekommen sei, [...] die Arglist, in welcher die ganze Welt versunken sei, zu bestrafen." (S. 39, Z. 17–20). Wie sehr diese Selbstanmaßung wahnhafte Züge trägt, macht wenig später eine Prozession deutlich, in der Kohlhaas, gefolgt von Fackeln tragenden Knechten, „ein[em] große[n] **Cherubsschwert**, auf einem rotledernen Kissen, mit Quasten von Gold verziert" (S. 42, Z. 14–16), hinterher schreitet.

Kohlhaas erhöht sich zum Racheengel

Der Spirale der Gewalt gebietet nur ein Treffen mit **Martin Luther** Einhalt, den Kohlhaas sehr schätzt und dem eine ähnliche Bedeutung zukommt wie dem Gefängniskaplan im *Proceß*. Letzterer kann freilich die Selbstverblendung Josef K.'s ebenso wenig auflösen, wie Luther eine dauerhafte Wendung zum Guten für Kohlhaas vollbringen kann. Die **zeitweilig gewährte Amnestie** wird durch den Kurfürsten von Sachsen wieder gebrochen, Kohlhaas wird verurteilt, jedoch dann der Gerichtshoheit des Kurfürsten von Brandenburg als dessen Untertan überstellt. Aber auch **in Berlin erwartet ihn ein gerichtlicher Prozess**, da der Kaiser ihn mittlerweile wegen seiner Raubzüge in Sachsen des Landfriedensbruchs angeklagt hat. Kohlhaas stellt sich gelassen auf die bevorstehende Hinrichtung ein, er regelt seinen Nachlass, kümmert sich um die Zukunft seiner Söhne und empfängt die Kommunion durch einen Abgesandten Luthers. Auf dem Richtplatz erfährt er vom Kurfürsten von Brandenburg, dass ihm Recht widerfahren sei und seine Klage gegen den Junker von Tronka erfolgreich war, was die anwesenden wiederhergestellten Rappen nachdrücklich bestätigen. **Kohlhaas hat sein größtes Ziel erreicht**, „er versichert[ ] freudig [...], dass sein höchster Wunsch auf Erden erfüllt sei" (S. 108, Z. 5 ff.). Nun kann Kohlhaas auch seinerseits das Todesurteil für seine mörderischen Taten annehmen.

Kohlhaas erhält sein Recht, aber auch das Todesurteil

Als **Fazit** lässt sich sagen, dass die Auseinandersetzung mit der Justiz Kohlhaasens Lebensumstände stark verändert, nicht aber sein Wesen. Ins Naturrecht zurückversetzt, wird er zum Mörder und Brandstifter und erhöht sich selbst zu einer Art Racheengel. Als die Unbedingtheit seines Rechtsgefühls am Ende befriedigt wird, sieht er das Recht wiederhergestellt und beugt sich ihm auch, indem er die Hinrichtung akzeptiert. Sein Rechtsgefühl ist wieder in der Waage (vgl. S. 9, Z. 15), so wie sich auch die zwei charakterlichen Seiten in Kohlhaasens Brust – **der treu sorgende rechtschaffene Familienvater und der radikale Rächer** (vgl. seine Rache am sächsischen Kurfürsten unmittelbar vor der Exekution) – mit dem Tod vereinen.

Fazit: Kohlhaasens Leben wandelt sich, nicht aber sein Wesen

Eine solche Ambivalenz ist in **Josef K.'s Wesen** nicht zu finden. Geradezu monomanisch sieht er von Beginn an alles unter dem Gesichtspunkt, ob es ihm dabei nützen kann, den Prozess aus der Welt zu schaffen. Dabei verändert er sich nicht. Seine arrogante Haltung schwindet zwar, auch unterlässt er es mehr und mehr, andere für seine Zwecke einzuspannen, ja, kurz vor seiner Hinrichtung nimmt er erstmals so etwas wie Mitmenschlichkeit wahr (vgl. die Person am Fenster, S. 241), doch stirbt er, **ohne eine Einsicht in eine mögliche Schuld** erlangt zu haben.

Josef K. verändert sich nicht

Deutsch (Baden-Württemberg): Abiturprüfung 2010
Aufgabe 2: Gestaltende Interpretation

Thema: Friedrich Schiller (1759–1805): **Die Räuber** (Vierter Akt, 5. Szene)

KARL *(Er legt die Laute hin, geht tiefdenkend auf und nieder.)*
Wer mir Bürge wäre? – – Es ist alles so finster – verworrene Labyrinthe – kein Ausgang – kein leitendes Gestirn – Wenn's *aus* wäre mit diesem letzten Odemzug – *Aus* wie ein schales Marionettenspiel – Aber wofür der heiße *Hunger* nach *Glückseligkeit*? Wofür das Ideal einer *unerreichten* Vollkommenheit? Das *Hinausschieben* unvollendeter Plane? – wenn der armselige Druck dieses armseligen Dings *(die Pistole vors Gesicht haltend)* den Weisen dem Toren – den Feigen dem Tapfern – den Edlen dem Schelmen gleich macht? – Es ist doch eine so göttliche Harmonie in der seelenlosen Natur, warum sollte dieser Missklang in der vernünftigen sein? – Nein! Nein! es ist etwas mehr, denn ich bin noch nicht glücklich gewesen.
Glaubt ihr, ich werde zittern? Geister meiner Erwürgten! ich werde nicht zittern! *(Heftig zitternd.)* – Euer banges Sterbegewinsel – euer schwarzgewürgtes Gesicht – eure fürchterlich klaffenden Wunden sind ja nur Glieder einer unzerbrechlichen Kette des Schicksals, und hängen zuletzt an meinen Feierabenden, an den Launen meiner Ammen und Hofmeister, am Temperament meines Vaters, am Blut meiner Mutter – *(Von Schauer geschüttelt.)* Warum hat mein Perillus einen Ochsen aus mir gemacht, dass die Menschheit in meinem glühenden Bauche bratet?
(Er setzt die Pistole an.) *Zeit* und *Ewigkeit* – gekettet aneinander durch ein einzig Moment! – Grauser Schlüssel, der das Gefängnis des Lebens hinter mir schließt, und vor mir aufriegelt die Behausung der ewigen Nacht – sage mir – o sage mir – *wohin* – *wohin* wirst du mich führen? – Fremdes, nie umsegeltes Land! – Siehe, die Menschheit erschlappt unter *diesem* Bilde, die Spannkraft des Endlichen lässt nach, und die Phantasei, der mutwillige Affe der Sinne, gaukelt unserer Leichtgläubigkeit seltsame Schatten vor – Nein! Nein! Ein Mann muss nicht straucheln – Sei, wie du willt, *namenloses Jenseits* – bleibt mir nur dieses mein Selbst getreu – Sei wie du willt, wenn ich nur mich *selbst* mit hinübernehme. – Außendinge sind nur der Anstrich des Manns – *Ich* bin mein Himmel und meine Hölle.
Wenn Du mir irgendeinen eingeäscherten Weltkreis *allein* ließest, den Du aus deinen Augen verbannt hast, wo die einsame Nacht, und die ewige Wüste meine Aussichten sind? – Ich würde dann die schweigende Öde mit meinen Phantasien bevölkern, und hätte die Ewigkeit zur Muße, das verworrene Bild des allgemeinen Elends zu zergliedern. – Oder willst Du mich durch immer neue Geburten und immer neue Schauplätze des Elends von Stufe zu Stufe – zur Vernichtung – führen? Kann ich nicht die Lebensfäden, die mir jenseits gewoben sind, so leicht zerreißen wie diesen? – Du kannst mich zu nichts machen – Diese Freiheit kannst Du mir nicht nehmen. *(Er lädt die Pistole. Plötzlich hält er inn'.)* Und soll ich für Furcht eines qualvollen Lebens sterben? – Soll ich dem Elend den Sieg über mich einräumen? – Nein! ich will's dulden! *(Er wirft die Pistole weg.)* Die Qual erlahme an meinem Stolz! Ich will's vollenden.
(Es wird immer finstrer.)

Aus: Friedrich Schiller: Die Räuber. Reclam, Stuttgart 2001, S. 118–120.

Arbeitsanweisungen

- Legen Sie kurz dar, welches Bild der Leser hier von Karl Moor gewinnt.
- Gehen Sie von folgender Annahme aus:
  Nach der Verhaftung Karl Moors kommt es im Vorfeld der Gerichtsverhandlung zu einer Begegnung zwischen Ankläger und Verteidiger. Sie sprechen über den Fall „Karl Moor“ und tauschen dabei ihre unterschiedlichen Sichtweisen aus.
  Verfassen Sie einen Dialog.

Maßgeblich für die Beurteilung des Aufsatzes ist das Ganze der erbrachten Leistung. Der Schwerpunkt liegt auf der gestaltenden Interpretationsaufgabe.

Hinweise und Tipps

Teilaufgabe 1
Die erste Teilaufgabe verlangt von Ihnen eine objektive Darstellung des in der vorliegenden Textstelle entwickelten Bildes von Karl Moor. Da es sich um einen Monolog handelt, erhält der Leser hier wichtige Einblicke in das Seelenleben des Protagonisten. Dieses gilt es kurz und pointiert wiederzugeben.
Einer Detailanalyse der Textstelle sollte eine erste, konzentrierte Lektüre vorangehen, die zunächst grundlegende Beobachtungen, z. B. einer Grundstimmung oder einer zentralen Fragestellung, womöglich aber auch einer Entwicklung, ermöglicht. Von derartigen, noch sehr allgemeinen, Befunden ausgehend, lässt sich die anschließende Detailanalyse wesentlich zielgerichteter durchführen. Eine mögliche Frage, die durch die erste Lektüre aufgeworfen werden könnte, wäre beispielsweise: Warum richtet Karl mehrmals die Pistole gegen sich selbst, wirft sie aber schließlich weg?
Bei der Detailanalyse liefern auch scheinbar banale formale Merkmale der Textstelle wertvolle Hinweise: Absätze legen inhaltliche Zäsuren nahe, stehen womöglich für Unterpunkte oder Teilaspekte. Sie gilt es also genauso zu berücksichtigen wie das Zusammenspiel der Äußerungen Karls mit den Bühnenanweisungen Schillers. Entspricht die äußere Handlung der inneren? Gibt es Diskrepanzen? Wenn ja, wie lassen sich diese erklären? Sämtliche Befunde sind selbstredend direkt am Text zu belegen.
Die Detailanalyse sollte mit einem knappen Fazit schließen, das die wesentlichen Beobachtungen noch einmal prägnant und zusammenfassend darlegt.

Teilaufgabe 2
Die zweite Teilaufgabe knüpft nahtlos an das Ende des Dramas an: Karl Moor hat sich den Behörden ausgeliefert und erwartet seinen Prozess. In einem Dialog zweier nachträglich eingefügter, in die eigentliche Dramenhandlung aber nicht integrierter, oppositioneller Figuren, nämlich Ankläger und Verteidiger, sollen nun zwei unterschiedliche Sichtweisen auf die Verbrechen Karls entwickelt werden.
Obwohl die Aufgabenstellung Züge einer gestaltenden Interpretation trägt, verlangt sie bei genauerem Blick eine „Beweisaufnahme“, die weniger einen kreativen Zugang als vielmehr analytisches Vorgehen und detaillierte Textkenntnis voraussetzt: Welche Sachverhalte sprechen für, welche gegen eine Verurteilung Karls? Der zu entwickelnde Dialog trägt also deutliche Züge einer dialektischen Erörterung, die Schuld und Unschuld Karls gegeneinander abwägen soll – allerdings ohne einen Urteilsspruch zu fällen.
Vor einer Ausarbeitung des Dialogs sollten Sie deshalb eine Sammlung und Strukturierung von Argumenten für und gegen eine Verurteilung Karls vornehmen. Es darf davon ausgegangen werden, dass sowohl Ankläger als auch Verteidiger über alle Ereignisse der Dramenhandlung detailliert informiert sind.

Während die Begründung der Anklage aufgrund der schweren Verbrechen Karls keine großen Schwierigkeiten bereiten sollte, erfordert seine Verteidigung eine ausgefeilte Strategie. Hierfür liefert die erste Teilaufgabe einen entscheidenden Hinweis: Karls Psyche. Wie ist zu erklären, warum er zum Verbrecher wurde? Lassen sich unter diesem Blickwinkel auch mildernde Umstände feststellen? (Der psychologischen Komponente eines Verbrechens schenkte Schiller stets besondere Aufmerksamkeit. Zur Vertiefung empfiehlt sich sein Kriminalbericht *Der Verbrecher aus verlorener Ehre* aus dem Jahre 1786.)
Die dialogische Komponente der Aufgabenstellung sollte bei der Ausarbeitung besondere Beachtung finden: Auf keinen Fall sollten die beiden Parteien isolierte Textkörper von sich geben, sondern Argumente der Gegenseite berücksichtigen, aufgreifen, relativieren und im Idealfall für die eigene Argumentation fruchtbar machen. Stilistisch und sprachlich ist eine nicht aufgesetzt wirkende Nähe zum Ursprungstext anzustreben: Wortschatz, Satzbau und Stil können durch direkte Entlehnung und Nachahmung dem „Original" angeglichen werden. Auch gezielt eingesetzte Bühnenanweisungen können helfen, den Dialog zu „beleben".

Lösungsvorschlag in Grundzügen

Teilaufgabe 1
Grundthematik des Monologs

Im vorliegenden Monolog reflektiert Karl Moor über die **Mechanismen des Schicksals** und die damit einhergehende Frage nach der Freiheit bzw. Unfreiheit des Menschen.

Karls Todessehnsucht

Karl, das tritt im ersten Textabschnitt (V. 1–10) deutlich hervor, sieht sich von Finsternis und „verworrene[n] Labyrinthen" (V. 2) ohne Ausgang umgeben, fühlt sich **orientierungslos** und **isoliert**. Dies deckt sich mit seinem im Verlauf des Stücks wiederholt hervortretendem Gefühl gesellschaftlicher Ausgrenzung: Karl empfindet sich als willenlose Puppe in einem „schale[n] Marionettenspiel" (V. 4). In diese Überlegungen mischt sich der **Gedanke an Selbstmord** – er hält sich die Pistole vors Gesicht –, welcher seiner reizlosen, deprimierenden Existenz ein Ende setzen würde. Just in diesem Moment nimmt er aber auch andere Gefühle wahr, die ihn an seinem Todesverlangen zweifeln lassen: Ein heißer „Hunger nach Glückseligkeit" (V. 4) sowie der Wunsch nach „Vollkommenheit" (V. 5) beflügeln ihn; wenngleich er zu dem Schluss kommt, dass diese Sehnsüchte für ihn unerreichbar sind, hört er nicht auf, zu hoffen.

erste Zweifel: Karls Sehnsüchte

Karls Furcht vor dem Jüngsten Gericht

Karls Todeswunsch trifft im zweiten Textabschnitt (V. 11–17) auf ein weiteres Hindernis: die „Geister meiner Erwürgten" (V. 11), also jene Menschen, deren Blut an seinen Händen klebt. Karl behauptet zwar, dass er sich vor einem jenseitigen Aufeinandertreffen mit seinen Opfern nicht ängstigt, doch seine körperlichen Reaktionen („Heftig zitternd.", V. 11 f.; „Von Schauer geschüttelt", V. 15 f.) verraten etwas gänzlich Anderes: Auch wenn er seine Entwicklung zum Mörder nur als weiteres Glied einer „unzerbrechlichen Kette des Schicksals" (V. 13) abtut, jegliche persönliche Schuld daran also von sich weist, kann er seine **Furcht vor dem Jüngsten Gericht** nicht abstreifen.

Karls Erwartungen an das Jenseits

Hierauf, im dritten Textabschnitt (V. 18–27), wendet er die Pistole erneut gegen sich, doch wieder zögert er. Karl schaudert vor der großen Ungewissheit, die ihn im Jenseits erwartet: „Wohin wirst du mich führen? – Fremdes, nie umsegeltes Land!" (V. 20 f.). Er fasst aber neuen Mut, indem er sich davon zu überzeugen sucht, es komme nur darauf an, dass er sich „selbst mit hinübernehme" (V. 25 f.). Er sei „[s]ein Himmel und [s]eine Hölle" (V. 26 f.). Mit dieser Formulierung **reduziert** Karl seine **Erwartungen an das Jenseits auf sich selbst** und verbildlicht seine gefühlte Isoliertheit dadurch auf kraftvolle Weise.

Karl spinnt seine Gedanken über das, was ihn nach seinem Tod erwartet, im letzten Textabschnitt (Z. 28–38) konsequent weiter. Die gesellschaftliche Ausgeschlossenheit im Diesseits könnte sich, so Karl, im Jenseits fortsetzen: Er stellt sich einen „eingeäscherten Weltkreis" (V. 28), eine „einsame Nacht" (V. 29) und „ewige Wüste" (V. 29) vor, einen isolierten, nach außen abgeschirmten Raum, der aus den Augen des Schöpfers „verbannt" (V. 29) ist. Doch Karl begehrt gegen diese Möglichkeit auf: Er könnte ja so leicht, wie er sich mit dem Betätigen des Abzugs gewaltsam ins Jenseits befördert, auch die jenseitigen „Lebensfäden […] zerreißen" (V. 33 f.). Karl besteht auf seiner **menschlichen Autonomie**, begehrt gegen die göttliche Allmacht auf und richtet die Pistole ein letztes Mal gegen sich. Doch statt sie abzufeuern, wirft er sie weg. Aus Stolz bekennt er sich bewusst zu seinen Qualen und ist bereit, sie zu ertragen.

Isolation im Jenseits

Aufbegehren gegen das Schicksal

Karl verdeutlicht in seinem Monolog, wie sehr er unter seiner Existenz als von der Gesellschaft Verstoßener leidet und erörtert gedanklich Fluchtmöglichkeiten aus dem scheinbar ewigen Zyklus seines schicksalshaften Elends. Seinen Befund, dass er als Marionette des Schöpfers zur Isoliertheit „verdammt" ist, wandelt er aber zu einem **persönlich-menschlichen Triumph** um, indem er sich gegen die Flucht aus dem Leben und für das Leiden entscheidet. „Die Qual", schließt er, „erlahme an meinem Stolz" (V. 37 f.).

Zusammenfassung der Ergebnisse

Teilaufgabe 2

Ausgangssituation

Vor dem Gerichtssaal. Karl Moors Verteidiger sitzt auf einer Bank und studiert Dokumente.

Ankläger *(mit einer Tasche eintretend).* Ah, der werte Herr Verteidiger.

Der Verteidiger löst nur kurz seinen Blick von den Dokumenten, um mit einem leichten Kopfnicken zu grüßen und sich anschließend wieder seinem Studium zu widmen.

Provokation des Anklägers

ANKLÄGER *(wenige Schritte von der Bank entfernt seine Tasche abstellend).* Bald hat diese Komödie ein Ende!

VERTEIDIGER *(den Blick weiterhin auf die Dokumente gerichtet).* Darf man fragen, wovon Ihr sprecht?

ANKLÄGER *(einen Schritt auf den Verteidiger zugehend, seinen Blick suchend).* Ihr heuchelt Unwissenheit. Natürlich spreche ich von Karl Moor.

VERTEIDIGER *(unbeeindruckt, immer noch lesend).* Wollt Ihr nicht den Prozess abwarten?

ANKLÄGER *(auflachend).* Welchen Prozess? Euer Hoffen ist vergeblich. Der Moor wird den Kopf verlieren!

VERTEIDIGER *(gelassen, weiterhin lesend).* Seid nicht voreilig. Das wird das Gericht entscheiden –

ANKLÄGER *(selbstsicher, ihm ins Wort fallend).* – von dessen Räson ich überzeugt bin.

VERTEIDIGER *(immerzu lesend).* Jene Räson, derer Ihr Euch so sicher seid, soll meinem Mandanten den Kopf retten.

ANKLÄGER *(erneut auflachend).* Ihr scherzt!

VERTEIDIGER *(zu ihm aufblickend).* Hört Ihr mich lachen?

Strategie der Anklage

ANKLÄGER *(ernst).* Karl Moor ist ein Verbrecher – er hat geraubt und gemordet. Nicht einmal vor dem eigenen Vater oder der Geliebten hat der Rasende halt gemacht. Welches Gericht der Welt würde dem Fürchterlichen das Leben schenken?

VERTEIDIGER *(die Dokumente zur Seite legend).* Eines, das versteht, warum er zum Verbrecher wurde.

Strategie der Verteidigung

ANKLÄGER. Gier trieb ihn.

VERTEIDIGER *(langsam den Kopf schüttelnd).* Ihr irrt. Im Grunde seines Herzens ist Karl ein Mann, der das Recht verehrt.

Karls Rechtsempfinden

ANKLÄGER *(schnaubend).* Das Recht verehrt!

VERTEIDIGER. Gewiss, er hat jugendlich gefehlt, aber er war gewillt, sein lasterhaftes Leben aufzugeben und in den väterlichen Schoß zurückzukehren, wäre da nicht sein Bruder –

ANKLÄGER *(ihn unterbrechend).* Franz Moor hat damit doch nichts zu schaffen!

Franz' Verrat

VERTEIDIGER *(erneut den Kopf schüttelnd).* Nein? Ihr irrt erneut. War es nicht Franz, der Karls Brief an den alten Moor fälschte? War nicht er es, der den Vater gegen den geliebten Sohn aufbrachte, dem Bruder die rettende Hand verweigerte? Fassungslos muss Karl gewesen sein über Franzens Brief. Es war für die Halunken bestimmt ein Leichtes, den Verstoßenen zu verführen!

Karls psychische Labilität

ANKLÄGER *(wieder auflachend).* Zu verführen? Ha! Wollt ihr mir einen Löwen für ein Lämmchen vormachen? Mit Verachtung begegnet er allem, was über ihm steht. Da brauchte es keines gemeinen Briefes.

VERTEIDIGER *(abwinkend).* Gedanken, wie sie heute viele umtreiben. Nicht er hat die Räuberbande ins Leben gerufen. Nicht er hat sich zum Anführer ernannt.

ANKLÄGER *(höhnisch).* Und dennoch ließ er sich krönen.

VERTEIDIGER. Wie hättet Ihr gehandelt? Die Räuber hießen ihn willkommen, der Vater, wie er dachte, nicht. Karl wollte sich bessern, doch man gab ihm nicht Gelegenheit dazu.

ANKLÄGER *(zischend).* Darf man deshalb raubend und mordend das Land in Angst und Schrecken versetzen?

VERTEIDIGER *(gefasst).* Er nahm von den Reichen, um den Armen zu geben. Tat er sich damit was Gutes? Karl wollte Gerechtigkeit für die Unterdrückten. Das tat ihm Genüge.

Karls Solidarität mit den Armen

ANKLÄGER *(außer sich vor Wut).* Dann ist es also auch Recht, Häuser niederzubrennen, Weiber zu schänden und Kinder zu ermorden?

VERTEIDIGER *(beherrscht).* Nicht von allem hatte er Kenntnis.

Der Verteidiger steht langsam auf und tritt dem Ankläger vors Gesicht.

VERTEIDIGER *(beschwichtigend).* Ich will nicht leugnen, dass Entsetzliches in seinem Namen geschah. Dennoch handelten die Halunken nicht immer auf seinen Befehl. Spiegelberg, neidisch, wie er war, verschwor sich hinter seinem Rücken. Den Schufterle, der ein wehrloses Kind in die Flammen warf, jagte Karl unversehens davon. Unaussprechliches duldete er nicht.

Intrigen gegen Karl

ANKLÄGER *(wieder etwas gefasster).* Wenn der Entsetzliche tatsächlich seinem Gewissen gehorchte, warum ergab er sich dann nicht dem Pater? Warum kroch er nicht zu Kreuze und flehte um Gnade?

Karls Aufbegehren gegen die Kirche

VERTEIDIGER. Weil jene den Pater entsandten, denen Karl die Stirn bot. Er wusste um seine Verfehlungen, er leugnete sie auch nicht. Er bereute sie. Immer wieder.

ANKLÄGER *(herausfordernd).* Er hätte dem grausigen Treiben ein Ende setzen können.

VERTEIDIGER. Aber er hätte damit sich selbst verraten – und seine Kameraden. Kameradschaft galt ihm viel.

Karls Kameradschaft

ANKLÄGER *(irritiert).* Glaubt Ihr tatsächlich, was Ihr da sprecht? *(Wieder forscher.)* Ich bin neugierig. – Er hatte wohl auch keine Schuld am Tod des Vaters? Seine Amalia ist ihm vermutlich ins Messer gelaufen? Sprecht! Ich will es von Euch hören!

Tod des Vaters und Amalias

VERTEIDIGER. Karl traf den alten Moor mit der unerbittlichen Härte der Wahrheit. Der Alte zerbrach daran.

ANKLÄGER *(schüttelt wild den Kopf).* Und Amalia? Weiter!

VERTEIDIGER *(sehr ernst).* Amalia wusste, dass Karl nicht zu ihr zurückkehren konnte. Sie hatte ihren Lebensmut verloren und flehte ihn an, sein Schwert gegen sie zu richten. Zunächst weigerte er sich. Als aber schließlich ein Kamerad seine Waffe gegen die um Erlösung Bettelnde erhob, erstach Karl sie. Er wusste, dass er vor und an ihr schuldig geworden war und wollte diese Last alleine tragen. Es geschah auf ihren Wunsch.

Der Ankläger blickt den Verteidiger einen Moment lang stumm an, geht dann an ihm vorüber und lässt sich langsam auf der Bank nieder.

ANKLÄGER *(ins Leere starrend).* Ihr seid um keine Ausrede verlegen. – Ihr werdet wohl auch bestreiten, dass sich dieser Lump nur aus Furcht vor noch härterer Strafe, als ihn ohnehin erwartet, den Behörden ergab?

Der Verteidiger geht zur Bank zurück und setzt sich neben den Ankläger.

VERTEIDIGER *(ebenfalls ins Leere starrend).* Tat er das? Nein. Er ergab sich einem armen Tagelöhner, wohl wissend, dass jener, der den großen Räuber lebendig liefern würde, mit tausend Louisdore entlohnt würde.

Karls Selbstauslieferung

ANKLÄGER *(sarkastisch).* Ein feiner Kerl! Warum tat er's nicht früher?

VERTEIDIGER *(nach einer Pause).* Erst der Tod seiner Familie bedeutete ihm das ganze Ausmaß seiner Schuld. Er erwartet Gerechtigkeit, keine Gnade.

Karls Schuldbewusstsein

ANKLÄGER *(sich von der Bank wieder erhebend).* Gerechtigkeit soll er haben!

Der Verteidiger blickt zu ihm auf. Ihre Blicke treffen sich.

ANKLÄGER *(gefasst).* Ihr seid ein Narr.

VERTEIDIGER. Vielleicht bin ich das. Vielleicht auch nicht.

ANKLÄGER. Wir werden sehen.

Der Ankläger greift nach seiner Tasche und betritt den Gerichtssaal.

Deutsch (Baden-Württemberg): Abiturprüfung 2010
Aufgabe 3: Literarische Erörterung

Thema:

Gute Literatur zeichnet sich vor allem dadurch aus, dass sie etwas Bleibendes, stets Gültiges besitzt: Ungeachtet ihrer Entstehungszeit hat sie für den Leser und seine Gegenwart Bedeutung.

Arbeitsanweisung
Prüfen Sie anhand Ihrer Leseerfahrung, inwieweit Sie dieser Auffassung zustimmen können.

Hinweise und Tipps

Die Frage, „inwieweit Sie dieser Auffassung zustimmen können", erfordert eine dialektische Antwort: Ja, so weit bin ich einverstanden, und in diesen anderen Punkten möchte ich widersprechen.
Falls man der Aussage tendenziell zustimmen möchte, kann man entweder von guter Literatur auf „das Bleibende" oder umgekehrt von dem „Bleibenden" auf gute Literatur schließen. Das heißt, Sie können das, was man als „gute Literatur" bezeichnet, als Beispiel nehmen und anhand dieser Werke aufzeigen, was darin das „stets Gültige" ist. Ebenso haben Sie die Möglichkeit, anhand von „bleibenden" Themen die passende Literatur dazu vorzustellen und herauszuarbeiten, dass diese Literatur „unabhängig von ihrer Entstehungszeit" ihren Reiz hat. Dieser letztere Weg wird hier gewählt.
Es scheint zunächst schwierig, der Aussage zu widersprechen, weil sie sehr plausibel klingt. Aber da sie den Charakter einer Definition hat, könnte man einzelne Aspekte hinterfragen: Was zeichnet „gute Literatur" noch aus? Gibt es wichtigere Kriterien als die zeitlose Gültigkeit? Wenn die Bedeutung „ungeachtet der Entstehungszeit" gesehen wird, darf man dann externe Informationen (Epoche, Stil, Biografie des Autors) in die Interpretation einbeziehen? Was übersieht der Leser, wenn er nur das „Bleibende" herausliest?

Lösungsvorschlag in Grundzügen

Erörterung

Einleitung

Gute Literatur – was ist das? Auf diese Frage fallen den meisten Menschen sicher Klassiker aus dem sogenannten Lesekanon ein: *Faust* von Johann Wolfgang von Goethe, *Die Räuber* von Friedrich Schiller oder *Nathan der Weise* von Gotthold Ephraim Lessing. Was aber haben diese über 200 Jahre alten Werke uns heute noch zu sagen? Die Behauptung, dass gute Literatur etwas „stets Gültiges" besitzt und „ungeachtet ihrer Entstehungszeit" für den Leser „Bedeutung" habe, soll im Folgenden erörtert werden.

Hauptteil

Die vorliegende Aussage erhebt den Anspruch einer **Definition**. Sie beschreibt „gute Literatur" und stellt ein Kriterium auf, an der man gute Literatur erkennen kann. Wir werden zunächst problematisieren, ob die Behauptung in dieser allgemeinen Form zutreffend ist.

Die Bejahung oder Ablehnung der Beschreibung hängt davon ab, was man unter „guter Literatur" versteht. Diese Einteilung ist jedoch subjektiv und individuell verschieden. Dennoch kann man sich auf einige **Kriterien** einigen. Zum Beispiel: Gute Literatur ist es wert, dass man sich mit ihr befasst und darüber nachdenkt. Die Personen sind **nicht klischeehaft** charakterisiert, ihr Seelenleben ist schwierig zu durchschauen, daher aber **interessant**. Wenn man den Text **mehrmals liest**, lassen sich Strukturen und Bezüge – zum historischen Kontext, dem damaligen Weltbild, der Biografie des Autors, anderen literarischen Werken – entdecken. Der Lohn für die Anstrengung ist ein Erkenntnisgewinn, der Leser lernt z. B. neue Sichtweisen, Empfindungen, Lebensprinzipien und Vorstellungen kennen.

Definition „gute Literatur"

Die gegebene Definition guter Literatur verlangt „etwas stets Gültiges". Aber ist nicht auch ein gutes Werk denkbar, das nicht mehr „gültig" ist? Existieren nicht zahlreiche literarische Werke, deren Handlung, Themen oder Personen eben **keine direkte Bedeutung für die gegenwärtige Gesellschaft** mehr haben, die also nur unter historischem Blickwinkel von Interesse sind? Ein Beispiel könnte *Effi Briest* von Theodor Fontane sein. Hier ist auf den ersten Blick vieles nicht mehr „gültig": die Kriterien, nach denen der Ehemann ausgesucht wird, die Erziehung adliger Kinder, der Ehrenkodex bei Untreue der Ehefrau, das Duell-Ritual, mit dem die beleidigte Ehre wiederhergestellt wird, usw. Das Bild einer vergangenen Gesellschaft – das des preußischen Kaiserreichs – mit seinen nicht mehr geltenden Prinzipien und Konventionen wird gezeichnet. Der Roman vermittelt dem Leser das Gefühl der Fremde, weil diese damalige Gesellschaft so anders ist als die heutige. Aber in diesem Vergleich liegt der **Erkenntnisgewinn** der Lektüre, da er uns sensibilisiert für Zwänge und Rollenbilder, denen wir heute unterliegen. Löst man sich ein Stück weit vom „historischen Setting", so stößt man auf **überzeitliche, bleibende Themen** wie Selbstbestimmung, den Konflikt von persönlicher Freiheit und Moral o. Ä. Zudem ist die Handlung, die die Geschichte einer unglücklichen Ehe zwischen zwei zu unterschiedlichen Partnern, erzählt, doch nicht so weit von unserer Realität entfernt, wie es zunächst erscheint.

Gegenthese: Suche nach Werken ohne „gültige" Aussage

Auch ein antikes Drama wie beispielsweise *Ödipus* von Sophokles zeigt nicht mehr gültige Handlungen und steht für ein anderes Weltbild: Heute lassen sich die Menschen nicht mehr von Göttersprüchen leiten. Barocke Gedichte über Krieg und Pest verweisen auf die Probleme der Menschen im 17. Jahrhundert und artikulieren das damalige Lebensgefühl zwischen Weltlust (carpe diem) und Weltflucht (vanitas). In der Moderne gibt es ebenfalls Autoren, deren Werke eng mit der Entstehungszeit verknüpft sind, sodass heutige Leser auf Erläuterungen und historisches Hintergrundwissen angewiesen sind, um alle Anspielungen verstehen zu können. **Brechts Dramen** oder Bölls Romane wirken heute überholt, sie haben dokumentarischen Charakter und ihre Bedeutung darin, dass sich viele Aspekte geändert haben. Brechts Theaterstücke zeigen eindringlich die – in dieser Form nicht mehr aktuelle – Auseinandersetzung mit Kommunismus und Kapitalismus und verarbeiten in sozialreformerischem Impetus marxistische Gedanken. Auch Brechts Ästhetik des epischen Theaters wird von Gegenwartsdramatikern kaum noch umgesetzt. Der Nobelpreisträger **Heinrich Böll** stellte in seinen Romanen die gesellschaftlichen Verhältnisse in der BRD der 1960er- bis 1980er-Jahre kritisch dar, so z. B. die Konsumorientierung sowie die Verdrängung der NS-Vergangenheit in der

Literatur, die ein überholtes Welt- und Menschenbild hat

Adenauerzeit. Doch auch diese zeitgebundenen Werke besitzen tiefere Botschaften, die nicht veralten, da sie gesellschaftskritisch die menschliche Doppelmoral und den Egoismus (z.B. in Bölls *Ansichten eines Clowns* oder in Brechts *Der gute Mensch von Sezuan*) bloßstellen oder die Verantwortung des Wissenschaftlers (Brechts *Leben des Galilei*) herausstellen – ein Thema, das in Zeiten der Genforschung und der atomaren Waffen höchst brisant ist.
Der Nobelpreisträgerin Herta Müller wird vorgeworfen, ihre Werke beschrieben sehr speziell die Probleme der Deutschen im Rumänien der Nachkriegszeit. Obwohl oder weil ihre Darstellungen sehr konkret auf Zeit und Ort bezogen sind, gehören ihre Werke sicher zur „guten Literatur", dokumentieren sie doch nachhaltig begangenes Unrecht und warnen vor einer Wiederkehr.

Bei bestimmten Werken kann der Reiz darin bestehen, die Biografie des Autors (beispielsweise bei Kafka) mit in die Deutung einzubeziehen: Die Kenntnis der (nicht mehr gültigen) Lebens- und Familienumstände ist eine Hilfe, die Tiefe der Texte zu verstehen: Kafkas Konflikt mit dem als übermächtig empfundenen Vater durchzieht sein ganzes Werk. Andererseits sichert der parabelartige Charakter von Kafkas Erzählungen, der jede eindeutige Interpretation unmöglich macht, ihnen eine überzeitliche Gültigkeit.

Korrektur der Gegenthese

Wir würden diese Literatur nicht lesen, wenn sie gar nichts mit uns oder nichts mehr mit der Gegenwart zu tun hätte. In jedem guten Text steckt ein **Kern, der uns betrifft**. Es gibt anthropologische Konstanten, Themen, die zeitlos sind und daher – wenn sie gut präsentiert werden – unabhängig von ihrer Entstehungszeit reizvoll sind und für uns eine Aussage besitzen.

These: Es gibt zeitlose Themen, z. B. Liebe und Tod

Naheliegende Beispiele sind die Themenbereiche **„Liebe"** und **„Tod"**. Auch wenn die Umgangsweisen von Liebenden oder die Probleme, die sich ihnen stellen, sich im Laufe der Zeit ändern, so sind die Texte auch heute noch interessant und von Bedeutung: Goethes Briefroman *Die Leiden des jungen Werther* hat „etwas Bleibendes", denn die Gefühle eines unglücklich Verliebten sind für den heutigen Leser nachvollziehbar. Auch Werthers „Krankheit zum Tode", heute würde man Depression sagen, die ihn zum Selbstmord veranlasst, ist ein aktuelles Problem, mit dem sich die Gesellschaft befassen muss. *Emilia Galotti* von Lessing beschreibt eine Liebe, die an den Intrigen und Hindernissen der Ständegesellschaft scheitert und ebenso wie im *Werther* im Tod endet. Emilia wird zwischen der egoistischen Lust des Prinzen, den Ansprüchen ihres strengen Vaters und ihren eigenen verinnerlichten moralischen Grundsätzen zerrieben. Diese genannten Werke sind deshalb gute Literatur, weil sie eindringlicher als ein Psychologie-Lehrbuch und subtiler als ein politischer Essay die Gefühle von Menschen und die „Fehler" im gesellschaftlichen System offenlegen. Selbst wenn die Staatsordnung mittlerweile eine andere ist (die Demokratie hat das Ancien Régime aus Lessings bürgerlichem Trauerspiel abgelöst), lässt sich aus dem alten Text viel über **Macht** und **Machtmissbrauch** lernen, was nach wie vor hochaktuell ist.

Gesellschaftskritik

gute Literatur psychologisiert und differenziert

Der Leser kann sowohl im *Werther* als auch in *Emilia Galotti* erkennen, dass nicht oberflächlich ein Zustand beklagt und keine vereinfachende schwarz-weiß-Charakterisierung präsentiert wird, sondern dass komplexe

Zusammenhänge angedeutet sowie viele Facetten der menschlichen Psyche aufgezeigt werden – dies führte dazu, dass diese Werke heute als hochstehende Literatur gelten. Zudem gibt es keine Pauschallösungen, wohingegen bei trivialer Literatur die Charaktere platt gezeichnet sind und die Geschichten in einfachen Lösungen enden. Dies befriedigt für den Moment, beschäftigt den Leser aber kaum über die Lektürezeit hinaus.

Schicksal, Zufall

Auch das Thema „**Schicksal und Zufall**" zieht sich als „etwas Bleibendes" durch die Literaturgeschichte. Das antike Drama *Ödipus* zeigt am Beispiel des Ödipus, der unwissentlich seinen Vater tötet und seine Mutter heiratet, ein vergangenes Weltbild, in dem der Mensch undurchschaubaren Mächten ausgeliefert ist. In der Moderne würde man nicht die Götter dafür verantwortlich machen, sondern den Zufall. Dies ist das Thema von Max Frischs Roman *Homo faber*, in dem sich der Protagonist Walter Faber nichtsahnend in seine Tochter verliebt. Die Frage, wie weit das eigene Leben vom Zufall beeinflusst wird bzw. welchen Gestaltungsraum der Mensch hat, interessierte und interessiert Leser verschiedener Jahrhunderte. Sigmund Freud bekräftigte die Aktualität des Ödipus-Dramas, indem er unbewusste psychische Kräfte als Motoren der Handlung ausmachte. Seine Theorie vom Ödipuskomplex gründet nicht zuletzt auf der antiken Tragödie.

Familie

Wie wichtig ist mir meine **Familie**? Bin ich bereit, für meine Familie Gesetze zu übertreten? Diese Fragen kann man sich nach der Lektüre der Tragödie *Antigone* – vor über 2000 Jahren geschrieben – stellen: Gegen königliches Gebot bestattet Antigone ihren Bruder, der als Rebell und Staatsfeind gilt, was sie selbst mit dem Leben bezahlen muss. Auch hier steckt in der Handlung ein menschliches Grundproblem, das nicht veraltet, sodass uns die Lektüre zum Nachdenken anregen kann.

Recht und Gerechtigkeit

Welche Bedeutung hat für heutige Schüler die Lektüre von Kleists Novelle *Michael Kohlhaas*? Am Beispiel dieser Figur, einem Rosshändler aus der Reformationszeit, lässt sich problematisieren, ob **Selbstjustiz** erlaubt, verständlich oder verurteilenswert ist. Gerade weil die Novelle keine eindeutigen Antworten liefert, lohnt es sich, auch im 21. Jahrhundert darüber nachzudenken, was unweigerlich zu weiteren, die Menschheit seit jeher bewegenden Themen wie „**Schuld**" und „**Rache**" führt. Auch Kafkas Roman *Der Proceß* erlaubt Einblicke in dieses Themenfeld und zeigt den Einzelnen in der Auseinandersetzung mit undurchschaubaren anonymen Machtstrukturen, was jederzeit auf die Gesellschaft übertragbar ist. Kafkas verstörende Parabeln behalten ihre Brisanz, zumal wir selbst in einer unergründlichen „vernetzten" Welt leben.

Abstraktion notwendig

Um das „Bleibende" in der Literatur zu entdecken, muss man das konkrete Problem stark **abstrahieren**. Wenn man die Strukturen erkennt, die – losgelöst von der Entstehungszeit und auch von der Biografie des Autors – in dem Werk verarbeitet sind, hat die Lektüre Bedeutung für den Leser.

Sprachliche Bilder bleiben gültig

Diese Bedeutung muss nicht immer im Inhalt liegen (wie die genannten Beispiele für zeitlose Themen zeigen), sondern kann auch **sprachlicher Natur** sein. So sind einige Formulierungen, beispielsweise in Goethes Gedichten (die Wahnfantasien des Kindes im *Erlkönig*), so faszinierend, dass sie nichts von ihrer Wirkung eingebüßt haben. Zum Thema „Liebe und Tod" liefert die Kalendergeschichte *Unverhofftes Wiedersehen* von Johann Peter Hebel eine bemerkenswerte sprachliche Gestaltung: Die lange Zeit-

dauer, in der die Liebende auf den Verlobten wartet, wird durch eine Zeitraffung dargestellt, die auch 250 Jahre später den Leser bewegt.
Auch bei Herta Müller – deren Werke ja so zeitgebunden scheinen – liegt der Reiz in den sprachlichen Bildern, den ausdrucksstarken, oft rätselhaften Metaphern, die sie für die Zustände von Unterdrückung, Verfolgung, Angst gefunden hat. Sie veranschaulicht in ihrem Roman *Atemschaukel*, wie die Menschen im sowjetischen Arbeitslager unter dem Hunger leiden, indem sie einen „Hungerengel“ auftreten lässt, der den Schlaf stiehlt und Halluzinationen von Essen verursacht.

Schluss

Abschließend kann man sagen, dass die zu erörternde Aussage sehr allgemein gefasst ist. Ein Werk ohne einen bedeutenden Bezug zum Leser der Gegenwart wäre höchstens von historischem Interesse. Für die These spricht auch, dass ein Leser aus jedem Text ein zeitloses Thema herauslösen kann, das dann das „stets Gültige“ darstellt. Wenn man aber nur nach dem schaut, was heute noch von Belang ist, dann reduziert man den Text zu stark auf allgemeine Motive. Der Blick sollte in einem ausgewogenen Mittelmaß auf **beide Aspekte** gerichtet sein: auf das, was heute noch bedeutend und von überzeitlichem Wert ist, aber auch auf das, was die Lektüre darüber hinaus bereichert, wie seine Epochenzugehörigkeit oder die Biografie des Autors.

Deutsch (Baden-Württemberg): Abiturprüfung 2010
Aufgabe 4: Interpretationsaufsatz zu einem Gedicht oder Gedichtvergleich

Thema:
Rainer Maria Rilke (1875–1926): **Die Liebende** (erschienen 1906)
Volker Braun (*1939): **Hingebung** (erschienen 1974)

Die Liebende

Ja ich sehne mich nach dir. Ich gleite
mich verlierend selbst mir aus der Hand,
ohne Hoffnung, daß ich Das bestreite,
was zu mir kommt wie aus deiner Seite
ernst und unbeirrt und unverwandt.

... jene Zeiten: O wie war ich Eines,
nichts was rief und nichts was mich verriet;
meine Stille war wie eines Steines,
über den der Bach sein Murmeln zieht.

Aber jetzt in diesen Frühlingswochen
hat mich etwas langsam abgebrochen
von dem unbewußten dunkeln Jahr.
Etwas hat mein armes warmes Leben
irgendeinem in die Hand gegeben,
der nicht weiß was ich noch gestern war.

Aus: Rainer Maria Rilke: Werke, Bd. I, 1: Gedicht-Zyklen. Frankfurt a. M. 1980, S. 133f.

Hingebung

Wie der Sommer kommt!
Die Abende sind warm und lang.
Ich bin ganz ruhig. Wir sitzen im Gesträuch
Reden uns aus uns heraus.
In seinen Gedanken plötzlich
Finde ich meine.

Die Wiesen liegen in ihrem Duft
Der strömt durch uns durch.
Die Bäume stehen in seltsamen Gruppen
Wie Liebende. Sie werden ganz dunkel.
Ich küß ihn, er küßt mich vom Fuß zur Stirn
Meinen ganzen Leib
Nehm ich nun ein.

Alle Natur
Ist mit dem gleichen beschäftigt.
Das zu denken ist schön.
Ich geb mich ihm hin
Und gehör doch mir. Nach meinem Sinn
Geht nun mein Tag.

Aus: Volker Braun: Gegen die symmetrische Welt. Gedichte. Frankfurt a. M.: Suhrkamp 1974, S. 14.

Arbeitsanweisung
Interpretieren und vergleichen Sie die Gedichte.

Hinweise und Tipps

Thema: Liebeslyrik

Die Liebe ist eines der wirkungsmächtigsten Konstrukte der Menschheit. Mythen und Märchen, Romane und Erzählungen, Balladen und Lieder erzählen von ihr. In der Gattung der Lyrik ist sie eines der zentralen Themen, das über die Jahrhunderte immer wieder einen neuen Ausdruck findet.

Im Unterricht wird mit dem Thema Liebeslyrik, ausgehend von exemplarischen Liebesgedichten, häufig ein Überblick über die Epochen der deutschen Literatur verbunden, d. h. sogenanntes literaturgeschichtliches Orientierungswissen vermittelt. Dabei soll reflektiert werden, dass jeder Text in der Spannung einer doppelten Historizität steht: Er ist Zeugnis seiner Zeit, löst sich im Prozess der Rezeption jedoch von den Bedingungen seiner Entstehung und wird jedes Mal neu lebendig, wenn ein Leser ihn unter den für ihn geltenden Voraussetzungen zu verstehen versucht. Verstehen ist in diesem Sinn ein aktiver und dialogischer Prozess, in dem der Leser den Text ernst nimmt, ihn genau liest, seine Hintergründe, Produktionsvoraussetzungen, historische Gebundenheit berücksichtigt, aber zugleich auch über sich selbst, seine Lebenswelt, seine Verstehensbemühungen und -probleme nachdenkt.

In engem Zusammenhang mit der Geschichte der Literatur steht die sogenannte Mentalitätsgeschichte: Was denken, fühlen, erleben, erhoffen sich Menschen zu einer bestimmten Zeit? Welche Bilder von Mann und Frau, vom Wesen und den Formen der Liebe, vom Individuum und der Gemeinschaft prägen das Leben, die Kunst, die Literatur? Solche Fragen können Ihnen bei der Erschließung von Liebesgedichten weiterhelfen.

Überprüfen Sie bei den Liebesgedichten, die Ihnen in einer Klausur vorgelegt werden, jedoch immer, ob und inwieweit eine literaturgeschichtliche Einordnung der Texte zu deren Verständnis beitragen kann, und gehen Sie auf keinen Fall den Weg der Deduktion, also vom Wissen über die Epoche zum Text. Ausgangspunkt ist immer der Text.

Aufgabentyp Gedichtvergleich

Beim Aufgabentyp „Gedichtvergleich" im Themenbereich „Liebeslyrik vom Barock bis zur Gegenwart" werden Ihnen zwei Texte vorgelegt, die Sie im Hinblick auf **Gemeinsamkeiten und Unterschiede** analysieren und deuten sollen. Dabei müssen Sie herausarbeiten, wie das Thema Liebe in den unterschiedlichen Gedichten entfaltet wird.

Achten Sie darauf, dass Sie jedes Gedicht zunächst für sich wirken lassen und **erste Verstehenshypothesen** bilden. Ein zu schneller Vergleich verstellt den Blick auf die Eigenart der Texte und birgt die Gefahr einer Fehlinterpretation.

Versuchen Sie, die Texte sehr genau wahrzunehmen, und visualisieren Sie alles, was Ihnen auffällt, indem Sie farbige Markierungen und Unterstreichungen anbringen, mit Pfeilen und Linien Verbindungen, z. B. zwischen Schlüsselbegriffen, herstellen und grafische Symbole an den Rand zeichnen. Beachten Sie nicht nur Semantik und Bildlichkeit der Sprache, sondern auch klangliche Phänomene (Reim, Alliterationen, Assonanzen usw.). Die Vorstellung, wie die Texte gesprochen werden könnten, hilft Ihnen dabei.

Die Aufgabenformulierung *Interpretieren und vergleichen Sie* lässt Ihnen einen **methodischen Spielraum**, den Sie nutzen sollten. Arbeiten Sie aber auch hier zielorientiert, z. B. indem Sie vorab einen **Schreibplan** erstellen.

Bei Gedichtinterpretationen wird von Ihnen erwartet, dass Sie über fachspezifische und methodische Kenntnisse und Fertigkeiten verfügen und dabei eine angemessene Fachsprache anwenden. Achten Sie darauf, die verwendeten **Fachtermini funktional für die Deutung** der Texte zu **nutzen**, d. h. Inhalt, Sprache und Struktur aufeinander zu beziehen. Die isolierte Aufzählung von im Text vorkommenden Stilmitteln stellt noch keine Interpretationsleistung dar.

Lösungsvorschlag in Grundzügen

Einleitung

Die Kunst des Liebens ist der Titel eines wichtigen Werks des Philosophen und Psychologen Erich Fromm. In der Vereinigung mit anderen Menschen, so Fromms These, kann der Einzelne die Zufälligkeit und Einsamkeit seiner Existenz überwinden und letztlich seelisch gesund bleiben. Die höchste Erfüllung findet der Mensch in der Liebe. Sie „lässt ihn das Gefühl von Isolation und Getrenntsein überwinden, erlaubt ihm aber, sich selbst treu zu bleiben und seine Integrität, sein So-Sein zu bewahren. In der Liebe ereignet sich das Paradox, dass zwei Wesen eins werden und doch zwei bleiben." (Fromm, Erich: Die Kunst des Liebens, Ullstein 1977) Von dieser Erfahrung sprechen auf unterschiedliche Weise auch die beiden Gedichte *Die Liebende* von Rainer Maria Rilke und *Hingebung* von Volker Braun.

Rainer Maria Rilke: Die Liebende

Rainer Maria Rilke, der als bedeutender deutscher Lyriker des frühen 20. Jahrhunderts gilt, lässt in seinem Gedicht aus dem Jahre 1906 ein **weibliches lyrisches Ich** zu Wort kommen. „Die Liebende", Sprecherin des Gedichts, beschreibt eine Erfahrung, die ihr Lebensgefühl grundlegend verändert: Die unabweisbare Sehnsucht nach einem geliebten Du birgt die Gefahr des Selbstverlusts, eröffnet aber gleichzeitig die Chance zum Aufbruch in ein neues Leben.

Aufbau des Gedichts

Form: fiktiver Monolog, Hinwendung zu einem Du

In drei Strophen von ungleicher Länge (5 Verse, 4 Verse, 6 Verse) und mit unterschiedlichen Reimschemata (abaab, cdcd, eefggf) entfaltet sich ein **fiktiver Monolog** des lyrischen Ichs. Gleich zum Auftakt des Gedichts wendet sich die Sprecherin an ein nirgendwo näher bestimmtes Du, das sie vermisst: „Ja ich sehne mich nach dir." (V. 1) Das bestätigende „Ja" verweist darauf, dass sie schon länger mit sich selbst im Gespräch ist und ihre Lage zu klären versucht, indem sie in einer Art Selbstvergewisserung ihre **Sehnsucht** als nicht mehr abzustreitende Tatsache anerkennt.

1. Strophe: Sehnsucht nach dem Du, Gefahr des Selbstverlusts

Diese Sehnsucht ist mit der **Angst vor Kontrollverlust** und mit Unsicherheit verbunden. Sie wirft das Ich auf sich selbst zurück (s. die reflexiven Verben *sich sehnen* [„Ich sehne mich", V. 1] und *sich verlieren* [„mich verlierend", V. 2]) und birgt zugleich die Gefahr des Selbstverlusts, die im Bild des Sich-aus-der-Hand-Gleitens deutlich wird. Schlussendlich führt die Sehnsucht das lyrische Ich zu der Erkenntnis, dass es der starken **Anziehungskraft des Geliebten** nicht entkommen kann. Es ist ein unbestimmtes Etwas („was zu mir kommt wie aus deiner Seite", V. 4), das sich nicht leugnen lässt („ohne Hoffnung, dass ich Das bestreite", V. 3), und es wird von der Liebenden als „ernst und unbeirrt und unverwandt" (V. 5) wahrgenommen, ohne dass sie in der Lage ist, es genauer zu fassen oder gar konkret zu benennen.

2. Strophe: Erinnerung an die verlorene Einheit mit sich selbst

In der **Vergangenheit** war dies anders: „... jene Zeiten: O wie war ich Eines" (V. 6). Der Ausruf „O" klingt wie eine Klage, aus der die Sehnsucht nach der verlorenen Einheit mit sich selbst spricht. Diese weit zurückliegende Existenzweise war jedoch auch durch Mangel gekennzeichnet: Die zweifache Negation – „nichts was rief und nichts was mich verriet" (V. 7) – und die Prädikate „rufen" und „verraten" weisen darauf hin, dass das Ich früher in einer Situation der **Beziehungslosigkeit** gelebt hat. Verstärkt wird dieser Eindruck durch den Hinweis auf die nun ebenfalls der Vergangenheit angehörende „Stille" (V. 8) des lyrischen Ichs, die mit dem Bild des „Steines, / über den der Bach sein Murmeln zieht" (V. 8f.) zum Ausdruck gebracht wird. Die Übereinstimmung mit sich selbst, das „Eines"-Sein hatte einen hohen Preis: Bewegungslosigkeit, Isolation, Kälte, ja vielleicht Versteinerung oder Depression.

3. Strophe: veränderter Zustand in der Gegenwart

Vergangenheit und Gegenwart werden in der **dritten Strophe** zusammengeführt. Mit der Konjunktion „aber" setzt das lyrische Ich ein Signal, dass sich inzwischen alles verändert hat: „Aber jetzt in diesen Frühlingswochen / hat mich etwas langsam abgebrochen / von dem unbewußten dunkeln Jahr." (V. 10–12) Aus dem Gefühl, sich selbst aus der Hand zu gleiten (V. 1f.), ist die **Sicherheit** geworden, einem anderen „in die Hand gegeben" (V. 14) zu sein. Wie schon in der ersten und zweiten Strophe wird die Beziehung zum Geliebten jedoch nicht näher beschrieben. Es ist ein zweimal genanntes unbestimmtes „Etwas" (V. 11 und 13), das bei der Liebenden jetzt im Frühling, der Jahreszeit des Aufbruchs und des Aufblühens, eine Entwicklung in Gang setzt, die es offensichtlich selbst noch nicht erklären und fassen kann. Der **Geliebte** selbst, wer auch immer es sein mag, bleibt **namenlos**, ja erscheint geradezu beliebig, auswechselbar, worauf das Indefinitpronomen „irgendeinem" (V. 14) verweist, und er weiß wenig von der Liebenden und ihrer Vergangenheit (V. 15).

Vorstellung von Liebe im Gedicht

Das Gedicht entwirft eine Vorstellung von **Liebe**, die trotz Sehnsucht nach dem Du sehr **ichbezogen und monologisch** bleibt. Dies zeigt sich formal in der Dominanz von Personal- und Possessivpronomina in der 1. Person Singular (zwölf Mal) gegenüber lediglich zweimaligem Vorkommen der 2. Person in der ersten Strophe (V. 1 „dir", V. 4 „deiner"). In der letzten und längsten Strophe schließlich gibt es überhaupt kein Du, keinen Ansprechpartner mehr, es ist nur noch von „etwas" und „irgendeinem" die Rede.

kritische Fragen an den Text

Rainer Maria Rilke ist ein großer Lyriker, dem die deutsche Literatur wunderbare Sprachkunstwerke wie z. B. *Der Panther* und *Herbsttag* verdankt, die man noch heute in jeder Gedichtanthologie und jedem Lesebuch findet. Im vorliegenden Gedicht stellt sich der Leser jedoch einige kritische Fragen:

Welche Bedeutung haben die Bilder des Gedichts? In der ersten Strophe spricht das lyrische Ich von etwas „was zu mir kommt wie aus deiner Seite" (V. 4) und löst damit **Assoziationen zum biblischen Schöpfungsmythos** aus: Eva wird aus Adams Rippe, also aus seiner Seite, geschnitten. Dieser Deutungsversuch, der an der Idee der ursprünglichen Einheit von Mann und Frau ansetzt, führt jedoch nicht weiter. Für das lyrische Ich ist es nicht einmal sicher, dass die wahrgenommenen starken Gefühle tatsächlich vom geliebten Du ausgehen, es ist ein „als ob", sonst wäre der Vergleichspartikel „wie" nicht nötig.

Auch in der zweiten Strophe wird in einem Parallelismus ein **Vergleich** gezogen: „meine Stille war wie eines Steines". Soll dieser Verstoß gegen die Regeln der Grammatik – korrekt wäre: meine Stille war wie die eines Steines – als Stilmittel gedeutet werden? Welche Funktion hat es dann? Die **Metapher des Abbrechens**, die in Strophe 3 den Gegensatz von Vergangenheit und Gegenwart verdeutlichen soll, verdankt sich wohl dem Zwang zum Reim (Frühlingswochen – abgebrochen). Ihr Sinn ist schwer zu erschließen: Wie kann ein Mensch von einer Zeitspanne „langsam abgebrochen" (V. 11) werden? Auch der semantische Gegensatz des adverbial gebrauchten Adjektivs „langsam", das auf eine eher bedächtige Entwicklung verweist, und des Verbs „abbrechen", zu dessen Bedeutungsmerkmalen die Schnelligkeit und Abruptheit einer oft aggressiven Handlung gehört, bleibt rätselhaft.

Primat der Form?

Der etwas banal klingende Binnenreim in Vers 13 – „mein armes warmes Leben" – wirft die Frage auf, was am Leben der Sprecherin denn so arm ist. Auch hier kommt der Verdacht auf, dass dem Streben nach Form Priorität eingeräumt wurde.

Schließlich stellen sich beim Leser des 21. Jahrhunderts auch Zweifel ein, ob der männliche Verfasser des Gedichts sich in ein weibliches lyrisches Ich eindenken und einfühlen konnte. Die Konstruktionen von Weiblichkeit und von Liebe aus der Sicht der Frau erscheinen zumindest aus heutiger Sicht sehr von männlicher Selbstbezüglichkeit und Dominanz geprägt.

Volker Braun: Hingebung

Eine ganz andere Vorstellung von Liebe zeigt sich in Volker Brauns Gedicht *Hingebung* von 1974. Auch hier lässt ein männlicher Dichter ein **weibliches lyrisches Ich** sprechen. In drei reimlosen, unterschiedlich langen Strophen, deren Verse ohne Metrum sich rhythmisch der Prosa nähern, wird aus der Perspektive einer Frau ein **Liebeserlebnis** geschildert, das seinen Höhepunkt in der sexuellen Vereinigung der beiden Liebenden findet.

1. Strophe: harmonisches Zusammensein von Mann und Frau in der Natur

Die Zweisamkeit der beiden Personen, von denen man nicht erfährt, ob sie bereits länger ein Paar sind, ist **in die Natur eingebettet:** „Wie der Sommer kommt! / Die Abende sind warm und lang." Der freudige Ausruf (V. 1) und die Schilderung einer allseits bekannten Situation (V. 2) nehmen den Leser mit ins Geschehen und lassen ihn von Beginn an am Erlebnis dieser Begegnung teilhaben.

Das Zusammensein der beiden ist vor dem Hintergrund des sommerlichen Abends zunächst ganz unspektakulär und alltäglich („Ich bin ganz ruhig.", V. 3). Sie finden sich zusammen, um zu reden, sich mitzuteilen, was sie denken und erleben („Wir sitzen im Gesträuch / Reden uns aus uns heraus.", V. 3 f.). Die Frau entdeckt dabei eine große geistige **Übereinstimmung mit dem Mann:** „In seinen Gedanken plötzlich / Finde ich meine." (V. 5 f.)

2. Strophe: gegenseitige Liebesbezeugungen

Auch in der zweiten Strophe spielt die **sommerliche Natur** eine große Rolle. Sie ist nicht nur das Szenario für die Vereinigung von Ich und Du im Wir (vgl. V. 8, Personalpronomen „uns"), nicht nur Raum für sinnliches Erleben („Die Wiesen liegen in ihrem Duft / Der strömt durch uns durch.", V. 7 f.), sondern auch **Projektionsfläche für die Gefühlslage** des lyrischen Ichs: „Die Bäume stehen in seltsamen Gruppen / Wie Liebende" (V. 9 f.). Aber erst in der Dunkelheit (V. 10: „Sie werden ganz dunkel.") werden die Frau und der Mann ein Paar und küssen sich. Auch wenn die Frau dabei den ersten Schritt macht („Ich küß ihn", V. 11) und der Mann mit einem Sturm der Zärtlichkeit antwortet („er küßt mich vom Fuß zur Stirn", V. 11), entsteht daraus weder von ihrer noch von seiner Seite irgendein Dominanz- oder Führungsanspruch, sondern ein **auf Gegenseitigkeit beruhendes Liebesspiel**, das bei der Liebenden mit dem Gefühl höchster Selbsterfüllung verbunden ist. Die liebevolle Wahrnehmung durch den anderen führt zu einer **gesteigerten Wahrnehmung der eigenen Person:** „Meinen ganzen Leib / Nehm ich nun ein." (V. 12f.)

3. Strophe: Hingebung ohne Selbstaufgabe

Der Blick der Liebenden weitet sich in der dritten Strophe auf die ganze Natur („Alle Natur", V. 14) aus, die „mit dem gleichen beschäftigt" (V. 15) ist, eine Entdeckung, die sie mit Glück erfüllt: „Das zu denken ist schön." (V. 16).

Die **sexuelle Hingabe** an den Geliebten ist nicht nur ein bewusster und selbstbestimmter Akt der Liebenden („Ich geb mich ihm hin / Und gehör doch mir"), sie ordnet sich auch in kosmische Zusammenhänge ein und gibt der Sprecherin des Gedichts von daher Sicherheit.

Der Akt der „Hingebung", der dem Gedicht den Titel gibt, bedeutet für die Sprecherin nicht den Verlust der Eigenständigkeit, nicht Selbstaufgabe, sondern **Selbstvergewisserung in der Begegnung mit dem Du:** „Nach meinem Sinn / Geht nun mein Tag." (V. 18f.) Die Liebe ist Erweiterung und Bestärkung der Individualität und weist über die Gegenwart hinaus.

Vergleich der beiden Gedichte

In **Volker Brauns Gedicht** *Hingebung* wird konkret geschildert, was Erich Fromm als Paradox der Liebe bezeichnet: Zwei Wesen werden eins und bleiben doch zwei.
Das Gedicht kommt ohne Reim und Metrum aus, die Sätze sind parataktisch, die Wortwahl ist einfach, oft alltagssprachlich. Und dennoch wirkt das Gedicht poetisch: Naturbilder, Vergleiche, eindrückliche Wiederholungen, aber auch eine Rhythmisierung der Sätze durch bewusst gesetzte Zeilenumbrüche, die sinntragende Wörter akzentuieren, heben den Text über die Alltagssprache hinaus und „verdichten" seine Aussage.

Rainer Maria Rilkes Gedicht ist stärker strukturiert und weist viele Merkmale lyrischen Sprechens auf (Metrum, Reim, Binnenreim, Assonanzen, Metaphern, Antithese). Es entwirft, sicherlich auch **zeitbedingt**, ein ganz **anderes Bild von Liebe**. Die Sehnsucht des lyrischen Ichs nach dem Du löst zwar seine Einsamkeit und Abkapselung ab, birgt aber zugleich die Gefahr des Selbstverlusts. Nicht von Liebe, geistiger und körperlicher Begegnung, Verständnis füreinander, gegenseitiger Hingabe ist hier die Rede, sondern von einer undefinierbaren Macht, einem Etwas, das das lyrische Ich einer ebenso unbestimmten Person („irgendeinem", V. 14) überantwortet.

Die Sprecherin in Volker Brauns Gedicht ist eine moderne, kommunikative, selbst denkende und auch in der Liebe aktiv handelnde Frau; Rilkes lyrisches Ich bleibt dagegen einem traditionellen Rollenverständnis verhaftet, das der Frau Passivität und Hingabe zuschreibt. Ein Austauschen der beiden Titel könnte man sich deshalb gut vorstellen.

Deutsch (Baden-Württemberg): Abiturprüfung 2010
Aufgabe 5: Analyse und Erörterung nicht fiktionaler Texte (auch mit gestalterischer Teilaufgabe) – Schwerpunkt: Erörterung

Thema: Detlef Esslinger: Ein rasend flüchtiges Gut

Es ist dies ein überaus seltsames Gut. Kaufen kann man es nirgendwo. Aber eine Redewendung lautet, dass man es geschenkt bekommen kann. Fast alle Menschen besitzen es; aber ohne es zu merken. Dass es da war, registrieren sie erst, wenn sie es einmal verloren haben. Und es handelt sich möglicherweise um die einzige Ressource auf der Welt, die sich durch ihren Gebrauch vermehrt – und durch Nicht-Gebrauch reduziert.

Ohne Vertrauen geht gar nichts. Annette Baier, die neuseeländische Moralphilosophin, die die längste Zeit ihres Lebens an der Universität Pittsburgh lehrte, hat dafür einen passenden Vergleich gefunden. „Wir bewohnen ein Klima des Vertrauens, so wie wir in der Atmosphäre leben", sagt Baier. „Wir nehmen es wahr wie die Luft, nämlich erst dann, wenn es knapp wird oder verschmutzt ist."

Der Vergleich ist deshalb so geeignet, weil in ihm zweierlei zum Ausdruck kommt: das Unverzichtbare und das Unmerkliche. Unverzichtbar ist Vertrauen, weil niemand in der Lage ist, sein Leben nur auf sich gestellt zu führen. Wir bewohnen Häuser, die andere für uns gebaut haben. Wir setzen uns in die U-Bahn in der selbstverständlichen Erwartung, auf diese Weise in zwei Minuten vom Stachus zum Odeonsplatz gebracht zu werden. Wir essen das Fleisch von Tieren, die andere für uns erst gezüchtet und dann geschlachtet haben.

Unmerklich ist das Vertrauen, weil es selbstverständlich geschenkt wird. Wer verschwendet vor dem Einzug schon einen Gedanken darauf, ob durch die Wasserleitung tatsächlich Wasser fließt und nicht Gas? Wer erwägt schon, sich lieber fern zu halten von dem Menschen, der neben einem auf die U-Bahn wartet; weil es doch sein könnte, dass er einen gleich auf die Gleise schubst? Vertrauen heißt, Zweifel gar nicht erst zuzulassen – damit wir uns in der Welt überhaupt aufhalten können. Permanente und unbestimmte Angst sowie ein im Wortsinn lähmendes Entsetzen würden unsere Tage prägen, wären wir nicht mit Vertrauen ausgerüstet. Wir *wissen* nicht, dass die Kuh, deren Fleisch wir auf dem Teller haben, kein BSE hatte. Als Nicht-Bauern und Nicht-Veterinäre können wir das gar nicht wissen. Vertrauen ist eine eigenartige Überzeugung, sagt der Soziologe Diego Gambetta aus Oxford – eine Überzeugung, „die nicht auf Beweisen, sondern auf einem Mangel an Gegenbeweisen gründet." Also beißen wir rein. […]

Ohne Vertrauen geht nichts, aber Vertrauen alleine kann auch keine Grundlage sein. Es gibt mehrere Varianten des Vertrauens. Da schenkt einer Vertrauen, weil er beim anderen seit langem eine Übereinstimmung zwischen dessen Worten und Taten feststellt. […] Darüber hinaus gibt es das Vertrauen, dem man sich mehr oder weniger ausliefern muss. In einer technisierten und spezialisierten Welt mag jeder Mensch Fachmann auf einem oder zwei Gebieten sein. Heißt aber zugleich: Auf 734 anderen Gebieten ist er es nicht. Keiner kann alles können. Also benutzt er diese Hängebrücke. Wird schon tragen. Also bringt er seinen alten Computer zum Wertstoffhof. Wird schon sauber recycelt werden.

Es gibt noch eine weitere Variante des Vertrauens. Sie ist möglicherweise ursächlich für die Krise, in die die Weltwirtschaft geraten ist, oder auch die Welt als solche, um es leicht pathetisch auszudrücken. Gemeint ist: das blinde Vertrauen. Diktatoren und Gangsterchefs verlangen von ihren Untertanen diese Form von Blindheit – dass die ihnen zu Willen sind, ohne nachzudenken. […]

Vertrauen bedeutet, anderen die Gelegenheit zur Verletzung einzuräumen. „Aber sogleich zeigt man sich zuversichtlich, dass sie diese Gelegenheit nicht nutzen werden", sagt Moralphilosophin Baier. Weil man einander kennt, weil der jeweils andere ähnliche Interessen hat wie man selbst, weil es immer noch ein nächstes Mal gibt. Blindes Vertrauen hingegen bedeutet, andere zum Betrug einzuladen, oder sich zum Selbstbetrug.

Vertrauen ist durch nichts in der Welt zu ersetzen, daran führt keine Erkenntnis vorbei. Generationen von Philosophen, Diktatoren und Kaufleuten haben nach Alternativen gesucht, aber keine gefunden. Zwang? Beruht darauf, dass man wenigstens denjenigen vertrauen kann, die für einen die Zwangshandlungen ausüben. Versprechen? Sie unterstellen, dass dem anderen mein weiteres Vertrauen in ihn wichtig ist. Verträge? Sie vertrauen darauf, dass der andere im Zweifel in der Lage sein wird, einen von ihm angerichteten Schaden zu ersetzen.

Wie man es auch dreht und wendet: Am Ende landet man doch wieder beim Vertrauen. Alle Alternativen sind in Wahrheit wenig mehr als Ergänzungen. Es kommt also darauf an, das gesunde vom blinden Vertrauen zu unterscheiden. Das eine hilft uns in der Welt, das andere ist ziemlich oft gemeingefährlich.

Aus: Süddeutsche Zeitung vom 22. Dezember 2008, S. 30.

Worterklärung

Z. 15: Stachus: Karlsplatz in München

Arbeitsanweisungen

– Arbeiten Sie die Kernaussagen des Textauszugs heraus.

Wählen Sie **eine** der folgenden beiden Arbeitsanweisungen:

– Erörtern Sie, von den Ausführungen des Autors ausgehend, Möglichkeiten und Grenzen von Vertrauen in der heutigen Zeit.

oder

– Gehen Sie von folgender Annahme aus:
Die SMV Ihrer Schule veranstaltet für Schülerinnen und Schüler der Kursstufe einen Diskussionsabend, überschrieben mit „Probleme unserer modernen Welt".
Verfassen Sie eine Rede zum Thema „Vertrauen – ein Wert auf dem Prüfstand".

Maßgeblich für die Beurteilung des Aufsatzes ist das Ganze der erbrachten Leistung. Der Schwerpunkt liegt auf der zweiten Teilaufgabe.

Hinweise und Tipps

Teilaufgabe 1

Diese Aufgabe dient zunächst der Textsicherung. Sie soll aber auch eine Argumentationsgrundlage und einen kritischen Bezugspunkt für die Erörterung bereitstellen, auf der dann der Schwerpunkt liegen soll. Verlangt ist keine ausführliche Textanalyse, wohl aber die Kernaussagen herauszuarbeiten. Das bedeutet: Sie müssen sich auf das Wesentliche beschränken. Die wesentlichen Thesen sollten *klar und eigenständig formuliert* werden, wobei Sie auf zentrale Formulierungen des Textes zitierend zurückgreifen können. Der *argumentative Zusammenhang* der Thesen sollte deutlich werden, d. h., es muss der Aufbau der Argumentation nachvollziehbar sein und es sollte auch formuliert werden, welche Sprechakte im Text vollzogen werden („erläutert", „fordert", „belegt am Beispiel von …" usw.). Dazu können Sie, auch wenn keine ausführliche Analyse der sprachlichen Form verlangt ist, die *Sprache heranziehen*; in diesem Text arbeitet der Autor beispielsweise immer wieder mit umgangssprachlichen Formulierungen, um seiner These von der alltäglichen Selbstverständlichkeit des Vertrauens Nachdruck zu verleihen.

Um den argumentativen Status des Gesamttextes zu klären, ist ein Blick auf die *Textsorte* hilfreich: Ist es ein eher informierender Text? Eine polemische Stellungnahme in einem bestimmten Diskussionskontext? Ein reflektierender oder auch utopischer Text des Feuilletons? Eventuell helfen auch *Erscheinungsort und -zeitpunkt* weiter. Dass der vorliegende Text kurz vor Weihnachten erschienen ist, kann man so lesen, dass es hier weniger um eine aktuelle Debatte geht als vielmehr um eine allgemeine Besinnung, es handelt sich um einen philosophischen Essay.

Ansonsten gelten natürlich die *Sprachnormen der Inhaltsangabe*: sachlicher Stil, Herstellen von Zusammenhängen durch geeignete Konjunktionen, begriffliche Zusammenfassung von Gedankengängen, Verwendung von Präsens/Perfekt und indirekter Rede.

Detlev Esslinger, Jahrgang 1964, hat Volkswirtschaft studiert und ist seit 1991 Redakteur bei der Süddeutschen Zeitung. Er leitet das Ressort Medien. Eine wirtschaftliche oder medienspezifische Zuspitzung des Themas ist jedoch nicht erkennbar.

Teilaufgabe 2

Da der Schwerpunkt auf dieser Teilaufgabe liegt, sollte sie natürlich auch den größeren Textumfang bei der Bearbeitung aufweisen. Es stehen, wie häufig, zwei Alternativen zur Wahl: ein Erörterungsaufsatz oder eine gestaltende Aufgabe, hier eine Rede. Am Beginn muss immer eine genaue Analyse der Aufgabenstellung stehen.

Die **Erörterung** von „Möglichkeiten und Grenzen von Vertrauen in der heutigen Zeit" lässt sehr viele Freiheiten. Sie soll „von den Ausführungen des Autors ausgehen[ ]". Das bietet in diesem Falle jedoch keine konkrete Leitlinie, zielt der Text doch sehr allgemein auf die Unumgänglichkeit von Vertrauen in menschlichen Beziehungen ab. Er bietet mit der Absage an das „blinde Vertrauen" nur eine sehr vage Eingrenzung und bleibt im Fazit recht pauschal. Die Gefahr besteht hier, den Text wegen seiner Allgemeinheit nicht zu problematisieren und ihn lediglich zu illustrieren. Man sollte daher auf zwei Dinge achten: eine *klare Problematisierung* des Textes und – wie immer beim Erörterungsaufsatz – die deutliche *Formulierung einer erkenntnisleitenden Fragestellung*. Die Problematisierung könnte beispielsweise bei der Allgemeinheit der Überlegungen einhaken und auf Präzisierung abheben. Sie könnte die behauptete Selbstverständlichkeit des Vertrauens infrage stellen und die Notwendigkeit einer Bemühung um Vertrauen untersuchen. Sie könnte nach den Voraussetzungen von Vertrauen fragen und von da aus auch mögliche Grenzen des Vertrauens jenseits des genannten blinden Vertrauens ausloten. Sie könnte Vertrauen zu Einzelpersonen von Vertrauen zu Gruppen oder Institutionen unterscheiden und nach den Differenzen fragen etc. Wichtiger noch als sonst ist in diesem Falle eine *eigenständige Begriffsbestimmung*, um überhaupt eine Basis für eine kritische Auseinandersetzung zu gewinnen. Dies ist im Falle eines philosophisch durchaus anspruchsvollen Begriffs wie „Vertrauen" keine ganz einfache Aufgabe, der im Lösungsvorschlag einiger Raum gegeben wird. Die erkenntnisleitende Fragestellung sollte dann an einigen aktuellen Beispielfeldern erläutert werden. Die Auswahl sollte einschlägig sein und in der Abfolge einen roten Faden erkennen lassen. Durch die Aufgabenstellung wird nahegelegt, zunächst die Möglichkeiten des Vertrauens zu erläutern und diese dann einzugrenzen. Die Frage, ob dies eine lineare oder eine dialektische Erörterung ist, ist in diesem Falle nicht ohne Weiteres zu beantworten: Je nach erkenntnisleitender Fragestellung ist beides möglich. Es zeigt sich an diesem Thema deutlich, dass wichtiger als ein abstrakter Formalismus die Ergiebigkeit der Ausführungen ist. Im Lösungsvorschlag wird eine Struktur gewählt, die sich dem Essay nähert und vom privaten in den öffentlichen Bereich übergeht. Nicht zuletzt ist wichtig, am Ende auf die Fragestellung zurückzukommen und das Fazit auf sie hin zu formulieren.

Die zweite Alternative, die **gestaltende Aufgabe**, lässt mehr Freiheiten bei der Zuspitzung zu. Inhaltlich ist die Fragestellung ähnlich offen gehalten wie in der Erörterung, sodass sich hier keine wesentlichen inhaltlichen Divergenzen ergeben. Wichtig ist die Beachtung der Kommunikationssituation. Reden sind Gattungen der Mündlichkeit, verlangen also eine etwas weniger kondensierte Formulierung, einen bewussten Einsatz rhetorischer Mittel, sprechende Beispiele und vor allem auch eine deutliche Hörerführung mit klarem Ohröffner und bündigem Fazit. Sie erlauben eine subjektivere Schwerpunktsetzung und auch einen deutlichen Appell – wenn man zu diesem Thema denn einen hat.

Lösungsvorschlag in Grundzügen

Einleitung mit Andeutung einer möglichen Problematisierung

„Vertrauen ist gut, Kontrolle ist besser." Wenn dieser – Lenin wohl nicht ganz zu Recht zugeschriebene – Satz fällt, dann kann man sich häufig des Eindrucks nicht erwehren, mit dem ach so guten Vertrauen könne es nicht weit her sein. Ja, ist Vertrauen nicht ein schönes Ideal, dem im echten Leben enge Grenzen gesetzt sind – außer vielleicht bei einigen naiven, leichtgläubigen Idealisten?

Teilaufgabe 1: Herausarbeiten der Kernaussagen des Textes
argumentative Stoßrichtung des Textes, Definition von Vertrauen unter Berücksichtigung der sprachlichen Form

„Ein rasend flüchtiges Gut" überschreibt Detlev Esslinger seinen Artikel über die grundlegende Bedeutung des Vertrauens und über seine Grenzen, der kurz vor Weihnachten 2008 in der Süddeutschen Zeitung erschienen ist. Auch wenn die Überschrift skeptisch klingt, Esslingers Antwort ist optimistisch. Nachdem er in einer spannungserzeugenden Einleitung einige paradoxale Aspekte des Vertrauens aufgeführt hat, formuliert Esslinger die zentrale These, **Vertrauen** sei für das menschliche Zusammenleben eine unverzichtbare **Grundvoraussetzung:** „Ohne Vertrauen geht gar nichts." (Z. 6) Mit der umgangssprachlichen Formulierung wie auch dem zitierten Vergleich des Vertrauens mit der „Atmosphäre" (Z. 9) stellt er zwei Aspekte des Vertrauens heraus. Zum einen wird die Unverzichtbarkeit des Vertrauens betont und mit Beispielen aus einer arbeitsteiligen Gesellschaft erläutert. Zum anderen sei Vertrauen „selbstverständlich" (Z. 18), denn es bestehe darin, Zweifel erst gar nicht aufkommen zu lassen; dies belegt Esslinger ex negativo durch Beispiele, die zeigen sollen, dass Zweifel als eine Grundhaltung weder gelebt werden könne noch durchzuhalten sei.

Abgrenzung gegen Entartungsformen und Fazit

Diese fundamentale Bedeutung des Vertrauens wird nun differenziert und eingegrenzt. Esslinger unterscheidet zunächst Vertrauen aufgrund persönlicher Erfahrung von einem Zwang zum Vertrauen, der sich aus den Grenzen der je eigenen Fähigkeiten in einer spezialisierten Gesellschaft ergebe. Vollends ins Negative schlage das „**blinde Vertrauen**" (Z. 40) um. Es liefere sich anderen – „Diktatoren und Gangsterchefs" werden plakativ genannt (Z. 40 f.) – kritiklos aus und mache sich damit **verletzlich**. Dennoch betont Esslinger, dass das Vertrauen unhintergehbar bleibe, weil mögliche Alternativen wie „Zwang“, „Versprechen“ oder „Verträge“ (Z. 50 ff.) letztlich wiederum vom Vertrauen in das Gegenüber oder zumindest in Erfüllungsgehilfen ermöglicht würden. Es komme, resümiert Esslinger, auf die Urteilskraft an, „das gesunde vom blinden Vertrauen zu unterscheiden.“ (Z. 57)

Teilaufgabe 2: erste Alternative: Erörterung
Überleitung und Formulierung einer erkenntnisleitenden Fragestellung

Damit bringt Esslinger eine ganze Reihe grundlegender Überlegungen zur Sprache. Im Ganzen indes erscheint seine Argumentation ein wenig holzschnittartig, sein Fazit bleibt entsprechend vage. Vor allem stellt sich die Frage, inwiefern Vertrauen „unverzichtbar“ und „selbstverständlich“ (Z. 12, 18) oder inwiefern es nicht vielmehr ein Ideal menschlicher Beziehungen ist, das immer wieder gepflegt, vielleicht auch bewusst kontrolliert werden muss. Dazu ist zunächst einmal ein genauerer Blick auf den Begriff des Vertrauens notwendig, der insbesondere seine Voraussetzungen klärt. Davon ausgehend lassen sich dann exemplarisch die Möglichkeiten und Grenzen von Vertrauen in der Familie, in der Schule sowie im wirtschaftlichen und politischen Bereich konkretisieren.

Begriff des Vertrauens
Anknüpfung beim Sprachgebrauch

Vertrauen ist ein **vielschichtiger Begriff**. Eine erste Annäherung ermöglicht das Wort selbst. In Vertrauen steckt „trauen“: jemandem nahe sein und sich ihm öffnen wie bei angetrauten Ehepartnern; auch sich etwas trauen, ein Wagnis eingehen; dies bedeutet wiederum, die Situation einschätzen zu können, aber auch über sie im Ungewissen zu sein; und das heißt schließlich auch, sich das Wagnis zuzutrauen, Mut, Selbstvertrauen zu haben.

Vertrauen als Grundlage von sozialen Beziehungen

Vertrauen ist eine **Grundhaltung des sozialen Wesens Mensch**. Vertrauen setze ich in jemanden und habe damit gleichsam einen Ankerpunkt im Gegenüber. Ich kann ihm dann etwas anvertrauen, weil ich erwarte, dass es in seiner Obhut gut aufgehoben ist. Ich kann dann vor allem mich ihm anvertrauen – zunächst in dem wörtlichen Sinne, dass ich ihn ins Vertrauen ziehe, mich ihm öffne und ihm etwas mitteile und dabei auf sein Verständnis, sein Entgegenkommen, nicht zuletzt oft auch seine Diskretion zähle, weiter aber auch in dem übertragenen Sinne, dass ich mich ihm öffne für eine Beziehung mit ihm. Vertrauen ist grundlegend für menschliche Beziehungen, es ist in diesem Sinne, wie auch Esslinger zu Recht herausstellt, unverzichtbar. Wenn Thomas Hobbes von einem grundlegenden Gegeneinander ausgeht, das in einem Gesellschaftsvertrag aufgehoben wird, dann muss man immer schon ein Vertrauen in diesen Vertrag unterstellen.

Offenheit als Definiens und ihre Implikationen

Diese Offenheit setzt einige **Bedingungen** voraus. Basis des Vertrauens sind nicht nur gemeinsame Interessen, wie Esslinger sagt (Z. 45 f.), sondern eine **grundlegende Achtung**, mit der ich dem anderen begegne. Sie ermöglicht Nähe und Beziehung. Dabei unterstelle ich, dass der andere mir ebenfalls mit Achtung begegnet; Vertrauen beruht auf Gegenseitigkeit, auf **Symmetrie**. Indem ich mich für den anderen öffne, lasse ich auch offen, wie er handeln wird, lasse ihm also **Freiheit**. Dabei rechne ich damit, dass er seine Handlungsspielräume im gegenseitigen Sinne nutzen und sich solidarisch verhalten wird. Daher sind alle Formen von **Macht** für das Vertrauen **gefährlich**, denn je mehr Macht jemand über mich hat, desto mehr wird die Öffnung zur Selbstauslieferung; umgekehrt: Wer Macht hat

– Eltern, Lehrer, Staat, usw. –, der hat eine besondere Verantwortung, wenn es um das Herstellen von Vertrauen geht. Und schließlich ist Vertrauen nicht anders als **freiwillig** zu denken: Vertrauen schenkt man; ein Zwang zum Vertrauen, wie ihn Esslinger an einer Stelle (Z. 33) unterstellt, scheint widersinnig.

Auf der anderen Seite heißt sich jemandem öffnen immer auch, ein **Wagnis** einzugehen, indem ich mich in meiner ganze Person jemandem anvertraue. Das tue ich in der Regel nicht blindlings, sondern ich habe **Erfahrungen** gemacht und gehe davon aus, dass sich die anderen – oder allgemein die Welt – nicht gänzlich überraschend verhalten werden. Durch bewährte Erfahrungen im Umgang mit ihnen bin ich mit ihnen vertraut, ich kann ihnen eine gewisse **Zuverlässigkeit** unterstellen. Vertrauen ist nicht eine bloße vage Hoffnung, sondern gründet in konkretem Umgang, einem Wissen und Können; je dünner diese Erfahrungen, desto blinder wird das Vertrauen – soweit es überhaupt noch besteht. Diese Erfahrungen sind häufig wiederum von Menschen oder Institutionen vermittelt, die eine bewährte Autorität haben, wie etwa die Wissenschaften.

Zuverlässigkeit als zweites Definiens

Vertrauen bezieht sich auf die **Zukunft**, genauer gesagt auf unsere Erwartungen von ihr. Da herrscht eine grundlegende Unsicherheit, die über die von Esslinger in Anschlag gebrachten Wissensgrenzen des Einzelnen in einer spezialisierten Gesellschaft (vgl. Z. 34 ff.) weit hinausgeht. Vertrauen ist eine Möglichkeit, mit dieser Offenheit der Zukunft umzugehen. Je mehr es sich bewährt, desto größer ist auch das **Vertrauen in uns selbst**, desto positiver ist unser Bild von uns selbst, von anderen, von der Welt. Auf der anderen Seite kann auch ein **gesundes Misstrauen** eine zuverlässige Orientierung sein. Gerade wenn die Verhältnisse notorisch unsicher sind, ist allen, die genau Bescheid zu wissen vorgeben, mit Misstrauen zu begegnen. In diesem Sinne sind Vertrauen und Misstrauen kein Widerspruch, sondern zwei Seiten der Zukunftsorientierung.

Selbstvertrauen angesichts einer offenen Zukunft, Orientierung durch Vertrauen und Misstrauen

Aus diesen Überlegungen wird auch klar, dass Vertrauen eine **dynamische Größe** ist; unsere Erfahrungen ändern sich genauso wie die Beziehungen zu Menschen. Beziehungen stellen sich nicht von selbst her, sondern müssen gepflegt werden – und mit ihnen das Vertrauen. Das Wagnis des Vertrauens kann enttäuscht werden und muss sich immer wieder neu bewähren.

Vertrauen als dynamische Kategorie

Vertrauen, so könnte man zusammenfassen, ist eine Grundhaltung, in der sich Offenheit und Zuverlässigkeit verbinden, die sich dynamisch entwickelt und auf Symmetrie der Beziehungen angewiesen ist. Gefährdet wird sie durch Macht und mangelnde Transparenz.

Zusammenfassen der Arbeitsdefinition

Inwiefern Vertrauen grundlegend für das menschliche Zusammenleben ist, inwiefern es einer verantwortungsvollen Pflege bedarf und wo seine Gefährdungen und Grenzen liegen, das soll nun exemplarisch für den direkten privaten Umgang wie auch für das öffentliche Leben mit seiner größeren Distanz untersucht werden.

Überleitung zu den Beispielfeldern; Vertiefung der Problematisierung

Eine große Rolle spielt das Vertrauen im **Zusammenleben der Familie**. Die Psychologie spricht vom **Urvertrauen**, von der Erfahrung einer grundlegenden Zuverlässigkeit, die eine emotional stabile Persönlichkeit herauszubilden erlaube und aus diesem Selbstvertrauen heraus einen offenen Umgang mit anderen ermögliche. Hier sind zuverlässige Bezugspersonen unabdingbar. Die Familie ist vielleicht der Bereich, wo das Vertrauen

Vertrauen in der Familie: Urvertrauen und grundlegende Bedeutung der Familie am tiefsten ausgeprägt sein kann, weil hier die Nähe am größten, die Erfahrungen, die man miteinander macht, am intensivsten sind. Die **Eltern** können ihren Kindern einen **Raum der Geborgenheit** und der Zuverlässigkeit geben, auf sie können die Kinder vertrauen. Sie sind darüber hinaus auch wichtige **Vermittler von Erfahrungen** und ermöglichen durch diese Orientierung auf vielen Gebieten, dass ihre Kinder einen vertrauensvollen Umgang mit Freunden, in der Schule usw. pflegen.

Grenzen des Vertrauens

Das Vertrauen in der Familie hat indes seine eigenen Anforderungen und **Grenzen**. Die offensichtlichsten – und unspezifischsten – sind natürlich die Fälle, wo **Egoismus** oder gar **Gewalt** herrschen und dadurch die Basis jedes Vertrauens zerstört, ja den Kindern schlimmstenfalls kein Urvertrauen, sondern geradezu eine Urangst vermittelt wird. Hier zeigt sich deutlich, dass die Herstellung von Vertrauen auch eine **moralische Forderung** ist – und leider zu oft keine Selbstverständlichkeit.

Entwicklung, Modifikationen, Pflege des Vertrauens

Daneben aber sind zwei weitere Aspekte interessant. Einmal zeigt sich in der Familie, dass **Vertrauen** dynamisch ist und **gepflegt werden muss**. Mit zunehmendem Alter der Kinder heißt Vertrauen der Eltern: Freiräume zu ermöglichen, nicht alles zu kontrollieren, den Jugendlichen Eigenverantwortung zuzutrauen und sie damit in ihrem Selbstvertrauen zu stärken, ihnen aber zugleich immer noch einen Rückzugsraum anzubieten. Für die Kinder heißt es umgekehrt, die anvertraute Verantwortung wahrzunehmen, d. h., z. B. zum vereinbarten Zeitpunkt in ansprechbarem Zustand aus der Disco nach Hause zu kommen oder bei einer verhauenen Klassenarbeit offen mit den Eltern zu sprechen und auf Hilfe zu vertrauen. Beide Seiten müssen immer wieder die gemeinsame Vertrauensbasis herstellen.

Vertrauen in einer hierarchischen Beziehung

Das ist nicht immer einfach, weil – das wäre der andere Punkt – die Beziehung in einer Familie zunächst **hierarchisch** ist. Die **Eltern** haben eine **Machtposition**, was der Gegenseitigkeit und der Offenheit von Vertrauen zunächst nicht entgegenkommt; und die elterliche Kontrolle, auch wenn sie bis zu einem gewissen Punkt nötig ist, ist hier dem Vertrauen nicht unbedingt förderlich. Diese Machtposition impliziert eine besondere Verantwortung für das Vertrauen. Die Voraussetzungen für einen vertrauensvollen Umgang sind in dieser Hinsicht in einer echten Freundschaft besser – ja, diese ist vielleicht ein Idealmodell für gegenseitiges Vertrauen.

Vertrauen in der Schule

Wichtig ist das Vertrauen auch in der **Schule**. Für das Thema Vertrauen ist diese ein einschlägiges Beispiel, weil sie einerseits eine öffentliche Institution ist, andererseits aber deutlich vom direkten Kontakt lebt. Generell kann man aber sagen, dass ein Klima des Vertrauens dann herrscht, wenn alle – Schüler, Lehrer, Schulleitung und auch die Eltern – offen miteinander umgehen und Probleme im Austausch miteinander lösen, ohne Angst haben zu müssen, dass Kritik etwa nur zur Benachteiligung bei der Notenvergabe führt. Das Vertrauen beruht auch hier auf **Gegenseitigkeit**. Die Schule muss zuverlässig ihre Aufgabe erfüllen, d. h. Schüler und Eltern sollten das Gefühl haben, dass die Schule einen guten, fachlich und menschlich ertragreichen Unterricht organisiert und offen für individuelle Sorgen und Probleme ist; umgekehrt brauchen Lehrer und Schulleitung das Gefühl, dass Schüler und auch die Eltern engagiert und offen an der Bildung mitarbeiten.

Man kann in diesem Zusammenhang die Frage stellen, ob Vertrauen in die Schule nur auf Vertrauen in Personen beruht. Das lässt sich an der Funktion der **Vertrauenslehrerinnen und -lehrer** festmachen. Sie werden gewählt, d. h., aufgrund ihrer Erfahrung bringen die Schüler bestimmten Lehrern ein besonderes Vertrauen entgegen, ein Vertrauen, dass diese Lehrer ihre Anliegen verstehen und vertreten, im Zweifel auch diskret sind und im Extremfall – man denke etwa an die Fälle sexueller Nötigung, die gerade publik werden – auch gegen die eigenen Kollegen und für die Schüler handeln. Dieses Vertrauen ist zunächst eines in bestimmte Personen, schließlich taugt nicht jeder zum Vertrauenslehrer. Auf der anderen Seite stellt die Schule die Funktion des Vertrauenslehrers zu Verfügung und sorgt dafür, dass ein Stück Vertrauen in die Schule als Institution hergestellt wird, weil hier die Macht Einzelner ein Stück weit kontrolliert und die Interessen der Schwächeren gewahrt werden.

Vertrauen zwischen Personen – Vertrauensbildung durch Institutionen

Im **beruflichen Bereich** spielen persönliche Beziehungen eine andere Rolle, was die Frage aufwirft, welche Bedeutung Vertrauen hier zukommt und wie es hergestellt wird. Noch vergleichsweise eng an die persönliche Beziehung und damit auch an das persönliche Vertrauen gebunden ist das Verhältnis von Arbeitgeber und Arbeitnehmer. Es wird durch die gegenseitige Prüfung im Einstellungsgespräch begründet und entwickelt sich im Laufe der Karriere. Dem Vertrauen ist es sicher nicht zuträglich, wenn Firmen ihre Mitarbeiter durch Videokameras **überwachen** oder aber wenn angeblich das Vertrauensverhältnis durch den Bagatelldiebstahl von sechs für den Müll bestimmten Maultaschen erschüttert wird, wie dies jüngst bei einer Konstanzer Altenpflegerin der Fall war. Auf der anderen Seite sind **Unterschlagungen** oder **Korruption** ein mehr als hinreichender Anlass für Kontrolle. Die Abwägung, wie weit hier Mitarbeitern vertraut werden kann, ohne Vertrauen nach außen zu verspielen, ist sicher nicht ganz einfach, aber letztlich wohl nur im Einzelfall zu leisten.

Vertrauen im öffentlichen Bereich

Berufsleben: Arbeitgeber und Arbeitnehmer

Im **wirtschaftlichen Leben** wird bei jedem Kaufvertrag darauf vertraut, dass der Verkäufer liefert und der Käufer bezahlt. Das ist von der normalen Erfahrung bestätigt, es entspricht den Interessen der Beteiligten – sonst hätten sie sich ja nicht geeinigt – und es ist letztlich auch rechtlich abgesichert durch die zum Teil komplexen Regelungen des Privatrechts. Dass dieses Vertrauen weitgehend **anonym** gegeben wird, zeigt sich auf der Käuferseite darin, dass auch No-Name-Produkte und Aktionsware gekauft und damit auf ein Mindestmaß an Qualität vertraut wird, ohne im Zeitalter anonymer Massenproduktion den Produzenten zu kennen. Die Einführung von **Marken** als Name für eine bestimmte Qualität ist ein Versuch, einen Rest quasi persönlichen Vertrauens zu installieren. Anonymität zeigen aber auch die inzwischen weit verbreiteten Vorabüberweisungen bei Käufen über das Internet, die andererseits von Verkäuferseite ein Misstrauen zum Ausdruck bringen. Deutlich gerechtfertigt erscheint dieses Misstrauen im Falle einer drohenden Insolvenz, wo Verkäufer und Dienstleister nur noch gegen Barzahlung liefern. Und kein Anlass zu übermäßigem Vertrauensvorschuss dürfte es auch sein, wenn der Verkäufer den Käufer berät, wie es bei Anlageberatern von Banken der Fall ist; dass diese bisweilen eher Bank und Boni verpflichtet sind als dem Kundenwohl, dürfte sich mittlerweile herumgesprochen haben.

Wirtschaftsleben: Kaufverträge, Qualität, Zahlung, Beratung

Der letzte **Garant für Rechtsicherheit** und damit auch für Vertrauen in anonymen Beziehungen ist der **Staat**, der als Rechtsstaat die Rechte des Einzelnen zuverlässig und wirksam schützt. Durch die Rechtsgleichheit schafft er eine Voraussetzung für Vertrauen, das ja immer auf Gegenseitigkeit beruht. Zugleich muss der Bürger darauf vertrauen können, dass das staatliche Gewaltmonopol sich nicht einfach und willkürlich gegen ihn richtet – sonst reagiert er am Ende wie Kleists Michael Kohlhaas, der sein Vertrauen in den Rechtsstaat enttäuscht sieht und durch diese Unzuverlässigkeit das Recht in die eigenen Hände nehmen zu müssen glaubt. Dazu dient etwa die **Gewaltenteilung**, also die wechselseitige Kontrolle der Institutionen. Dazu dient – Stichwort Offenheit – die **Transparenz**, wie sie u. a. durch die Medien hergestellt wird, deren Vertrauenskapital in ihrer Glaubwürdigkeit und Unabhängigkeit besteht. Dazu dient schließlich auch die **demokratische Legitimation**, die wiederum auf wirksame Kontrolle durch Wähl- und Abwählbarkeit und auf Transparenz aufgrund der Rechenschaftspflicht zielt. Wo dies fehlt, da wird der Staat zu einer monströsen Übermacht, so wie sie Kafkas Josef K. erfährt.

Vertrauen zu staatlichen Institutionen: Rechtsstaat

Hier entsteht das Vertrauen in die Institutionen gerade durch Kontrolle, der die sie repräsentierenden Politikerinnen und Politiker unterworfen werden. Man kann dies als eine **Form institutionalisierten Misstrauens** sehen, das gerade erst das Vertrauen der Bürger dem Staat gegenüber ermöglicht, indem es dafür sorgt, dass die Amtsträger die Funktionen des Staates möglichst gut erfüllen und nicht den eigenen Interessen zuarbeiten. Die Vertrauenswürdigkeit von Politikern hängt letztlich davon ab, inwieweit sie als Sachwalter des Gemeinwohls wahrgenommen werden. Umgekehrt darf der Staat nicht nur vom Vertrauen in die Politiker abhängig sein – sonst schlägt Politik(er)verdrossenheit in Staatsverdrossenheit um. Hier muss die Selbstkontrolle der Institutionen greifen.

Vertrauen in Politiker – Vertrauensbildung durch Selbstkontrolle der Institutionen

Das gilt auch und gerade angesichts einer Gefahr, die in der Tat das Vertrauen, auf dem alle **offenen Gesellschaften** basieren, zu unterwandern geeignet ist: angesichts des Terrors. Die **nackte Gewalt des Terrors** zerstört Vertrauen, weil er ein normales menschliches Miteinander durch eine völlig unberechenbare physische Bedrohung vergiftet. Am deutlichsten wird dies bei Selbstmordattentätern, die noch das vermeintlich Selbstverständlichste, den eigenen Überlebenswillen, verneinen. Der Terror trifft alle Mitglieder einer offenen Gesellschaft – und eben deshalb sollte diese sich nicht durch radikalisierte Terrorabwehr zu deren Erfüllungsgehilfen machen. Eine angemessene Reaktion muss immer darauf achten, die Zuverlässigkeit beim Schutz der Bürger nicht in unkontrollierte Machtbefugnisse umkippen zu lassen, die dann die Offenheit und damit das Vertrauen untergraben, denn genau darauf zielt der Terror ab.

Terror als Attacke auf Vertrauen als Grundlage einer offenen Gesellschaft

Das ist leicht gesagt und im Einzelnen nicht immer leicht abzuwägen. Hier wie überall gilt: Vertrauen bedarf einer genauen Einschätzung des Einzelfalls und insbesondere einer Einschätzung der eigenen Erfahrungen, um nicht blind zu werden. Es bedarf der Zuverlässigkeit. Es bedarf der Kontrolle allenfalls als Selbstkontrolle von Macht, in der Familie genauso wie in der Schule, der Wirtschaft, der Politik. Vertrauen ist in der Tat ein „rasend flüchtiges Gut“: ein Ideal des Zusammenlebens, das gepflegt, erhalten und immer wieder neu hergestellt werden muss.

Fazit:
Bezug auf die aufgeworfene Problematisierung

Deutsch (Baden-Württemberg): Abiturprüfung 2011
Aufgabe 1: Interpretationsaufsatz mit übergreifender Teilaufgabe zu einer Pflichtlektüre (Werk im Kontext)

Thema:
Franz Kafka (1883–1924): **Der Proceß**

„Sie sind wohl ein Vertrauensmann des Gerichtes?“ fragte er. Sofort legte der Maler die Stifte beiseite, richtete sich auf, rieb die Hände an einander und sah K. lächelnd an. „Nur immer gleich mit der Wahrheit heraus“, sagte er, „ Sie wollen etwas über das Gericht erfahren, wie es ja auch in Ihrem Empfehlungsschreiben steht, und haben zunächst über meine Bilder gesprochen um mich zu gewinnen. Aber ich nehme das nicht übel, Sie konnten ja nicht wissen, daß das bei mir unangebracht ist. Oh bitte!“ sagte er scharf abwehrend, als K. etwas einwenden wollte. Und fuhr dann fort: „Im übrigen haben Sie mit Ihrer Bemerkung vollständig recht, ich bin ein Vertrauensmann des Gerichtes.“ Er machte eine Pause, als wolle er K. Zeit lassen, sich mit dieser Tatsache abzufinden. Man hörte jetzt wieder hinter der Tür die Mädchen. Sie drängten sich wahrscheinlich um das Schlüsselloch, vielleicht konnte man auch durch die Ritzen ins Zimmer hereinsehn. K. unterließ es sich irgendwie zu entschuldigen denn er wollte den Maler nicht ablenken, wohl aber wollte er nicht, daß der Maler sich allzu überhebe und sich auf diese Weise gewissermaßen unerreichbar mache, er fragte deshalb: „Ist das eine öffentlich anerkannte Stellung?“ „Nein“, sagte der Maler kurz, als sei ihm dadurch die weitere Rede verschlagen. K. wollte ihn aber nicht verstummen lassen und sagte: „Nun, oft sind derartige nicht anerkannte Stellungen einflußreicher als die anerkannten.“ „Das ist eben bei mir der Fall“, sagte der Maler und nickte mit zusammengezogener Stirn. „Ich sprach gestern mit dem Fabrikanten über Ihren Fall, er fragte mich ob ich Ihnen nicht helfen wollte, ich antwortete: ‚Der Mann kann ja einmal zu mir kommen‘ und nun freue ich mich, Sie so bald hier zu sehn. Die Sache scheint Ihnen ja sehr nahe zu gehn, worüber ich mich natürlich gar nicht wundere. Wollen Sie vielleicht zunächst Ihren Rock ablegen?“ Trotzdem K. beabsichtigte nur ganz kurze Zeit hier zu bleiben, war ihm diese Aufforderung des Malers doch sehr willkommen. Die Luft im Zimmer war ihm allmählich drückend geworden, öfters hatte er schon verwundert auf einen kleinen zweifellos nicht geheizten Eisenofen in der Ecke hingesehn, die Schwüle im Zimmer war unerklärlich. Während er den Winterrock ablegte und auch noch den Rock aufknöpfte, sagte der Maler sich entschuldigend: „Ich muß Wärme haben. Es ist hier doch sehr behaglich, nicht? Das Zimmer ist in dieser Hinsicht sehr gut gelegen.“ K. sagte dazu nichts, aber es war nicht eigentlich die Wärme, die ihm Unbehagen machte, es war vielmehr die dumpfe das Atmen fast behindernde Luft, das Zimmer war wohl schon lange nicht gelüftet. Diese Unannehmlichkeit wurde für K. dadurch noch verstärkt, daß ihn der Maler bat sich auf das Bett zu setzen, während er selbst sich auf den einzigen Stuhl des Zimmers vor der Staffelei niedersetzte. Außerdem schien es der Maler mißzuverstehn, warum K. nur am Bettrand blieb, er bat vielmehr, K. möchte es sich bequem machen und gieng, da K. zögerte, selbst hin und drängte ihn tief in die Betten und Pölster hinein. Dann kehrte er wieder zu seinem Sessel zurück und stellte endlich die erste sachliche Frage, die K. alles andere vergessen ließ. „Sind Sie unschuldig?“ fragte er. „Ja“, sagte K. Die Beantwortung dieser Frage machte ihm geradezu Freude, besonders da sie gegenüber einem Privatmann, also ohne jegliche Verantwortung erfolgte. Noch niemand hatte ihn so offen gefragt. Um diese Freude auszukosten, fügte er noch hinzu: „Ich bin vollständig unschuldig.“ „So“, sagte der Maler, senkte den Kopf und schien nachzudenken. Plötzlich hob er wieder den Kopf und sagte: „Wenn Sie unschuldig sind, dann ist ja die Sache sehr einfach.“ K.'s Blick trübte sich, dieser angebliche Vertrauensmann des Gerichtes redete wie ein unwissendes Kind. „Meine Unschuld vereinfacht die Sache nicht", sagte K. Er mußte trotz allem lächeln und schüttelte langsam den Kopf. „Es kommt auf viele Feinheiten an, in denen sich das Gericht verliert. Zum Schluß aber zieht es von irgendwoher wo ursprünglich gar nichts gewesen ist, eine große Schuld hervor." „Ja, ja gewiß", sagte der Maler, als störe K. unnötiger Weise seinen Gedankengang. „Sie sind aber doch unschuldig?" „Nun ja", sagte K. „Das ist die Hauptsache", sagte der Maler.

Aus: Franz Kafka: Der Proceß. Fischer-Taschenbuch Verlag, Frankfurt/M. 2007, S. 154–156.

Vergleichstext: Heinrich von Kleist (1777–1811): Michael Kohlhaas

Arbeitsanweisungen

- Legen Sie kurz dar, weshalb Josef K. den Maler Titorelli aufsucht.
- Interpretieren Sie die Textstelle; beziehen Sie die sprachliche und erzählerische Gestaltung ein.
- Kafkas *Der Proceß* und Kleists *Michael Kohlhaas*:
  Untersuchen Sie in einer vergleichenden Betrachtung die Bedeutung von Helferfiguren Ihrer Wahl für Josef K. und Michael Kohlhaas.

Maßgeblich für die Beurteilung des Aufsatzes ist das Ganze der erbrachten Leistung. Dabei werden die zweite und dritte Teilaufgabe etwa gleichwertig gewichtet.

Hinweise und Tipps

Teilaufgabe 1

Die erste Teilaufgabe verlangt eine geraffte Wiedergabe zentraler Handlungselemente, die Josef K. schließlich zum Maler Titorelli führen. Um eine passende Auswahl an Handlungselementen zu treffen und somit eine schlüssige, die Interpretation der Textstelle vorbereitende Hinführung auszuarbeiten, ist deshalb zunächst eine konzentrierte Lektüre des Textauszugs notwendig – ein roter Faden, auf dessen Grundlage die spätere Interpretation geschieht, sollte also zumindest vorliegen. Hilfreich ist es in diesem Zusammenhang, Fragen an den Text zu stellen und ein Bewusstsein dafür zu entwickeln, welches Vorwissen ein mit dem Roman nicht vertrauter Leser benötigt, um die Textstelle verstehen zu können. Derartige Fragen könnten sein: Welches zentrale Ereignis stößt die Romanhandlung an? Wieso ersucht K. ausgerechnet einen Maler um Hilfe? Wobei sollen Titorelli und seine Vorgänger K. helfen?
Der Hinführung sollte ein knapper Basissatz vorausgehen, der über das zugrunde liegende Werk, den Autor, den Entstehungszeitpunkt und das grobe Handlungsgerüst Aufschluss gibt.

Teilaufgabe 2

Die zweite Teilaufgabe fordert eine Interpretation der gegebenen Textstelle unter Einbezug sprachlicher und erzählerischer Mittel. Grundsätzlich ist zu beachten, dass im Roman eine personale Erzählperspektive vorliegt mit Josef K. als Reflektorfigur. Der Erzähler hat bis auf K. also nur begrenzten bis keinen Einblick in das Seelenleben der Figuren, doch auch K., durch dessen Augen der Leser die erzählte Welt wahrnimmt, muss seine Gedanken und Gefühle nicht umfassend preisgeben. Dieser Aspekt ist mit Blick auf die zu interpretierende Textstelle besonders dann interessant, wenn das Geschehen durch den Erzähler kommentiert und bewertet bzw. wenn K. mit der Schuldfrage Titorellis konfrontiert wird. Einer Detailanalyse der Textstelle sollte eine erste, konzentrierte Lektüre vorangehen, die zunächst prinzipielle Beobachtungen, z. B. einer Grundstimmung oder einer zentralen Fragestellung, vielleicht auch einer Entwicklung, ermöglicht. Von derartigen, noch sehr allgemeinen Befunden ausgehend, lässt sich die anschließende Detailanalyse wesentlich zielgerichteter durchführen. Mög-

liche Fragen, die durch die erste Lektüre aufgeworfen werden könnten, wären beispielsweise: Wieso tritt K. gegenüber Titorelli zunächst sehr selbstbewusst auf? Wie und wieso verändert sich das Auftreten K.'s im Gesprächsverlauf? Wie ist die schwüle und stickige Luft zu erklären? Welche Rolle spielt das Bett? Wieso stellt Titorelli die Schuldfrage gleich mehrmals? Sämtliche Befunde sind selbstredend direkt am Text zu belegen.
Grundsätzlich ist es elegant, die Detailanalyse nach Aspekten zu strukturieren, z. B. Gesprächsverhalten K.'s und Titorellis, Raum, Atmosphäre, Symbolik etc. Da das Gespräch zwischen K. und Titorelli aber eindeutig einer Entwicklung unterliegt – man vergleiche allein Beginn und Ende der Textstelle – bietet es sich an, die Analyse nicht nach Aspekten, sondern textchronologisch zu organisieren, um ebendieser Entwicklung Rechnung zu tragen.
Ihre Interpretation sollte mit einem knappen Fazit schließen, das die wesentlichen Beobachtungen noch einmal prägnant und zusammenfassend darlegt.

Teilaufgabe 3
Die dritte Teilaufgabe verlangt eine vergleichende Betrachtung einer Auswahl von Helferfiguren von Josef K. und Michael Kohlhaas. Grundsätzlich ist zunächst zu klären, wie Helferfiguren zu definieren sind: Bieten sie Hilfe an oder werden sie um Hilfe gebeten? Wobei sollen sie helfen? Wie helfen sie?
K. ist unentwegt auf der Suche nach Helferfiguren, denen allesamt gemein ist, dass sie ihn nicht voranbringen. Hierfür gibt es unterschiedliche Gründe: Manche Figuren lenken K. vom Prozess ab, andere hingegen könnten hilfreich sein, nur erkennt bzw. nutzt K. deren Potenzial nicht. Eine ausgewogene Auswahl an Helferfiguren K.'s sollte diesen Aspekt also berücksichtigen.
Kohlhaas erhält zahlreiche Hilfsangebote, die er auch annimmt. Anders als bei K. unterstützen diese Helferfiguren tatsächlich Kohlhaas' Entwicklung. Eine stimmige Auswahl derartiger Figuren sollte demnach den gesamten Handlungsverlauf wie auch die Art der Unterstützung berücksichtigen, z. B. weltlich, geistlich und übersinnlich.
Die gebotene Hilfe ist jeweils an ihrem Ertrag zu messen – dementsprechend sollten Sie auch darstellen, welche Ergebnisse die Hilfsangebote nach sich ziehen.
Strukturell bietet sich folgendes Vorgehen an: Die Helferfiguren K.'s und Kohlhaas' werden gruppiert, anschließend jeweils separat vorgestellt und bewertet. Ihr Text sollte mit einem knappen, vergleichenden Fazit schließen, das die Unterschiedlichkeit der Helferfiguren K.'s und Kohlhaas' zusammenfasst und ihren Einfluss auf die Entwicklung der beiden Protagonisten benennt.

Lösungsvorschlag in Grundzügen

Erste Teilaufgabe

Einleitung: Autor, Titel, Entstehungszeit, Thema

„Jemand musste Josef K. verleumdet haben, denn ohne dass er etwas Böses getan hätte, wurde er eines Morgens verhaftet."
Bereits im Eröffnungssatz seines zwischen 1914 und 1916 entstandenen, posthum veröffentlichten, fragmentarischen Romans *Der Proceß* enthüllt Franz Kafka dem Leser im Medium des **personalen Erzählers** das zentrale Problem seines Protagonisten: K. verdrängt krampfhaft die Möglichkeit, sich irgendeines Vergehens schuldig gemacht zu haben. Dementsprechend zielen all seine Bemühungen darauf ab, den gegen ihn geführten **Prozess** als unrechtmäßig von sich zu weisen bzw. ihn mithilfe **Außenstehender** zu seinen Gunsten **zu beeinflussen**.

Kontextualisierung: erste Anhörung – K. ist uneinsichtig

So reißt K. bei seiner ersten Anhörung vor Gericht umgehend das Wort an sich, um das gegen ihn angestrengte Verfahren als ungerechtfertigt und unprofessionell zu verurteilen. Der anwesende Untersuchungsrichter entlässt den Angeklagten daraufhin mit der Bemerkung, K. habe sich des Vorteils beraubt, den ein Verhör für den Verhafteten in jedem Falle bedeute.

Nach weiteren gescheiterten Versuchen, die gegen ihn arbeitenden Prozessmechanismen mithilfe diverser Frauen zu unterhöhlen, sucht K. auf Anraten seines Onkels den **Advokaten Huld** auf, doch auch dessen **juristische Vertretung** bringt ihm nicht den gewünschten Erfolg. Er zieht daraufhin sein Mandat zurück.

Hilfesuche: Vertretung durch Advokaten

K.'s **wiederholte Fehlschläge** wirken sich negativ auf seine berufliche Tätigkeit als Bankangestellter aus: Er wird zunehmend **unkonzentriert**, wovon auch der **Fabrikant** Notiz nimmt, der sich einer finanziellen Angelegenheit wegen in der Bank aufhält. Er verweist K. schließlich an den Maler Titorelli, der angeblich gute **Beziehungen zum Gericht** habe. K. sucht daher diesen in seinem Atelier auf, das, ebenso wie das Gericht, in der Vorstadt liegt.

berufliche Folgen; Rat des Fabrikanten

Zweite Teilaufgabe

K.'s Gesprächsintention wird von Titorelli durchschaut

K. erscheint bei Titorelli aus einem einzigen Grund: Der Gerichtsmaler soll ihm dabei helfen, seinen **Prozess positiv zu beeinflussen**. Dementsprechend ist K. bemüht, das Gespräch in seinem Sinne zu lenken. Um ihn positiv zu stimmen, gibt K. vor, sich für die Bilder des Künstlers zu interessieren. Titorelli durchschaut allerdings K.'s Absicht, ihn für seine Zwecke auszunutzen („[Sie] haben zunächst über meine Bilder gesprochen, um mich zu gewinnen", Z. 4 f.) und wehrt auch einen möglichen Einwand K.'s mit dem Ausruf „Oh bitte!" (Z. 6) umgehend ab. Die **personale Erzählsituation** gewährt dem Leser hier wichtige **Einblicke in K.'s Innenleben:** Der Erzähler bezeichnet Titorellis Tonfall als „scharf" (Z. 6) und beschreibt, wie Titorelli nach der Enthüllung, er sei ein „Vertrauensmann des Gerichtes" (Z. 8), eine Pause macht, „als wolle er K. Zeit lassen, sich mit dieser Tatsache abzufinden" (Z. 9). Das Modalverb „lassen" ist an dieser Stelle besonders bezeichnend: Es legt nahe, dass K. befürchtet, Titorelli könnte den Verlauf des Gesprächs bestimmen. Eine ähnliche Deutung erlaubt K.'s Wahrnehmung der im Haus wohnhaften Mädchen, welche „sich wahrscheinlich um das Schlüsselloch [drängen]" und „vielleicht [...] auch durch die Ritzen" (Z. 10 f.) auf den momentan unterlegenen K. blicken: Die Adverbien „wahrscheinlich" und „vielleicht" sind Ausdruck der Befürchtung, die Unterredung werde beobachtet, und verraten zugleich **K.'s Unsicherheit**. K. bemüht sich deshalb, wie ein Kämpfer im Ring vor den Augen der Zuschauer, wieder Boden zu gewinnen und zu verhindern, „daß der Maler sich allzu überhebe und sich auf diese Weise gewissermaßen unerreichbar mache" (Z. 13 f.).

K. befürchtet Dominanz Titorellis

So unterlässt K. es, „sich irgendwie zu entschuldigen" (Z. 12) – wenn er das Gespräch **dominieren möchte**, darf er sich jetzt keine Blöße geben – und kontert mit der Frage, ob Titorellis Stellung eine „öffentlich anerkannte" (Z. 14) sei. Der Erzähler beschreibt die Verneinung des Malers als „kurz, als sei ihm dadurch die weitere Rede verschlagen" (Z. 15). K. wähnt sich daher wieder überlegen, möchte Titorelli „aber nicht verstummen lassen" (Z. 16) – nun verweist das Modalverb „lassen" darauf, dass K. das Gespräch zu lenken glaubt. Mit seiner Bemerkung, „oft sind derartige nicht anerkannte Stellungen einflußreicher als die anerkannten" (Z. 16 f.), sucht er deshalb, den vermeintlich unterlegenen Gerichtsmaler wieder ein wenig zu erhöhen und ihm zugleich gönnerhaft zu schmeicheln – ein Zeichen der **Überheblichkeit und Arroganz K.'s**. Allerdings erklärt Titorelli, dass seine Hilfsbereitschaft auf eine Intervention des Fabrikanten (vgl. Z. 18 f.) – und somit nicht auf eine Bitte K.'s – zurückzuführen sei,

Dialogverhalten K.'s: er wähnt sich überlegen

was erneut ein deutliches Signal dafür ist, dass K. die Situation eben nicht kontrolliert, sondern falsch einschätzt. Der anfängliche **kommunikative Zweikampf** endet an dieser Stelle; Titorelli erhebt sich wieder, als er erkennt, dass K. „[d]ie Sache […] sehr nahe zu gehn" (Z. 20 f.) scheint, und bittet ihn, seinen Rock abzulegen (vgl. Z. 22).

Kleidungssymbolik

Wenn K. anschließend den **Mantel** auszieht, eröffnen sich dem Leser zwei Bedeutungsebenen: Zum einen legt er mit seiner Kleidung **Statussymbole** ab, also seinen gesellschaftlichen Rang – er steht nun Titorelli **ungeschützt als Privatmann** gegenüber –, und öffnet zum anderen den Blick auf sein Inneres. Der Gerichtsmaler gibt sich damit aber noch nicht zufrieden, sondern bittet K., „sich auf das Bett zu setzen" (Z. 32). Als K. zögert, „drängte [Titorelli] ihn tief in die Betten und Pölster hinein" (Z. 35 f.), während er selbst im Sessel Platz nimmt. K.'s **liegende Position** im Bett bewirkt also einerseits eine **Herabsetzung** gegenüber Titorelli – er ist dem Gerichtsmaler nun unterlegen –, andererseits stellt das Bett sowohl den Ort des Träumens dar, an dem das **Unbewusste**, das Gewissen, an die Oberfläche dringt, als auch den Ort der **Sexualität**. Das Bett erinnert daher an K.'s stets oberflächliche, vornehmlich sexuell aufgeladene Beziehungen zu Frauenfiguren im Roman – falls er schuldig ist, dann ist seine Schuld vermutlich dort zu suchen. Die **Mädchen**, die K. bei seinem Betreten des Hauses als verworfen bezeichnet hat und die sich nun hinter der Tür drängen, kann man als **unbewusste sexuelle Triebe** verstehen, die er unterdrücken will. Seine körperlichen Reaktionen sprechen Bände: Die „Schwüle" (Z. 26) und „die dumpfe das Atmen fast behindernde Luft" (Z. 30) sind ihm „unerklärlich" (Z. 26) – er verdrängt, kämpft sein Gewissen nieder.

Bettsymbolik

Vergleich mit K.'s Besuch in den Kanzleien

Hier werden Erinnerungen an K.'s Besuch in den Kanzleien wach: Auch dort, an einem **Ort der Gerichtsbarkeit**, verliert er angesichts der dunstigen und stickigen Luft beinahe das Bewusstsein. Der Mangel an Luft, die **Schwüle**, die offenbar nicht von dem Ofen herrührt, verdeutlicht das **Unbehagen** und die **bedrängte Lage**, in der sich K. auch in dem Atelier befindet. Das Adjektiv **„unerklärlich"** (Z. 26) wirkt hier als Signalwort für die Szene wie auch die ganze Handlung: Es gelingt K. nicht, den Durchblick zu erlangen, der Prozess bleibt für ihn bis zuletzt rätselhaft und unverständlich. Das irrationale Verhalten Titorellis in dieser Szene, seinen Besucher in sein Bett zu drängen, wird an keiner Stelle hinterfragt. Ebenso bleibt ungeklärt, inwieweit der Künstler Einfluss auf K.'s Gerichtsverfahren nehmen kann. Typisch für den Roman ist an dieser Stelle die **sachliche und nüchterne Sprache**, die in einem eigenartigen Gegensatz zu dem Geschehen steht.

K.'s mangelnde Einsicht

Titorelli fragt nach K.'s Schuld

Die **zunehmende Dominanz Titorellis** spiegelt sich in den **Gesprächsanteilen**, mehr und mehr übernimmt der Maler die Initiative und befragt seinen Gast. K. genießt es förmlich, als Titorelli „endlich die erste sachliche Frage, die [ihn] alles andere vergessen ließ", stellt: „Sind Sie unschuldig?" (Z. 36 f.) Die Situation erinnert an den Besuch in einem Beichtstuhl oder auf der Couch Sigmund Freuds. Dessen psychoanalytische Gesprächstherapie geht davon aus, dass man über die liegende Position des Patienten leichter zu seinem Unterbewussten vordringen kann. Wenn K. in seinem Prozess Fortschritte machen wollte, wäre nun der Moment gekommen, sich völlig zu öffnen, zu Titorelli und damit auch zu sich selbst ehrlich zu sein. Doch K. bejaht die Frage des Malers voller „Freude" (Z. 38 und Z. 40) und verabsolutiert seine Antwort sogar: „Ich bin vollständig un-

erneuter Verdrängungsversuch K.'s

schuldig." (Z. 40f.). Bezeichnend ist hierbei, dass er die Bejahung dieser Frage „besonders" genießt, „da sie gegenüber einem Privatmann, also ohne jegliche Verantwortung erfolgte" (Z. 38f.). Die **Erzählerkommentare** werfen dabei mehrere Fragen auf: Wenn K. wirklich unschuldig ist, wieso soll es dann von Bedeutung sein, ob er mit seiner Antwort **Verantwortung** übernimmt? Irrt K. nicht, wenn er annimmt, Titorelli begegne ihm hier als Privatperson und nicht in einer offiziellen Funktion? Die Verbindung des Malers zum Gericht ist schließlich offenkundig. Unter diesem Blickwinkel ist auch Titorellis Reaktion zu betrachten: „So" (Z. 41), kommentiert er K.'s Antwort und „senkte den Kopf" (Z. 41), bevor er hinzufügt: „Wenn Sie unschuldig sind, dann ist ja die Sache sehr einfach." (Z. 42 f.)

Hinweise auf K.'s Unehrlichkeit

Titorellis Reaktion

Da die personale Erzählsituation einen Einblick in Titorellis Gedanken verhindert, kann darüber nur gemutmaßt werden. Es scheint aber naheliegend, dass der Gerichtsmaler über K.'s immer noch vorherrschende **Schuldverdrängung enttäuscht** ist – dafür spräche sein Senken des Kopfes – und dass die noch bevorstehende Verurteilung K.'s aufgrund seiner beständigen Uneinsichtigkeit und Leugnung eben „einfach" ist.

Während Titorellis Einschätzung nur indirekt erschlossen werden kann, ist K.'s Sichtweise leichter fassbar. Die Erzählperspektive spiegelt erneut seine **Überheblichkeit**, denn in der Formulierung „dieser angebliche Vertrauensmann des Gerichtes" (Z. 43f.) klingen **Skepsis** und Spott mit. K. muss „lächeln" (Z. 45), scheint er doch die willkürlichen Mechanismen des Gerichts viel eher durchschaut zu haben als sein Gegenüber. Tatsächlich ist jedoch das Gegenteil der Fall. Bezeichnenderweise sagt der Text selbst, dass K.'s **Blick getrübt** ist (Z. 43).

K.'s Überheblichkeit und Irrtum

Titorelli, der von K. fälschlicherweise und herablassend als „unwissendes Kind" (Z. 44) wahrgenommen wird, scheint K. noch eine zweite Gelegenheit geben zu wollen, sich zu öffnen. Als K. erneut dem Gericht die Schuld zuweist (vgl. Z. 45 f.), wiederholt der Maler seine Frage in abgewandelter Form: „Sie sind aber doch unschuldig?" (Z. 48 f.) K.'s Antwort wirkt nun weniger entschlossen („Nun ja", Z. 49) und kann als Indiz dafür gesehen werden, dass er seinem Gesprächspartner eben doch nicht in völliger Ehrlichkeit begegnet. So **diagnostiziert Titorelli** abschließend **K.'s Problem:** „Das ist die Hauptsache" (Z. 49). K. ist nicht offen, ist nicht ehrlich zu sich selbst, er verdrängt – er unterlässt es, „sich [...] zu entschuldigen" (Z. 12), also sich von Schuld zu befreien.

erneute Schuldfrage Titorellis

Zusammenfassend kann festgestellt werden, dass K. selbst in der sehr intimen Gesprächssituation mit dem Gerichtsmaler Titorelli nicht von seinen üblichen Verhaltensmustern abweicht: Er versucht, Menschen zu kontrollieren, sie für seine Zwecke auszunutzen, und verdrängt die eigene Schuldfähigkeit mit ungebrochener Vehemenz. Dabei **verkennt** er stets **seine Situation**.

Fazit

Dritte Teilaufgabe

Definition „Helferfiguren"

Zunächst ist die Frage zu klären, welche Funktion Helferfiguren in literarischen Texten generell erfüllen: Sie stehen Hilfesuchenden zur Seite bzw. bieten Hilfsbedürftigen ihren Beistand an. Sie **unterstützen** Protagonisten bei ihrer Entwicklung, helfen ihnen dabei, Fortschritte zu machen. Sie **assistieren** also, nehmen den Protagonisten die eigentliche **Entwicklungsaufgabe** aber nicht ab.

Im Kapitel „Im Dom" benennt der Gefängniskaplan ein zentrales Problem Josef K.'s: „Du suchst zuviel fremde Hilfe." K. tut dies, weil er den **Prozess von außen** zu seinen Gunsten **beeinflussen** bzw. ihn unterwandern möchte. Den **Advokaten Huld** aufzusuchen, darf zwar prinzipiell als eine richtige Entscheidung gewertet werden, jedoch **verkennt** K. die Bedeutung seines Verteidigers. Hulds Aufgabe ist es nicht, den Prozess für K. zu einem guten Ende zu führen, sondern ihm in seinen scheinbar endlosen Ausführungen über die **Natur des Gerichts** zu verdeutlichen, dass dieser monströse bürokratische Apparat für K. letztlich **undurchschaubar** und **undurchdringlich** bleiben wird. Das Gericht verstehen und in der Folge beeinflussen zu wollen, ist also der falsche Weg. Die logische und richtige Konsequenz wäre, sich auf sich selbst zu konzentrieren, statt dem Gericht seine ungeteilte Aufmerksamkeit zu schenken. Daraus ergibt sich ein möglicher Deutungsansatz des Romans: K. verkennt die tatsächliche Natur des Prozesses. Er ist keiner äußeren Bedrohung ausgesetzt, sondern soll einen **inneren Prozess** durchlaufen, er soll sich entwickeln, für sich Verantwortung übernehmen – und Entwicklungspotenzial hat K. in dieser Hinsicht zu Genüge.

„Der Proceß": K.'s zentrales Problem

falsche Auffassung von Hulds Aufgabe

Konzentration auf den äußeren statt auf den inneren Prozess

Josef K. sucht auch die **Hilfe diverser Frauen**, so z. B. bei **Leni**, die Huld pflegt und K. Ratschläge für sein Verhalten im Prozess gibt. Ihre sirenenhafte, unnatürliche Erscheinung wie auch ihre offensichtliche Nähe zu Huld und damit zum Gericht sollten für K. eigentlich ein Alarmsignal sein, doch er lässt sich von ihr manipulieren und von seinem inneren Prozess ablenken. K.'s **vorrangig sexuelles Interesse** an Leni ist überdies charakteristisch für seine generell sehr beliebigen zwischenmenschlichen Beziehungen. Er nimmt Menschen nur **oberflächlich** wahr, deshalb können sie nicht auf sein Innenleben einwirken und ihm bei seiner persönlichen Entwicklung helfen.

weibliche Helferfiguren

Titorelli, der in der vorhergehenden Textanalyse näher beleuchtet worden ist, könnte K. tatsächlich dabei helfen, seinen inneren Erkenntnisprozess voranzutreiben, indem er konkret die Unschuld K.'s hinterfragt. Doch die Unterstützung, die sich K. von dem Gerichtsmaler erhofft, ist gänzlich anderer Natur: Wieder sucht er nach Ratschlägen, wie er den äußeren Prozess, das gegen ihn geführte Gerichtsverfahren, positiv beeinflussen bzw. unterwandern könnte. Zwar ist der Maler in der Lage, konkrete **Handlungsalternativen im Umgang mit dem Gericht** aufzuzeigen, doch werden diese wertvollen Informationen von K. nicht entsprechend genutzt. Eine wichtige Erkenntnis, die K. im Gespräch mit dem Maler gewinnen könnte, ist, dass sein **Prozess** lediglich **in der Schwebe** gehalten, nicht aber beendet werden kann. So erscheint Titorelli als Helferfigur, deren Potenzial von K. nicht wahrgenommen wird.

falsche Einschätzung des Hilfsangebots Titorellis

Michael Kohlhaas' Entwicklung wird von zahlreichen Helferfiguren begleitet. Als er in Dresden **auf rechtlichem Wege** vergeblich Schadensersatz für seine in der Obhut des Junkers Wenzel von Tronka erkrankten Pferde einklagt, erhält er Hilfe vom Stadthauptmann **Heinrich von Geusau**. Dieser verfasst eine Bittschrift an den Kurfürsten von Brandenburg, um auf diesem Wege Gerechtigkeit vom Kurfürsten von Sachsen zu erwirken. Das Schreiben erreicht allerdings nie seinen Adressaten, sondern wird vom Kanzler des Kurfürsten aufgrund seiner verwandtschaftlichen Beziehungen zum Junker zurückgehalten. Kohlhaas' Ersuchen um Gerechtigkeit

„Michael Kohlhaas": rechtlicher, staatlicher Beistand

scheitert also trotz **staatlicher Hilfe**, die er auch annimmt, an einem **korrupten Machtapparat**.

Selbstjustiz

Als seine **Frau** bei dem Versuch, die Bittschrift persönlich zuzustellen, tödlich verletzt wird, wendet sich Kohlhaas gegen den Staatsapparat und zieht als „Räuber und Mörder" durch das Land, um den Junker **mit eigener Hand** der Gerechtigkeit zuzuführen. Sein Treiben bleibt nicht unbemerkt: **Martin Luther** klagt Kohlhaas in einem Plakat öffentlich an. Der gläubige Kohlhaas sucht ihn daraufhin persönlich auf. Der Priester verurteilt Kohlhaas' Taten zwar und gewährt ihm in der Folge auch keine göttliche Erlösung, wird aber zur **geistlichen Helferfigur**, indem er Kohlhaas dazu bringt, sein mörderisches Treiben zu beenden und wieder den Rechtsweg bei seinem Feldzug gegen den Junker zu wählen. Allerdings schlägt auch dieser Versuch, Gerechtigkeit zu erlangen, teilweise fehl: Zwar gewinnt Kohlhaas die Klage gegen den Junker in allen Punkten, wird aber, nach zahlreichen Wendungen, schließlich in Brandenburg für sein Treiben als Mordbrenner zum Tode durch das Schwert verurteilt.

geistlicher Beistand

übersinnlicher Beistand: Gerechtigkeit und Versöhnung mit der Welt

Gerechtigkeit gegenüber dem Kurfürsten von Sachsen erhält Kohlhaas schließlich dank der **übersinnlichen Hilfe einer Zigeunerin**, die Kohlhaas einen versiegelten Zettel überantwortet, in dem sie die Zukunft des sächsischen Adelsgeschlechts vorausgesagt hat. Der Kurfürst unternimmt in der Folge alles, um in den Besitz des Zettels zu kommen, muss letztlich aber hilflos dabei zusehen, wie Kohlhaas den Zettel unmittelbar vor der Vollstreckung seines Todesurteils entsiegelt, liest und hinunterschluckt. Der Kurfürst erleidet in der Folge einen Nervenzusammenbruch – und Kohlhaas widerfährt späte **Gerechtigkeit**.

Fazit

Sowohl K. als auch Kohlhaas sehen sich mit **Gerichtsprozessen** konfrontiert: Während K.'s Helfer ihrem Namen nicht gerecht werden und ihn vom Durchlaufen seines inneren Prozesses ablenken bzw. aufgrund der sehr oberflächlichen Natur seiner zwischenmenschlichen Beziehungen gar nicht imstande sind, ihm bei seiner inneren Entwicklung nützlich zu sein, unterstützen Kohlhaas' Helfer diesen dabei, nach einem gewaltvollen Irrweg schließlich auf den Boden der Legalität zurückzukehren und Recht zu erlangen. Zwar kann er nicht sein Leben retten, doch stirbt er versöhnt mit der Welt. Ein zentraler Unterschied liegt in der **Wesensart des jeweiligen Protagonisten** begründet: Während sich Kohlhaas empfänglich für Rat zeigt und auch den Tadel Luthers beherzigt, gibt K. zwar vor, Hilfe zu suchen, ist aber nicht in der Lage, diese dann auch anzunehmen bzw. entsprechende Angebote überhaupt zu erkennen.

Deutsch (Baden-Württemberg): Abiturprüfung 2011
Aufgabe 2: Gestaltende Interpretation

Thema: Friedrich Dürrenmatt (1921–1990): **Der Besuch der alten Dame** (Dritter Akt)

Die Familie kommt wieder. ILL *schaut sich wie träumend im Laden um.*

ILL: Alles neu. Modern wie dies jetzt bei uns aussieht. Sauber, appetitlich. So ein Laden war immer mein Traum. *Er nimmt seiner Tochter den Tennisschläger aus der Hand.* Du spielst Tennis?

DIE TOCHTER: Habe einige Stunden genommen.

ILL: Morgens früh, nicht wahr? Statt aufs Arbeitsamt zu gehen?

DIE TOCHTER: Alle spielen Tennis von meinen Freundinnen.

Schweigen.

ILL: Ich habe dich in einem Wagen gesehen, Karl, vom Zimmer aus.

DER SOHN: Nur ein Opel Olympia, die sind nicht so teuer.

ILL: Wann lerntest du fahren?

Schweigen.

ILL: Statt Arbeit zu suchen beim Bahnhof in der prallen Sonne?

DER SOHN: Manchmal. *Der Sohn trägt verlegen das kleine Faß nach rechts hinaus, auf dem der Lehrer gesessen hat.*

ILL: Ich suchte meine Sonntagskleider. Dabei fand ich einen Pelzmantel.

FRAU ILL: Zur Ansicht.

Schweigen.

FRAU ILL: Alle machen Schulden, Fredi. Nur du bist hysterisch. Deine Furcht ist einfach lächerlich. Es ist doch klar, daß sich die Sache friedlich arrangiert, ohne daß dir auch nur ein Haar gekrümmt wird. Klärchen geht nicht aufs Ganze, ich kenne es, da hat es ein zu gutes Herz.

DIE TOCHTER: Bestimmt, Vater.

DER SOHN: Das mußt du doch einsehen.

Schweigen.

ILL: *langsam* Es ist Sonnabend. Ich möchte mit deinem Wagen fahren, Karl, ein einziges Mal. Mit unserem Wagen.

DER SOHN: *unsicher* Du willst?

ILL: Zieht eure guten Kleider an. Wir wollen miteinander fahren.

FRAU ILL: *unsicher* Ich soll auch mitfahren? Das schickt sich doch nicht.

ILL: Warum soll sich dies nicht schicken? Zieh deinen Pelzmantel an, da wird er eingeweiht bei dieser Gelegenheit. Ich mache unterdessen die Kasse.

Aus: Friedrich Dürrenmatt: Der Besuch der alten Dame.

Arbeitsanweisungen

- Erläutern Sie kurz die Situation, in der sich ILL hier befindet.
- Gehen Sie von folgender Annahme aus:
  Nach ILLs Tod findet seine Familie einen Abschiedsbrief vor, den er nach der gemeinsamen Ausfahrt, auf der „Holzbank" sitzend, geschrieben hat.
  Verfassen Sie diesen Brief.

Maßgeblich für die Beurteilung des Aufsatzes ist das Ganze der erbrachten Leistung. Der Schwerpunkt liegt auf der gestaltenden Interpretationsaufgabe.

Hinweise und Tipps

Teilaufgabe 1
Hier sollten Sie das Wesentliche der Handlung referieren, d.h. alles, was zum Verständnis der vorgegebenen Szene führt. Vermeiden Sie Details, die nicht in Beziehung zu der Szene stehen. Legen Sie einen Schwerpunkt auf die unmittelbar vorangegangenen Ereignisse in Ills Laden.

Teilaufgabe 2
Achten Sie darauf, dass der Brief dem Stand von Ills moralischer Entwicklung entspricht: Er durchschaut sein eigenes Unrecht ebenso wie das der anderen. Für sein eigenes übernimmt er Verantwortung (vgl. z.B. S. 102f.) – mehr noch, auch für Claire Zachanassians moralische Verkommenheit – und verlangt von den anderen dasselbe (vgl. S. 109). Es ist unbedingt sinnvoll, die Auseinandersetzung mit dem Bürgermeister einzubeziehen, die zwischen der vorgegebenen Szene und der Autofahrt liegt. Selbstäußerungen des geläuterten Ill sind im Text bereits enthalten; Ihre Eigenleistung besteht zu einem großen Teil darin, sein Verhältnis zu der Familie, die ihn wie alle anderen verrät, zu reflektieren. Einseitige Anklagen würden seiner Selbsterkenntnis und Schicksalsergebenheit widersprechen, zumal er seine Frau offensichtlich aus wirtschaftlichen Gründen geheiratet hat.
Berücksichtigen Sie, dass der Brief eine Form des adressatenbezogenen Schreibens darstellt; sprechen Sie also die Empfänger des Schreibens – Ills Familie – an und schließen Sie mit einem passenden Abschiedsgruß.

Lösungsvorschlag in Grundzügen

Teilaufgabe 1
zentrale Idee

Friedrich Dürrenmatts 1956 uraufgeführte tragische Komödie *Der Besuch der alten Dame* dreht sich um **Gier und Bestechlichkeit**, die unter einer Schicht anerzogener Wertvorstellungen das menschliche Handeln bestimmen.

Vorgeschichte

Protagonist des Dramas und Gegenspieler der alten Dame ist der Kaufmann Alfred Ill. Er lebt mit Frau, Sohn und Tochter in der stark verarmten Kleinstadt Güllen. Vierzig Jahre zuvor hat er ein Mädchen aus problematischen sozialen Verhältnissen, Klara Wäscher, geschwängert und verstoßen. Ihrer Vaterschaftsklage wusste er zu begegnen, indem er zwei andere Männer durch Bestechung zu einer Falschaussage verleitete. Klara Wäscher verließ die Stadt, Ill heiratete statt ihrer Mathilde Blumhard, die Erbin eines Gemischtwarenladens. Im Lauf der Jahre trieb ein rätselhafter, singulärer totaler Verfall der Industrie die Stadt Güllen ins Elend. Klara Wäscher dagegen brachte es unter dem Namen Claire Zachanassian zur Milliardärin. Nach vierzig Jahren kündigt sie erstmals einen Besuch in Güllen an. Die Stadtbewohner erhoffen sich von ihr finanzielle Hilfe; Ill brüstet sich in seiner Rolle als ehemaliger Liebhaber und will Claire Zachanassian mit sentimentalen Erinnerungen ködern. Und wirklich bietet diese den Güllenern eine Milliarde – unter der Bedingung, dass jemand Alfred Ill töte. Die Grundlage für ihren Rachefeldzug hat sie geschaffen, indem sie sämtliche Industriebetriebe der Stadt aufgekauft und ruiniert hat.

Mit den Worten „Noch sind wir in Europa, noch sind wir keine Heiden“ (S. 50 der Diogenes-Ausgabe) lehnt der Bürgermeister im Namen der Gemeinde Claire Zachanassians Angebot ab. Schon bald aber beginnen die Güllener, und zwar ausnahmslos, auf eine mögliche Erfüllung der Bedingung zu spekulieren und sich auf Kredit mit Luxusgütern einzudecken. Zugleich verurteilen sie Ill wegen seiner Jugendsünde und bekunden ihre Sympathie für „Klärchen“, die ihren unmoralischen Lebenswandel und ihre bizarren Marotten unbeirrt zur Schau stellt. Ill reagiert zunächst mit Entsetzen und Wutausbrüchen, dann mit Hilfegesuchen, die abgewiegelt werden, dann mit Fluchtplänen. Schließlich gelangt er jedoch zur **Einsicht seiner Schuld:** „Ich habe Klara zu dem gemacht, was sie ist, und mich zu dem, was ich bin, ein verschmierter windiger Krämer.“ (S. 102) Er ist bereit, sich dem „Gericht“ der Güllener auszuliefern.

Käuflichkeit der Güllener und Ills Entwicklung

Die vorliegende Szene spielt in Ills Laden, der sich von Kunden geleert hat. Zuvor hatten sich darin etliche Güllener versammelt, um Ill zu kontrollieren. Anlässlich der achten Hochzeit von Claire Zachanassian ist Presse in der Stadt; sie hat auch den Laden besucht und es herrschte die Befürchtung, Ill könnte von der Kopfprämie berichten und somit der Güllener Selbstjustiz die staatliche Justiz vorschalten. Ill hat jedoch deutlich gemacht, dass er nichts dergleichen beabsichtigt. Mehr noch, er hat den Lehrer, der betrunken in einer letzten Aufbäumung seines Gewissens zu einer Offenbarung ansetzte, zum Schweigen gebracht. Daraufhin schienen die Güllener beruhigt und zerstreuten sich.

Kontext der Szene

In der Szene registriert Ill, dass seine Familie im Zuge des Güllener Aufschwungs nicht nur in die Renovierung des Ladens investiert hat, sondern dass sich jedes einzelne Mitglied persönlichen Luxus leistet: einen Pelzmantel, ein Auto, Tennisstunden. **Auch Ills Frau, Sohn und Tochter setzen mithin auf das Angebot der Milliardärin.** Indessen versuchen sie ihn damit zu beschwichtigen, dass Claire Zachanassian ihr Ansinnen unmöglich bis zur letzten Konsequenz verfolgen werde.

Käuflichkeit der Familie

Ill drängt seine Familie zu einer gemeinsamen Autofahrt, „ein einziges Mal“ (Z. 26 f. des vorliegenden Textes). Der Aufbruch wird, nachdem er seine Klausur verlassen hat, zugleich den Abschied von Haus und Geschäft bedeuten und zu einem letzten Zusammensein mit der Familie, einer letzten Besichtigung der aufblühenden Stadt und einem letzten Treffen mit Claire Zachanassian führen. So macht Ill nicht nur im wörtlichen Sinne **Kassensturz**.

letzter Aufbruch

Teilaufgabe 2

Liebe Mathilde, liebe Ottilie, lieber Karl!

Noch einmal spreche ich zu euch, in schriftlicher Form, und so bekommt der Abschiedsgruß „Auf bald“ nachträglich einen Sinn. Du hast es zweimal gesagt, Mathilde, pathetisch, und damit die **Falschheit** nur hervorgehoben. Denn ihr wisst genau wie ich, oder ahnt es zumindest, dass wir uns vorhin das letzte Mal gesehen haben. Vor der Gemeindeversammlung **räumt die Familie das Feld**. Fährt nach Kalberstadt und stellt sich dumm, wie schon die ganze Zeit.

Verlogenheit der Familie

Das letzte Mal also ihr, die Stadt, der Konradsweilerwald. Hier hat es angefangen, hier soll das Ende sein, will sagen mein **Abschied vom Leben**. Ich vermute fast, dass Klara noch aufkreuzen wird; sie hat Sinn für Drama-

Claires Wille dominiert

tik. Es sollte mir recht sein, ich will auch mit ihr noch einmal sprechen – um abzuschließen, nicht weil ich mir etwas von ihr erhoffen würde. Sie *wird* aufs Ganze gehen, entgegen euren Beteuerungen – aber das werdet ihr mitbekommen haben, wenn ihr diesen Brief lest, ihr wisst es auch jetzt schon. Klara meint immer, was sie sagt, darin hebt sie sich löblich von allen anderen ab. Heute Abend wird sie das Gericht über mich vollenden. Manche Gemeindemitglieder werden sich freilich einreden, es sei ihres, das Güllener Gericht. Ich selbst habe zum Bürgermeister gesagt: „Ich unterwerfe mich eurem Urteil, wie es auch ausfalle." Als ob hier irgendjemand noch einen Entscheidungsspielraum nutzen würde, als ob irgendjemand noch von einem **freien Willen** Gebrauch machte! Auch dem Lehrer vorhin habe ich das nicht abgenommen. Er hat sich volllaufen lassen und umständlich angesetzt, in Rätseln zu reden, ohne auf den Punkt zu kommen. Andererseits sollte ich es ihm hoch anrechnen, dass er sich durch den Alkohol ruiniert – er macht es sich noch am schwersten von allen. Trotzdem, glaube ich, hat er nur darauf gewartet, dass ihn jemand unterbräche. Dass gerade ich es tun würde, damit hat er wohl freilich nicht gerechnet.

eigene und fremde Verantwortung

Ja, das immerhin habe ich euch allen schon voraus, nachdem ich – auch das ist wahr – tiefer gesunken war, als ihr jetzt, in eurer Notlage, sinken konntet: Ich habe Gelegenheit bekommen, mich so oder so zu meiner Schuld zu verhalten, und dafür bin ich dankbar. **Ich habe den Tod verdient**, nicht juristisch, sondern moralisch. Ersteres spielt keine Rolle für mich. Ich habe selbst das Gesetz mit Füßen getreten, indem ich mir falsche Zeugen besorgte. Was eigentlich zählt, ist, dass ich **Klara verraten und ihr jeden moralischen Halt genommen** habe, sodass ein Unmensch, ein Monster aus ihr wurde. – Dass jetzt meine Mitbürger die Justiz beugen, ist ihr Problem, nicht meines. Ich werde den Tod von ihnen annehmen, aber nicht mir selbst geben, wie es mir der Bürgermeister vorhin nahelegen wollte. Ihr wart sicher auch in dieser Beziehung nicht ahnungslos, ihr konntet euch denken, weshalb er kam. Wie sehr mich seine **Feigheit** an meine eigene erinnerte, damals, als ich mich vor meiner Verantwortung drücken wollte! Nun hat mich diese eingeholt. Das ist recht und billig, aber ebenso billig ist es, dass **eure Verantwortung** bei euch bleibt.

Ill und Familie verdienen einander

Und mit euch meine ich euch alle, auch meine Familie, die den Tötungsakt im Kalberstädter Kino aussitzen wird. Ich sage das nicht vorwurfsvoll, ich habe es auch um euch nicht anders verdient. Oder, wenn man so will, **wir haben einander verdient**. Ich habe dich, Mathilde, aus derselben Gesinnung heraus geheiratet, die du jetzt in deinem Persianer nicht verhüllst, sondern zur Schau trägst. Und auch im **Heucheln** waren wir einander ebenbürtig. Wir haben zueinander gepasst. Vielleicht lag es daran, dass wir es miteinander aushielten – die Jahre und die Kinder haben wohl auch das Ihrige getan. Du hast mich womöglich etwas mehr geliebt als ich dich, denn so frostig, wie du Klara am Anfang begegnet bist, musst du eifersüchtig gewesen sein. Ich glaube dir sogar, dass du ehrlich erschrocken warst, als sie ihr Ansinnen aussprach. Doch die **Versuchung war stärker** und du hast wie alle anderen begonnen, dem Monster schönzutun. Du hast Fredi seinem Schicksal überlassen.

„Ideale" der Kinder

Was euch Kinder betrifft, so hat mich mein Gewissen zeitweise mehr gequält. Als es uns schlecht ging, habt ihr euch auf die Situation eingestellt und x-beliebige Arbeit gesucht – nüchtern, pragmatisch, manchmal sogar ohne Aufhebens. Nun ja, der Vorwurf an mich, den „Ernährer", klang schon immer durch. Ich elender Schwafelhans habe einmal geäußert, ihr hättet keinen Sinn für **Ideale**. Geschieht mir recht, wie alles andere, dass ihr euch noch welche zugelegt habt: die höchste Fahrgeschwindigkeit, das tiefste Dekolleté. Das mag hingehen, Karl, mit Geschwindigkeit kann man sich betäuben. Und ja, Ottilie, man kann zeigen, was man vorn herum hat, aber Kaschieren von Persönlichkeitsmängeln will gekonnt sein. Mit anderen Worten: Schmück dich nicht mit diesen Bildungsfetzen, die für ein bisschen Kursgebühr zu haben sind! Sogar dem Lehrer steht seine – immerhin stattliche – Bildung schlecht, und wie erst dir deine angeklebte! Was soll denn in euch gebildet worden sein? Urteilskraft? Gewissen? Das berühmte moralische Gesetz? – **Die sogenannte Bildung kann das, worum es euch eigentlich geht, nicht tarnen.**

kein Selbstbetrug mehr

Noch einmal: Ich darf und will keinen Stein werfen, ich habe mich übler und sogar lächerlicher aufgeführt als ihr und habe euch lediglich das voraus, dass ich mir nichts mehr vormache. Ich sterbe ruhig, denn mein **Schicksal hat sich erfüllt**. Es gibt nichts hinzuzufügen. Erlaubt mir, zum Abschied ganz unpathetisch die Worte zu zitieren: Weint nicht um mich, weint um euch und eure Kinder! Denn ich hab's hinter mir. Ich weiß nicht, ob es einen Sinn hat, euch etwas zu wünschen – vielleicht, dass ihr ebenfalls **aufhört euch selbst zu betrügen**. Das ist schon viel.

„Adieu" – „zu Gott"

Ich kann nicht sagen: „Lebt wohl", und „Gott segne euch" liegt mir in jeder Hinsicht fern. Unser Christentum (meins war ohnehin immer schwach) hat sich als ebenso unzulänglich erwiesen wie die Bildung. Aber wenn es jenseits von Klara Wäschers Weltgericht eine höhere Instanz gibt, möchte ich euch ihr empfehlen.

In diesem Sinne: **Adieu!**

Euer Gatte und Vater
Alfred

Deutsch (Baden-Württemberg): Abiturprüfung 2011
Aufgabe 3: Literarische Erörterung

Thema:

„In Wirklichkeit ist jeder Leser, wenn er liest, ein Leser nur seiner selbst. Das Werk des Schriftstellers ist dabei lediglich eine Art von optischem Instrument, das der Autor dem Leser reicht, damit er erkennen möge, was er in sich selbst vielleicht sonst nicht hätte erschauen können.“ *Marcel Proust, französischer Schriftsteller (1871–1922)*

Aus: Marcel Proust, „Auf der Suche nach der verlorenen Zeit“ (1913/1927), Band 7: „Die wiedergefundene Zeit“. Deutsch von Eva Rechel-Mertens. Frankfurt a. M.: Suhrkamp 2004.

Arbeitsanweisung

Erörtern Sie, inwieweit Sie diesem Verständnis von Literatur zustimmen können.

Hinweise und Tipps

Die Aufgabenstellung „Erörtern Sie, inwieweit Sie […] zustimmen können“ erfordert eine Auseinandersetzung mit dem Zitat sowie eine differenzierte Abwägung, welche Aspekte der Aussage Sie zutreffend finden und welche Sie ablehnen möchten. Das strenge Schema einer Pro-Kontra-Argumentation kann hier jedoch nicht angewendet werden, da eine eindeutige Zuordnung zustimmender und ablehnender Argumente meistens nicht aufgeht und die einzelnen Bestandteile des Zitats differenziert bewertet werden müssen.
Das Zitat stammt aus Marcel Prousts (1871–1922) Hauptwerk *Auf der Suche nach der verlorenen Zeit*, einem Roman von über 5 000 Seiten. Es befindet sich im siebten und letzten Band, der den Titel „Die wiedergefundene Zeit“ trägt.

Der Aufsatz lässt sich nun nach den Aspekten des Zitats gliedern, die nach Ihrer Meinung zutreffen bzw. nicht stimmen. In Ihrer Ausarbeitung müssen Sie zudem erklären, welche Lektüre Proust in seinem Zitat meint (nämlich Texte mit einem literarischen Anspruch). Sie können Beispiele aus der Literatur als Belege für die Argumentation anführen. Hier wäre es denkbar herauszustellen, dass der Leser nur dann ein Leser „seiner selbst“ ist, wenn dies der Text anbietet und der Leser sich darauf einlassen will: So wird der Leser bei unsympathischen Personen und nicht nachvollziehbaren Handlungen es ablehnen, sich darin zu lesen. Bewundernswerte Personen oder gar Helden machen es dagegen dem Leser leichter, den ersten Teil dieses Zitats zu erfüllen. Auch die Wendung „optisches Instrument“ kann man problematisieren. Denn ein Instrument funktioniert nach einem festen, vorhersagbaren Schema. Das würde voraussetzen, dass die Lektüre eindeutige Wirkungen hat, die – wie eine Brille oder ein Spiegel – nach starren Regeln eintreten. Dies trifft auf Literatur nur teilweise zu.
Weiterhin oder alternativ ist eine Gliederung des Aufsatzes denkbar, die sich an einer Deutung der Formulierung „was er […] nicht hätte erschauen können“ (Z. 3 f.) orientiert: Sind es Charakterzüge, Verhaltensweisen, verdrängte Gefühle, Wünsche, Träume? Sucht und findet der Leser in der Literatur Erkenntnisse beispielsweise über Liebe, Rache, Eifersucht, gesellschaftliche Grenzen, Fantasien?
Es ist aber auch möglich, Beispiele aus der Literatur auszuwählen und anhand dieser zu zeigen, inwieweit das Zitat zutrifft. Dieses Vorgehen wird hier gewählt.

Lösungsvorschlag in Grundzügen

Einleitung

„In Wirklichkeit ist jeder Leser, wenn er liest, ein Leser nur seiner selbst“, behauptet der französische Schriftsteller Marcel Proust. Diese Aussage erscheint zunächst überraschend. Denn eine Lektüre sollte doch den Horizont über die eigene Person hinaus erweitern. Proust führt weiter aus, dass ein literarisches Werk eine „Art optisches Instrument“ sei, mit dem der Leser „erkennen möge, was er in sich selbst vielleicht sonst nicht hätte erschauen können.“ Ermöglicht das Lesen wirklich einen Blick in das Innere des Lesers oder hat es noch andere Wirkungen beziehungsweise Funktionen?

Aspekte dieses Zitats

Die Aussage Prousts beinhaltet mehrere Aspekte, die diskutiert werden müssen. Erstens: Ist der Leser ein Leser „nur seiner selbst“? Die Frage ist, ob dieses „**nur**“ in seiner Absolutheit bestätigt werden kann. Lässt sich zweitens Literatur als Erkenntnishilfe wie ein „**optisches Instrument**“ betrachten? Und ist es drittens richtig, dass man diese Erkenntnis „**sonst nicht**“ gewinnen kann? Die Formulierung „**erkennen möge**“ deutet darauf hin, dass dieser Erkenntnisgewinn nur eine Chance und Möglichkeit für den Leser darstellt, dass er aber nicht notwendigerweise bei jeder Lektüre eintritt.

Definition der von Proust betrachteten Lektüre

Es ist offensichtlich, dass Proust **keine informativen** Texte meint. Sachtexte, die Fakten bereitstellen, sind nicht angesprochen. Auch auf journalistische Texte – die nicht unbedingt objektiv sein müssen, sondern, wie beispielsweise bei einem Kommentar oder Leitartikel, auch eine subjektive Meinung transportieren können – trifft diese Definition des Lesens nicht zu. Man kann zur Verdeutlichung das Modell der vier Seiten einer Nachricht hinzuziehen, wie es von Friedemann Schulz von Thun formuliert wurde. Jede Nachricht beinhaltet folgende Aspekte: den Sachinhalt, den Appell, den Beziehungsaspekt und die Selbstoffenbarung. Bei den eben genannten, nicht fiktionalen Texten geht es um Wissensvermittlung (Sachinhalt) oder um Stellungnahmen (Selbstoffenbarung). Dies kann zwar dazu führen, dass der Leser sein Verhalten oder seine Einstellung ändert (Appellfunktion), dabei handelt es sich aber nicht um die tiefere Selbsterkenntnis, die Proust anspricht. Auch in Texten, deren Schwerpunkt der Beziehungsaspekt ist (z. B. Briefe, einige Liebesgedichte), liest der Leser eben nicht „nur“ sich selbst, sondern erfährt auch viel über den Schreibenden. Natürlich ist in diesen Texten das „Du“ der Leser, dem ein Spiegel – also ein „optisches Instrument“ – vorgehalten wird, doch steht hier hauptsächlich das Verhältnis von Sender und Empfänger im Mittelpunkt.

Unterhaltungsliteratur

Proust hat vor allem **fiktionale Texte** im Sinn. Sein Zitat scheint auch für Unterhaltungsliteratur zuzutreffen, wenn man das Lesen „seiner selbst“ als „Identifikation“ deutet: Denn bei **unterhaltsamen**, **trivialen Romanen** ist es manchmal (zu) einfach, sich empathisch in eine Hauptperson einzufühlen. Im Extremfall kann die Figur auch das Wunschdenken des Lesers verkörpern: Die Lektüre eines Groschenromans aus dem Adels- oder Ärzte-Milieu entspringt oft dem Wunsch, selbst die Rolle eines attraktiven, erfolgreichen Protagonisten einzunehmen. Doch diese Identifikation mit einer literarischen Figur führt dann nicht zu einer Selbsterkenntnis, die „sonst nicht“ zu „erschauen“ ist. Denn wer sich auf diese Art in den Roman hineinversetzt, verstärkt die Distanz zur Realität. Durch dieses – **evasorisch** genannte – Leseverhalten begibt sich der Leser eher auf eine

Flucht aus seinem Alltag. Es führt nicht dazu, dass man sich im Sinne Prousts seiner selbst genauer bewusst wird.

Fantasy- und Jugendliteratur

Für **Fantasy-Literatur** trifft das Zitat ebenfalls nur teilweise zu, zumal sie vornehmlich **unterhalten** will. Fantasy-Welten, deren Schnittmenge mit der menschlichen Realität sehr klein ist, sind nicht überzeugend und vermitteln den Eindruck von Fremdheit. Reizvoller sind sie, wenn eben doch Bezüge zur „normalen" Welt hergestellt werden bzw. man eine Brücke zu den Figuren schlagen kann: Beispielsweise ist Harry Potter ein Junge, in dem sich viele junge Leser wiedererkennen. Gerade seine menschlichen Züge, Fehler und Probleme ermöglichen es dem Leser, vergleichbare Charakterzüge und Verhaltensweisen an sich selbst zu entdecken. Harry Potters Zauberkünste führen dem Leser aber auch seine Beschränktheit vor Augen, da letzterer seine Probleme nicht auf übernatürlichem Weg lösen kann.

„Auf der Suche nach der verlorenen Zeit"

Was für Jugendliteratur gilt, trifft erst recht auf klassische Werke zu. Es ist naheliegend, dass Proust mit der Aussage auch sein eigenes Schaffen im Sinn hatte. Das Zitat befindet sich im letzten Band seines über 5 000 Seiten dicken Romanhauptwerks *Auf der Suche nach der verlorenen Zeit*. Da es in dem Roman um die Lebensgeschichte eines Ich-Erzählers geht, kann das Zitat auch als Anleitung gedeutet werden, wie dieser Roman zu lesen ist. Wer die **Erinnerungen** liest, folgt den **Assoziationsketten** des Ich-Erzählers. Die Gedankensprünge sind jedoch subjektiv motiviert und für Außenstehende schwer nachvollziehbar. Zum Beispiel erinnert sich der Erzähler beim Geruch von Madeleine-Gebäckstücken an seine Kindheit. Wenn der Leser hier etwas über sich erfahren will, muss er die beschriebenen Assoziationen auf sich übertragen und Parallelen zu seinem eigenen Leben herstellen.

„Der Besuch der alten Dame"

Ein passendes Beispiel für Prousts Aussage ist *Der Besuch der alten Dame*, eine „tragische Komödie" von Friedrich Dürrenmatt. Eine in ihr Heimatdorf zurückkehrende Milliardärin fordert „Gerechtigkeit" und bietet dem verarmten Ort eine Milliarde – unter der Bedingung, dass jemand ihren früheren Geliebten umbringt. Die Bevölkerung lehnt das Angebot zunächst entrüstet ab, wird aber mit der Zeit schwach und ist am Ende zum Mord bereit. Das Drama zeigt, wie **bestechlich die Menschen** sind. Auch der Leser müsste sich eingestehen, dass die Versuchung des Geldes sehr groß ist. Dürrenmatts Drama erlaubt einen Blick in menschliche Abgründe: Was kann die materielle **Verführbarkeit** auslösen, wie wird das unmoralische Vorgehen gerechtfertigt? Die Dorfbewohner – allen voran der ehemalige Geliebte – sind Meister im **Verdrängen von Schuld**, womit dem Leser ein Spiegel vorgehalten wird: Wer hat nicht auch Jugendsünden begangen, die er vergessen glaubt? Die **Rachegefühle** der heimkehrenden Milliardärin hingegen sind derart übersteigert, dass der Leser sich darin vermutlich kaum wiedererkennt.

„Michael Kohlhaas"

Dies gilt auch für die **Rachefeldzüge** von Michael Kohlhaas in der gleichnamigen Novelle von Heinrich von Kleist. Der Pferdehändler Kohlhaas wurde – ebenso wie die „alte Dame" – stark gedemütigt und reagiert auf eine extreme Weise, die nur ansatzweise nachvollziehbar ist. Der Leser wird sich hier nur bis zu einer gewissen Stufe (die individuell verschieden ist) mit dem Protagonisten identifizieren, aber gerade indem er sich abgrenzt, hat er „in sich selbst" etwas „erschaut", was er sonst nicht erkannt hätte, weil er hier beim Lesen auf eine erfundene und überspitzte Situation trifft. Der Rechtsstreit, den Kohlhaas mit äußerstem Fanatismus gegen den Junker von Tronka führt und der ihn sogar zum blutigen Landfriedensbruch treibt, fordert den Rezipienten geradezu auf, sich mit seinem eigenen Gerechtigkeitsempfinden auseinanderzusetzen und sich zu der Frage zu positionieren, ob man sich sein Recht mit dem Mittel der Selbstjustiz beschaffen darf.

„Antigone“

Eine literarische Geschichte kann sehr weit weg vom Leseralltag sein – und doch wird der Leser immer wieder das Gelesene auf seine Lebenswelt beziehen. Das antike Drama *Antigone* von Sophokles ist über 2 000 Jahre alt, aber die Frage, ob man Gesetze übertreten darf, um für seine Familie einzustehen, ist auch heute noch aktuell. Wie fanatisch darf **Treue zur Familie** sein, wie stark **Gehorsam dem Staat** gegenüber, wann sollte Mitleid über allen Regeln und Gesetzen stehen? Da diese Überlegungen auch den heutigen Leser berühren, kann er sich durch die Lektüre des antiken Dramas über seine Einstellung klar werden. Auf Antigone angewendet, würde das Proust-Zitat bedeuten, dass der Leser beispielsweise an seinem Mitleiden erkennen würde, wie weit seine Liebe bei bestimmten Schicksalsschlägen gehen würde.

Literarische Texte bieten also Problemkonstellationen, die es dem Leser erlauben, bestimmte Fragen gedanklich durchzuspielen und sich mögliche eigene Aktions- und Reaktionsweisen zu überlegen. Literatur erscheint dann tatsächlich als Hilfsmittel und „Instrument“, das **den Leser in einem virtuellen Raum mit existenziellen Situationen konfrontiert** und ihm so die Gelegenheit gibt, einiges über sich selbst zu erfahren.

Mitleid nach Aristoteles

Schon die Theatertheorie von Aristoteles geht davon aus, dass Zuschauer beim Betrachten der dramatischen Handlung **Furcht und Mitleid** empfinden und das Theater dank dieser Katharsis „gereinigt“ verlassen. Dies kann nur funktionieren, wenn das Drama etwas mit mir zu tun hat. Man könnte einwenden, dass bei mythologischen Stoffen die Könige und Helden auf der Bühne über eine gesellschaftliche Fallhöhe verfügen, die den Zuschauern in der Regel fehlt, dass diese sich also nicht in dem vorgeführten Schicksal der Helden wiederfinden können. Dennoch leiden die Betrachter mit, ebenso wie später bei bürgerlichen Trauerspielen und bei Sturm-und-Drang-Dramen.

Sturm und Drang

Auch Goethes Briefroman *Die Leiden des jungen Werther* hat die Leser in Prousts Sinne etwas erkennen lassen, „was er in sich selbst vielleicht sonst nicht hätte erschauen können“. Die unglückliche Liebesgeschichte stellt ein Medium dar, durch das dem Leser eigene ungeahnte Gefühle der **Hoffnungslosigkeit und Depression** bewusst werden können. Da der Roman Worte und Bilder für diese Gefühle bereitstellt, in denen man sich selbst wiedererkennen kann, wurde er gerade für die Zeitgenossen zur Projektionsfläche eigener Emotionen und löste geradezu ein „Wertherfieber“ aus. Leider konnten sich einige Leser dann nicht genug von dem Schicksal Werthers distanzieren und folgten ihm auch auf dem Weg in den Selbstmord.

episches Theater: Belehrung und Appell

In dem denkbar größten Kontrast zu einer solchen identifikatorischen Lektüre steht der Ansatz Bertolt Brechts. Er fordert mit seinem epischen Theater, das vor allem im Dienst der **Gesellschaftskritik** steht, eine **Dis-**

tanz zum Text. Der Leser bzw. Zuschauer soll eben gerade nicht mitleiden, sich nicht identifizieren, sondern bemerken, dass hier nur gespielt wird. Gerade weil er nicht in die Illusion einer Geschichte eintaucht, soll er umso deutlicher erkennen, was schief läuft, welche sozialen Missstände und Ausbeutungsverhältnisse existieren und was an der beschriebenen Gesellschaft geändert werden müsste. Der Text ist eine **Aufforderung zum Handeln**. Diese Absicht verrät teilweise ein anderes Literaturverständnis als das von Proust.
Es geht Brecht nicht um eine Selbsterkenntnis durch psychologische Einfühlung; sein Anliegen ist direkter und stärker didaktisch: Der Leser bzw. Zuschauer soll einen ungeschönten Einblick in die gesellschaftlichen Strukturen erhalten, in denen er selbst gefangen ist. Mithilfe von Verfremdungseffekten soll jede **Identifikation** mit den Figuren **verhindert** werden und der Leser zu kritischem Denken sowie Entscheidungen angespornt werden.

Lesen zum Verstehen des Fremden

Es gibt noch weitere Beispiele für Lektüren, bei denen Prousts Überlegung zu einseitig ist: Wenn man Geschichten aus anderen Zeiten oder Ländern, anderen Gesellschaftsschichten oder Kulturen liest, so haben diese auf den ersten Blick meist sehr wenig mit dem Leser zu tun. Dieser **erweitert seinen Horizont**, weil er sich neue Bilder vorstellen kann und muss. Er liest also nicht *nur* sich selbst, sondern bildet sich weiter.
Allerdings finden sich überall und zu allen Zeiten Menschen mit ähnlichen Nöten, Konflikten und Sehnsüchten wie beispielsweise dem Wunsch nach Liebe. Diese **anthropologischen Grundkonstanten** ermöglichen es, dass man sich in literarischen Werken stets ein Stück weit selbst wiederfinden kann. Durch die Lektüre wird man sich über die eigene Situation bewusst. Und dies ist dann letztlich doch wieder das, was Proust meint.

Schluss

Im ersten Moment möchte man Proust widersprechen, weil seine Aussage sehr einengend und monoperspektivisch klingt. Wenn der Leser doch immer wieder bei einer Sicht auf sich selbst landet, scheint er durch Lektüre nicht über seine Person hinaus zu kommen. Bei genauerer Betrachtung kann man jedoch anhand vieler Beispiele sehen, dass Literatur den Leser vor ungeahnte Probleme stellt und in unvorstellbare Handlungen verwickelt, dass sie eine Art **Versuchsanordnung** aufbaut und dass dies dem Leser neue Erkenntnisse über seine eigene Situation und Psyche liefert. Literatur ähnelt in dem Punkt Reisen: Wenn man fremde Länder und Kulturen kennengelernt hat, sieht man die eigene Heimat mit anderen Augen. Diesen Erkenntnisprozess beschreibt Marcel Proust mit seinem Zitat.

Deutsch (Baden-Württemberg): Abiturprüfung 2011
Aufgabe 4: Interpretationsaufsatz zu einem Gedicht oder Gedichtvergleich

Thema:
Else Lasker-Schüler (1869–1945): **DIR** (erschienen 1902)
Hans Magnus Enzensberger (*1929): **trennung** (erschienen 1960)

DIR

Drum wein ich,
Daß bei deinem Kuß
Ich so nichts empfinde
Und ins Leere versinken muß.
Tausend Abgründe
Sind nicht so tief,
Wie diese große Leere.
Ich sinne im engsten Dunkel der Nacht,
Wie ich dirs ganz leise sage,
Doch ich habe nicht den Mut.
Ich wollte, es käme ein Südenwind,
Der dirs herübertrage,
Damit es nicht gar voll Kälte kläng
Und er dirs warm in die Seele säng
Kaum merklich durch dein Blut.

Aus: Else Lasker-Schüler: Gedichte 1902–1943. Frankfurt a. M.: Suhrkamp 1959

trennung

der himmel soll zwischen dir und mir
zerschnitten sein,
und zerschnitten die weiße fahne,
in die wir uns hüllten im schlaf,
schön aneinandergebäumt
und belaubt mit zukunft.

es ist montag geworden

ein wind soll kommen
und aus den kronen raufen
ihr grünes gedächtnis,
ein schnee soll kommen
und kein rauch überm haus,
und die zeit zerschnitten,
der himmel, daß herausfährt
die kalte geduldige asche,
und sich auf dein haupt setzt,
und auf mein haupt setzt:
der zerschnittene schnee.

Aus: Hans Magnus Enzensberger: Landessprache. Frankfurt a. M.: Suhrkamp 1960, S. 78

Arbeitsanweisung

Interpretieren und vergleichen Sie die beiden Gedichte.

Hinweise und Tipps

Thema: Liebeslyrik

„Die Liebe ist stumm, nur die Poesie kann für sie sprechen." In diesen Worten des romantischen Dichters Novalis wird deutlich, warum die Literatur voller Liebesdramen, -romane und -gedichte ist. In welchen Worten aber drückt der Dichter die Liebe aus? Gibt es ein immer gültiges Repertoire an sprachlichen Formeln für die Liebe oder muss jede Zeit ihre eigene Sprache finden? Oder ist die Liebe selbst gar kein reales Gefühl, sondern ein Konstrukt, das kulturell und historisch bedingt ist, ein Kommunikationscode mit ganz eigenen Regeln, wie der Soziologe Niklas Luhmann behauptet?

Bei der Analyse und Interpretation von Liebeslyrik müssen solche Fragen immer mit bedacht werden. Dabei können Kenntnisse über den Epochenhintergrund hilfreich sein. Wichtiger ist es jedoch, sich ganz auf die Texte, auf die Poesie, die für die ‚stumme Liebe' spricht, einzulassen.

Interpretationsaufsatz zu einem Gedicht oder Gedichtvergleich

Beim Aufgabentyp IV, „Interpretationsaufsatz zu einem Gedicht oder Gedichtvergleich", werden Ihnen meist zwei motivgleiche Texte zur vergleichenden Untersuchung vorgelegt. Achten Sie darauf, jedes Gedicht zunächst für sich wirken zu lassen und erste Deutungshypothesen zu bilden, bevor Sie die beiden Texte miteinander vergleichen. So können Sie die Gefahr einer Fehlinterpretation vermeiden.

Der erste Arbeitsschritt bei jeder Textinterpretation ist das genaue Lesen mit Stift und Textmarker. Hier können Sie wichtige Vorarbeit leisten, die Sie beim anschließenden Verfassen des Konzepts und der Reinschrift entlastet, z. B. durch farbige Markierungen und Unterstreichungen formaler Auffälligkeiten, Visualisierung von Querbezügen durch Pfeile und Linien, Randnotizen zum Festhalten spontaner Assoziationen usw. Denken Sie daran, dass Dichtung sich durch eine besonders „dichte" Sprache auszeichnet, die sich auf unterschiedlichen Ebenen zeigt: semantisch (Bedeutungsebene), metaphorisch (Ebene der Bildlichkeit), symbolisch (Ebene der übertragenen Bedeutung, oft kulturell festgelegt), phonetisch (Ebene der Laute, z. B. Reim, Alliterationen, Assonanzen usw.), syntaktisch (Ebene des Satzbaus, z. B. Hypotaxe vs. Parataxe, Satzbrüche, verkürzte oder unvollständige Sätze).

Auch wenn die Operatoren *interpretieren und vergleichen* Ihnen methodisch viel Freiheit lassen, sollten Sie zielgerichtet arbeiten. Ein Schreibplan bzw. eine Gliederung hilft Ihnen, stets die Übersicht zu behalten und Ihren Schreibprozess auf das angestrebte Ergebnis hinzusteuern. Für vergleichende Interpretationen hat sich folgende Struktur bewährt: Nach einer thematischen Einleitung mit knapper Vorstellung der vorgelegten Texte (die vier „T": Textautor, Texttitel, Textgattung bzw. -sorte, Textthema) werden die Texte nacheinander einzeln interpretiert und anschließend verglichen. Dabei sollen wichtige Gemeinsamkeiten und Unterschiede herausgearbeitet werden. Ein abschließendes Fazit, in das auch Ihre persönliche Bewertung der Gedichte einfließen kann, rundet den Aufsatz ab.

Wie bei jedem Interpretationsaufsatz wird von Ihnen erwartet, dass Sie über fachspezifische inhaltliche und methodische Kompetenzen verfügen. Dazu gehört auch die funktionale Verwendung einer angemessenen Fachsprache. Dabei gilt: Eine reine Benennung sprachlicher Mittel mit passenden Fachtermini oder gar eine Aufzählung von im Text vorkommenden Stilfiguren ist noch keine Interpretationsleistung. Weniger ist hier oft mehr.

Auch mit literaturgeschichtlichem Hintergrundwissen sollten Sie eher vorsichtig umgehen, um eine Verengung der Texte auf sogenannte „Epochenmerkmale" zu vermeiden. Epochenbegriffe sind Konstrukte, mit denen versucht wird, die Vielfalt der literarischen Zeugnisse einer Zeit zu ordnen. Seit dem Beginn des 20. Jahrhunderts löst sich der Begriff der Epoche auf, weil unterschiedliche Strömungen und Tendenzen miteinander konkurrieren, sich ergänzen, parallel laufen usw. Selbst wenn Sie einen Autor oder eine Autorin sicher in eine bestimmte Epoche einordnen können – Else Lasker-Schüler z. B. gilt als bedeutende Vertreterin des Expressionismus –, muss dieses Wissen für die Interpretation des konkreten Einzeltextes nicht richtungsweisend sein.

Lösungsvorschlag in Grundzügen

Einleitung

Trennung in Liebe – geht das? Wenn eine Liebe zu Ende ist, wenn zwei auseinandergehen, der eine den anderen verlässt, dann beginnt oft erst das „ganz normale Chaos der Liebe". Mit der Erfahrung **von Liebesverlust und Abschied** befassen sich auch die beiden Gedichte von Else Lasker-Schüler, *DIR*, und Hans Magnus Enzensberger, *trennung*. In vergleichender Analyse soll untersucht werden, wie der Dichter und die Dichterin das Ende einer Liebe emotional verarbeiten und literarisch gestalten.

„DIR"

„DIR" – drei Großbuchstaben, ein einziges Wort, das persönliche Fürwort im Dativ – das ist der **Titel des Gedichts** von Else Lasker-Schüler (1869–1945). In 15 Versen unterschiedlicher Länge, die ohne Strophenstruktur, festes Metrum und regelmäßiges Reimschema auskommen, beklagt das lyrische Ich den Verlust seiner Empfindungen für das Du. Aber das Du wird nur in Gedanken angesprochen, das Bekenntnis, dass die Liebe zu Ende geht, wird dem Wind anvertraut, damit er ihm die Botschaft möglichst schonend überbringen möge.

Befindlichkeit des lyrischen Ich

Das Gedicht beginnt unvermittelt mit der lapidaren **Feststellung** der lyrischen Sprecherin, dass ihr alle Empfindungen und Gefühle für den Geliebten abhandengekommen sind und einer **großen inneren Leere** Platz gemacht haben: „Drum wein ich, / Daß bei deinem Kuß / Ich so nichts empfinde / Und ins Leere versinken muß." (V. 1–4) Aus diesen Versen spricht sowohl die **Trauer** über den Verlust der Liebe – „Drum wein ich" – als auch eine gewisse **Verwunderung**, die in der Verstärkung der Aussage durch die Abtönungspartikel „so" – „Daß [...] / Ich so nichts empfinde" – zum Ausdruck kommt. Auch wird deutlich, dass die Sprecherin des Gedichts diesen Vorgängen machtlos gegenübersteht, ja willenlos ausgeliefert ist, denn sie <u>muss</u> „ins Leere versinken" (V. 4).

Metaphorik

Die **Metapher der Leere** wird in den folgenden Versen weiter entfaltet und sie verdeutlicht, wie sehr die Sprecherin selbst sich durch den Verlust der Liebe bedroht fühlt, denn „Tausend Abgründe / Sind nicht so tief, / Wie diese große Leere." (V. 5–7) Abgründe tun sich in der Natur auf, etwa beim Überqueren einer tiefen Schlucht mit einem reißenden Gebirgsbach. Wer vor dem Abgrund steht, befindet sich in **Lebensgefahr**, droht abzustürzen oder unterzugehen – im übertragenen Sinn auch seelisch.

Achse des Gedichts

Schlimmer noch als die „[t]ausend Abgründe", von denen das lyrische Ich spricht, ist jedoch die „große Leere", die es angesichts der erkalteten Gefühle empfindet. Aus dieser Leere resultiert ein Gefühl der **Beklemmung und Isolation**, das im folgenden **Vers (V. 8)**, der **Zentrum** und Achse des Gedichts ist, in Worte gefasst wird: „Ich sinne im engsten Dunkel der Nacht". Ist schon das „Dunkel der Nacht" im realen und übertragenen Sinn bedrohlich, so wird diese Wirkung durch die Beifügung des Adjektivs „eng" – etymologisch mit dem Wort „Angst" verwandt – in der Steigerungsform noch intensiviert. Auch das Verb, das die lyrische Sprecherin für ihre Überlegungen wählt, verrät ihre seelische Not: **„sinnen"** ist Synonym für „nachdenken" im Sinne von „grübeln". Wer grübelt, hat niemanden, dem er sich mitteilen kann oder will. Grübeln gilt als negative Form des Nachdenkens, die in eine Endlosschleife quälender Gedanken führt und uns davon abhält, uns auf die Gegenwart zu konzentrieren und anstehende Probleme zu lösen. Genau dies widerfährt auch dem lyrischen Ich:

Es hat nicht den Mut, dem Geliebten die Wahrheit über das Ende der Liebe ins Gesicht zu sagen, weil es ihn schonen, ihm nicht wehtun will. Das Ergebnis des Sinnierens darüber, „[w]ie ich dirs ganz leise sage“ (V. 9), und die Konsequenz aus der Feststellung „[d]och ich habe nicht den Mut“ (V. 10) sind deshalb nicht der Versuch, das Problem zu lösen, sondern eine **Verlagerung der Entscheidung in die irreale Welt der Wünsche**. So sind die letzten fünf Verse des Gedichts folgerichtig im Konjunktiv verfasst. Die lyrische Sprecherin delegiert die Übermittlung ihrer Botschaft an einen „Südenwind“ (V. 11) und hofft, dass dieser mit seiner Wärme die Seele des Du erreiche und ihm helfen möge, die Erkaltung ihrer Gefühle unbeschadet zu verarbeiten. Wie sehr die Sprecherin ihre Verantwortung verdrängt, wird auch im Satzbau deutlich. Während bis zum Vers 11 das *Ich* Agens der meisten Aussagen war (Ausnahme: V. 5–7), übernehmen in den letzten fünf Versen der „Südenwind“ und (V. 13–15) ein unbestimmtes *Es* die Funktion des Subjekts. Dennoch könnte man vermuten, dass sich in dieser Haltung der Sprecherin nicht nur fehlender Mut zur Wahrheit zeigt, sondern auch ein **Rest von Zärtlichkeit und Zuneigung**. Die Botschaft, dass ihre Gefühle erkaltet sind und sie bei seinem Kuss „so nichts empfinde[t]“ (V. 3), soll dem – ehemals? – Geliebten „nicht gar voll Kälte“ klingen und „warm in die Seele“, „[k]aum merklich durch [s]ein Blut“ (V. 13–15) gesungen werden. Auch wenn die heiße Liebe erloschen ist, bleibt doch der Wunsch nach Rücksichtnahme und Fürsorge und vielleicht die Hoffnung auf seelische Nähe und Gleichklang (vgl. das Reimpaar „kläng“/ „säng“, V. 13/14) bestehen.

irreale Wünsche statt aktiver Problemlösung

fehlender Mut zur Wahrheit

Auch in dem Gedicht von Hans Magnus **Enzensberger** (*1929) spricht ein lyrisches Ich vom Ende einer Liebe. Der **Wunsch nach „trennung“** wird allerdings nicht beklagt, sondern in einer **aggressiven Sprache** geäußert.

„trennung“ Wunsch nach Trennung

Das Gedicht bilden zwei unterschiedlich lange Strophen, zwischen denen isoliert ein einzelner Vers (V. 7) steht. Die insgesamt 18 Verse sind bis auf zwei Wortwiederholungen (V. 8 und V. 11, V. 16 und V. 17) reimlos, ein regelmäßiges Metrum ist nicht zu erkennen. Dennoch zeigt sich ein gewisser **Wille zur formalen Gestaltung:** Der Dichter schreibt konsequent klein und verstößt damit bewusst gegen sprachliche Normen; eine gesuchte Wortwahl, sprachliche Neuschöpfungen und rhetorische Figuren (z. B. Chiasmus V. 1–3, Parallelismus V. 8 und V. 11) kontrastieren mit Satzbrüchen und assoziativen Reihungen; schließlich setzt der alleinstehende Vers 7 den Titel des Gedichts, „trennung“, formal um, indem er den Text in zwei Teile trennt, die Strophen quasi auseinanderreißt.

Form des Gedichts

So auseinandergerissen soll auch das Paar werden, das der Sprecher des Gedichts einst mit der Geliebten gebildet hat: „der himmel soll zwischen dir und mir / zerschnitten sein, / und zerschnitten die weiße fahne, / in die wir uns hüllten im schlaf, / schön aneinandergebäumt / und belaubt mit zukunft.“ (V. 1–6) Die traditionelle Bedeutung der Himmelsmetapher, die auf die existenzielle Geborgenheit des Menschen in der Liebe verweist, wird gleich im ersten Vers des Gedichts in ihr Gegenteil verkehrt. Der Himmel über den Liebenden soll nach dem Willen des lyrischen Ich „zerschnitten sein“, ebenso wie die „weiße fahne“, das Zeichen des Friedens zwischen kämpfenden Parteien. **Harmonie, Gemeinsamkeit und Intimität gehören der Vergangenheit an**, als die Liebenden sich im Schlaf in diese Fahne hüllten (vgl. V. 4), „schön aneinandergebäumt“ (V. 5) eroti-

aggressive Sprache

sche Nähe suchten und daran glaubten, dass die Beziehung wie ein Baum weiter wachsen würde („belaubt mit zukunft“, V. 6).

Achse des Gedichts

Doch „es ist montag geworden“ (V. 7) und auf einmal ist alles anders. Ist es der **Alltag**, der die Liebenden eingeholt hat? In den Wünschen, die das lyrische Ich in der zweiten Strophe des Gedichts äußert, wird auf jeden Fall deutlich, dass es **der Liebe keine Chance** mehr geben will. „[E]in wind“ (V. 8) und „ein schnee“ (V. 11) sollen kommen und die Erinnerung an die Liebe vernichten, das „grüne gedächtnis“ „aus den kronen raufen“ (V. 9/10) und alles, was vom gemeinsamen Leben übrig ist, auslöschen wie das Feuer des gemeinsamen Herdes, denn es soll „kein rauch überm haus“ (V. 12) aufsteigen. Auch die Zeit soll „zerschnitten“ sein oder werden, ebenso wie der Himmel (vgl. V. 14; Wiederaufnahme des Motivs von V. 1). Das lyrische Ich spricht in **assoziativen Bildern**, die syntaktisch nicht immer zugeordnet werden können. Auf wen bezieht sich „ihr grünes gedächtnis“ (V. 10)? Ist es das Gedächtnis der Liebenden, die hier mit den Kronen (V. 9) eines Baumes gleichgesetzt werden? Zeigt sich tatsächlich „kein rauch überm haus“ (V. 12) oder ist auch diese Aussage ein Wunsch oder gar ein Befehl: So soll es sein!? Auch das surreale Bild der „kalte[n] geduldige[n] asche“, die „herausfährt“ aus dem Himmel (V. 14/15), weckt zwar Assoziationen, etwa an eine verlassene Feuerstelle am heimischen Herd als Zeichen für die erloschene Liebesglut, lässt sich aber letztlich **nicht völlig entschlüsseln:** „geduldig“ kennen wir als Attribut für den Menschen und sein Verhalten, nicht jedoch für Asche, den festen Rückstand aus der Verbrennung organischen Materials.

Metaphorik

Die **Metapher der Asche** wird in den Versen 14 bis 17 in einem konkreten Bild weitergeführt und auf eine symbolische Ebene gehoben: „daß herausfährt / die kalte geduldige asche, / und sich auf dein haupt setzt, / und auf mein haupt setzt“. In vielen Kulturen gilt Asche als **Zeichen der Buße und Reinigung**; die Christen beginnen z. B. die Fastenzeit am Aschermittwoch mit der Segnung der Gläubigen durch das Aufzeichnen eines Aschekreuzes; Phönix, der ebenfalls ein Symbol für Reinigung, Reinheit und Wiedergeburt ist, entsteht alle 500 Jahre aus seiner eigenen Asche neu. Vor diesem Hintergrund erhebt sich die Frage, ob die ehemals Liebenden aus ihrer Beziehung ebenfalls gereinigt und geläutert hervorgehen, zumal auch der Schnee als Symbol der Reinheit gedeutet werden kann. Der letzte Vers, der durch den vorangestellten Doppelpunkt den Stellenwert eines **Fazits** erhält, macht aber noch einmal unmissverständlich klar, dass es für diese Beziehung nach dem Willen des lyrischen Ich keine Chance mehr gibt: Mit dem syntaktisch nicht eingebundenen Hinweis „der zerschnittene schnee“ (V. 18) endet das Gedicht.

Fazit: Die Liebe hat keine Chance mehr

DIR und *trennung* – in beiden Texten geht es um das **Ende einer Liebe**. Beide Texte können insofern als „modern“ gelten, als sie auf Strophe, Metrum und Reim weitgehend verzichten und eine expressive Sprache verwenden.

Vergleich der Gedichte

Jedoch unterscheiden sie sich im **Sprachduktus**, den die lyrischen Sprecher für die Verarbeitung ihrer Emotionen und Erfahrungen verwenden. Der **einfühlsame, behutsame und zurückhaltende Sprechgestus** des lyrischen Ich in ***DIR*** steht in scharfem Kontrast zu dem ganz offen **aggressiven Ton** des – wohl, wie der Autor, männlichen – Sprechers in ***trennung***. Das Partizip Perfekt des Verbs „zerschneiden“, das eine destruktive

Vergleich der Sprache

Tätigkeit bezeichnet, kommt dort viermal vor (V. 2, 3, 13, 18,). Auch die Alltagssprache kennt dieses Bild: Wir sprechen vom „zerschnittenen Tischtuch“, wenn zwei Lebenspartner sich im Unfrieden trennen. Das lyrische Ich weitet den metaphorischen Bereich jedoch aus und intensiviert den Eindruck seiner aggressiven Stimmungslage, allerdings auf Kosten der Klarheit: „zerschnitten“ sollen der Himmel, die „weiße fahne“ (V. 3), ja sogar die Zeit (V. 13) und schließlich der Schnee (V. 18) sein – wie soll sich der Leser das vorstellen, was soll er darunter verstehen?

Vergleich der Sprecher und ihrer Haltung zum Du

Aggressiv, ja geradezu gebieterisch wirkt auch die mehrmalige Verwendung des modalen Hilfsverbs „sollen“ (V. 1, 8, 11). **Allein der Wille des Sprechers** zählt, ihm sollen Himmel und Erde, Natur und Mensch gehorchen; was die Partnerin fühlt und hofft, denkt und plant, interessiert ihn offensichtlich nicht. Ist das lyrische Ich etwa herzlos? Man könnte es vermuten, denn in diesem Liebesgedicht kommen **weder Herz noch Seele** vor, als einziger Teil des menschlichen Körpers wird der **Kopf**, Sitz der Gedanken, – „dein haupt“, „mein haupt“ (V. 16, 17) – genannt. Dass das lyrische Ich die Trennung vom Du keineswegs rational verarbeiten kann, sondern verdrängen will, erkennt der Leser jedoch an Gedankensprüngen, Satzbrüchen, unvollständiger Syntax und einer assoziativen Metaphorik, die als Anzeichen innerer Verstörung gedeutet werden können.

Rolle der Natur

Im Gedicht *DIR* hingegen bekennt sich die Sprecherin offen zu ihrer **Trauer über die verlorene Liebe**. Auch wenn sie sich in die Innenwelt ihrer Gedanken und Empfindungen zurückzieht und in Depression zu versinken droht, kann sie sich empathisch in das Du einfühlen. Wie bei Enzensberger werden die Kräfte der Natur beschworen: Doch während dort das lyrische Ich wünscht, dass der „wind“ (V. 8) die Trennung besiegelt, ist der Ton der Sprecherin bei Lasker-Schüler viel versöhnlicher. Die Natur in Gestalt des lauen Südwinds ruft sie an, um dem ehemals Geliebten die Botschaft vom Erkalten ihrer Liebe möglichst sanft zu überbringen, destruktive Absichten liegen ihr fern. Trotz seelischen Kummers gelingt es ihr, ihre Gedanken und Wünsche in hypotaktischen, mehrere Verse umfassenden Satzgebilden logisch zu entwickeln, durch Adverbien und Konjunktionen („drum“ V. 1, „daß“ V. 2, „wie“ V. 9, „doch“ V. 10, „damit“ V. 13) klar zu strukturieren und melodisch zu gestalten (vgl. die auffallend vielen Assonanzen im letzten Satzgefüge V. 10–15, insbesondere auf die Umlaute *ü* und *ä* und den Vokal *e*). So muss das Ende der Liebe wohl auch nicht endgültig sein, denn die Bindung an das – immer noch liebende? – Du ist noch nicht zerstört.

Deutsch (Baden-Württemberg): Abiturprüfung 2011
Aufgabe 5: Analyse und Erörterung nicht fiktionaler Texte (auch mit gestalterischer Teilaufgabe) – Schwerpunkt: Erörterung

Thema:
Richard Kämmerlings: Flatrate-Mentalität – Ausweitung der Trinkzone

Im späten Mittelalter waren die Weinbrunnen eine gängige Form der Herrscherrepräsentation. Bei Königskrönungen wurden sie – in bester Innenstadtlage – aufgestellt und spendeten für ein paar Stunden unbegrenzten Alkoholgenuss. Mit Fug und Recht kann man das als Flatrate-Saufen avant la lettre bezeichnen. Das waren aber Ausnahmesituationen. Heute neigt jeder Exzess dazu, zum Normalzustand zu werden. In vielen deutschen Städten ist das unkontrollierte, unlimitierte Trinken, vor allem unter Jugendlichen, zu einem ernsthaften sozialen Problem geworden.

Verschiedene Kommunen, beispielsweise Freiburg, Marburg oder Magdeburg, haben darauf mit zeitlich und räumlich begrenzten Konsumverboten reagiert. An Wochenenden darf in bestimmten Innenstadtvierteln nicht mehr öffentlich Alkohol konsumiert werden. Gerade war jedoch ein Freiburger Jurastudent mit seiner Klage gegen die lokale Regelung vor dem Baden-Württembergischen Verwaltungsgerichtshof erfolgreich; die Folgen des Urteils sind abzuwarten. Just in Baden-Württemberg aber hat die Landesregierung kürzlich ein nächtliches Alkoholverkaufsverbot für Tankstellen, Kioske und Supermärkte beschlossen, um das sogenannte Vorglühen zu bekämpfen, das besonders in entlegenen Gegenden „Shell Select“ oder „Aral Stores“ am Wochenende zu beliebten Party-Treffpunkten macht.

Solche Verbote passen scheinbar nicht mehr in unsere Zeit. Sie kollidieren mit der stetigen Ausweitung von vermeintlichen Freiheitsräumen in vielen Bereichen des Alltags, der zuletzt allein das Rauchverbot zuwiderlief. Dort konnte man aber leicht mit den gesundheitlichen Folgen für Unbeteiligte argumentieren. Beim Alkoholverbot ist schwerer zu vermitteln, warum die Ausschweifungen einiger, die damit vor allem sich selbst schädigen, die Rechte aller einschränken sollen.

Jenseits von rechtlichen Fragen liegt hier ein grundsätzliches Problem. In der Konsumsphäre hat sich ein Mentalitätswandel vollzogen, der keineswegs allein von der jungen Generation getragen wird. Freiheit wird zunehmend verstanden als unbegrenzter Zugang zu Konsumangeboten aller Art. Dass der Begriff „Flatrate-Saufen“ der Mobilfunk- und Internetwelt entlehnt ist, ist kein Zufall. Eine Werbekampagne für einen Mobilfunkanbieter verspricht „unbegrenzte Redefreiheit“ und meint damit natürlich nur einen besonders günstigen Abrechnungsmodus. Im Online-Shopping ist längst eine Norm ständiger Verfügbarkeit gesetzt, die die ganze Welt des Handels kontaminiert. Downloaden kann man immer und überall. Warum nicht alles andere auch?

Während früher nicht nur auf dem Dorf samstags mittags um zwölf Uhr dreißig der Rollladen herunterging, ist es inzwischen selbstverständlich geworden, in Innenstädten bis Mitternacht einkaufen zu können. Manche „Spätverkäufe“ oder „Trinkhallen“ ähneln heute Weinfachgeschäften. In Berlin-Mitte gehört das Samstagabend-Shoppen bei Dussmann zum Lebensstil dazu. Die Sonntagsruhe ist trotz gegenteiliger Beteuerungen in vielen Großstädten längst von Ausnahmen durchlöchert.

Die Entwicklung des Privatfernsehens zu einer dem Internet analogen, ständig verfügbaren Videothek und die zunehmende Verbreitung mobilen Zugangs zum Netz mit all seinen Konsumangeboten (einschließlich deren jeweiligen Suchtpotentialen) haben einen Sog entwickelt, der auch alle anderen Lebensbereiche verändert. Immer mehr Museen öffnen auch abends, veranstalten „Lange Nächte“, als könnte man zu dieser Zeit nichts anderes tun, als Ausstellungen zu besuchen. Sozialer Fortschritt scheint sich zu definieren

als Aufhebung von Schranken. Telos ist die ort- und zeitlose Garantie sofortiger Bedürfnisbefriedigung.
Die vielen Ausweitungen der Konsumzone haben inzwischen einen Sprung von der Quantität in die Qualität vollzogen. Wenn Rollenspieler in virtuellen Welten jedes reale Zeitgefühl verlieren – Kennzeichen von Suchtkrankheiten im Netz ist ja unter anderem die Entkopplung von „normalen“ Essens- und Schlafzeiten –, so bewegt sich die Gesellschaft als Ganzes immer weiter in die Richtung einer Aufhebung von Rhythmus und Zeitstrukturen zugunsten der ewigen Gegenwart unbegrenzten Zugriffs auf alles. Dass man an einem bestimmten Ort etwas, also eine Information, einen Artikel oder eben ein Bier, nicht kriegt (oder kein Netz hat, um es sich wenigstens schon einmal zu bestellen), wird nicht mehr als normale und naturgegebene Einschränkung empfunden, sondern als Rückständigkeit, die überwunden werden muss und wird.
Wir alle tragen diese Entwicklung mit. Wer kein Handy besitzt oder seine Mails nicht täglich abruft, dem droht in manchen Kreisen die soziale Ächtung. Mit der Möglichkeit, ständig zu kommunizieren, geht automatisch auch die Pflicht dazu einher. Wer spricht, wird auch angesprochen; mit den Kommunikationsradien wächst die Erreichbarkeit für Werbung. Unterhaltung ist überall und mit ihr die Verführung zu Flucht und Sucht. Warum man in dieser Welt des unendlichen Spaßes dann ausgerechnet den Alkohol auf der Gasse verbieten will, will den restlos befreiten Konsumenten dann nicht mehr einleuchten.

Aus: Frankfurter Allgemeine Zeitung vom 30. 7. 2009

Worterklärung

Z. 4: avant la lettre (sinngemäß): seiner Zeit voraus
Z. 16: „Shell Select“, „Aral Stores“: Tankstellen mit Verkauf
Z. 31: kontaminiert: verseucht
Z. 45: Telos: Ziel

Arbeitsanweisungen

– Arbeiten Sie die Position heraus, die der Autor hier vertritt.

Wählen Sie **eine** der folgenden beiden Arbeitsanweisungen:

– Setzen Sie sich mit Kämmerlings Ausführungen kritisch auseinander.

oder

– Gehen Sie von folgender Annahme aus:
Der Jugendgemeinderat Ihrer Kommune veranstaltet einen Diskussionsabend zu „Neuere Entwicklungen in unserer Gesellschaft“.

Verfassen Sie eine Rede zum Thema:
„Sozialer Fortschritt durch Aufhebung von Schranken?“

Maßgeblich für die Beurteilung des Aufsatzes ist das Ganze der erbrachten Leistung. Der Schwerpunkt liegt auf der zweiten Teilaufgabe.

Hinweise und Tipps

Erwartet wird wie bei allen Abiturthemen ein zusammenhängender Aufsatz mit einer Einleitung, die Interesse weckt und ins Thema einführt, mit einer kurzen Wiedergabe des Textes in seinen Kernthesen (Teilaufgabe 1), mit einer ausführlichen Erörterung (Teilaufgabe 2) und einem Fazit, das sich aus der Erörterung ergibt (Zusammenfassung, Konsequenzen, Appell, …).

Teilaufgabe 1
Die erste Teilaufgabe hat zwei Funktionen: Sie dient der Sicherung des Textverständnisses und bietet eine Grundlage für die Argumentation, die hier dezidiert als kritische Stellungnahme gefordert ist (vgl. Teilaufgabe 2). Die Formulierung der Aufgabe verlangt keine ausführliche Textanalyse, sondern eine Beschränkung auf die wesentlichen Punkte. Die Kernaussagen des Textes sollten **klar** und auch **eigenständig** formuliert werden; zentrale Formulierungen können zitiert werden. Im vorliegenden Fall kündigt die Wendung „ein grundsätzliches Problem" (Z. 24) die zentrale These an. Da der Text einige sehr ausführliche Beispiele bringt (Alkoholkonsum in der Öffentlichkeit, drohende Auflösung eines gesellschaftsübergreifenden Wochenrhythmus), kann man die abstrakte Grundthese des Textes leicht übersehen.
Wichtig ist, dass der **Argumentationszusammenhang** klar wird, d. h., der Stellenwert einzelner Passagen für die These des Textes sollte verdeutlicht werden. Dazu ist eine explizite Benennung der Sprechakte hilfreich, also zu sagen, ob der Autor an einer Stelle etwas „erläutert", „feststellt", „durch ein Beispiel belegt", „hinzufügt", „zusammenfasst" usw.
Um die Stoßrichtung des Textes insgesamt besser einschätzen zu können, sollten Sie auch einen Blick auf die **Textsorte**, den **Erscheinungsort** und den **Erscheinungszeitpunkt** werfen. Dieser Text entstammt, wie man vermuten kann, dem Feuilleton, er behandelt ein Problem, das aktuell, aber nicht akut ist und das mit dem Blick auf eine „Mentalität" keine unmittelbare politische Lösung verlangt. Dies lässt sich auch am Erscheinen Ende Juli, mithin in der Ferienzeit, ablesen, wo eine größere Distanz zum Alltag, aber auch die Muße für allgemeinere Fragen unterstellt werden kann. Die Adressatenschaft der FAZ als einer großen deutschen Qualitätszeitung mit konservativem Profil ist die wertbewusste, gebildete bürgerliche Mittelschicht. Dies lässt sich im Übrigen auch an der **Sprache** festmachen: Der Autor formuliert anspruchsvoll, baut eine Distanz zum Jargon der Internetgeneration auf (vgl. etwa Z. 58) und bedient zum Teil Klischees (vgl. Z. 39 f.). Diese Beobachtungen kann man durchaus schon in der Wiedergabe des Textes ansprechen, sie sind aber auch für die Teilaufgabe 2 relevant.
Schließlich gelten die Sprachnormen der Inhaltsangabe: sachlicher Stil, Herstellen von Zusammenhängen durch geeignete Konjunktionen, begriffliche Zusammenfassung von Gedankengängen, Verwendung von Präsens/Perfekt und indirekter Rede.

Teilaufgabe 2
Wie immer ist ein Blick auf die Aufgabenstellung der erste wichtige Schritt. Sie gibt vor, dass dieser Teil des Aufsatzes der *„Schwerpunkt"* sein, also breiten Raum einnehmen sollte. Zum anderen ist eine **kritische Auseinandersetzung** mit den Thesen des Autors verlangt, d. h. ein deutlicher und mehrschichtiger Bezug auf den vorliegenden Text. Dies wiederum impliziert, dass Bezüge durch genaue **Belege** untermauert werden sollten. „[S]ich mit Kämmerlings Ausführungen kritisch" auseinanderzusetzen muss nicht notwendigerweise heißen, eine direkte Gegenposition einzunehmen; wichtig ist aber, dass in Ihrem Aufsatz eine eigenständige Position entfaltet wird, die Ihrem Text einen roten Faden gibt, und dass nicht nur punktuell zu einzelnen Aspekten Stellung bezogen wird. Der Text insgesamt sollte problematisiert werden. Er lädt an vielen Stellen zum Widerspruch ein; ein eindeutiges Ergebnis der Erörterung wird jedoch weder vom Text noch von der Aufgabenstellung nahegelegt.
Eine zusätzliche Schwierigkeit beim vorliegenden Text besteht darin, dass Kämmerlings verschiedene Phänomene aus der Alltagskultur von vornherein zugespitzt deutet. Dass es etwa Alkoholexzesse im öffentlichen Raum gibt, ist ein Faktum, dass Kommunen darauf mit Ver-

boten reagieren, ebenso; ob dies aber als Beleg für die These einer Allverfügbarkeitserwartung taugt, ist eine ganz andere Frage. Hier muss eine Problematisierung schon bei der Deutung dieser Phänomene ansetzen.

Die Aufgabenstellung gibt keine Erörterungsthese aus dem Problembereich des Textes vor. Umso wichtiger ist es, dass Sie selbst die **These des Textes klar formulieren**. Hilfreich kann hier ein Blick auf die Alternative, die Formulierung einer Rede zum Thema „Sozialer Fortschritt durch Aufhebung von Schranken?", sein, weil hier so etwas wie eine mögliche Erörterungsthese formuliert wird.

In jedem Falle hilfreich ist es, eine **erkenntnisleitende Fragestellung** zu formulieren. Dazu gibt es verschiedene Möglichkeiten:

- Man könnte an eine Formulierung denken wie: *„Inwiefern ist Kämmerlings' Überlegungen zuzustimmen?"* Hier wäre eine genaue Benennung der Kernthese äußerst wichtig, sonst besteht die große Gefahr, viele verschiedene Aspekte ohne einen inneren Zusammenhang aufzugreifen; hier geht der rote Faden leicht verloren.
- Denkbar wäre auch: *„Welche Grenzen sollten der Konsumfreiheit sinnvollerweise gesetzt werden?"* Diese Frage zielt eher auf eine Ausarbeitung von Alternativen, die sinnvoll begründet und beurteilt werden müssen. Das ist eine relativ anspruchsvolle Aufgabe.
- In eine ähnliche Richtung geht: *„Wie ist die neuerdings zu beobachtende örtliche und zeitliche Ausweitung von Konsummöglichkeiten zu beurteilen?"* Diese Leitfrage tendiert deutlicher zur Anlage als **dialektische Erörterung** – die dem Thema in jedem Falle angemessen ist! – und bietet den Vorteil, dass hier, ausgehend vom Text, verschiedene Bereiche abgehandelt werden können.
- Näher am Text formuliert wäre der Vorschlag: *„Kann man tatsächlich einen Wandel der Konsummentalität feststellen?"* Diese Frage zielt auf eine Bewertung des Befundes, den Kämmerlings liefert, und auf eine Ergänzung oder Eingrenzung. Diese Fragestellung ist für sich genommen etwas zu kurz, weil keine eigenständige Position entwickelt wird.
- Schließlich könnte gefragt werden: *„Wie ist der festgestellte Mentalitätswandel zu beurteilen?"* Diese Frage läuft auf eine kritische Auseinandersetzung mit den – zumeist impliziten – Wertungen Kämmerlings' hinaus. Sie hängt zum Teil ab von der Klärung dessen, welche Mentalitäten hier beurteilt werden, sodass es naheliegt, die beiden letzten Fragen zu verbinden.

So verfährt auch der Lösungsvorschlag. Er wählt einen etwas komplexeren Aufbau als das Pro-Kontra-Schema und nähert sich dem Ping-Pong-Prinzip, bei dem jedes Argument in seinem Für und Wider beleuchtet wird. Dies setzt voraus, dass man ein Konzept für eine sinnvolle Gliederung hat; der vorliegende Lösungsvorschlag geht von einer kritischen Auseinandersetzung mit Kämmerlings' Diagnose eines Mentalitätswandels aus und wendet sich dann den Bewertungen nebst der Frage zu, welche stichhaltigen Begründungen noch denkbar wären.

Wichtig ist, wie immer bei argumentierenden Texten, dass die begrifflichen Voraussetzungen geklärt werden (z. B. Mentalität, Flatrate als neuer Begriff im Vergleich mit älteren wie dem Pauschalangebot).

Die **Alternative**, die **gestaltende Aufgabe**, gibt einen klaren Redeanlass vor und legt eine Adressatenschaft nahe, in diesem Falle wohl eher Jugendliche und junge Erwachsene (wobei dies nicht zwingend so sein muss). Das Thema der Rede „Sozialer Fortschritt durch Aufhebung von Schranken?" ist als Gegenthese zum Text Kämmerlings' angelegt, der ja den Wandel kritisiert, aber nicht als Fortschritt sieht. Das Thema ist sehr offen, es sollte daher, wie die Erörterung auch, durch eine Leitfrage konkretisiert werden. Wichtig ist, sich klarzumachen, dass eine Rede vom funktionalen Einsatz rhetorischer Mittel und von höreradäquaten Beispielen lebt, die durchaus auch eine manipulative Stoßrichtung verfolgen dürfen. Auch eine klare und explizite Struktur (Einstiegsimpuls, Hinführung zum Thema, klare Hörerführung und deutliches Fazit) ist unerlässlich. Andererseits lässt eine Rede – je nach Redeabsicht – in Aufbau und Begründung mehr Freiheiten.

Lösungsvorschlag in Grundzügen

Einleitung

Ein Wildschwein, das einem kross gebraten in die Arme läuft, Lebkuchenhäuser, umgeben von Bratwurstzäunen, Steine aus Käse, Flüsse von „Milch und Honig“, als Krönung ein Jungbrunnen, der ewige Jugend verleiht: Das Schlaraffenland ist ein Paradies, in dem kein Wunsch unbefriedigt bleibt. Pieter Breughel d. Ä. hat es eindrucksvoll gemalt. Und bisweilen beschleicht einen das Gefühl, dass diese Utopie gar nicht mehr hinter den sieben Grießbergen liegt, sondern in den Einkaufsmeilen deutscher Städte vor uns, wo es alles gibt, was man braucht (und ganz vieles, was man nicht braucht). Oder ist dieses Schlaraffenland doch nur – so war es ja ursprünglich gedacht – eine kritische Parodie auf eine materielle Vorstellung des Paradieses?

Teilaufgabe 1: Herausarbeiten der Kernaussagen des Textes

Den Anspruch auf eine ungehemmte Befriedigung von Konsumbedürfnissen kritisiert Richard Kämmerlings im Titel eines zur Ferienzeit 2009 in der FAZ erschienenen Artikels als „Flatrate-Mentalität“ und diagnostiziert im Untertitel zugespitzt eine „Ausweitung der Trinkzone“. Er zieht zunächst eine Verbindung von der Tradition mittelalterlicher Weinbrunnen zu den Alkoholverboten, die mittlerweile in einigen deutschen Innenstädten gelten. Dass gegen solche Verbote geklagt wird, deutet Kämmerlings als Symptom eines „grundsätzliche[n] Problem[s]“ (Z. 24): Im Zuge eines **allgemeinen „Mentalitätswandel[s]“** (Z. 25) werde **„Freiheit** [...] zunehmend verstanden **als unbegrenzter Zugang zu Konsumangeboten** aller Art“ (Z. 26 f.), als eine „ort- und zeitlose Garantie sofortiger Bedürfnisbefriedigung“ und „Aufhebung von Schranken“ (Z. 45 f.). Kämmerlings belegt diese These nicht nur mit einem Seitenblick auf die Flatrates der Internet- und Telefonanbieter. Als eine wesentliche Konsequenz der „Flatrate-Mentalität“ sieht er eine Erosion gesamtgesellschaftlicher Zeitrhythmisierungen, die sich vor allem in einer Aufweichung des (konsum)freien Wochenendes, im „Privatfernsehen[ ]“ (Z. 39) oder in Kulturevents wie langen Museumsnächten zeige. Kämmerlings sieht diese Entwicklung sehr kritisch, ja, er spitzt die Kritik durch wiederholte Vergleiche mit Suchtverhalten zu (vgl. Z. 1–17, 48 ff., 61). Die allgegenwärtigen Konsummöglichkeiten schlügen auf den Einzelnen zurück und drohten, ihn vollständig zu vereinnahmen.

Teilaufgabe 2: erste Alternative: Erörterung

Leitfragen

Wer so zuspitzt, provoziert Fragen. Gibt es ernsthaft Anlass zu düsterem kulturkritischem Lamentieren? Oder haben wir es nicht vielmehr mit einem Wandel zu tun, der aus geänderten Bedürfnissen und technischen Entwicklungen heraus neue, freiere Handlungsmöglichkeiten eröffnet? Aber: Inwieweit trifft diese Diagnose einer „Flatrate-Mentalität“ überhaupt zu? Und haben wir es dabei tatsächlich mit einem „Mentalitätswandel“ zu tun? Diese beiden Fragen müssen zuerst geklärt werden, um dann die Bewertung der – neuen? – Erscheinungen angehen zu können.

Erster Teil: Kämmerlings' Diagnose

Definition und Problematisierung von Mentalität

Kämmerlings bezieht sich auf eine **Mentalität**, also eine Geisteshaltung, die als gemeinsame Anschauungsweise Weltsicht und Handeln einer Gruppe von Menschen prägt. Im Blick hat er offensichtlich keine bestimmte Gruppe, sondern die bundesrepublikanische Gegenwartsgesellschaft im Ganzen. Mentalitäten sind also etwas Geistiges, Innerliches – und als solches nicht unmittelbar zugänglich; sie lassen sich z. B. durch Umfragen erkunden oder aus Äußerungen oder Handlungsweisen erschließen. Kämmerlings nutzt nur die letzte Möglichkeit, indem er einige Phänomene der Alltagskultur aufgreift.

Da ist zunächst das lokale **Verbot von öffentlichem Alkoholkonsum**, in der Tat eine relativ neue Erscheinung, die auf Exzesse in der Öffentlichkeit reagiert. Nun ist das Koma-Saufen nicht nur eine Folge des Alkoholkonsums in der Öffentlichkeit, sondern auf privaten Partys ebenso verbreitet. Wichtiger ist die Feststellung, dass, wenn gegen das Verbot geklagt wird, die Beweggründe etwas komplexer sein dürften, als Kämmerlings es unterstellt. Er konstatiert lediglich, dass dies bloß „den restlos befreiten Konsumenten [...] nicht mehr einleuchten" wolle (Z. 63). Es geht bei solchen Klagen immer auch um grundlegende Fragen wie z. B. die, inwieweit der Staat die Handlungsfreiheit des Einzelnen im öffentlichen Raum einschränken darf bzw. regeln soll, eine Rechtsfrage, die zu klären an dieser Stelle sinnvoll ist – und die letztlich auch für die hier im Raum stehenden Thesen einschlägig wäre! Darauf komme ich zurück.

kritische Sichtung der Beispiele aus dem Text

Kämmerlings' polemische Strategie rückt die „Flatrate-Mentalität" in die Nähe eines **Suchtverhaltens**. Dies als unsachlich abzutun, wäre einfach; interessanter scheint mir die Frage, was übrig bleibt, wenn man die Zuspitzung abzieht. Es bleibt die Diagnose einer starken Tendenz zum Habenwollen. Man kann diese mit guten Gründen kritisieren; man könnte aber auch überlegen, ob der Fall nicht ähnlich liegt wie bei weichen Drogen, für die Studien zeigen, dass eine Liberalisierung nicht zu einem Anstieg des Konsums führt – der Reiz des Verbotenen fällt als Anreiz weg.
Kämmerlings' wesentlicher Kritikpunkt ist die Tendenz der Gesellschaft „in die Richtung einer **Aufhebung von Rhythmus und Zeitstrukturen**" (Z. 51). Um diese Debatte ist es seit der weitgehenden Liberalisierung des Ladenschlussgesetzes 2006 – das in Baden-Württemberg übrigens ein Verkaufsverbot von Alkoholischem zwischen 22 und fünf Uhr vorschreibt – etwas ruhiger geworden; sie kommt indes immer wieder einmal auf, wenn es z. B. um verkaufsoffene Sonntage geht. Ob die „Sonntagsruhe" tatsächlich „in vielen Großstädten längst von Ausnahmen durchlöchert" ist (Z. 37 f.), wäre zunächst eine Frage für Statistiker. Dass Kämmerlings von Ausnahmen redet, spricht eher für das Gegenteil, nämlich dafür, dass die Sonntagsruhe der Normalfall ist. Auf dem Land dürfte das ohnehin gelten. Auf der anderen Seite ist es sicher so, dass eine hochdifferenzierte Arbeitswelt mit ihren komplexen Abläufen einen flexibleren Umgang mit den individuellen Zeiten erfordert. Einer Krankenschwester die Wochenendschicht als Ausdruck ihrer Mentalität zu unterstellen, trifft deren Befindlichkeit ganz sicher nicht. Das aber bedeutet, dass die Gestaltung von Zeitstrukturen in einer modernen Gesellschaft nicht so einfach als Beleg für einen Mentalitätswandel herangezogen werden kann.

Überleitung

Ein Wandel der Mentalität?

Das Gefühl, dass die Stadt nie schläft, hat sicher auch damit zu tun, dass hier der ständige Betrieb der Infrastruktur, vor allem im Verkehr, ebenso wahrnehmbar wie notwendig ist. Auf der anderen Seite wird die Klage über die Großstadt als vereinnahmender Moloch schon seit dem Expressionismus, also seit mehr als einhundert Jahren geführt. Allgemeiner gefragt: Kann tatsächlich von einem *Wandel* in der Mentalität die Rede sein?

Pauschalangebote

Der Begriff der Flatrate mag ja neu und mit dem Internet aufgekommen sein, der Sache nach gibt es **Pauschalangebote schon länger**, man denke nur an Pauschalreisen, All-inclusive-Kreuzfahrten, Freizeitparks oder Brunches mit dem Versprechen „All you can eat", schließlich eine umfassende Krankenversicherung und ein rund um die Uhr arbeitendes Gesundheitssystem. Wenn man sich in Erinnerung ruft, dass in diesem Zusammenhang die Metapher der Flatrate ja nur für den Anspruch auf ständige Verfügbarkeit steht, dann kann von einer Neuheit des Phänomens umso weniger die Rede sein: die Verfügbarkeit von Straßen, die Verfügbarkeit von fließendem Wasser, die Verfügbarkeit von Strom, die Verfügbarkeit von innerer und äußerer Sicherheit zu jeder Zeit an jedem Ort, all das ist altbekannt. Bei diesen Dingen der elementaren Daseinsvorsorge und der Gewährleistung von Menschenrechten ist die ständige Verfügbarkeit weitgehend gegeben, und niemand würde die Berechtigung ernsthaft in Zweifel ziehen.

Ladenschluss

Dass für den Konsum – der ja immerhin auch den nicht ganz unwichtigen Lebensmitteleinkauf umfasst – das Bedürfnis einer 24-stündigen Rund-um-die-Uhr-Versorgung bestünde, kann man hingegen zurückweisen. Hier hilft zunächst die schlichte Beobachtung weiter, dass der **Rahmen des Ladenschlussgesetzes** überwiegend gar nicht ausgeschöpft wird. Wäre das Bedürfnis nach nächtlichem Einkauf so groß, dann würde dieser, wie es erlaubt wäre, längst flächendeckend angeboten werden. Man darf folgern, dass dieses Bedürfnis sich wohl doch nicht in der allgemeinen Mentalität festgesetzt hat. Dass der Einzelhandel Sonntagsverkäufe prinzipiell gerne sieht, ist sicher richtig, auf der anderen Seite liegt ihr Reiz doch vor allem darin, dass es sich um Sonderaktionen handelt. Daraus lässt sich aber kein allgemeiner Bedarf auf der Konsumentenseite begründen.

Zwischenfazit: Kritik am Text und an seiner Argumentation

Es ist also eine gewisse Skepsis angebracht, inwieweit man von einem allgemeinen „Mentalitätswandel" in der „Konsumsphäre" sprechen kann: Eine Mentalität wird von Kämmerlings kaum belegt, und sie lässt sich wohl auch nicht so ohne Weiteres aufzeigen (zumindest nicht ohne empirische Forschungsdaten). Ein ganz neues Phänomen kommt, wie gesehen, auch nicht in den Blick.

Wirkungsabsicht des Textes und Status der Ausführungen

Aber vielleicht ist das ja auch gar nicht zu erwarten. Ein Zeitungstext ist ja als Teil einer veröffentlichten Meinung immer schon selbst Teil von und Beleg für „Mentalitäten". Das heißt im konkreten Fall: Der Text sucht auf eine drohende, antizipierte Mentalitätsbildung kritisch Einfluss zu nehmen. Das setzt voraus, dass eine solche „Flatrate-Mentalität" drohen könnte. Und an dieser Stelle hilft vielleicht wieder ein Blick auf das Schlaraffenland. Es ist ein mythisches Urbild, ein Archetypus, der eine grundlegende Sehnsucht des Menschen zum Ausdruck bringt. Der Mensch ist ein endliches Wesen, ein Wesen, das immer danach strebt, den momentanen Mangel zu überwinden; dieses Streben wird getrieben von der Utopie, irgendwann einmal anzukommen in einem Zustand der völligen Bedürfnisbefriedigung: im Schlaraffenland. Vor diesem anthropologischen Hintergrund ließe sich Kämmerlings Artikel von seiner **Wirkungsabsicht** her verstehen.

Zweiter Teil: Begründungen

Es bleibt die zweite oben aufgeworfene Frage, ob Kämmerlings Kritik an der unterstellten Flatrate-Mentalität berechtigt ist. Hier muss man unterscheiden zwischen den Begründungen, die der Text gibt (oder eben nicht gibt), und möglichen Begründungsstrategien, die die These dennoch rechtfertigen.

Kämmerlings gibt kaum ausgefeilte Begründungen, sondern arbeitet **fast durchgehend** mit **Andeutungen und Suggestionen**. Da wird als Faktum und ohne irgendeinen Beleg festgestellt, das „unlimitierte Trinken, vor allem unter Jugendlichen, [sei] zu einem ernsthaften sozialen Problem geworden." (Z. 6 f.) Da wird das Privatfernsehen im Sinne der These als eine „ständig verfügbare[ ] Videothek" (Z. 39 f.) gedeutet, was nicht sonderlich plausibel ist. Da wird der unterstellte „Mentalitätswandel" ohne Umschweife als „Problem" eingeführt (Z. 24); aber ist er das? Da werden „Rhythmus und Zeitstrukturen" (Z. 51) als ein unhinterfragter Wert an sich hingestellt. Dies alles hat aber, wie gesagt, zum Teil mit der Funktion dieses Pressetextes zu tun. Als Gegenimpuls in einem Mentalitätsbildungsprozess reicht das Mittel der Suggestion, um darin durch das Schüren vagen Unbehagens irritierend zu wirken.

Suggestion statt Argumentation

Was der Text dabei an Begründungen schuldig bleibt, kompensiert er durch den **Stil**, mit dem er die Behauptungen eloquent vorträgt. Eine Formulierung wie „Flatrate-Saufen avant la lettre" (Z. 4) zeigt exemplarisch das Verfahren: Ein Neologismus („Flatrate") und ein Vulgarismus („Saufen") vermitteln den Eindruck, man sei am Puls der Zeit; eine wohlgesetzte bildungsbürgerliche Fügung („avant la lettre" – no anglicism of course!) sorgt für die Zustimmungsbasis beim Adressaten. Dass dieser **Adressatenkreis** ein **konservativer** ist, lässt sich an vielen bildungssprachlichen Formulierungen und Anspielungen – etwa auf Houellebecqs Roman *Ausweitung der Kampfzone* – festmachen. Auch dass ein vermeintlich offenes „Wir" schon im nächsten Satz durch ein deutlich abwertendes „in manchen Kreisen" (Z. 57 f.) relativiert wird, spricht dafür. Und schließlich spricht auch die Liste der unterstellten Selbstverständlichkeiten für diese Einschätzung: Kämmerlings positioniert sich mit einem kulturkritischen Gestus gegen Phänomene der Jugendkultur und der Spaßgesellschaft (vgl. Z. 62) sowie gegen unkritische Mediennutzung („Privatfernsehen" und „Handy", Z. 39 u. 57) und für „Sonntagsruhe" sowie „Schranken" (Z. 37 u. 45). Man könnte geneigt sein, diese Stil- als bloße Ideologiekritik abzutun; allerdings wird mit der deutlichen Verengung des Adressatenkreises der Geltungsanspruch der Argumentation eingeschränkt.

Stil und seine Funktion

Damit ist die Sache aber noch nicht erledigt. Denn wenn Kämmerlings nur negativ, d. h. *gegen* einen „Mentalitätswandel", gegen die „drei anys" des modernen Marketings – anything anywhere anytime – argumentiert, dann wäre durch die Negation dieser Negation in der Sache noch nichts entschieden.

Überleitung zur Frage nach weiteren Begründungen

Einschlägig für die Gestaltung der „Konsumsphäre" ist die Frage nach den angemessenen Orten und Zeiten. Mit der Herausbildung einer arbeitsteiligen Gesellschaft hat sich auch eine Differenzierung von Orten ergeben: **Orte** des Privaten wie die Wohnung, Orte des Arbeitens wie die Fabriken, Ämter, Schulen, Orte der Öffentlichkeit und des Konsums wie Marktplätze usw. Diese machen unterschiedliche Lebensbereiche wahrnehmbar. Mit der Entwicklung von Kommunikationsmedien ist eine Trennung dieser Orte nach ihrer Funktion nur noch zum Teil nötig – was in vielen Fällen eine Erleichterung ist, etwa wenn man bei einem Home-Office-Tag nicht in den Betrieb muss. Dass die Trennung aber weiterhin besteht, zeigt schon die Tatsache nicht abnehmenden Verkehrs. Die Erscheinung des Feierns im öffentlichen Raum hat sicher zu tun mit dem Verschwimmen

angemessene Orte

der Grenzen zwischen Privatem und Öffentlichem, dem das Internet mit seinen sozialen Netzwerken Vorschub leistet. Es ist richtig, dass hier um der Interessen anderer willen wie auch zum Schutz von Jugendlichen Eingrenzungen nötig sind. Gerade die Abwägung, welche Interessen dabei in welcher Weise auszugleichen sind, ist nicht nur eine Rechtsfrage, sondern es geht auch um die Freiheiten des Einzelnen. Kämmerlings beleuchtet die Frage nach dem angemessenen Ort nur einseitig und unterstellt an diesem Punkt bloß mangelnde Einsicht.

gesellschaftsübergreifende Zeitrhythmisierungen

Interessant ist auch der Blick auf die **Gestaltung von Zeitstrukturen**. Die allgemeine Sonntagsruhe lässt sich in einer säkularisierten Gesellschaft nicht mehr religiös begründen; auch die Notwendigkeit individueller Erholung – die ja auch alle Sonntagsarbeiter brauchen und bekommen – taugt dazu nicht. Wenn oben von den Anforderungen der Arbeitswelt die Rede war, dann stellt sich die Frage, inwieweit der Gang der Maschinen den Gang des Lebens bestimmen soll. Und hier – und das ist dann für die Bestimmung einer Mentalität einschlägig – lässt sich darauf verweisen, dass eine Gesellschaft auch kollektive Zeiten des Innehaltens braucht, Freiräume, in denen der Alltag ruht und in denen gemeinsame private oder öffentliche Aktivitäten möglich sind. Und schließlich ist eine Rhythmisierung der Zeit für ein endliches Wesen wie den Menschen wichtig, der im unabsehbaren Fließen der Zeit einer Orientierung bedarf.

Konsum: öffentlich oder privat?

Kämmerlings rechnet den Bereich des **Konsums** dem öffentlichen Raum und dem Alltag zu. Das ist sicher plausibel, insofern der Wocheneinkauf in der Tat eine alltägliche Pflicht der Daseinsbewältigung ist, die nicht zum Feierabend und in den öffentlichen Raum des Supermarktes gehört. Das ist aber nur eine Seite des Konsums. Auf der anderen Seite kann er nämlich sehr wohl ein **privates Vergnügen** werden. Der Kauf von etwas Nichtalltäglichem, einem Auto z. B. oder einem Schmuckstück, lässt sich als herausgehobenes Erlebnis wahrnehmen. Shopping kann durchaus eine Freizeitaktivität sein – auch und gerade wenn man nichts kauft, sondern nur in den Warenwelten flaniert, die ja immer auch Möglichkeiten der Lebensgestaltung, der Identifikation und des Selbstentwurfs zeigen. Dies hat wenig mit „sofortiger Bedürfnisbefriedigung" (Z. 45 f.) zu tun, denn an diesem Punkt unterscheiden sich Konsummöglichkeit und faktischer Konsum.
Aber gerade *dass* Konsum eine Freizeitbeschäftigung sein kann, spricht bis zu einem gewissen Grad für Kämmerlings' These, denn erstens muss es dazu trivialerweise die Möglichkeit zum Einkauf außerhalb der Arbeitszeit geben und zweitens kann man aus der Tatsache, dass diese Freizeitaktivität inzwischen recht verbreitet ist, die Erwartung ablesen, dass die Möglichkeiten dazu auch hinreichend bestehen.

Konsumkritik

Auf der anderen Seite lässt Kämmerlings eine kritische Distanz zum Konsum erkennen. Seine These von einer kritiklosen Selbstverständlichkeit von Konsummöglichkeiten ist gewissermaßen die Kehrseite einer **Vereinnahmungstendenz des Konsums**. Jeder drohenden Sättigung muss mit dem Erzeugen neuer Wünsche und Bedürfnisse begegnet werden, jede Befriedigung gebiert neue Wünsche. Und dies kann die Welt der Waren vor allem dadurch, dass sie sich an die Stelle anderer Sinnstiftungen setzt: Man kauft kein Auto, sondern Emotionen, ja ein ganzes Lebensgefühl. Vor diesem Hintergrund wird dann Konsum zu einem wesentlichen Weg der Teilhabe an der Gesellschaft. Die „Flatrate-Mentalität" wäre, so gesehen, eine Entlastungsstrategie, die dem Einzelnen das Gefühl gibt, an dieser Konsumgesellschaft jederzeit in vollem Maße teilhaben zu können, unabhängig vom Einkommen. Mit dieser Interpretation der „Flatrate-Mentalität“ hätte Kämmerlings' Impuls eine klarere Stoßrichtung, der man sich durchaus anschließen könnte.

Der Wert des Befriedigungsaufschubes

Eine weitere implizite Norm zeigt sich darin, dass Kämmerlings an öffentlichen Besäufnissen offenbar nicht in erster Linie die gesundheitlichen Folgen, die öffentliche Ruhestörung oder das miserable Vorbild kritisiert, sondern das „Telos [einer] ort- und zeitlose[n] Garantie sofortiger Bedürfnisbefriedigung“ (Z. 45 f.). Spontan würde man einwenden: Was ist daran schlecht? Schließlich ist dies doch ein gleichsam göttlicher Zustand, in dem Wollen und Sein zusammenfallen. Für Kämmerlings' Argumentation ist ein Befriedigungsaufschub eine entscheidende Norm – eine Norm mit einer illustren Ahnenreihe. Einem Prinzen Hettore Gonzaga mitsamt seinem Marinelli aus Lessings *Emilia Galotti*, die das Adelsprivileg sofortiger Bedürfnisbefriedigung verkörpern, wird im bürgerlichen Trauerspiel die bürgerliche Werteordnung von Pflicht und Entsagung entgegengestellt. Nach Norbert Elias ist die **Triebkontrolle** der entscheidende Motor für den „Prozess der Zivilisation“. Diogenes in seiner Tonne sieht in unbefriedigten Bedürfnissen gerade das natürliche Leben, das er, Ahnherr aller Asketen, den Lustbarkeiten eines künstlichen Lebens entgegenstellt. Diese **Askese** setzt den Menschen als ein endliches Wesen voraus, das sich – man kann das von Faust lernen – nicht in Befriedigung, sondern im unzufriedenen Streben danach erfüllt. Übermäßige Befriedigung führt im einfachen Falle zur Trägheit und im schlimmsten zur Hybris, zum tragischen Verfehlen seiner selbst.

moralische Distanz als möglicher Kern der Argumentation

Eine mindestens bedenkenswerte Position – würde sie denn im Text entfaltet. Man muss nicht gleich zum weltabgewandten Asketen werden, um einzusehen, dass ein verantwortliches moralisches Handeln nicht in der distanzlosen Bedürfnisbefriedigung besteht, sondern – um den Begriff Kants heranzuziehen – im Handeln aus **Pflicht**, das gerade zu den Bedürfnissen, eigenen wie fremden, in kritischer Distanz steht. Der Verdacht, dass dieses Ethos verloren gehen könnte, ist vielleicht der unausgesprochene Kern von Kämmerlings' Unbehagen. Denn als grundsätzliches Problem wird ein falsches **Freiheitsverständnis** herausgestellt, eine Reduktion von Freiheit auf Hindernisfreiheit und Handlungsfreiheit (tun können, was man will), „Freiheit [...] verstanden als unbegrenzter Zugang zu Konsumangeboten aller Art“ (Z. 26 f.). So vereinfacht hat das leider einiges von einem argumentativen Pappkameraden, denn solch ein Vulgärhedonismus, solch eine unkritische Verleugnung von Verantwortung wird man kaum je ernsthaft vertreten finden. Gleichwohl erinnert der Artikel an die Anstrengung der **Verantwortung**. Einerseits ist es die private Verantwortung jedes einzelnen, mit den Möglichkeiten des Konsums kritisch umzugehen und, wie Kämmerlings am Ende andeutet, das Handy immer wieder einmal auszuschalten. Es ist aber genauso die gesellschaftliche Verantwortung, die den Vereinnahmungstendenzen der Konsumwelt Grenzen setzt und örtlich wie zeitlich konsumfreie Rückzugsräume sichert; wo diese im einzelnen liegen sollten, bedarf einer schwierigen und mühsamen Aushandlung, die wohl immer nur zu vorläufigen Lösungen führen kann und immer wieder neu politisch erarbeitet werden muss.

Versteht man Kämmerlings im Kern so, dann kann man ihm zustimmen – mag seine Argumentation auch holzschnittartig und polemisch sein, mag sie mit zu vielen Andeutungen, Suggestionen und konservativen Klischees arbeiten, mag sie ihre Grundlagen zu wenig ausführen und mit der „Mentalität" eine problematische Kategorie bemühen. Das Bewusstsein für die mühevolle Verantwortung wachzuhalten, ist ein Anliegen, das Tendenzen zu einlullender Ablenkung abgerungen werden muss. Sonst enden wir wie die Schlaraffen auf dem Gemälde Pieter Breughels, träge darnieder liegend und vor lauter Befriedigung zum Entscheidenden nicht mehr fähig: zur Achtung vor dem Menschen als einem endlichen Wesen. **Fazit**

Deutsch (Baden-Württemberg): Abiturprüfung 2012
Aufgabe 1: Interpretationsaufsatz mit übergreifender Teilaufgabe zu einer Pflichtlektüre (Werk im Kontext)

Thema:
Friedrich Dürrenmatt (1921–1990): **Der Besuch der alten Dame** (Dritter Akt)

DER BÜRGERMEISTER Guten Abend, Ill. Lassen Sie sich nicht stören. Ich schaue nur schnell bei Ihnen herein.
ILL Aber bitte.

Schweigen.

DER BÜRGERMEISTER Ich bringe ein Gewehr.
ILL Danke.
DER BÜRGERMEISTER Es ist geladen.
ILL Ich brauche es nicht.

Der Bürgermeister lehnt das Gewehr an den Ladentisch.

DER BÜRGERMEISTER Heute abend ist Gemeindeversammlung. Im „Goldenen Apostel". Im Theatersaal.
ILL Ich komme.
DER BÜRGERMEISTER Alle kommen. Wir behandeln Ihren Fall. Wir sind in einer gewissen Zwangslage.
ILL Finde ich auch.
DER BÜRGERMEISTER Man wird den Vorschlag ablehnen.
ILL Möglich.
DER BÜRGERMEISTER Man kann sich freilich irren.
ILL Freilich.

Schweigen.

DER BÜRGERMEISTER *vorsichtig* In diesem Fall, würden Sie den Urteilsspruch annehmen, Ill? Die Presse ist nämlich dabei.
ILL Die Presse?
DER BÜRGERMEISTER Auch der Rundfunk, das Fernsehen, die Filmwochenschau. Eine heikle Situation, nicht nur für Sie, auch für uns, glauben Sie mir. Als Heimatstädtchen der Dame und durch ihre Heirat im Münster sind wir so bekannt geworden, daß eine Reportage über unsere alten demokratischen Einrichtungen gemacht wird.
ILL *beschäftigt sich mit der Kasse* Sie geben den Vorschlag der Dame nicht öffentlich bekannt?
DER BÜRGERMEISTER Nicht direkt – nur die Eingeweihten werden den Sinn der Verhandlung verstehen.
ILL Daß es um mein Leben geht.

Schweigen.

DER BÜRGERMEISTER Ich orientiere die Presse dahin, daß – möglicherweise – Frau Zachanassian eine Stiftung errichten werde und daß Sie, Ill, diese Stiftung vermittelt hätten als ihr Jugendfreund. Daß Sie dies waren, ist ja nun bekannt geworden. Damit sind Sie rein äußerlich reingewaschen, was sich auch ereignet.
ILL Das ist lieb von Ihnen.
DER BÜRGERMEISTER Ich tat es nicht Ihnen, sondern Ihrer kreuzbraven, ehrlichen Familie zuliebe, offen gestanden.
ILL Begreife.

DER BÜRGERMEISTER Wir spielen ein faires Spiel, das müssen Sie zugeben. Sie haben bis jetzt geschwiegen. Gut. Doch werden Sie auch weiterhin schweigen? Wenn Sie reden wollen, müssen wir das Ganze eben ohne Gemeindeversammlung machen.

ILL Verstehe.

DER BÜRGERMEISTER Nun?

ILL Ich bin froh, eine offene Drohung zu hören.

DER BÜRGERMEISTER Ich drohe Ihnen nicht, Ill, Sie drohen uns. Wenn Sie reden, müssen wir dann eben auch handeln. Vorher.

ILL Ich schweige.

DER BÜRGERMEISTER Wie der Beschluß der Versammlung auch ausfällt?

ILL Ich nehme ihn an.

DER BÜRGERMEISTER Schön.

Schweigen.

DER BÜRGERMEISTER Daß Sie sich dem Gemeindegericht unterziehen, freut mich, Ill. Ein gewisses Ehrgefühl glimmt noch in Ihnen. Aber wäre es nicht besser, wenn wir dieses Gemeindegericht gar nicht erst versammeln müßten?

ILL Was wollen Sie damit sagen?

DER BÜRGERMEISTER Sie sagten vorhin, Sie hätten das Gewehr nicht nötig. Vielleicht haben Sie es nun trotzdem nötig.

Schweigen.

DER BÜRGERMEISTER Wir könnten dann der Dame sagen, wir hätten Sie abgeurteilt, und erhielten das Geld auch so. Es hat mich Nächte gekostet, diesen Vorschlag zu machen, das können Sie glauben. Es wäre doch nun eigentlich Ihre Pflicht, mit Ihrem Leben Schluß zu machen, als Ehrenmann die Konsequenzen zu ziehen, finden Sie nicht? Schon aus Gemeinschaftsgefühl, aus Liebe zur Vaterstadt. Sie sehen ja unsere bittere Not, das Elend, die hungrigen Kinder …

ILL Es geht euch jetzt ganz gut.

DER BÜRGERMEISTER Ill!

ILL Bürgermeister! Ich bin durch eine Hölle gegangen. Ich sah, wie ihr Schulden machtet, spürte bei jedem Anzeichen des Wohlstands den Tod näher kriechen. Hättet ihr mir diese Angst erspart, dieses grauenhafte Fürchten, wäre alles anders gekommen, könnten wir anders reden, würde ich das Gewehr nehmen. Euch zuliebe. Aber nun schloß ich mich ein, besiegte meine Furcht. Allein. Es war schwer, nun ist es getan. Ein Zurück gibt es nicht. Ihr m ü ß t nun meine Richter sein. Ich unterwerfe mich eurem Urteil, wie es nun auch ausfalle. Für mich ist es die Gerechtigkeit, was es für euch ist, weiß ich nicht. Gott gebe, daß ihr vor eurem Urteil besteht. Ihr könnt mich töten, ich klage nicht, protestiere nicht, wehre mich nicht, aber euer Handeln kann ich euch nicht abnehmen.

DER BÜRGERMEISTER *nimmt das Gewehr wieder zu sich* Schade. Sie verpassen die Chance, sich reinzuwaschen, ein halbwegs anständiger Mensch zu werden. Doch das kann man von Ihnen ja nicht verlangen.

ILL Feuer, Herr Bürgermeister. *Er zündet ihm die Zigarette an.*

Aus: Friedrich Dürrenmatt: Der Besuch der alten Dame. Eine tragische Komödie, Neufassung 1980. Diogenes Verlag AG, Zürich 1986.

Vergleichstext: Franz Kafka (1883–1924): *Der Proceß*

Arbeitsanweisungen

- Skizzieren Sie die Entwicklung der Beziehung zwischen Alfred Ill und dem Bürgermeister im Vorfeld dieser Begegnung.
- Interpretieren Sie die Textstelle; beziehen Sie die sprachliche und szenische Gestaltung ein.
- Dürrenmatts *Der Besuch der alten Dame* und Kafkas *Der Proceß*:
  Untersuchen Sie in einer vergleichenden Betrachtung, inwieweit Alfred Ill und Josef K. verantwortungsbewusst handeln.

Maßgeblich für die Beurteilung des Aufsatzes ist das Ganze der erbrachten Leistung. Dabei werden die zweite und dritte Teilaufgabe etwa gleichwertig gewichtet.

Hinweise und Tipps

Verlangt ist, wie stets, ein **zusammenhängender Aufsatz**. An dessen Beginn sollte eine **thematische Einleitung** stehen; vermeiden Sie nach Möglichkeit, mit dem förmlichen Einleitungssatz einzusteigen. Eine Idee zu einer Einleitung entsteht meist im Lauf der Textplanung, vor allem zur Vergleichsaufgabe. Achten Sie auch auf **Überleitungen**, die dem Leser eine Orientierung ermöglichen, und ein **Fazit**.

Teilaufgabe 1
Die Aufgabenstellung verlangt hier nicht einfach eine Einbettung in den Handlungskontext, sondern stellt **Ills Verhältnis zum Bürgermeister** in den **Fokus**, das im Zentrum stehen muss. Dies ist angesichts der Stelle naheliegend. **Wesentliche Elemente** dieser Entwicklung sind (1) das vertraute, fast freundschaftliche Verhältnis (Ill als potenzieller Nachfolger des Bürgermeisters, empörte Zurückweisung von Claires Angebot) zu Beginn des Dramas; (2) die deutliche Distanzierung im 2. Akt (S. 67–72: Pläne des Bürgermeisters, Pistole, moralische Verurteilung und Entzug des Kandidatenstatus); und (3) die völlige Isolierung Ills in der vorgelegten Szene am Ende des 3. Aktes.

Teilaufgabe 2
Die Interpretation muss klären, welche **Funktion** die Szene für die Handlung hat (hier: retardierendes Moment vor dem Finale, Klärung von Ills Position). Der **Verlauf** sollte kurz und in den wesentlichen Zügen umrissen werden; vermeiden Sie in jedem Falle eine ausführliche Inhaltswiedergabe. Dazu ist es wichtig, die **Ziele und Absichten** der Figuren zu benennen, die **Strategien**, die sie im Dialog verfolgen, herauszuarbeiten und das **Ergebnis** darzustellen. Wichtig ist es insbesondere beim Drama, die **Sprechakte** zu beachten, also nicht nur darauf einzugehen, was die Akteure sagen, sondern auch darauf, was sie damit *tun*. Dabei sollte als wesentlicher Teil der Aufgabe auf **sprachliche Besonderheiten** und ihre Bedeutung eingegangen werden. Hier kann Ills Rede am Ende der Szene in ihren rhetorischen Mitteln genauer betrachtet werden, ebenso das indirekte Sprechen und die grotesk-unfreiwillige Ironie des Bürgermeisters sowie Ills lakonische Kürze. Zudem ist ein Blick auf die **szenischen Mittel** des Nebentextes wichtig (hier: Schweigen als Aussage wie auch als Gliederung der Szene, Ills Hantieren mit der Kasse, das Gewehr). Wichtig ist, dass alle Aussagen am Text belegt werden.
Hilfreich ist es, bei der Interpretation schon den **Leitaspekt** der nächsten Teilaufgabe – hier also das Verantwortungsbewusstsein – im Blick zu haben, denn dies erleichtert die Verzahnung der Teile und gibt zudem schon Anregungen für die Interpretation.
Es empfiehlt sich, nicht nur einmal ausführlich am Text entlang zu gehen, denn dabei kann leicht etwas übersehen werden oder aber die Interpretation wird, gerade bei einer relativ langen Stelle wie der vorliegenden, zu weitschweifig. Besser ist ein gebündeltes Vorgehen.

Teilaufgabe 3
Der Vergleich kann diachron angelegt werden, d. h., beide Texte werden nacheinander abgehandelt. Dies mag etwas einfacher scheinen, birgt aber die große Gefahr, dass die Texte zu wenig aufeinander bezogen werden. Der Vergleich gelingt zumeist intensiver in einem synchronen Vorgehen, bei dem die Texte **aspektorientiert** verglichen werden. Dies zwingt zu größerer Deutlichkeit.
Wichtig ist, dabei sinnvolle Leitaspekte zu haben. Diese ergeben sich aus einer begrifflichen **Analyse des Leitbegriffes** „Verantwortungsbewusstsein“, ohne die der Vergleich ohnehin nicht angemessen geleistet werden kann. Man kann hier unterscheiden (1) den Gegenstand, d. h. die Verantwortung für Handeln/Unterlassen und die Folgen (Zurechenbarkeit), Zustände und Personen (Zuständigkeit) und die eigene Haltung; (2) die Rechtfertigungsinstanz, d. h. die Verantwortung vor Gerichten (rechtlich), Mitmenschen (sittlich) und sich selbst (moralisch); (3) die Wahrnehmung der Verantwortung, d. h. das Erkennen von Verantwortung wie auch das aktive Handeln.
Gut ist es immer auch, sich von der Figurenebene zu lösen und den Text als solchen in seiner historischen Bedeutung oder die Gattung einzubeziehen.

Lösungsvorschlag in Grundzügen

Einleitung

Die Griechenlandkrise: ein Gemeinwesen, das über seine Verhältnisse lebt und nun am Ende aus einer Zwangslage heraus womöglich die Zukunft einer ganzen Generation opfern muss, um mit „alternativlosen“ Rettungsschirmen sich und Europa vor „den Märkten“ und ihrem anonymen Kapital zu retten. Namenlose Mächte und Institutionen haben, so scheint es, die Kontrolle übernommen, nicht aber die Verantwortung. Denn Verantwortung hat mit Zurechenbarkeit von Handlungen und Folgen zu tun, und vor allem mit jemandem, der verantwortlich ist. Wenn aber Mächte und Märkte agieren?
Vieles in der momentanen Situation erinnert an Dürrenmatts „tragische Komödie“ *Der Besuch der alten Dame*, die vor über 50 Jahren, 1956, ihre Uraufführung hatte.

Erste Teilaufgabe
Ills Beziehung zum Bürgermeister im Kontext der Handlung

Alfred Ill, Ladenbesitzer in Güllen, ist zu Beginn der Handlung ein anerkannter, beliebter Bürger; der Bürgermeister ruft ihn sogar zu seinem Nachfolger aus. Ill ist die große Hoffnung des heruntergekommenen und verarmten Güllen, an dem das Wirtschaftswunder vorbeigegangen ist. Er soll die „alte Dame“ Claire Zachanassian, die als Klara Wäscher in Güllen geboren und inzwischen zu sagenhaftem Reichtum gekommen ist, dazu bringen, eine großzügige Spende für Güllen zu machen – immerhin ist er ihre Jugendliebe. Allerdings hat er sie seinerzeit mit einem Kind sitzen lassen und mit meineidigen Zeugen dreist die Vaterschaft bestritten, sodass Klara mit Schimpf und Schande aus der Stadt gejagt worden ist. Claire fordert „Gerechtigkeit“ – d. h. Rache: Sie setzt eine Milliarde dafür aus, dass Ill getötet wird. Der Bürgermeister, der sich von Ill eben noch die Stichworte für seine Lobrede hat soufflieren lassen, weist als Vertreter des Gemeinwesens die Forderung zunächst empört „im Namen der Menschlichkeit“ (S. 50) zurück. Alsbald aber beginnen die Güllener auf Kredit zu konsumieren; auch der Bürgermeister, wie Ill feststellen muss, als er voll Angst Hilfe bei den Honoratioren des Orts sucht, hat sich neu eingekleidet, bekommt eine neue Schreibmaschine und macht Pläne für ein neues Stadthaus. Der Bürgermeister geht im zweiten Akt schon auf Distanz zu Ill, er wiegelt ab und gibt sich einerseits ahnungslos, andererseits hat er schon wegen der Jagd auf den entlaufenen schwarzen Panther einen Revolver auf dem Tisch liegen. Bezeichnenderweise ist „Panther“ auch Claires alter Kosename für Ill. Der Bürgermeister beginnt sich moralisch von Ill zu distanzieren, indem er sich Claires Position umstandslos zu eigen macht und ausschließt, Ill könne sein Nachfolger werden. Der Versuch Ills, sich der Situation durch Flucht zu entziehen, scheitert – ob an den prompt am Bahnhof einschließlich des Bürgermeisters erscheinenden Güllenern oder an ihm selbst, lässt der Dramentext offen. Ill ergibt sich schließlich in sein Schicksal.

Zweite Teilaufgabe
Funktion der Szene

Vor dem Finale des Dramas im 3. Akt sucht der **Bürgermeister** den nunmehr völlig isolierten Ill noch einmal auf. Die Szene ist ein **retardierendes Moment** vor dem Finale der Handlung. Ill stellt hier seine neubestimmte Position dar; die Güllener, vertreten durch den Bürgermeister, werden noch einmal in ihrer Verlogenheit und in der Tendenz gezeigt, als grotesk übertriebene Scheinlösung die Verantwortung des Tötungsvollzugs auf Ill abzuwälzen, was der verweigert.

Ausgangssituation und Ziele

Der Bürgermeister hat **zwei Ziele:** Er möchte – ein geladenes Gewehr hat er als indirekte Aufforderung schon dabei – Ill überreden, selbst seinem Leben ein Ende zu setzen, denn dies wäre für die Güllener die einfachste und bequemste Lösung; zum Zweiten möchte er, so dies nicht verfängt, von Ill wenigstens die Versicherung, dass dieser bei der Gemeindeversammlung, bei der die „Presse […] dabei“ (Z. 22) ist, das vorgeblich „faire Spiel“ (Z. 42) „[i]m Theatersaal“ (Z. 11) mitmacht und die verlogene Inszenierung nicht auffliegen lässt.

Ill hingegen macht sich **keinerlei Illusionen** mehr, er hat die Unausweichlichkeit seines Endes als Opfer Güllens, das mit seinem Tod spekuliert, erkannt. Wie sich im Laufe des Gesprächs zeigt, ist er geneigt, dies als Sühne zu sehen für seinen „Jugendstreich“ (S. 56). Die Frage nach der Verhältnismäßigkeit stellt sich für ihn nicht, denn spätestens nach dem Scheitern seiner Flucht am Ende des zweiten Aktes ist sein Tod alternativlos geworden.

Dialogverlauf und Strategien

Der **Bürgermeister** verfolgt seine Ziele in **drei Phasen**. Zunächst kommt er mit dem Gewehr, d. h., er versucht, durch einen indirekten **nonverbalen Appell** Ill **zur Selbsttötung** zu drängen. Indem er das Gewehr „an den Ladentisch“ lehnt (Z. 9), ist seine Forderung die ganze Szene über präsent. Als diese Strategie nicht aufgeht, droht er mit dem Urteil der Gemeindeversammlung. Ill antwortet knapp, der Plan des Bürgermeisters scheitert („Schweigen“, Z. 20). Daraufhin wendet der Bürgermeister sich in der zweiten Phase seinem **Minimalziel** zu, sich von Ill versichern zu lassen, dass dieser in der Inszenierung für die „Presse“ (Z. 22) mitspielt. Ill unterläuft das indirekte Sprechen des Bürgermeisters, indem er den Ausgang klar benennt: „Daß es um mein Leben geht.“ (Z. 32) Der Bürgermeister reagiert perplex („Schweigen“, Z. 33), dann **mit Entgegenkommen**, gefolgt von einer **Drohung**, die Ill halb sarkastisch, halb ernstgemeint begrüßt, weil darin die Sprechabsicht des Bürgermeisters klar wird (vgl. Z. 47). Nachdem Ill ihn etwas hat zappeln lassen, macht er die verlangte **Zusage**. Der Bürgermeister schweigt erleichtert (vgl. Z. 54). Er sammelt sich, um in der dritten Phase nochmals den Selbstmord anzuregen. Er hat gesehen, dass Ill mit Drohungen nicht beizukommen ist, sodass Dürrenmatt als **weitere Strategie der Heuchelei** das **Moralisieren** vorführt: Der

Bürgermeister appelliert an Ills „Ehrgefühl“ (Z. 56) und seine „Pflicht“ (Z. 64), an seinen Altruismus, die „Liebe zur Vaterstadt“ (Z. 66) und das Mitleid. Das dick aufgetragene Pathos lässt Ill mit Verweis auf den Wohlstand erneut ins Leere laufen (vgl. Z. 68). Halb empört, halb hilflos reagiert der Bürgermeister: „Ill!“ (Z. 69) Dieser, betroffen von der Schamlosigkeit des Bürgermeisters, antwortet mit der einzigen **längeren Selbstaussage** des 3. Aktes. Dem Bürgermeister, der Ills innere Wendung weder geahnt hat noch sie nachzuvollziehen in der Lage ist, bleibt nur, aufzugeben und sich hinter dem Panzer beleidigter Selbstgerechtigkeit zu verstecken; mit dem Gewehr nimmt er indirekt auch sein Ansinnen zurück.

Motiv des Feuers, Ills Grundposition

Ill bleibt bis zum Ende souverän, indem er dem Bürgermeister „**Feuer**“ anbietet (vgl. Z. 83). Die Metapher des Feuers hat hier einen doppelten Sinn. Es verweist als zerstörende Macht auf die Tödlichkeit der Güllener Geldgier, und es wirft als Symbol der Aufklärung ein Licht auf die Mitschuld des Bürgermeisters und damit aller Güllener. Ill wäre ja zum **Opfer** für Güllen bereit, er „würde […] das Gewehr nehmen“ (Z. 73) – hätten die Güllener nicht die Grundlagen des Altruismus, die Gemeinschaft, Solidarität und Offenheit aufgekündigt. So aber ist er mit seinem „grauenhafte[n] Fürchten“ „[a]llein“ (Z. 72 und 74) gewesen. Daher betont Ill: „Ihr müßt nun meine Richter sein“ (Z. 75), und daher betont er – durch die Klimax, er „klage nicht, protestiere nicht, wehre [s]ich nicht“ –, er wolle den Güllenern ihr „Handeln […] nicht abnehmen“ (Z. 77 ff.).

Annäherung in Figurenzeichnung Claire – Ill

Ill wird in dieser Szene in einigen Aspekten Claire angenähert. Auf der inhaltlichen Ebene ist er durch die Hölle gegangen. Er ist nun wie sie damals aus der Gemeinschaft ausgeschlossen und wird zum Opfer von deren Selbstgerechtigkeit. Wie Claire formuliert Ill in seiner Rede seine – freilich wesentlich beschränkteren – Bedingungen an die Güllener.

sprachliche Mittel und ihre Funktion

Die Annäherung wird aber auch durch die Form hergestellt. Ills Rede ist rhetorisch elaboriert. Besonders interessant erscheint – neben der dramatisierenden Personifikation des Todes (vgl. Z. 71), dem pathetischen Präteritum oder der antithetischen Betonung von Gerechtigkeit (vgl. Z. 76 f.) – der **parataktische Stil**, denn Ill setzt hier nicht nur die entschlossene Kürze fort, die er das ganze Gespräch über zeigt, er nähert sich damit auch dem Stil Claires an, der im ganzen Drama ebenfalls durch Lakonie und Ellipsenreichtum gekennzeichnet ist.

Der **Bürgermeister** wird in dieser Szene als Vertreter der ansonsten anonym bleibenden Güllener und damit auch der anonymen Macht des Geldes sowie seiner **Verdrängungs-, Verdrehungs- und Verschleierungsstrategien** dargestellt. Das zeigt sich auch in seiner Sprache. Schon indem er immer wieder von „Wir“ spricht (vgl. Z. 13, 44, 66) oder auf das neutrale „Man“ ausweicht (vgl. Z. 16 ff.), wird er als Stellvertreter ausgewiesen. Kennzeichnend sind auch die vielen indirekten Sprechakte, in denen er sich „vorsichtig“ (Z. 21) und in vagen Andeutungen äußert. Die Wahrheit verschleiert er von Anfang an, schon wenn er zur Begrüßung behauptet, „nur schnell“ (Z. 1 f.) hereinzuschauen. Immerhin wird die „Gemeindeversammlung“ (Z. 10) später zum „Gemeindegericht“ (Z. 55), deren Sinn aber in Umschreibungen wie „Vorschlag“ (Z. 16) oder „Sinn der Verhandlung“ (Z. 30 f.) gehüllt wird.

Die Selbstgerechtigkeit des Bürgermeisters spiegelt sich in **grotesken Verzerrungen** der Verhältnisse wider. Die Rede von einer „gewissen Zwangslage" (Z. 13 f.) oder einer „heikle[n] Situation" (Z. 25) verdeckt, dass es erstens lediglich um die Wahrung der Wohlanständigkeitsfassade geht, dass diese Lage zweitens von den Güllenern höchstselbst verschuldet und also keineswegs so „alternativlos" ist, wie die Formulierung glauben machen möchte, und dass drittens diese „Zwangslage" in keinem Verhältnis steht zu der existenziellen Bedrohung Ills. Auch bei der wiederkehrenden Rede von „Reinwaschung" (vgl. Z. 37 und 81) geht es viel eher um eine Unschuldsinszenierung der Güllener vor der Öffentlichkeit und eine Gewissensberuhigung als um eine Reinwaschung Ills. Die „alten demokratischen Einrichtungen" (Z. 27) werden von den Güllenern zu einer Institution menschenverachtender kollektiver Gier pervertiert. Von einem „faire[n] Spiel" (Z. 42) kann ebenfalls keine Rede sein: Statt Fairness herrscht Gewalt, statt Spiel tödlicher Ernst. Die von Ill zu Recht konstatierte „Drohung" (Z. 47) sucht der Bürgermeister sofort ins Gegenteil zu verkehren, wobei er sich in den performativen Widerspruch von Leugnung und unmittelbar folgender Erneuerung der Drohung verstrickt (vgl. Z. 48 f.). Die Moral- und Mitleidsrede (Z. 62–67) wird mit so dickem Pathos formuliert, dass schon die Hyperbel (wie etwa die Häufung „unsere bittere Not, das Elend, die hungrigen Kinder", Z. 66 f.) sie ironisiert.

Die **Gegenstrategien**, die **Ill** zeigt, sind zum einen der **Klartext:** Er spricht das Umschriebene direkt aus, so den Umstand, „[d]ass es um mein Leben geht" (Z. 32). Zudem macht er die indirekte Drohung kenntlich (vgl. Z. 47). Darin zeigt sich zugleich eine zweite Strategie, die **ironische Distanzierung**. Über die Drohung als solche kann Ill nicht froh sein, allenfalls über die Tatsache, dass sie „offen" geäußert wird. Auch die Wiederholung des „Freilich" (Z. 19) entlarvt, dass die Entscheidung längst gefallen ist. Deutlich ironisch ist auch die Bemerkung, es sei „lieb" (Z. 38), wenn der Bürgermeister anbietet, Ill „rein äußerlich rein[zu]waschen" (Z. 37) – eine Ironie, die sein Gegenüber gar nicht versteht (vgl. Z. 39 f.). Die Position des Bürgermeisters zeigt hier die deutlichste moralische Verzerrung, wenn ausgerechnet er sich zu einer Instanz der Verantwortung aufschwingt, deren Legitimation er längst verspielt hat.

Hierarchieverhältnisse und Redeanteile

Ill bewegt sich mit seinen Redestrategien auf der **Beziehungsebene**, denn er macht dadurch klar, dass er die Verlogenheit des Bürgermeisters wohl durchschaut und genau weiß, woran er mit ihm ist. Zugleich entzieht er sich ein Stück weit dem Machtverhältnis. Er begegnet dem Bürgermeister auf Augenhöhe, während dieser ihn gerne dominieren und sich am Ende wenigstens moralisch über ihn erheben würde. Der hohe Redeanteil des Bürgermeisters ist ein Indiz dafür, dass er sich in einer Position der **praktischen und moralischen Schwäche** befindet. Ills lakonische Antworten hingegen, aber auch sein distanziertes Weiterarbeiten „mit der Kasse" (Z. 28) bezeugen seine Sicherheit bei der Einschätzung der Lage sowie die Sicherheit seiner Entscheidung; sie unterlaufen die Kommunikationsstrategien des Bürgermeisters und lassen dessen Verantwortungslosigkeit deutlich werden. Damit wird Ill hier auch ein Stück weit mit **moralischer Autorität** ausgestattet, ein Punkt, der unten noch wichtig werden wird.

So klar das Fehlen von Verantwortungsbewusstsein aufseiten des Bürgermeisters ist – Alfred Ill kann sicher auch nicht als Ideal verantwortungsbewussten Handelns gelten. Paradoxerweise kommen ihm, je mehr Verantwortungsbewusstsein er entwickelt, die Möglichkeiten, sie wahrzunehmen, abhanden. Er sieht sich einer Übermacht gegenüber, die im Namen der Gerechtigkeit auftritt. Dieser Umstand legt einen Vergleich mit Josef K. aus Franz Kafkas Roman *Der Proceß* gerade hinsichtlich des Verantwortungsbewusstseins nahe.

Überleitung zur **dritten Teilaufgabe**

Verantwortung ist ein mehrdimensionaler Begriff. **Verantwortlich** ist man ***für*** etwas: zunächst für Handlungen (oder das Unterlassen) und deren Folgen, die dem Handelnden zuzurechnen sind; dann aber auch für Zustände und Personen, für die jemand zuständig ist; und schließlich auch für sich selbst, d. h. für Haltungen und Einstellungen, für Lebensgestaltung und Initiative. **Verantwortung** trägt man ***vor*** einer Instanz, die eine Rechtfertigung verlangen kann. Das kann eine Behörde oder ein staatliches Gericht sein (rechtliche Verantwortung); das können Mitmenschen und die Gesellschaft sein (sittliche Verantwortung); das kann auch das Ich selbst sein (moralische Verantwortung). **Verantwortung** muss man **wahrnehmen**. Dabei ist sowohl die Wahrnehmung im Sinne des subjektiven Erkennens und Anerkennens einer objektiven – soweit man in diesem Zusammenhang davon sprechen kann – Verantwortung gemeint als auch Wahrnehmen im Sinne von aktivem Handeln entsprechend einer moralischen Verpflichtung.

Definition: Begriff der Verantwortung

Wofür Ill sich zu verantworten hat, ist zunächst relativ klar: Er hat Claire sitzen gelassen, hat zum Meineid angestiftet; und er will dies alles nach Claires Rückkehr als „böse[n] Jugendstreich“ (S. 56) bagatellisieren. In seiner **konkreten Schuld** zeigt sich eine allgemeinere: Er ist zwar sicher nicht verantwortlich für die Zustände in Güllen, das von Claire im Zuge ihrer Rache in den Ruin getrieben worden ist; Ill teilt aber zu Beginn die **Haltung** der Güllener, trotz allem in **egoistischer Verdrängung** auf eine Spende Claires zu hoffen. In gewisser Weise repräsentiert Ill als Besitzer des Ladens, d. h. des Güllener Konsumzentrums, diese besitzorientierte Haltung – die der Schlusschor dann nochmals eindringlich formuliert –, verstärkt dadurch, dass er den ungehemmten **Konsum** auf Pump ermöglicht. Ills Verantwortungsgefühl für die Güllener geht ja in der oben analysierten Szene laut seiner eigenen Aussage so weit, dass er als Sühne zum Selbstopfer bereit wäre, zollten sie ihm nur die zugesagte Solidarität. Die **Vertrauensseligkeit** in die Ortsgemeinschaft lässt Ill sich seiner Stellung zunächst absolut sicher sein und die Korrumpierbarkeit seiner Mitbürger sträflich verkennen.

Gegenstände der Verantwortung
– für Ill

Wofür Josef K. verantwortlich ist, ist im Konkreten **nicht klar**, er wird „eines Morgens verhaftet“, „ohne dass er etwas Böses getan hätte“ (S. 9). Die personale Perspektive des Romans lässt offen, inwieweit irgendeine reale Schuld vorliegt. Seinen Geschäften in der **Bank**, wo er durch seine leitende Funktion als Prokurist durchaus Verantwortung trägt, geht K. anfangs auch noch pflichtgemäß nach, beginnt sie aber mehr und mehr zu vernachlässigen. Verantwortlich wäre er zudem der **Familie** gegenüber, wenn auch vielleicht nicht in dem Maße, wie es der Onkel ihm gegenüber einklagt, jedoch kümmert er sich von sich aus weder um Erna, die ihn immerhin deckt, noch um seinen Onkel. K. geht auch **keine anderen Bindungen** ein. Frauen sieht er nur als Lustobjekte und Helfer in seiner Sache, er aber fühlt sich für niemanden zuständig. Darin liegt seine eigent-

– für K.

liche, **existenzielle Verantwortung:** sein Leben und seinen Prozess in die Hand zu nehmen und seine passive Unselbstständigkeit zu überwinden, Klarheit und Distanz zu äußeren Forderungen anonymer Instanzen zu gewinnen.

Vergleich Ill – K.

Während K.s Verantwortung also im Konkreten unklar bleibt, wird sie vor allem auf existenzieller Ebene ausgeführt, wo sich K. über den ganzen Roman hinweg nicht entwickelt. Ill hingegen ist sich seiner konkreten Schuld bewusst und gewinnt im Laufe des Dramas immer mehr Autonomie und damit auch Verantwortungsbewusstsein.

Instanzen der Verantwortung – für Ill

Damit zur Frage nach den Instanzen der Verantwortung: Ills rechtliche Verantwortung vor den weltlichen Gerichten dürfte in der Tat verjährt sein. Einschlägiger für das Drama ist sicherlich die Frage nach der **sittlichen Verantwortung** gegenüber den Mitmenschen und vor allem gegenüber Claire. Dürrenmatt legt den Fokus des Dramas ja zunächst darauf, wie Ill zum Spielball einer gewissenlos monetarisierten, materialisierten Gesellschaft wird, die ihn opfert: Claire auf dem Altar ihrer Rache, die Güllener auf dem Altar ihrer Gier. Damit wirft das Drama die allgemeine Frage auf, wie eine verhältnismäßige und angemessene Sühne unter Verhältnissen aussehen kann, in denen man alles kaufen zu können glaubt (so Claire, S. 45), und wie es mit der **Verantwortung gegenüber Instanzen** bestellt ist, **die korrumpiert sind**. Eine Antwort gibt der Text gerade in der analysierten Szene. Ill weist dort durch seine übergeordnete Gesprächsposition die Verantwortung vor den Mitbürgern zurück. Der „Urteilsspruch" (Z. 21) dient für ihn nur insofern der „Gerechtigkeit" (Z. 76), als *er* ihn als Sühne akzeptiert. Eine Verantwortung gegenüber Claire spürt er zwar, allerdings in relativierter Form, wie die folgende Szene im „Konradsweilerwald" mit ihrer grotesken Idyllik zeigt (vgl. S. 113 ff.).

Man könnte an dieser Stelle auch versucht sein zu argumentieren, Ill sei durch seine erste Tat verantwortlich für Claires Wesen, was im Verlauf des Dramas gegen ihn zurückschlage. Claire würde aber in dieser Deutung auf ein Instrument der Vergeltung reduziert, was ihrer dramatischen Funktion kaum gerecht würde. Zudem bliebe die Frage der Verantwortung Ills gegenüber Claire unbeantwortet.

Letztlich lässt sich *Der Besuch der alten Dame* verstehen als Kritik an der **Erosion von Verantwortung** angesichts einer monströsen Unerbittlichkeit, hinter der die Logik des Geldes steht. Ein Indiz dafür ist, dass Ill die Frage der Verhältnismäßigkeit überhaupt nicht mehr stellen kann. Damit verweist der Text auch auf die Grenzen der Kategorie der Verantwortung in dieser Situation, die das Drama nur in grotesker Verzerrung zeigt.

– für K.

Die radikale Innenperspektive des *Proceß* entzieht der Frage nach rechtlicher oder sittlicher Verantwortung vor externen Instanzen von vornherein die Grundlage. Das Gericht in seiner Vagheit und quasi religiösen Aufladung ist ja kaum als externe Instanz zu deuten. K.s mangelnde Selbstgestaltung zeigt ihn als Vertreter einer **modernen Massenexistenz**, die die äußeren Anforderungen der Gesellschaft und des Berufs so sehr verinnerlicht hat, dass sie die eigene Individualität als Aufgabe gar nicht mehr wahrnimmt. Darin liegt indirekt die Forderung nach einer Übernahme von **Verantwortung gegenüber sich selbst**. Sie tritt durch ihr Fehlen, durch die mangelnde Distanz zu sich wie auch den Autoritäten, durch das passive Zulassen eines vagen Schuldbewusstseins im Roman umso deutlicher hervor.

Insgesamt ist also im *Besuch* wie im *Proceß* die Erosion von Verantwortung in der Moderne ein zentrales Thema, das vor allem anhand des Fraglichwerdens der sittlichen und moralischen Instanzen gezeigt wird – sei es äußerlich wie bei Dürrenmatt durch deren Korrumpierung, sei es innerlich wie bei Kafka durch distanzlose Passivität.

Vergleich Ill – K.

Wahrnehmung von Verantwortung
– bei K.

K.s Kardinalproblem ist es letztlich, seine **Verantwortung nicht wahrzunehmen**. Er nimmt sie nicht handelnd wahr, weil er zu selbstständigem, autonomem Handeln nicht fähig ist und es auch nicht wird. K. bleibt ichfixiert und passiv. Er erkennt seine Verantwortung nicht, so wie seine ganze Suche nach Rechtfertigung mangels konkreter Schuld und konkreter Instanzen von vornherein fehlgeht. Die Lichtmetaphorik im Domkapitel etwa, wo K. in überwiegender Finsternis immer nur punktuelle Erleuchtungen zuteilwerden, ja wo eine Kerze „vielmehr die Finsternis" „vermehrte" (S. 216), ist ein deutlicher Beleg für diesen Mangel an Einsicht; letztlich ist der ganze Roman, man nehme die Türhüterlegende und ihre dunkle Deutung, eine perspektivische Inszenierung dieser Unverständigkeit.

– bei Ill

Ill hingegen entwickelt sich. Ist er anfangs borniert und wie alle bestrebt zu verdrängen, was er doch weiß, spielt er dann zunächst seine Schuld herunter, so erkennt er sie schließlich an. Sein Problem ist indes ein anderes: Was kann er in seiner „**Zwangslage**" tun, um **Verantwortung wahrzunehmen**? Schadensersatz oder auch ein klares Schuldbekenntnis – das er im Konradsweilerwald am Ende allerdings auch nicht deutlich abgibt – würden nichts helfen angesichts der reichen Rachefurie. Die gewaltsame Vergeltung Claires lässt ihm keine andere Wahl, als sich ins Unabänderliche zu fügen, die anonyme, inhumane Übermacht des Geldes kann er – und darin ähnelt seine Situation der K.s – nicht greifen. Immerhin lässt er einen Rest von Verantwortlichkeit bestehen, indem er die Güllener aus ihrer Verantwortung nicht entlässt und sie zu einem Handeln zwingt, dessen Unrechtmäßigkeit und Menschenverachtung ihnen aller Selbstgerechtigkeitsrhetorik zum Trotz sehr wohl bewusst sind. Damit bewahrt Ill entgegen der allgemeinen Erosion von Verantwortung noch ein Bewusstsein für sie, das K. von Anfang an fehlt.

Vergleich Ill – K.

Fazit

K. ist ein Modell des Verlusts von Verantwortungsbewusstsein auf allen Ebenen: Weder gibt es bei ihm eine klare Schuld noch konkrete Instanzen der Rechtfertigung, noch nimmt er seine existenzielle Verantwortung wahr. Ill hingegen zeigt den Versuch einer Wahrnehmung von Verantwortung unter den Zwangsbedingungen anonymisierter, korrumpierter und damit verantwortungsfeindlicher Instanzen. Während er noch ein indirektes, verzweifeltes Plädoyer für Verantwortung abgibt, ist bei K. jegliches Verantwortungsbewusstsein geschwunden, weil er die Machtstrukturen verinnerlicht hat.

Deutsch (Baden-Württemberg): Abiturprüfung 2012
Aufgabe 2: Gestaltende Interpretation

Thema: Heinrich von Kleist (1777–1811): **Michael Kohlhaas**

Als er auf dem Richtplatz ankam, fand er den Kurfürsten von Brandenburg mit seinem Gefolge, worunter sich auch der Erzkanzler, Herr Heinrich von Geusau befand, unter einer unermesslichen Menschenmenge, daselbst zu Pferde halten: ihm zur Rechten der kaiserliche Anwalt Franz Müller, eine Abschrift des Todesurteils in der Hand; ihm zur Linken, mit dem Konklusum des Dresdner Hofgerichts, sein eigener Anwalt, der Rechtsgelehrte Anton Zäuner; ein Herold in der Mitte des halboffenen Kreises, den das Volk schloss, mit einem Bündel Sachen, und den beiden, von Wohlsein glänzenden, die Erde mit ihren Hufen stampfenden Rappen. Denn der Erzkanzler, Herr Heinrich, hatte die Klage, die er, im Namen seines Herrn, in Dresden anhängig gemacht, Punkt für Punkt, und ohne die mindeste Einschränkung gegen den Junker Wenzel von Tronka, durchgesetzt; dergestalt, dass die Pferde, nachdem man sie durch Schwingung einer Fahne über ihre Häupter, ehrlich gemacht, und aus den Händen des Abdeckers, der sie ernährt, zurückgezogen hatte, von den Leuten des Junkers dickgefüttert, und in Gegenwart einer eigens dazu niedergesetzten Kommission, dem Anwalt, auf dem Markt zu Dresden, übergeben worden waren. Demnach sprach der Kurfürst, als Kohlhaas von der Wache begleitet, auf den Hügel zu ihm heranschritt: Nun, Kohlhaas, heut ist der Tag, an dem dir dein Recht geschieht! Schau her, hier liefere ich dir alles, was du auf der Tronkenburg gewaltsamer Weise eingebüßt, und was ich, als dein Landesherr, dir wieder zu verschaffen, schuldig war, zurück: Rappen, Halstuch, Reichsgulden, Wäsche, bis auf die Kurkosten sogar für deinen bei Mühlberg gefallenen Knecht Herse. Bist du mit mir zufrieden?

Aus: Heinrich von Kleist, Michael Kohlhaas. Stuttgart: Reclam 2003, S. 107.

Arbeitsanweisungen

- Erläutern Sie kurz die Situation, in der sich Kohlhaas hier befindet.
- Gehen Sie von folgender Annahme aus:
  Einige Zeit nach der Hinrichtung des Michael Kohlhaas kommt es zu einer Begegnung zwischen dem Kurfürsten von Brandenburg und Martin Luther. Sie sprechen über Michael Kohlhaas – über sein Leben und sein Ende.
  Gestalten Sie den Dialog.

Maßgeblich für die Beurteilung des Aufsatzes ist das Ganze der erbrachten Leistung. Der Schwerpunkt liegt auf der gestaltenden Interpretationsaufgabe.

Hinweise und Tipps

Teilaufgabe 1

Die erste Teilaufgabe fordert eine **Skizzierung** der Situation, in der sich Michael Kohlhaas in der vorliegenden Textstelle befindet, also eine **Reduktion auf die wichtigsten Befunde**. Zentral ist hierbei die **Verortung des Textauszuges** in der Novellenhandlung – sie ist ihrem Ende entnommen und zeigt den brandenburgischen Rosshändler kurz vor seiner Hinrichtung. Kohlhaas' Verurteilung zum Tode verdeutlicht die erfolgreiche Restitution der Justiz, die ihm Recht in seiner Klage gegen den Junker Wenzel von Tronka verschafft hat.
Der Skizze sollten Sie einen knappen **Basissatz** voranstellen, der alle relevanten Rahmeninformationen wie Autor, Titel, Entstehungsjahr, literarische Gattung und den zentralen Konflikt beinhaltet.

Teilaufgabe 2

Die zweite Teilaufgabe ist recht offen gestellt, die Inhalte des zu gestaltenden Dialogs sind nur wenig konkret umrissen. Größere Klarheit können Sie sich verschaffen, indem Sie vorab auf einem Konzeptpapier Martin Luther und den Kurfürsten von Brandenburg **charakterisieren** sowie ihre jeweilige **Bedeutung für das Schicksal Michael Kohlhaas'** konkretisieren.
Im Hinblick auf Luther könnten Erkenntnisse aus diesen Vorarbeiten sein, dass **Luther** als Begründer der evangelischen Kirche Kohlhaas' persönlichem Rachefeldzug äußerst kritisch gegenübersteht. Wie sich aus dem an Kohlhaas adressierten Plakat Luthers und aus dem persönlichen Gespräch beider eindeutig erschließen lässt, erwartet der Theologe, dass der brandenburgische Rosshändler auf sein **christliches Gewissen** hört, seinen Feinden vergibt und seinen Streit um ein „nichtiges Gut" niederlegt. Luther sieht aber nicht nur Unschuldige durch Kohlhaas' Mordbrennerei gefährdet, er sieht auch die **Autorität des Fürstentums von Gottes Gnaden** durch das Aufbegehren des Rosshändlers bedroht. Dass er sich letztlich dazu entschließt, beim Kurfürsten von Sachsen **Amnestie** für Kohlhaas zu erwirken, ist also auf zwei Motive zurückzuführen: Einerseits möchte er die Gewaltspirale beenden, andererseits aber auch den absolutistischen Staat schützen. Er handelt somit **geistlich** und **politisch** motiviert.
Der **Kurfürst** von Brandenburg auf der anderen Seite ist, wie Kohlhaas, sehr gerechtigkeitsliebend, allerdings ein überzeugter Anhänger des **positiven Rechts**. Einen korrumpierten Rechtsapparat zu sanieren, kann und darf seiner Meinung nach lediglich mit rechtlichen Mitteln geschehen. So wird er einerseits Kohlhaas' unbeirrbarem Sinn für Gerechtigkeit **Anerkennung** zollen, dessen Mittel zu ihrer Durchsetzung, namentlich die **Selbstjustiz**, aber **ablehnen**. Das Anliegen des Kurfürsten von Brandenburg, dem Rosshändler einen gerechten und mit dem bestehenden Recht konformen Prozess zu ermöglichen, schlägt sich denn auch in seinem Handeln nieder: Er interveniert, als die kurfürstliche Amnestie durch den Kurfürsten von Sachsen gebrochen wird, und besteht in seiner Eigenschaft als Landesherr Kohlhaas' darauf, dem Rosshändler selbst den Prozess zu machen. Überdies ersetzt er seinen mit dem Junker Wenzel von Tronka verwandten Kanzler Graf Siegfried von Kallheim durch den ebenfalls gerechtigkeitsliebenden Heinrich von Geusau und lehnt die Bitte des sächsischen Kurfürsten ab, „von der strengen Vorschrift der Gesetze abzuweichen", **unterbindet** also jedwede Versuche **manipulativer Einflussnahme** auf den Prozess des Rosshändlers. Mit welcher Konsequenz er Kohlhaas letztlich Recht verschafft, zeigt sich am Ende der Novelle: Der Rosshändler erhält in allen Punkten seiner Klage gegen von Tronka Recht, wird aber wegen Landfriedensbruchs zum Tode verurteilt.
In welche konkrete Form der Dialog zu gießen ist, geht aus der Aufgabenstellung nicht hervor. Es bleibt offen, ob ein glaubwürdiger, begründeter **Rahmen für das Gespräch** zu schaffen ist oder ob ein **Erzähler** präsent sein soll. Der Vollständigkeit halber wurden aber beide Eventualitäten im Lösungsvorschlag umgesetzt.
Als Ausgangspunkt für das Gespräch könnte eine Predigt Luthers dienen, die an die Missetaten Kohlhaas' erinnert. Der Kurfürst von Brandenburg könnte sich aus politischen Gründen gerade in Sachsen aufhalten, der Predigt beiwohnen und diese zum Anlass nehmen, eine

Unterhaltung anzustoßen. Herausgearbeitet werden sollten **Gemeinsamkeiten und Unterschiede** in der Betrachtung des Rechtsfalls Kohlhaas. Auf keinen Fall sollten die beiden Parteien isolierte Textkörper von sich geben, sondern Argumente der Gegenseite berücksichtigen, aufgreifen, relativieren und im Idealfall für die eigene Argumentation fruchtbar machen. Im Hinblick auf die zu wählende Erzählsituation ist eine Entscheidung zwischen einem auktorialen oder einem **neutralen Erzähler** zu treffen – Heinrich von Kleist greift in *Michael Kohlhaas* auf beide Typen zurück. Da ein Dialog explizit im Zentrum der Aufgabenstellung steht, ist wohl ein neutraler Erzähler zu bevorzugen – Luther und der Kurfürst von Brandenburg sollen für ihre jeweiligen Standpunkte selbst einstehen. **Auktoriale Elemente** sind prinzipiell möglich, sollten sich aber auf rein informative Punkte beschränken. Stilistisch und sprachlich ist eine nicht aufgesetzt wirkende Nähe zum Ursprungstext anzustreben: **Wortschatz, Satzbau und Stil** können durch direkte Entlehnung und Nachahmung dem „Original" angeglichen werden.

Lösungsvorschlag in Grundzügen

Erste Teilaufgabe
Einleitung

Heinrich von Kleists 1810 erschienene, auf historischen Tatsachen basierende Novelle *Michael Kohlhaas* handelt von dem gleichnamigen brandenburgischen Rosshändler, „eine[m] der rechtschaffensten zugleich und entsetzlichsten Menschen seiner Zeit", der, von wiederholt erlittenem Unrecht angetrieben, einen gewaltvollen, persönlichen Rachefeldzug gegen einen korrumpierten Staatsapparat beginnt.

Erläuterung von Kohlhaas' Situation

Die vorliegende Textstelle zeigt Michael Kohlhaas **kurz vor der Vollstreckung seines Todesurteils**. Unter den Anwesenden befinden sich Schlüsselfiguren in seinen beiden anhängigen Prozessen – Vertreter des Dresdner wie auch des kaiserlichen Gerichtshofes. Der Kurfürst von Brandenburg eröffnet Kohlhaas, dass der Kampf des Rosshändlers um Gerechtigkeit an seinem Ende angelangt sei: Kohlhaas werde in seiner Klage gegen den Junker Wenzel von Tronka in allen Punkten **Recht zugesprochen**. So lässt sich die abschließende Frage des Kurfürsten von Brandenburg, ob Kohlhaas denn „zufrieden" mit ihm sei, in seinem Namen durchaus bejahen: Der Rechtsstaat hat seine Aufgabe letztlich erfüllt – Kohlhaas' konsequente, rechtlich nachvollziehbare Verurteilung zum Tode belegt dies gleichsam.

Zweite Teilaufgabe
Situierung des Dialogs zwischen Luther und dem Kurfürsten

(Anlehnung von Syntax und Wortwahl an die Vorlage)

Jahre, nachdem das Todesurteil an Kohlhaas vollstreckt, traf es sich, dass der Kurfürst von Brandenburg, von Unterhandlungen in Dresden zurückkehrend, sich dazu entschloss, in Wittenberg Halt einzulegen, um einer Predigt des ehrwürdigen Doktors Luther beizuwohnen. Jener erinnerte in einer flammenden Rede an den brandenburgischen Rosshändler, der, vom Kitzel schnöder Selbstrache gereizt, das Land verheert, und ermahnte seine Gemeinde, sich nicht in blinder Wut auf ihre Feinde zu stürzen, sondern ihnen zu vergeben. Der Kurfürst, von der Wortgewalt des Theologen zutiefst bewegt, trat, nachdem die Gemeinde die Kirche verlassen, an die Kanzel, um das Gespräch zu suchen. Luther, dieses Vorhaben erahnend, war bereits herabgestiegen und erwartete ihn.

Gespräch

Der Kurfürst erhob seine Stimme zur Begrüßung feierlich: „Herr Doktor Luther, eine vortreffliche Rede habt Ihr da gehalten!" Luther, die Bibel unter dem einen Arm, hob die freie Hand beinahe abwehrend: „Herr Kurfürst, es freut mich, dass Ihr Euch dazu entschlossen, meiner Predigt beizuwohnen, aber bitte verratet mir – wie kann ich Euch helfen?" Der Kurfürst, diese Gelegenheit, sich mitzuteilen, beim Schopfe packend: „Ich habe Euren mahnenden Worten mit Begeisterung gelauscht, kann aber nicht umhin festzustellen, dass Ihr vor einigen Jahren nicht gut daran tatet, kurfürstliche Amnestie für den Rosshändler zu erwirken!“ Luther darauf bitter: „Bitte erklärt Euch.“ Der Kurfürst zögerte einen Moment, fuhr dann aber fort: „Soll etwa ein jeder, der seine Faust gegen die Hand erhebt, die ihn schützt, der gesetzlichen Notwendigkeit entgehen, für seine Missetaten zur Verantwortung gezogen zu werden? Wer das Recht abschafft, kann sich des Staates gleichfalls sofort entledigen!“ Luther, beschwichtigend, erklärte: „Seid versichert: Ich teile Euren Unmut und gebe Euch Brief und Siegel darauf, dass ich meine Bittschrift nur unter größtem Widerwillen zu Papier gebracht! So wenig Verständnis ich dem Rasenden entgegenbringen konnte, so groß war aber auch die Notwendigkeit, seinem mörderischen Treiben ein jähes Ende zu setzen. Nichtig war das Gut, dem er Unschuldige opferte, gleichwohl war das Unrecht, das er erfahren, weithin bekannt. Wieso sollte die Allgemeinheit einen Fürsten von Gottes Gnaden, dessen Hand zu ihrem Schutz bestellt, achten, bliebe ihr dieser Schutz verwehrt? Wenngleich meine Entscheidung keine einfache war, so schien sie mir unter diesen schwierigen Umständen doch die richtige. Doch sagt an, wie hättet Ihr gehandelt?“ Der Kurfürst maß sein Gegenüber mit einem prüfenden Blick und fragte: „Sind wir uns denn darin einig, dass Kohlhaas Strafe widerfahren musste?“ – „Gewiss“, entgegnete Luther kurz. „So will ich gerne antworten“, setzte der Kurfürst fort. „Des Rosshändlers Forderung war eine gerechte, dies möchte ich nicht bestreiten, und es zeugt von einem starken Rechtsgefühl, mit welch unerbittlicher Härte er für seine Sache gekämpft. Leider hatte Sachsen an ihm gefehlt, was niemand mehr bedauert als ich, doch hätte nicht gerade Kohlhaas, der sich unentwegt auf sein Recht berufen, es besser wissen müssen, als die Keule in die Hand zu nehmen und das Land ins Elend zu stürzen? Die staatliche Ordnung, die durch Vetternwirtschaft in Unordnung gebracht, wiederherzustellen, konnte nur kraft des Gesetzes gelingen, das Vertrauen in den Staat nur so neu gestärkt werden.“ – „Doch die Amnestie ward gebrochen“, erinnerte der Theologe. Der Kurfürst, diesen Einwand aufgreifend: „Weshalb ich mich gezwungen sah, Kohlhaas als dessen Landesherr selbst den Prozess zu machen. Er forderte Recht – dieses wollte ich ihm gerne zuteilwerden lassen. So war es auch, um eines gerechten Prozesses willen, meine landesherrliche Pflicht, meinen Kanzler, Graf Siegfried von Kallheim, seiner Verwandtschaft zum Hause Tronka wegen, aus dem Amt zu entlassen und mich der Bitte des sächsischen Kurfürsten, von der strengen Vorschrift der Gesetze abzuweichen, zu widersetzen. Meine Mühen waren nicht umsonst, denn Kohlhaas geschah Recht – er erhielt alles, was er auf der Tronkenburg gewaltsamer Weise eingebüßt, zurück: Rappen, Halstuch, Reichsgulden, Wäsche, bis auf die Kurkosten sogar für seinen bei Mühlberg gefallenen Knecht Herse. Genauso unvermeidlich und rechtens war allerdings auch seine Verurteilung zum Tode, weil er den Landfrieden gebrochen. Die Justiz hatte sich bewährt –“ – „– aber nicht ohne Euer Eingreifen“, unterbrach ihn Luther. „Hätte der Staat stets seine Pflicht erfüllt, hätte er Recht und Gesetz geachtet und hätte Kohlhaas, wie es sein christliches Gewissen verlangt hätte, seinen Feinden vergeben, statt ihnen nach dem Leben zu trachten – so hätten viele Unschuldige vor dem Tode bewahrt werden können.“ Darauf bemerkte der Kurfürst: „So sind wir uns auch darin einig. Ich weiß, dass wir das Unsrige tun werden, zu verhindern, dass sich etwas Derartiges jemals wiederholen wird. Herr Doktor Luther, es war mir ein Vergnügen.“ Mit diesen Worten nickte er Luther zum Abschied zu, wandte sich ab und verließ die Kirche, um seine Heimreise fortzusetzen.

Position Luthers

Position des Kurfürsten

Schlussfolgerung aus den Ereignissen

Deutsch (Baden-Württemberg): Abiturprüfung 2012
Aufgabe 3: Literarische Erörterung

Thema:

„Ein Schriftsteller, der sich der Literatur verpflichtet fühlt, beschäftigt sich natürlich mit moralischen Problemen, mit der Frage, was gerecht und ungerecht, was besser oder schlechter, was abstoßend, bewundernswert oder beklagenswert ist, was Freude bereitet und Beifall findet. Damit meine ich nicht krudes Moralisieren. Seriöse Schriftsteller setzen sich konkret mit moralischen Problemen auseinander. Sie erzählen Geschichten. Sie evozieren unser Menschsein in Erzählungen, mit denen wir uns identifizieren können, auch wenn uns die Figuren fremd sind. Sie regen unsere Phantasie an. Ihre Geschichten erweitern und vertiefen unser Mitgefühl. Sie bilden unsere moralische Urteilskraft aus.“

Aus: Susan Sontag, Die Erweiterung der Welt: Warum Literatur lebensnotwendig ist.
In: Frankfurter Allgemeine Zeitung vom 30. 12. 2004, S. 39
(Übersetzung: Matthias Fienbork).

Worterklärungen
Z. 4: krud: roh, grausam
Z. 6: evozieren: hervorrufen, darstellen

Arbeitsanweisung
Erörtern Sie anhand Ihrer Leseerfahrung, inwieweit Sie diesem Verständnis von Literatur zustimmen können.

Hinweise und Tipps

Die sehr offene Aufgabenstellung der „Literarischen Erörterung“ fordert dazu auf, das Thema selbstständig zu präzisieren, einzugrenzen und gegebenenfalls zu hinterfragen. Der Operator „erörtern“ erfordert dabei nicht zwingend das Schema einer pro-contra-Argumentation, verlangt jedoch auf jeden Fall eine abwägende Reflexion der zur Diskussion gestellten These. Zu den Vorarbeiten der literarischen Erörterung gehört eine genaue Themenanalyse ebenso wie eine präzise Erläuterung der verwendeten Begriffe. Vor allem muss geklärt werden, was unter Literatur zu verstehen ist. Bei der Wahl dieses Themas müssen Sie sich bewusst machen, dass es in der Regel um Literatur als Form der Kunst, um Dichtung, um Belletristik geht – nicht um Sachbücher, fachwissenschaftliche Werke oder journalistische Texte. Eine breite Leseerfahrung, die sowohl schulische als auch private Lektüre beinhaltet, ist Voraussetzung für die erfolgreiche Bearbeitung dieses Aufgabentyps.
Hilfreich ist meistens auch ein Blick in andere Fächer. Religion und Ethik, Geschichte und Gemeinschaftskunde, Bildende Kunst und Musik können je nach Themenstellung interessante Aspekte beitragen und dazu anregen, eigene Fragestellungen zu entwickeln.

Lösungsvorschlag in Grundzügen

Einleitung

Was ist die Aufgabe von Literatur? Das Spektrum möglicher Antworten reicht vom „prodesse et delectare" der Antike über den Anspruch der „Schaubühne als moralische Anstalt" (Schiller) bis zur Aussage, dass Literatur jede Form der schriftlichen Kommunikation sei. Literarische Texte überleben zwar ihre Autoren, wenn sie über Jahre, Jahrzehnte oder gar Jahrhunderte immer wieder von Lesenden rezipiert werden, sie sind aber doch in der Regel ohne ihre Urheber nicht zu denken und sollten deshalb auch unter dem Aspekt ihrer Produktion betrachtet werden: Wie definiert der Schriftsteller seine Aufgabe? Wie definiert er die Rolle der Literatur und was möchte er bei den Lesenden bewirken?

Zitat:

Die amerikanische Literaturkritikerin Susan Sontag setzt sich mit diesen Fragen in einem Artikel in der *Frankfurter Allgemeinen Zeitung* (FAZ, 30. 12. 2004) auseinander und stellt folgende These auf:

These

„Ein Schriftsteller, der sich der Literatur verpflichtet fühlt, beschäftigt sich natürlich mit moralischen Problemen, mit der Frage, was gerecht und ungerecht, was besser oder schlechter, was abstoßend, bewundernswert oder beklagenswert ist, was Freude bereitet und Beifall findet. Damit meine ich nicht krudes Moralisieren. Seriöse Schriftsteller setzen sich konkret mit moralischen Problemen auseinander. Sie erzählen Geschichten. Sie evozieren unser Menschsein in Erzählungen, mit denen wir uns identifizieren können, auch wenn uns die Figuren fremd sind. Sie regen unsere Phantasie an. Ihre Geschichten erweitern und vertiefen unser Mitgefühl. Sie bilden unsere moralische Urteilskraft aus."

Erläuterung der These

Für Sontag ist es unbestritten, dass „[s]eriöse Schriftsteller" sich mit „moralischen Problemen" (Z. 4f.) befassen, allerdings nicht in der Art von abstrakten Morallehren und Sittengesetzen, die uns unser Handeln vorschreiben, sondern in Form von Geschichten. Im **Erzählen**, so Sontag, leisten sie ihren **Beitrag zur moralischen Entwicklung des Individuums**; durch die Möglichkeit der Identifikation mit dem, was uns fremd ist, durch den Appell an unsere Vorstellungskraft und die Erweiterung unseres Mitgefühls regen sie uns dazu an, unsere moralische Urteilskraft auszubilden. Ihre Aufgabe ist damit humanistischen Idealen verpflichtet.

Begriffserklärung

Inwieweit kann Sontags Verständnis von Literatur zugestimmt werden? Um diese Frage zu klären, ist zunächst eine genauere **Abgrenzung** der Begriffe „**Literatur**" und „**Moral**" zu leisten, die für Sontags These zentral sind.

Eingrenzung des Begriffs „Literatur"

Susan Sontag ist als Schriftstellerin, Essayistin, Regisseurin von Theaterstücken weltweit bekannt und gilt als femme de lettres der amerikanischen Literatur des 20./21. Jahrhunderts. Wenn Sontag von Literatur spricht, meint sie vor allem die sogenannte schöne Literatur, die **Belletristik**, also die fiktionale Welt der Romane und Erzählungen, in denen „Geschichten" (Z. 5) über „Figuren" (Z. 7) erzählt werden. Im weiteren Sinne gehören zu den Werken des „Schriftsteller[s], der sich der Literatur verpflichtet fühlt" (Z. 1), sicher auch **Dramen, Balladen und andere Genres**, die ihre eigene poetische Wirklichkeit aufbauen und sich im Unterschied zu Sachtexten nicht direkt auf die außerliterarische Realität beziehen.

Die Frage nach der **moralischen Aufgabe** des Schriftstellers, die Sontag postuliert, lenkt den Blick vor allem auf die **Inhalte** solcher Texte: Sie sollen, so Sontag, „sich konkret mit moralischen Problemen auseinander[setzen]“ (Z. 5) und bei den Lesenden bewirken, dass sie über Identifikation, Empathie und Fantasie (vgl. Z. 6ff.) ihre Urteilskraft im Hinblick auf Kategorien wie gut und böse, gerecht und ungerecht ausbilden können. Damit wird ein **hoher Anspruch** an die Literatur formuliert. Sontag grenzt in ihrer Aussage allerdings die Auseinandersetzung mit „moralischen Problemen“ deutlich von abstrakten Morallehren und Sittengesetzen ab, d. h., sie spricht der Literatur nicht die Aufgabe zu, feste Bewertungskriterien bereitzustellen und klare Normen zu setzen. Literarische Texte sollen dem Leser **Impulse** geben, sich selbst aktiv mit Fragen der Moral zu beschäftigen. Auf diese Weise, so suggeriert es der Titel des Zeitungsartikels, dem das Zitat entnommen ist, bewirke Literatur eine Erweiterung der Welt und werde lebensnotwendig.

moralische Erziehung als Aufgabe der Literatur

Wie diese „**Erweiterung der Welt**“ aussehen kann und inwiefern sie für die Entwicklung der moralischen Urteilskraft lebensnotwendig ist, möchte ich im Folgenden vor dem **Hintergrund meiner Leseerfahrungen** aufzeigen.

Überprüfung der These

Bereits in der frühen Kindheit kommen viele von uns mit literarischen Texten in Berührung. In den **Märchen** begegnen wir Helden, die in die Welt hinausziehen und Prüfungen bestehen müssen, wir erleben Mangelsituationen und glückliche Begegnungen mit unerwarteten Helfern mit, erfahren vom Wunder der Verwandlung und verlassen uns auf den Sieg des Guten über das Böse. Kinder, so behauptet der Psychologe Bruno Bettelheim, brauchen Märchen, denn diese handeln von existenziellen Grundsituationen des Menschen, die sie wie ein „Zauberspiegel“ in lebendigen Bildern einfangen. Sie vermitteln den Kindern die Hoffnung, dass die Welt im Grunde genommen gut ist, und helfen dabei, innere Spannungen zu lösen sowie Vertrauen aufzubauen. Märchen erzählen im Sinne Susan Sontags also Geschichten, die unsere Fantasie anregen und unsere Ich-Stärke entwickeln helfen – eine wichtige Voraussetzung für moralisches Handeln.

lesebiografisches Vorgehen

Leseerfahrung der frühen Kindheit

Auf ganz andere Weise tragen **Fabeln** zur Ausbildung moralischer Kategorien bei. Auch dieses literarische Genre lernen viele Kinder bereits sehr früh, z. B. in Bilderbüchern, spätestens in der (Grund-)Schule kennen. Fabeln erzählen kurze und prägnante Geschichten, in deren Handlungsmittelpunkt ein Interessenkonflikt steht: Fuchs und Rabe wollen beide denselben Käse, Löwe und Maus geraten in Gefahrensituationen und brauchen gegenseitige Hilfe, die Grille und die Ameise streiten um den Anspruch auf Solidarität. Alle Fabeln transportieren eine **Lehre**, die manchmal als Moral explizit formuliert wird, häufig jedoch vom Leser erschlossen werden muss. Immer regen sie dazu an, über den Sinn der Lehre nachzudenken und die eigene Realität auf Parallelen zur Fabelhandlung zu überprüfen. Nicht nur literaturgeschichtlich, sondern auch entwicklungspsychologisch stehen sie im Dienste der **Aufklärung** – und damit im krassen Gegensatz zum „kruden Moralisieren“, das auch Susan Sontag ausdrücklich ablehnt.
Zu den Leseerfahrungen der Kindheit gehören auch **Kinder- und Jugendbücher**. Astrid Lindgrens Erzählungen von den Kindern aus Bullerbü, die Abenteuer von Michel aus Lönneberga, die Geschichte der Brüder Löwenherz und die Erlebnisse von Pippi Langstrumpf oder Ronja Räubertochter finden seit mehreren Generationen die Zustimmung junger Leserinnen und Leser in aller Welt. Astrid Lindgren entwirft darin Figuren, die zur **Identi-**

Leseerfahrung in Kindheit und Jugendalter

fikation, aber auch zur **Abgrenzung** einladen. Die Helden ihrer Bücher sind Kinder, die zwar in – manchmal allzu idyllischen – **Fluchträumen** der Fantasie leben, wie die Kinder aus Bullerbü, oder sich Freiräume zu verschaffen wissen, wie Pippi Langstrumpf, aber dennoch mit all den Sorgen und Nöten, den Konflikten und Problemen, die zum Großwerden gehören, fertigwerden müssen. Zur moralischen Botschaft, die Astrid Lindgren in ihren Geschichten vermittelt, gehört der Aufruf, auf Gewalt zu verzichten und sich den Bewährungsproben des Lebens zu stellen.

exemplarische Leseerfahrung: *Krabat*

Zu den besonders eindrucksvollen Leseerfahrungen meiner Kindheit gehört Otfried Preußlers Klassiker *Krabat,* dem eine Sage aus der Oberlausitz zur Zeit Augusts des Starken zugrunde liegt. Als Klassenlektüre in der Unterstufe hat die Geschichte des sorbischen Waisenjungen, der sich als Zauberlehrling in einer geheimnisumwitterten Mühle im Köselbruch verdingt, für einigen Wirbel gesorgt, denn es gab Einsprüche besorgter Eltern, die ihre Kinder nicht mit der schwarzen Magie des Meisters konfrontieren wollten. Wir Kinder hingegen waren fasziniert von dem Roman, weil er uns in fremde Welten entführte und doch von **Konflikten** erzählte, die wir alle kannten: In welcher Welt und nach welchen Normen will ich leben? Kann ich durch die Kraft guter Gedanken das Böse besiegen? Macht es Sinn, sich gegen die Mächtigen zur Wehr zu setzen? Wage ich es, mich anderen in einer aussichtslosen Situation anzuvertrauen? Will ich Verantwortung für meine Gruppe übernehmen, auch wenn dies mit Gefahren für mich selbst verbunden ist? Gibt es den freien Willen?

Für Otfried Preußler, geboren 1923 in Nordböhmen, ist der Roman allerdings mehr als ein fantastisches Kinderbuch, er nannte es die Geschichte seiner Generation sowie die Geschichte aller jungen Leute, die mit der Macht und ihren Verlockungen in Berührung kommen und sich darin verstricken.

kollektive schulische Leseerfahrung: Balladen

Moralische Bewährungsproben sind auch das Thema vieler **Balladen**, die wir im Deutschunterricht der Mittelstufe kennengelernt haben. Insbesondere die Geschichte der beiden Freunde in Schillers *Bürgschaft* hat mich persönlich beeindruckt: Was ist der Wert von Freundschaft? Lohnt es sich, dafür das eigene Leben aufs Spiel zu setzen? Kann man einem Tyrannen trauen und ihn in den Bund der Freundschaft aufnehmen? Ist der Mensch fähig, sich zu verändern und zu verwandeln? Kann er durch ein gutes Beispiel zum Besseren erzogen werden? All diese Fragen wirft die Ballade auf – und die Auseinandersetzung mit ihnen führt dazu, dass wir als Leser unsere moralische Urteilskraft schärfen, indem wir uns fragen, wie wir uns selbst in solchen Dilemma-Situationen verhalten würden.

Als äußerst aktuell empfinde ich heute Goethes *Zauberlehrling*, den ich in der 6. oder 7. Klasse auswendig lernen musste – und heute noch fast lückenlos rezitieren kann. Damals waren es die Lust am Rollenspiel, der Reiz der Zaubersprüche, das von den *Harry Potter*-Büchern geweckte Interesse am Thema Zaubern, die mich faszinierten. Heute erkenne ich, dass es in der Auseinandersetzung des Zauberlehrlings mit dämonischen Mächten, die nur mit innerer Reife und Weisheit durch die Person des Meisters gebannt werden können, um das Thema Erwachsenwerden geht: *Der Zauberlehrling* zeigt Ablösungsversuche von Autoritäten, die Auslotung der eigenen Grenzen, die Herausforderung durch Naturkräfte, die nicht nur individuell, sondern menschheitsgeschichtlich angenommen werden muss.

Wer denkt angesichts zunehmender Naturbeherrschung und -zerstörung – Fukushima, Klimawandel, Gentechnik – nicht an den Ausruf des Zauberlehrlings: „Die ich rief, die Geister / werd ich nun nicht los"?

In der Kursstufe schließlich stand das Themenfeld *Recht und Gerechtigkeit* auf dem Programm. Von den drei Werken aus verschiedenen Epochen, die für das Abitur gelesen und interpretiert werden mussten, möchte ich eines herausgreifen: Heinrich von Kleists Novelle *Michael Kohlhaas* (1808).

Themenfeld der Pflichtthemen für das Abitur

Der Chronist in Kleists Novelle behauptet, eine authentische, wahre Geschichte zu erzählen, die sich zeitlich, lokal und sozial genau verorten lasse: „An den Ufern der Havel lebte, um die Mitte des sechzehnten Jahrhunderts, ein Rosshändler, namens **Michael Kohlhaas**, Sohn eines Schulmeisters, einer der rechtschaffensten zugleich und entsetzlichsten Menschen seiner Zeit." Mit dieser paradoxen Charakterisierung stellt der Erzähler den Protagonisten der Novelle vor, und er schließt dieses erste Porträt mit der Feststellung: „Das Rechtgefühl aber machte ihn zum Räuber und Mörder." Bereits in der Exposition der Novelle nimmt der **Erzähler** also eine **klare Bewertung** der folgenden Handlungen vor, die den Leser seinerseits zur Stellungnahme auffordert. Allerdings ist hier zu beachten, dass moralische Kategorien nicht unabhängig von Zeit und Raum existieren. Kleists Novelle, die 1808 in der Zeitschrift *Phöbus* erstmals veröffentlicht wurde, führt den Leser in die Zeit des frühen 16. Jahrhunderts, als sich der absolutistische Staat durchsetzt, aber immer noch der im Mittelalter zentrale staatsrechtliche Gedanke der Selbsthilfe lebendig ist. In Kleists Text kollidieren somit mittelalterliche und frühneuzeitliche Rechtsvorstellungen. Vor diesem Hintergrund muss der Leser die Geschichte des Michael Kohlhaas deuten, der sich mit Mitteln der Selbstjustiz gegen die Willkür der Obrigkeit zur Wehr setzt und dabei Schuld auf sich lädt. Interessant wird die Geschichte jedoch erst, wenn man nicht nur die Zeit des Protagonisten genauer betrachtet, sondern auch die Zeit des Autors: Kleist ist von der Aufklärung geprägt, deren Ideen er in die Figur des Michael Kohlhaas hineinprojiziert. Kohlhaas' Selbstjustiz kann als Austritt aus dem *contrat social* gedeutet werden: „Verstoßen […] nenne ich den, dem der Schutz der Gesetze versagt ist! […] und wer ihn mir versagt, der stößt mich zu den Wilden der Einöde hinaus; er gibt mir […] die Keule, die mich selbst schützt, in die Hand." (Kleist, *Michael Kohlhaas*. Reclam 2003, S. 44).

geschichtliche Bedingtheit von „Moral"

Kleist erzählt also eine Geschichte, die das Lesepublikum seiner Zeit und uns heutige Leser mit „moralischen Problemen, mit der Frage, was gerecht und ungerecht, was besser oder schlechter, was abstoßend, bewundernswert oder beklagenswert ist, was Freude bereitet und Beifall findet" (Z. 2ff.), konfrontiert. Trotz der wertenden Kommentare, die der Erzähler immer wieder in seinen Bericht einfließen lässt, bleibt es letztendlich dem Leser überlassen, in welcher Weise er seine moralische Urteilskraft schärft und seine eigenen Bewertungsmaßstäbe überprüft. Dies hängt auch davon ab, ob und inwieweit es ihm gelingt, die dargestellten **Probleme** zu **aktualisieren** und für die Lösung von Konflikten seiner Zeit zu nutzen. Die Diskussionen um die Zukunft Europas und die Verhandlung des Bundesverfassungsgerichts über die Vereinbarkeit des Euro-Rettungsschirms mit dem Grundgesetz der Bundesrepublik Deutschland sind aktuelle Beispiele aus dem Diskurs über Recht und Gerechtigkeit in einem Staatswesen, der uns alle zur Teilnahme auffordert.

Trotz dieser Beispiele, die **Susan Sontags Auffassung** von Literatur bestätigen, möchte ich ihre These auch **kritisch beleuchten**. Ist Sontags Definition, der „[s]eriöse Schriftsteller“ sei „der Literatur verpflichtet“, nicht eine Tautologie, die im Grunde gar nichts aussagt? Literatur lebt nicht aus sich selbst heraus, sondern entsteht im Prozess des Lesens: ohne Leser keine Literatur. Literatur ist das **Produkt von Dichtern und Schriftstellern**, aber keine von ihnen unabhängige Instanz, der sie sich verpflichten müssten. Kulturhistorisch kennen wir verschiedene Arten von Verpflichtungsverhältnissen der Schriftsteller: Der höfische Dichter des Mittelalters lebt von der Gunst des Adels, im Zeitalter des Barock blüht die Auftragsdichtung, das Mäzenatentum reicher Kunstförderer existiert bis heute. Erst mit Lessing, so stellt es die Literaturgeschichte dar, beginnt die Existenz des freien Schriftstellers. Heutige Autoren begreifen in der Regel das Schreiben als ihren Beruf, mit dem sie sich ihren Lebensunterhalt verdienen. Sie verkaufen ihre Werke an einen Verlag, mit dem sie rechtliche Verpflichtungen eingehen, und sie orientieren sich mehr oder weniger am Publikumsgeschmack sowie an den Bewertungsinstanzen des Literaturbetriebs (Bestenliste, Rezensionen großer Zeitungen, Literatursendungen im Fernsehen). Dies schließt jedoch nicht aus, dass sie durch ihre Werke den Leser auch zu moralischem Denken anregen.

kritische Einwände gegen die These Susan Sontags

Logik der Aussage (= Zitat)

Allerdings hat Literatur von jeher auch **andere Funktionen** erfüllt. Sie kann unterhalten und entspannen, informieren oder ablenken, Lesegewohnheiten verstören und Sinnangebote verweigern.
Seit Beginn des 20. Jahrhunderts finden gerade die Autoren der Hochliteratur, die Sontag mit dem Ausdruck „[s]eriöse Schriftsteller“ vermutlich meint, neue literarische Ausdrucksformen, um den gesellschaftlichen Veränderungen gerecht zu werden, die die Moderne kennzeichnen: Versachlichung der Welt durch Fortschritte in Wissenschaft und Technik, Verlust einheitlicher Werte, Traditionen und Sicherheiten, Entstehung des Massenstaates mit bürokratischer Organisation, Anonymität und Entfremdung.

Funktionen von Literatur

Die „Frage, was gerecht und ungerecht, was besser oder schlechter […] ist“ (Z. 2 ff.), beschäftigt die Schriftsteller der Moderne nicht mehr vorrangig. **Kafkas** Romanfragment *Der Proceß* z. B., dessen Protagonist nichts mehr von einem Helden hat, bedient sich neuer Erzähltechniken und -strategien, die den **Leser verunsichern** und bei seiner Suche nach Sinn und Kohärenz bewusst in die Irre führen. Bis zum Schluss des Romans bleibt offen, ob das seltsame Gericht, von dem Josef K. angeklagt wird, überhaupt außerhalb seiner Psyche existiert. Die konsequent personale Erzählhaltung legt den Leser auf die Wahrnehmungsperspektive des Protagonisten fest, ermöglicht ihm jedoch durch den Verzicht auf Wertung und Deutung **keine Identifizierung** mit Josef K. und verhindert die Entstehung von Mitgefühl – für Susan Sontag Voraussetzungen für die Ausbildung moralischer Urteilskraft durch Literatur. Dass *Der Proceß* den Leser dennoch seit fast 100 Jahren immer neu zur Reflektion existenzieller Fragen zwingt, zeigt die Rezeptionsgeschichte des Romans: religiöse, philosophische, soziologische, biografische und psychologische Deutungsansätze befassen sich mit den Themen des Romans, die um die Motive Gericht, Gesetz und Schuld, Erkenntnis und Irrtum, Leben und Schreiben kreisen.

moderne Literatur

Angesichts von Kafkas verstörendem Text würde ich nicht Susan Sontag, sondern Gottfried Benns Urteil über Literatur zustimmen: „Die Dichtung bessert nicht, aber sie tut etwas viel Entscheidenderes: sie verändert.“

Schluss

Deutsch (Baden-Württemberg): Abiturprüfung 2012
Aufgabe 4: Interpretationsaufsatz zu einem Gedicht oder Gedichtvergleich

Thema:
Erich Kästner: Ein Beispiel von ewiger Liebe
Erich Fried: Nur nicht

Erich Kästner (1899–1974): **Ein Beispiel von ewiger Liebe**

Im gelben Autobus ging's durch den Ort.
Schnell hinein. Schnell heraus.
Erstes Haus. Letztes Haus.
Fort.

Hab ich den Namen vergessen?
Ob ich ihn überhaupt las?
Es war eine Kleinstadt in Hessen,
zwischen Reben und Gras.

Du standest am Gartenrand,
als du mich plötzlich erblicktest.
Zärtlich hob ich die Hand.
Du nicktest.

Darf ich nicht Du zu dir sagen?
War keine Zeit dazu,
lang um Erlaubnis zu fragen.
Ich sag du.

Ich wünschte so sehnlich,
ich stünde bei dir.
Ging dir's nicht ähnlich?
Ging dir's wie mir?

Der Zufall hat keinen Verstand.
Es heißt, er sei blind.
Er gab und entzog uns hastig die Hand,
wie ein ängstliches Kind.

Ich bin entschlossen, fest daran zu glauben,
daß du die Richtige gewesen wärst.
Du kannst mir diese Illusion nicht rauben,
da du sie nicht erfährst.

Du lehntest lächelnd am grünen Staket.
Es war im Taunus. Es war in Hessen.
Ich habe den Namen des Orts vergessen.
Die Liebe besteht.

Aus: Erich Kästner: Gesammelte Schriften, Bd. 1: Gedichte. Zürich: Atrium 1969, S. 250 f.

Worterklärung
Z. 29: Staket: Zaun mit senkrechten Latten

Erich Fried (1921–1988): **Nur nicht**

Das Leben
wäre
vielleicht einfacher
wenn ich dich
gar nicht getroffen hätte

Weniger Trauer
jedes Mal
wenn wir uns trennen müssen
weniger Angst
vor der nächsten
und übernächsten Trennung

Und auch nicht soviel
von dieser machtlosen Sehnsucht
wenn du nicht da bist
die nur das Unmögliche will
und das sofort
im nächsten Augenblick
und die dann
weil es nicht sein kann
betroffen ist
und schwer atmet

Das Leben
wäre vielleicht
einfacher
wenn ich dich
nicht getroffen hätte
Es wäre nur nicht
mein Leben

Aus: Erich Fried, Es ist was es ist.
Liebesgedichte Angstgedichte Zorngedichte.
Berlin: Wagenbach 2010, S. 24

Arbeitsanweisung

Interpretieren und vergleichen Sie die beiden Gedichte.

Hinweise und Tipps

Nach einer kurzen Einleitung sollten Sie die Gedichte getrennt interpretieren und am Schluss des Aufsatzes die **wesentlichen** Gemeinsamkeiten und Unterschiede benennen.
Die jeweilige Interpretation von Erich Kästners und Erich Frieds Gedicht sollte mit einer **kurzen** Inhaltsbeschreibung beginnen. Wichtig ist die Analyse des formalen Aufbaus, von der sich eventuell schon ein Bezug zum Gesamtinhalt herstellen lässt. Einzelne formale Besonderheiten, z. B. Stilmittel, sind immer im Zusammenhang mit der jeweiligen inhaltlichen Aussage zu behandeln. Mit konsequenter Beobachtung von Form-Inhalt-Bezügen vermeiden Sie die **Gefahr der Paraphrase**, d. h. der reinen Inhaltsumschreibung. Prinzipiell sollte die Interpretation am Text entlang gehen; einzelne Querverweise könnten sinnvoll sein. Formulieren Sie einen aussagekräftigen Schluss.

Lösungsvorschlag in Grundzügen

Die Grundvoraussetzungen in Erich Kästners Gedicht *Ein Beispiel von ewiger Liebe* und Erich Frieds Gedicht *Nur nicht* sind genau gegensätzlich. Im einen werden mit einer **nicht gelebten** Liebe Fantasien verknüpft, das andere entwirft die Fantasie, dass es zu einer – **tatsächlich gelebten** – Liebe nicht gekommen wäre.

Einleitung: gegensätzliche Voraussetzungen

In *Ein Beispiel von ewiger Liebe* geht es um eine Frau, die das lyrische Ich nur flüchtig auf einer Busfahrt vom Fenster aus gesehen hat. Die Überschrift wirkt **ironisch gebrochen** dadurch, dass die beiden Teile nicht recht zusammenpassen: „Ein Beispiel" klingt pedantisch, „ewige Liebe" nach übertriebenem, auch abgedroschenem Pathos.

Interpretation des Kästner-Gedichts: Titel

Das Gedicht besteht aus acht Strophen mit jeweils vier Versen. Die Strophen sind kreuzweise gereimt, nur die erste und die letzte weisen einen umarmenden Reim auf. Dadurch gewinnen sie den Charakter eines **Rahmens**. Ein bestimmtes Versmaß ist nicht auszumachen, die Zahl der Hebungen schwankt. Durch die freie Rhythmik **nähert sich das Gedicht der Prosa**, was der modernen, zwar halbwegs idyllischen, aber durchaus **alltäglichen Szenerie** entspricht.

Formanalyse

Die erste Strophe beschreibt die Fahrt eines Postbusses, so gekennzeichnet durch die Farbe Gelb, auf einer Fernstrecke. Er fährt durch „den Ort" (V. 1), der kraft des bestimmten Artikels scheinbar als bekannt vorausgesetzt wird; die Vertrautheit beruht aber wohl auf der Gewöhnlichkeit: **ein Ort wie jeder andere**. Entsprechend scheint sich kein Aufenthalt zu lohnen: „Schnell hinein. Schnell heraus./ Erstes Haus. Letztes Haus." (V. 2/3) Die **Flüchtigkeit der Durchfahrt** wird durch die Ellipse und die anaphorische Wiederholung des Wortes „schnell" betont; die Epipher „Haus" hebt die Beliebigkeit der Häuser hervor. Zwangsläufig sind diese im Nu „[f]ort"; letzteres Wort ist besonders exponiert, da es den ganzen vierten Vers einnimmt, und dadurch schon fast überraschend pointiert.
In der zweiten Strophe fühlt sich das lyrische Ich, das nun auftritt, veranlasst, über den Namen des Ortes nachzugrübeln: ob es ihn vergessen oder erst gar nicht zur Kenntnis genommen habe. Die doppelte Frage vermittelt eine gewisse Dringlichkeit. Der Ort wird nun etwas näher bestimmt als „eine Kleinstadt in Hessen,/ zwischen Reben und Gras" (V. 7/8) – wobei diese Angabe wiederum nicht geeignet ist, ihn als unverwechselbar zu charakterisieren.

ein gewöhnlicher Ort

Ebenso undefiniert bleibt das lyrische Du, das in der dritten Strophe auftaucht und Augenkontakt zu dem lyrischen Ich gewinnt. Erwähnt werden nur seine Position, sein Blick und eine Geste. Es steht „am Gartenrand" (V. 9), also einerseits in einem **geschützten Raum**, der die Qualität eines **Idylls** hat, andererseits aber **auf das Draußen ausgerichtet**. Es ist, als hätte die betreffende Person erwartungsvoll Ausschau gehalten. Sie scheint nicht überrascht, als das lyrische Ich mit ihr nun auch in gestischen Kontakt tritt. „Zärtlich hob ich die Hand" (V. 11): Durch die Inversion wird die Emotionalität des Ich betont, während das Du nur nickt, also ein zurückhaltendes, wenn auch deutliches Zeichen des **Einverständnisses** gibt.

doppelte Valenz von „Gartenrand"

Diese Strophe umfasst die gesamte Begegnung zwischen den zwei Personen; **der Rest ist Gedankenspiel**. In der vierten Strophe kehrt das lyrische Ich zu seinen Grübeleien zurück beziehungsweise unterhält sich mit der Person, die nur noch in seiner Imagination verfügbar ist. Es stellt ihr die Frage, ob es überhaupt berechtigt sei, sie (eigentlich ohne Bekanntschaft) mit Du anzureden, und verweist auf die Unmöglichkeit, ihre Erlaubnis einzuholen – so als würde dies für sie oder für es selbst irgendeine Rolle spielen. „War keine Zeit dazu,/ lang um Erlaubnis zu fragen“ (V. 14/15): Die Ellipse am Satzanfang, die gleichzeitig den Zeitmangel fühlen lässt, verstärkt den Eindruck von locker-vertrautem Umgang mit einer greifbaren Person. Im Kontrast dazu steht die erste Zeile der fünften Strophe: „Ich wünschte so sehnlich,/ ich stünde bei dir.“ (V. 17/18) Diese Strophe stellt noch einmal einen **Rückblick** dar, wenn „ich wünschte“ nicht als Konjunktiv, sondern als Präteritum aufzufassen ist. Ebenfalls auf die Vergangenheit bezieht sich die Frage, ob das lyrische Du etwas Vergleichbares empfunden habe. Die mit einer Anapher eingeleitete Doppelfrage „Ging dir's nicht ähnlich? / Ging dir's wie mir?“ (V. 19/20) wirkt wiederum eindringlich; allerdings fragt das lyrische Ich nicht – wie es doch nahe läge –, ob das Du auch weiterhin in Gedanken bei ihm sei.

das Du nur noch in der Imagination

In der sechsten Strophe wird der **Zufall personifiziert**. Indem er und „blind“ (V. 22) und ohne Verstand erscheint, erhebt sich die Frage nach dem Sinn des Geschehens. Der Zufall hat den beiden Menschen eine **Chance geboten**, **die eigentlich keine war**, was metaphorisch dadurch ausgedrückt ist, dass er ihnen die Hand reichte und gleich wieder entzog. Der Vergleich „wie ein ängstliches Kind“ lässt sich ohne Weiteres auf das lyrische Ich übertragen, auf dessen Verhältnis zur Wirklichkeit die siebte Strophe einiges Licht wirft. „Ich bin entschlossen, fest daran zu glauben,/ daß du die Richtige gewesen wärst“ (V. 25/26): Hier fällt es in den Irrealis der Vergangenheit und **kultiviert eine „Illusion“** (V. 27), die es durchaus als solche erkennt. Die Verszeile 25 sticht als besonders lang heraus, was ihr einen gewissen Nachdruck verleiht. Das lyrische Ich will sich seine Illusion bewahren. Es ist sich bewusst, dass sie einer **Konfrontation mit der Realität wohl nicht standhalten würde**. Alles Wirkliche ist ein Raub (vgl. V. 27) am Reich der Möglichkeiten, und das lyrische Ich scheint die Unversehrtheit desselben vorzuziehen. Prinzipiell könnte es ja die Strecke des gelben Autobusses rekonstruieren, nochmals abfahren und einige infrage kommende Kleinstädte nach der Frau seiner Erinnerung absuchen – aber das steht nicht zur Debatte.

bewusste Kultivierung der Illusion

Man kann sich fragen, ob eine solche **Wirklichkeitsscheu** ans Pathologische grenzt, als Flucht vor einem Leben mit Bindung und Verantwortung, aber der leichte Tonfall des Gedichts deutet nicht auf eine Störung des seelischen Gleichgewichts. Das einzige Wort von emotional starkem Ausdruck, „sehnlich“ (V. 17), bezieht sich auf die Vergangenheit; es gibt **keinen Hinweis auf fortdauerndes Leid beziehungsweise Leidverdrängung**. Auch versucht das lyrische Ich nicht, wie bereits erwähnt, sich die Frau in der Gegenwart vorzustellen. Eigentlich hat es bereits mit ihr **abgeschlossen**. Es beschwört in der letzten Strophe noch einmal die Situation der drei ersten herauf – insofern ist der inhaltliche Rahmen etwas breiter angelegt als der formale, durch den umarmenden Reim vorgegebene – und das Bild, das sich ihm für einen Augenblick darbot. „Du lehntest lächelnd am grünen Staket“ (V. 29): Die Momentaufnahme wirkt jetzt noch idyllischer, die

leidfreies Gedankenspiel

Gartenatmosphäre betont, der ruhige und heitere Charakter durch die Alliteration von „lehntest lächelnd" hervorgehoben. Das Lächeln der Frau bedeutet dem lyrischen Ich sicher viel, und man fragt sich, warum es erst jetzt Erwähnung findet. Der Gedanke liegt nahe, dass die Erinnerung das Zurückliegende **bereits verklärt** hat, dass also auch noch das Minimum an **Wirklichkeit von der Illusion überblendet** wird. In einer halben Verszeile setzt das lyrische Ich zu einer etwas konkreteren Ortsangabe an, dann kommt es gleich wieder auf die vagere zurück: „Es war im Taunus. Es war in Hessen." (V. 30) Die Zusammengehörigkeit der beiden Sätze wird durch die Anapher hervorgehoben. Das lyrische Ich entscheidet sich für die Variante, es „habe den Namen des Orts vergessen" (V. 31). All dies akzentuiert die **Belanglosigkeit der Realität** als solcher. Anders als der Ortsname ist das subjektive Bild der Frau nicht entglitten. „Die Liebe besteht" (V. 32): Der Satz wirkt in seiner lapidaren Feierlichkeit **ironisch**, das Wort „Liebe" unangemessen in Bezug auf die Erinnerung an eine Frau, die das lyrische Ich nie kennengelernt, an die es nicht einmal Wünsche hat. Die offensichtliche Übertreibung zeigt, dass auch die Illusion mehr **spielerisch** behandelt als schwergenommen wird.

Interpretation von „Nur nicht": Formanalyse

Das Gedicht *Nur nicht* von Erich Fried handelt von der Liebesbeziehung zweier Menschen, die häufig räumlich voneinander getrennt sind. Es weist eine freie Form ohne Reim und Metrum auf und ist in vier Strophen von fünf, sechs, zehn und sieben Versen gegliedert. Als besonderes Merkmal fällt auf, dass keinerlei Satzzeichen vorhanden sind; Sinneinheiten sind nur durch Vers- und Strophengrenzen markiert.

Inhalt der einzelnen Strophen

Die erste Strophe enthält eine sachliche Aussage: „Das Leben / wäre / vielleicht einfacher / wenn ich dich / gar nicht getroffen hätte". Die zweite und dritte Strophe führen diese Feststellung näher aus, die vierte greift sie mit leichter Abwandlung auf und fügt etwas Entscheidendes hinzu.

Trauer und Angst

Die zweite Strophe benennt in einem elliptischen, prägnant wirkenden Satz das Problem, von welchem offensichtlich das Leben des lyrischen Ich belastet ist: **häufige Trennungen** vom lyrischen Du. Sie verursachen „Trauer" (V. 6) und „Angst" (V. 9). Die Anapher innerhalb der irrealen Vorstellung „weniger Trauer … weniger Angst" markiert die Zusammengehörigkeit der beiden Gefühle, vielleicht auch eine Steigerung. Die Trauer bezieht sich auf den aktuellen Abschied, die Angst antizipiert mit der nächsten schon gleich die übernächste Trennung (sie folgen in zwei verschiedenen Zeilen aufeinander) und erscheint damit besonders intensiv.

Personifizierung der Sehnsucht

Die dritte Strophe thematisiert den Zeitraum des Getrenntseins. Er ist geprägt von einer „machtlosen Sehnsucht" (V. 13), die personifiziert wird, indem das **lyrische Ich seine Gefühle auf sie überträgt**. Die Sehnsucht ist es, „die nur das Unmögliche will" (V. 15). „Nur" zeigt ihre ausschließliche Konzentration auf das lyrische Du. Ihr Anspruch steigert sich durch den Zusatz „und das sofort" (V. 16) und noch einmal durch dessen Präzisierung „im nächsten Augenblick" (V. 17). Jede Wortgruppe erhält dadurch, dass sie eine eigene Zeile einnimmt, besondere Prägnanz. Auch hier vermittelt die Ellipse (ein Prädikat fehlt) **Spontaneität** der Aussage und **Authentizität** der Gefühle. Der personale Charakter der Sehnsucht findet seinen anschaulichsten Ausdruck darin, dass diese „schwer atmet" (V. 21), Ausdruck einer Problemlast, die offensichtlich immer wieder neu zu begreifen und zu akzeptieren ist.

„Das Leben / wäre vielleicht / einfacher / wenn ich dich / nicht getroffen hätte“: In der vierten Strophe ist der Eingangssatz um das Wort „gar“ verkürzt und wirkt dadurch eine Spur sachlicher und objektiver. Ferner erhält das Wort „einfacher“ als nunmehr einziges in Vers 24 eine exponierte Stellung. Das kontrastierende letzte Verspaar – „Es wäre nur nicht / mein Leben“ – **greift den Titel des Gedichts auf**. „Nur nicht“, einprägsam durch die Alliteration, kennzeichnet hier eine Einschränkung, die offensichtlich von großer Bedeutung ist. Für sich genommen wie in der Überschrift wirken die Worte apotropäisch, das heißt abwehrend; man stellt sich ein Ausrufezeichen dahinter vor. Das lyrische Ich weist den Gedanken an ein Leben ohne das lyrische Du letztlich von sich. Trotz aller Nachteile empfindet es die Beziehung als das, was ihm ganz und gar entspricht. Die Liebe zum lyrischen Du ist **das Besondere in seinem Leben**, sie scheint ihm überhaupt erst einen Sinn zu verleihen. So wird alles Vorangegangene mit einem Schlag entkräftet, das persönliche Schicksal als Bestimmung **vorbehaltlos bejaht**.

Wiederholung und Variation

In beiden Gedichten geht es um räumliche Trennung des lyrischen Ich von einem geliebten Du. In Erich Kästners Gedicht ist dieses dauerhaft, in Erich Frieds nur sporadisch abwesend. Über Gedanken und Gefühle der jeweils Angesprochenen erfährt man so gut wie nichts.

Vergleich der Gedichte

Wie eingangs festgehalten, gehen beide Gedichte von einem **Irrealis der Vergangenheit** aus: „daß du die Richtige gewesen wärst“ (Kästner, V. 26) und „wenn ich dich / gar nicht getroffen hätte“ (Fried, V. 4/5). In Erich Kästners Gedicht handelt es sich dabei tatsächlich um ein **unverbindliches Gedankenspiel**, der Irrealis wird bezeichnenderweise nicht in die Gegenwart geholt. („Dass du die Richtige wärst“ könnte ja unter Umständen Konsequenzen des Handelns nach sich ziehen.) In Erich Frieds Gedicht hingegen hat das Treffen von Ich und Du in der Vergangenheit nicht nur ideelle, sondern **reelle Auswirkungen auf die Gegenwart**. In der Negation wird eigentlich nichts als die Realität beschrieben: Trennungen mit ihren Begleiterscheinungen Trauer, Angst und Sehnsucht. Das lyrische Ich bekennt sich am Ende zu dieser Realität genauso entschieden wie Kästners lyrisches Ich zur Illusion. Der Aufenthalt in einer Scheinwirklichkeit wird bei Kästner aber nicht problematisiert (anders als bei Fried ist die Sehnsucht überwunden), sondern spielerisch gestaltet. Dazu passt die Ironie, die aus der **Mischung von Pathos und Umgangssprache** erwächst. Die **vielen Stilfiguren**, auch die **traditionelle Gedichtform** entsprechen der **Künstlichkeit** des Gedankengebäudes. Erich Frieds Gedicht zeigt angesichts der Herausforderung einer zu meisternden Wirklichkeit eine **schlichtere Sprache** und einen **ernsthaften Grundton**. Unter dem Gesichtspunkt der praktischen Lebenshilfe wäre wohl diesem Gedicht der Vorzug zu geben. *Ein Beispiel von ewiger Liebe* zeichnet sich eher durch Originalität aus.

Deutsch (Baden-Württemberg): Abiturprüfung 2012
Aufgabe 5: Analyse und Erörterung nicht fiktionaler Texte
(auch mit gestalterischer Teilaufgabe) – Schwerpunkt: Erörterung

Thema:
Tobias Schall: Der Wettlauf gegen sich selbst

Als die Techniker Krankenkasse 2008 einen Bericht zum Missbrauch des Aufputschmittels Ritalin unter Studenten veröffentlichte, gab es Experten, die davon sprachen, dass man irgendwann Dopingkontrollen vor den Hörsälen vornehmen müsse. Laut einer Umfrage des Wissenschaftsmagazins „Nature" werden von jedem fünften Forscher verschreibungspflichtige Mittel zweckentfremdet. Würden Regeln des Sports übertragen, stünde auch manche Oper auf der Kippe. Bei Kontrollen würde ein Drittel der Orchestermusiker positiv getestet. Eine Befragung von 2 000 Mitgliedern großer Orchester in den USA ergab, dass rund 27 Prozent der Musiker Betablocker einnehmen, 19 Prozent sogar täglich. Im Sport folgt auf dieses Vergehen ein zweijähriges Berufsverbot.

Das mit den neuen Dopingkontrollen ist natürlich ein Witz. Niemand nimmt den Vorschlag ernst, Studenten auf Aufputschmittel zu testen oder einen Musiker 24 Monate von Auftritten auszuschließen, weil er seine Leistung mit Hilfe entsprechender Medikamente erbringt. Aber es stimmt eben auch: Die Musik hat ein Dopingproblem. Und das ist alles andere als lustig.

Der Mensch ist ein einziger Mangel, körperlich eingeschränkt und mit Verfallsdatum versehen. So klug, stark und schnell man auch sein mag, jeder hat sein persönliches Limit. Früher oder später lernt man es kennen. Doch der Mensch ist beseelt vom Streben nach einem perfekten Körper, nach einem Mehr an Fähigkeiten, einem Weniger an Schwächen. Die Folge ist eine Materialschlacht gegen die Natur, ein gesellschaftlich entfesseltes Doping, eine individuelle Exzellenzinitiative. Gefärbte Haare, falsche Wimpern, neue Brüste, gelaserte Augen, ein aufgewecktes Gehirn – ist diese Entwicklung nicht konsequent?

Leistungsdruck mag eine Ursache sein, das medial beeinflusste Schönheitsideal eine andere, aber auch das eigene Streben nach Perfektion spielt eine Rolle. Es ist nicht allein der Wettbewerb mit anderen, sondern auch der mit sich selbst. Ein ganzer Industriezweig beschäftigt sich damit, die Natur zu betrügen. Milliarden werden umgesetzt, um einen unaufhaltsamen Prozess zu verzögern. Mittel gegen Falten, gegen Muskelerschlaffung, kurz: gegen den natürlichen Lauf der Dinge. Seien es Präparate zum Gehirndoping oder Kosmetika.

Es geht dabei auch um ethische und moralische Fragen. Wo ist die Grenze? Sind Mittel gegen Falten erlaubt, psychoaktive Substanzen aber nicht? Schönheitsoperationen ja, Stammzellkuren nein? Wo enden persönliche Eitelkeit und medizinische Notwendigkeit, wo beginnt ein verantwortungsloser Eingriff in die Natur?

Eine radikale Antwort liefert der Transhumanismus. Anhänger dieser angelsächsischen Denkschule propagieren eine Abkehr von der natürlichen Weiterentwicklung des Humanoiden und streben eine Überführung des Menschen in das nächste Zeitalter an. Sie fordern, dass der Mensch sein Schicksal unter Zuhilfenahme aller wissenschaftlichen Optionen selbst in die Hand nehme. Es ist eine Neuschöpfung des Menschen, der Homo sapiens 2.0. Anhänger dieser Philosophie halten es binnen der kommenden 50 Jahre technisch für möglich, in die evolutionäre Entwicklung des Menschen einzugreifen. Das klingt nach Science-Fiction und Cyborgs, auch nach gefährlicher Rassenlehre und Züchtung.

Der Philosoph Michael Sandel von der Harvard-Universität warnt davor, dass wir im Begriff seien, die Demut vor unserem Limit zu verlieren. Andere erinnern hingegen daran, dass das Bemühen, sich zu verbessern, zutiefst menschlich sei.

Es gibt einen Bereich der Gesellschaft, der ganz darauf ausgerichtet ist, Barrieren einzureißen. Citius, altius, fortius (schneller, höher, stärker) ist sein Evangelium: der Hochleistungssport. Es ist die geradezu absurde Situation entstanden, dass jener Bereich, der wie kein anderer auf körperliche Leistungsfähigkeit setzt, sich abkoppelt von der Welt, die ihn umgibt. Der Sport ist – in der Theorie – eine Insel der Seligen inmitten eines Ozeans der Körpermanipulation. Der Sport predigt die reine Lehre. Alles Leistungssteigernde ist verboten, um einen fairen Wettbewerb zu garantieren.
Der Tübinger Soziologe Helmut Digel sagt zu der Schizophrenie: „Außerhalb des Sports wird überall danach geforscht, wie man den menschlichen Körper optimieren kann: das Aussehen, die Intelligenz, sogar die Gene und Organe. Bei dieser Entwicklung darf man sich nicht wundern, dass die Naturwissenschaft den Sport als optimales Laborfeld für sich entdeckt hat. Die Interessen sind in hohem Maße deckungsgleich."
Es gibt kaum ein selektiveres System als den Hochleistungssport. Die Überschreitung von Grenzen ist das Prinzip, das dazu beiträgt, dass dieses System – und damit das Doping – außer Kontrolle gerät. Es ist eine Hybris, an der er unterzugehen droht, weil er nicht weiß, was aus ihm werden soll, wenn der Steigerungsimperativ nicht mehr erfüllt werden kann. Sport ist gnadenlos, er sortiert brutal aus. Kaum ein inhumaneres System ist denkbar als dieses, das den Wert eines Menschen, eines Athleten, allein über dessen Leistungsfähigkeit definiert. Wer nicht mithalten kann, für den gibt es keine Verwendung.
[…] An der Grenze des physiologisch Möglichen lauert der Betrug. Der Dopingexperte Perikles Simon von der Universität Mainz schätzt, dass zwischen 30 und 40 Prozent der Athleten dopen. Ehrgeiz, harte Selektion, öffentlicher Druck – obwohl es im Sport klare Verbote gibt, wirken die Motive so stark wie im Alltag. Doping ist hier wie dort auch eine Frage der Mentalität. […]

In: Stuttgarter Zeitung vom 31. 12. 2010

Worterklärungen

Z. 34/35: humanoid: Als humanoid werden alle Lebensformen und Maschinen bezeichnet, die ein menschliches Erscheinungsbild aufweisen.
Z. 40: Cyborgs: Menschen, bei denen Organe durch technische Geräte ersetzt sind.
Z. 51: Schizophrenie: Bezeichnung für eine psychische Erkrankung (gespaltene Persönlichkeit) – hier bezogen auf eine widersprüchliche, unsinnige, absurde Situation.
Z. 58: Hybris: Vermessenheit, frevelhafter Übermut.

Arbeitsanweisungen

– Arbeiten Sie die Position heraus, die der Autor hier vertritt.

Wählen Sie **eine** der beiden folgenden Arbeitsanweisungen:
– Setzen Sie sich mit Schalls Ausführungen auseinander.

oder

– Gehen Sie von folgender Annahme aus:
Ihre Schule veranstaltet einen Projekttag mit dem Titel: „Menschenbilder heute". Sie halten in diesem Rahmen eine Rede zum Thema: „citius, altius, fortius?".
Verfassen Sie diese Rede unter kritischer Berücksichtigung von Schalls Ausführungen.

Maßgeblich für die Beurteilung des Aufsatzes ist das Ganze der erbrachten Leistung. Der Schwerpunkt liegt auf der zweiten Teilaufgabe.

Hinweise und Tipps

Der Schwerpunkt dieser Aufgabe liegt auf der **zweiten Teilaufgabe**, also entweder auf der **Erörterung** oder auf der **Rede**. Die erste Teilaufgabe dient dazu, einen Leser, der den gegebenen Artikel nicht kennt, über die Kernaussagen des Textes zu informieren. Die Teilaufgabe 1 muss so formuliert sein, dass der Inhalt und der Gedankengang deutlich werden (ohne dass der Leser den Text nachlesen muss). Es genügt nicht, eine nur reproduzierende Inhaltsangabe, die den Text Absatz für Absatz durchgeht und dessen Thesen wiederholt, zu schreiben: Sie müssen die dahinterstehenden Ideen herausarbeiten.

Teilaufgabe 1
Wichtig ist es zu erkennen, dass Schall zwar auch über Doping im Sport redet, dass es ihm aber nicht um die reine Sportproblematik geht. Im Gegenteil: Er versucht, die Beobachtungen aus dem Sport – nämlich dass der Mensch sich selbst verbessern und dass er besser sein will als der andere – auf die Gesellschaft zu übertragen. Die **gleiche Mentalität**, die im **Sport zu Doping** führt, führt in anderen Bereichen zur Einnahme von **leistungssteigernden Pillen** in Schule und Studium, zum Konsum von **Aufputsch- oder Beruhigungsmitteln** im Berufsalltag, zu **Schönheitsoperationen** usw. Diese Parallelität möchte Schall aufzeigen. Daher darf sich Ihre Lösung zu Teilaufgabe 1 nicht nur mit Sport befassen.

Teilaufgabe 2
Auch bei der Erörterung bzw. bei der Rede muss deutlich werden, dass das Thema hier nicht nur die Doping-Problematik im Sport ist. Wenn Menschen sich steigern oder sich – äußerlich – verändern wollen, dann nennt man das zwar nicht „Doping“, aber diesem Streben liegt ein ähnlicher Wunsch nach Optimierung zugrunde.
Zur Erörterung: Tobias Schall spricht mehrere Aspekte an, daher gibt es auch verschiedene Möglichkeiten, den Erörterungsaufsatz aufzubauen.
Das **Thema** der zweiten Teilaufgabe ist durch den Artikel gegeben, allerdings nicht als These formuliert. Daher ist **sowohl eine lineare als auch eine dialektische Erörterung** denkbar.

Mögliche Ansatzpunkte für eine lineare Erörterung:
- Linear ist der Aufbau, wenn man die verschiedenen Aspekte von Schalls Beobachtungen erörtert: Sie können beispielsweise die genannten Bereiche (Schule, Alltag, Sport, Aussehen usw.) nach **Wichtigkeit** ordnen und dann jeweils untersuchen, **in welcher Form** sich hier die „Doping-Mentalität“ zeigt.
- Sie können auch erörtern, welche **Folgen, Konsequenzen und Alternativen** der Perfektionswahn hat: Der „Wettlauf mit sich selbst“ kann ganz banal damit beginnen, dass man sich die Haare färbt. Und er kann in letzter Konsequenz dazu führen, dass man schon Ungeborene genetisch manipuliert.
- Auch denkbar ist es, sich mit den **Gründen** auseinanderzusetzen, warum der Mensch Mängel nicht akzeptieren kann: Man könnte hier die Bedeutung der Medien (insbesondere der Werbung), den äußeren Leistungszwang durch Eltern, Lehrer, Gesellschaft sowie den inneren Erfolgsdruck anführen.

Mögliche Ansatzpunkte für eine dialektische Erörterung:
- Dialektisch wäre die Erörterung, wenn man eine **These herausarbeitet** und diese auf ihre **Richtigkeit überprüft**. Eine geeignete These wäre die Aussage: „Die Menschen haben in ihrem Perfektionsstreben die Demut vor den eigenen Grenzen verloren.“
- Ein dialektischer Aufsatz kann auch Schalls **Behauptung infrage stellen**, es sei letztlich die Mentalität, die über das Mitmachen oder Verweigern von „Doping“ aller Art entscheidet.
- Man kann ebenfalls dialektisch die **Streitfrage** erörtern, **ob das Perfektionsstreben positiv oder negativ** zu bewerten ist (diese Fragestellung wird hier im Beispielaufsatz gewählt).

Zur gestaltenden Teilaufgabe: Eine Rede muss nicht nur inhaltlich klar strukturiert sein, sondern auch der **Situation** und den **Adressaten** entsprechen. Rein inhaltlich betrachtet sind beide Varianten der zweiten Teilaufgabe einander sehr ähnlich: Es sollten überzeugende Argumente formuliert sein, Beispiele und Belege müssen die Aussage stützen. Eine Rede kann ebenfalls **sowohl dialektisch als auch linear** aufgebaut sein.
Die Rede soll jedoch stilistisch von der sachlichen Erörterung abweichen. Es sind mehr **Stilmittel** erlaubt und gewünscht als in einem Erörterungsaufsatz (beispielsweise Ellipsen, Suggestivfragen, Metaphern, Ironie u. Ä.). Auch **persönliche Bezüge** sind denkbar und bieten sich gerade in der Einleitung an, da Sie hier die Zuhörer für Ihr Anliegen gewinnen müssen. Eine Rede kann darüber hinaus einen **Appell-Charakter** haben, der das Publikum motivieren soll, etwas zu tun oder zu lassen.
In einer Rede können Sie auch Beispiele aus der fiktiven Welt anführen. In **Mythologie und Literatur** finden sich unzählige Figuren, die mit fragwürdigen Mitteln die ihnen gesetzten Grenzen überschreiten wollen: **Prometheus** beispielsweise widersetzt sich gottgegebenen Einschränkungen und bringt den Menschen das Feuer. Dies dient dem Wohle der Menschheit, er selbst wird zwar bestraft, aber auch für seine Rebellion bewundert.
Ein anderes Beispiel ist Goethes **Faust**. Einerseits ist er als Wissenschaftler unzufrieden mit dem Erreichten: Er möchte mehr wissen, als die universitäre Gelehrsamkeit hergibt, und kann seinen eigenen Anforderungen nicht genügen. Die Unzufriedenheit macht ihn angreifbar für Betrug und Verführung, sodass er einen Pakt mit dem Teufel eingeht. Faust lässt sich verjüngen (vergleichbar mit heutigen Schönheitsoperationen), wird liebestoll (Leistungssteigerung durch Potenzmittel?), kann besser fechten, weil Mephisto ihm die Hand führt (Doping?). Die Aussage dieses Dramas: Man kann zwar mit dem Teufel im irdischen Leben scheinbar erfolgreicher sein, aber letztendlich belügt man sich so selbst und schadet anderen. Das wahre Lebensziel – das Streben nach Glück – muss aus eigener Kraft verfolgt werden.

Lösungsvorschlag in Grundzügen

Erste Teilaufgabe

Einleitung

Doping im Sport ist unfair, also verboten. Doch wie sieht es mit der Leistungssteigerung in anderen Bereichen aus? Ist beispielsweise im Studium die Einnahme von Pillen, die die Konzentration verbessern, verwerflich? „Der Wettlauf gegen sich selbst“, so der Titel einer **Polemik** von Tobias Schall, erschienen am 31. 12. 2010 in der *Stuttgarter Zeitung*, findet längst nicht nur im Sport statt. Der Mensch möchte auch in anderen Lebensbereichen seine Leistungsfähigkeit steigern sowie sein Aussehen verändern. Schall stellt sich die Frage, inwieweit dieser „Wettlauf“, der auch durch die Medizin sowie durch die Medien forciert wird, menschlich oder als unmoralisch anzusehen ist.

Hauptteil

Beobachtung: Leistungssteigerung und Manipulation in vielen Bereichen

Fakt ist: Nicht nur im Sport werden Medikamente missbraucht, um bessere Leistungen zu erbringen. Schall führt dazu einige Beispiele an. Studenten nehmen Ritalin, Musiker Betablocker. Dies geschieht nicht nur in Ausnahmefällen, sondern ist eine alltägliche Selbstverständlichkeit geworden. Das Streben nach körperlicher und geistiger Optimierung, ja sogar nach Perfektion, scheint ein Antrieb zu sein, der die Menschen schon immer dazu brachte, sich zu manipulieren. „Die Folge ist eine Materialschlacht gegen die Natur“ (Z. 19). Das beginnt bei Veränderungen im Aussehen (wie zum Beispiel dem Färben der Haare), führt zu versuchten Leistungssteigerungen in Prüfungen durch Medikamente und endet bei genetischen Manipulationen. Schall fragt, wo die Grenze zu ziehen ist.

Als Ursachen für die vielfältigen Manipulationen am eigenen Körper sieht er den Leistungsdruck sowie das durch Medien beeinflusste Schönheitsideal, aber auch das Perfektionsstreben des Menschen.

verschiedene Ursachen

Die extremen Befürworter des Perfektionsstrebens – Anhänger des Transhumanismus – fordern sogar, dass alles wissenschaftlich Mögliche auch angewendet werde, um den Menschen zu optimieren. Nach dieser Logik wären genetische Veränderungen erlaubt, was Schall als Gefahr ansieht: „Das klingt nach Science-Fiction, Cyborgs, auch nach gefährlicher Rassenlehre und Züchtung." (Z. 39 f.)

Befürworter: Beispiel Transhumanismus

Der amerikanische Philosoph Michael Sandel dagegen vertritt die Position, dass „wir im Begriff seien, die Demut vor unserem Limit zu verlieren" (Z. 41 f.). Auch Schall bewertet es kritisch, dass die Menschen so leichtfertig und gedankenlos ihr Aussehen oder ihre intellektuellen Fähigkeiten manipulieren. Der Mensch akzeptiere sich damit nicht als Mängelwesen, dem die Natur Grenzen setzt.

Gegenargument: Mensch verliert Respekt

Im Hochleistungssport ist Doping verboten, weil es hier fair zugehen soll. Aber gerade die dem Wettkampf immanente Anforderung, besser als der andere zu sein und dafür die eigenen Grenzen zu verschieben, verführt zum Betrug.

Widersprüchlichkeit im Hochleistungssport

Es gilt für den Sport wie für den Alltag: Schall nennt es eine „Frage der Mentalität" (Z. 67), ob man sich dem Leistungsdruck ergibt oder zu seinem Limit steht. Seiner Meinung nach treibt die gleiche Einstellung, die Sportler zu Doping verführt, den Menschen zu Manipulationen der Leistungsfähigkeit in anderen Bereichen. In Schalls Ausführungen steckt der Appell, sich zu fragen, warum diese Manipulation in manchen Fällen verboten und in anderen erlaubt ist. Konkrete Vorschläge, wo die Grenze zu ziehen ist, macht der Verfasser jedoch nicht.

Fazit: eine Frage der Mentalität

Epo im Sport, um den Berg schneller hochradeln zu können, ist Betrug – Alkohol auf der Party, um lockerer zu werden, gilt als „cool". Die Anabolika-Spritze, um die Kugel weiter stoßen zu können, führt zu Berufsverbot – die Ritalinpille, dank der das Schulkind das lange Stillsitzen durchhält, ist ärztlich angeraten. Das Perfektionsstreben des Menschen hat viele Seiten. Warum können oder wollen die Menschen ihre Grenzen nicht akzeptieren? Warum wollen sie immer anders – also besser – sein, als sie es von Natur aus sind? Wo verläuft die Grenze zwischen vertretbarem Mittel der Leistungssteigerung und inakzeptablem Betrug? Welche guten, welche schlechten Seiten hat unser Streben nach Perfektion?

Zweite Teilaufgabe

These: Perfektionsstreben des Menschen hat viele Seiten

In der Berufswelt wie auch im privaten Bereich zeigt sich immer wieder, dass Menschen mit einem leistungsfähigeren und schöneren Körper begünstigt werden und mehr Erfolg haben. Wer **stärker und attraktiver** ist, hat mehr Chancen, sei es beim anderen Geschlecht, sei es bei der Bewerbung um eine Stelle. Gerade der optische Eindruck beeinflusst das Gegenüber. Dass solche Schönheitsideale keineswegs neu sind, beweist die antike Kunst mit ihren vollendeten Skulpturen weiblicher und männlicher Körper. Heute arbeitet vor allem die Werbeindustrie mit Idealbildern schöner und starker Menschen, denen wir nacheifern. Dieser Optimierungswunsch scheint allzu menschlich zu sein. Und er hat seine positiven Seiten.

Aspekt 1: Streben nach Verbesserung ist urmenschlich

Das Streben nach Verbesserung ist ein natürlicher Antrieb. Nur so konnte sich die Menschheit zivilisatorisch entwickeln. Letztendlich hat dieser Wunsch zu **medizinischen und gesellschaftlichen Fortschritten** geführt. Dies gilt sowohl für das Aussehen als auch für die Leistungsfähigkeit. Man weiß heute, welche Ernährung gesund ist, wie man Kleinkinder in Kreativität, logischem Denken und Konzentration fördern, wie man Nervosität bekämpfen kann. Man weiß, wie der Körper unter Stress arbeitet, wie man – beispielsweise nach einem Unfall – die Muskulatur wieder antrainieren kann. Dieses Wissen ist **sinnvoll**, kann allerdings missbraucht werden: wenn beispielsweise Medikamente im Alltag ins Spiel kommen, die nur für einen Einsatz im Krankheitsfall gedacht sind. Wie weit dürfen die nützlichen Errungenschaften eingesetzt werden: Gibt es nicht doch Grenzen, die wir durch unser Perfektionsstreben überschreiten?

Aspekt 2: Streben nach Verbesserung hat viele sinnvolle Fortschritte gebracht

Wir wollen unsere **körperliche Leistungsfähigkeit** verbessern. Regelmäßiger Sport trägt dazu bei, unsere physische wie auch psychische Gesundheit zu erhalten. Gerade bei Bürojobs ist ein entsprechender körperlicher Ausgleich wichtig. Wettkämpfe bringen meist eine freudige Anspannung mit sich und befriedigen den Ehrgeiz. Dazu muss man trainieren, doch jeder ist unterschiedlich talentiert. Und es kommt vor, dass auch ein Sportler mit großem Talent und viel Trainingsfleiß an seine Grenzen stößt. Ihm fehlen nur ein paar Prozent zum absoluten Erfolg. Da ist die Versuchung groß, mit Doping nachzuhelfen. Es ist eine Illusion zu glauben, dass Sport ohne Doping fair wäre, denn es gibt zu viele individuell unterschiedliche Voraussetzungen. Allerdings wäre es ein Trugschluss zu denken, dass man sich den Kontrollaufwand sparen und Doping freigeben könnte. Dies würde vermutlich zu einem maßlosen Doping führen, das auch vor Kindern und Jugendlichen in Sportvereinen nicht Halt machen würde. Eine sinnvolle Freizeitbeschäftigung wäre diskreditiert, der dem Sport zugrunde liegende Wettkampfgedanke ad absurdum geführt. **Dopingkontrollen** sind richtig und müssen zum Schutze der Sportler durchgeführt werden.

Beispiel Sport

Wir streben danach, unsere **Aufmerksamkeit und Konzentration** zu verbessern, was prinzipiell ein sinnvolles Anliegen ist und in Schule, Studium oder Beruf eine Voraussetzung für Erfolg. Weil man sich nicht genug Schlaf gönnt, braucht man Kaffee oder ähnliche Aufputschmittel, um wach zu werden bzw. zu bleiben. Manche Koffein-Süchtige überschreiten mit ihrer Dosis die bei Sportlern erlaubte Menge bei Weitem. Bei Wettkampfsportlern fällt eine übermäßige Koffein-Dosis unter Doping, die so erbrachte Leistung würde annulliert. Im Alltag werden Berufstätige nicht kontrolliert, eine Steigerung der Konzentrationsfähigkeit wird ohne Bedenken toleriert: Hat schon einmal jemand eine Entscheidung eines Managers deshalb in Zweifel gezogen, weil diese während starken Kaffeekonsums zustande kam? Auch wenn zu viel Koffein zu Magenbeschwerden und Herzklopfen führen kann, richtet **Kaffee** verhältnismäßig wenig Schaden an. Ihn im Alltag zu beschränken, wäre **nicht kontrollierbar**. **Andere Aufputschmittel** dagegen sollten wie Drogen oder starke Medikamente behandelt werden: Sie dürfen nicht frei zugänglich sein.

Beispiel Aufputsch- und Beruhigungsmittel

Wie wäre es mit einer Pille, damit ich mich besser konzentrieren kann? Für viele Schulkinder ist die tägliche **Ritalin**-Dosis Alltag. Allerdings ist auch hier Unterscheidungsvermögen nötig: Leidet ein Kind wirklich unter ADHS und benötigt medikamentöse Unterstützung, um den schulischen Alltag bewältigen sowie die geforderten Leistungen erbringen zu können, oder sind vielleicht andere Ursachen – wie Bewegungsmangel oder falsche Ernährung – für kindliche Verhaltensauffälligkeiten verantwortlich? Es werden kaum Einwände gegen Mittel zur Verbesserung der Konzentration vorgebracht. Immerhin schaden sie nicht dem Konkurrenten, sprich Mitschüler. Oder doch? Denn wenn ein Teil der Klasse oder des Uni-Seminars die Belastung nur mithilfe von Medikamenten erträgt, dann stellt dies eine Wettbewerbsverzerrung dar. Man sollte darüber nachdenken, wie man auf andere Weise den Leistungsdruck mindern kann.

Ähnliches gilt für den Betablocker-Missbrauch von **Musikern**. Wenn Musiker den Proben- und Aufführungsstress nur mit Beruhigungsmitteln überstehen, dann ist hier eindeutig eine Grenze überschritten. Das Thema „Doping" hat zudem auch eine große Brisanz für Künstler, die ihre Kreativität oder Virtuosität steigern wollen. Während im Sport strenge Regeln gelten, ist in der Musikbranche das „Dopen" durch legale (und illegale) Drogen gang und gäbe. Und es scheint die Musik nicht schlechter zu machen. Ob manche herausragende Komposition entstanden wäre, wenn es Reglementierungen in diesem Bereich gäbe?

Beispiel Kunst

Auch unter **Schriftstellern** finden sich viele Beispiele für Drogenkonsumenten: Georg Trakl, Edgar Allan Poe, Klaus Mann, Ernst Jünger. Wäre die Welt nicht ärmer, wenn man deren Werke wegen des „Dopings" der Urheber „verbieten" müsste?

Im Bereich der Kunst werden die Grenzen der erlaubten Manipulation offenbar häufiger als in anderen Bereichen überschritten. Hier ist aber eine Kontrolle undurchführbar. Die Kunst diente schon immer als Sammelbecken für kreative, unangepasste Menschen, die die Vorgaben des in ihren Augen „spießbürgerlichen" Lebens nicht einhalten wollen oder können. Vielleicht braucht die Menschheit diese Nische, in der es keine „Dopingkontrollen" gibt.

Der Wunsch nach Perfektion umfasst auch unser **Aussehen**. Gerade hier sind die Schönheitsideale, die uns durch Medien und Werbung vermittelt werden, übermächtig. Dabei können medizinische Maßnahmen angeraten sein, um offensichtliche Verunstaltungen wie Narben oder Verwachsungen zu beseitigen, die für den Betroffenen meist auch eine große psychische Belastung bedeuten. Kein Kind braucht heute noch mit schiefen Zähnen oder weit abstehenden Ohren herumzulaufen. Aber der gesellschaftliche Druck, den Sohn oder die Tochter auch entsprechend behandeln und das Äußere korrigieren zu lassen, ist inzwischen so groß, dass Kinder mit unregelmäßigem Gebiss oder auffälligen Ohren umso mehr hervorstechen und mindestens genauso gehänselt werden wie früher. Unsere Gesellschaft ist froh, dass viele **Schönheitskorrekturen** heute möglich sind. Doch je einfacher die Maßnahme ist, umso mehr wird sie als selbstverständlich erachtet. Es stellt sich nicht mehr die Frage, ob die Korrektur medizinisch notwendig ist, sondern es ist normal, den Körper in diesem Bereich dem Standard anzupassen. Wie viel Anteil bei diesen Wünschen der **Druck von außen**, die **Beeinflussung durch die Medien** und der **eigene Anspruch** jeweils haben, lässt sich nicht mehr feststellen.

Beispiel Schönheitsbehandlungen

Der nächste logische Schritt bei der Optimierung des menschlichen Körpers wäre der **Eingriff in die Gene eines Menschen**, womit eine ethische Grenze überschritten würde. Soll man bei einem ungeborenen Kind die

Beispiel Genmanipulation

Gene manipulieren, um Behinderungen auszuschließen oder gar bestimmte Begabungen zu fördern? Wer soll entscheiden, wann und inwieweit das Erbgut verändert wird? Besteht nicht die Gefahr, die menschliche Individualität zugunsten eines Ideals zu opfern? Zu Recht hinterfragt Tobias Schall kritisch die Ansichten des Transhumanismus, der medizinische Maßnahmen propagiert, die den Menschen fit machen sollen für die Zukunft. Hier wird das im Menschen angelegte **Streben nach Perfektion pervertiert**.

Fazit

Es ist gut, dass sich der Mensch verbessern will, aber er schießt dabei teilweise übers Ziel hinaus. In manchen Bereichen sollte er seine Ansprüche an sich selbst reduzieren, da er andernfalls seiner eigenen Gesundheit schadet. Zudem sollte anderen gegenüber mehr Toleranz gezeigt werden, beispielsweise was das Aussehen oder die Leistungsfähigkeit im Sport betrifft. So ließe sich der psychische Druck verringern, mit den anderen mithalten zu müssen. Nicht nur in Schule und Studium sind Medikamente keine Lösung für Leistungsdruck. Es gibt andere Wege (beispielsweise mentales Training), um die Konzentration zu schulen.

Schluss

Das Perfektionsstreben hat zwei Seiten. Würde der Mensch immer mit sich und mit allem zufrieden sein, gäbe es keinen Fortschritt. Viele Errungenschaften basieren auf dem Wunsch, etwas besser zu können – entweder im Vergleich mit sich selbst oder im Vergleich mit anderen. Der Wettbewerbsgedanke kann aber in Gier und Neid umschlagen. Letzten Endes muss jeder für sich entscheiden, welche Manipulationen er vor sich verantworten kann. Keine Kontrollinstanz kann dem Einzelnen diese moralische Frage abnehmen.

Ihre Meinung ist uns wichtig!

Ihre Anregungen sind uns immer willkommen. Bitte informieren Sie uns mit diesem Schein über Ihre Verbesserungsvorschläge!

Titel-Nr.	Seite	Vorschlag

Bitte hier abtrennen

Lernen • Wissen • Zukunft
STARK

Bitte hier abtrennen

Zutreffendes bitte ankreuzen!

Die Absenderin/der Absender ist:

- ☐ Lehrer/in in den Klassenstufen: ______
- ☐ Fachbetreuer/in
  Fächer: ______
- ☐ Seminarlehrer/in
  Fächer: ______
- ☐ Regierungsfachberater/in
  Fächer: ______
- ☐ Oberstufenbetreuer/in
- ☐ Schulleiter/in
- ☐ Referendar/in, Termin 2. Staatsexamen: ______
- ☐ Leiter/in Lehrerbibliothek
- ☐ Leiter/in Schülerbibliothek
- ☐ Sekretariat
- ☐ Eltern
- ☐ Schüler/in, Klasse: ______
- ☐ Sonstiges: ______

Unterrichtsfächer: (Bei Lehrkräften!)

______

STARK Verlag
Postfach 1852
85318 Freising

22-VD8

Bitte ausfüllen und im frankierten Umschlag an uns einsenden. Für Fensterkuverts geeignet.

Kennen Sie Ihre Kundennummer?
Bitte hier eintragen.

Absender (Bitte in Druckbuchstaben!)

Name/Vorname

Straße/Nr.

PLZ/Ort/Ortsteil

Telefon privat

Geburtsjahr

E-Mail

Schule/Schulstempel (Bitte immer angeben!)

(*Bitte blättern Sie um*)